Sprachlicher und historischer Kommentar zu
Ammianus Marcellinus XIV

Sprachlicher und historischer Kommentar zu Ammianus Marcellinus XIV

Von

P. de Jonge

BRILL

LEIDEN · BOSTON
2013

Originally published by Wolters-Noordhoff, Groningen, in 1935 and 1939, and reprinted (unrevised) by Bouma's Boekhuis n.v. publishers, Groningen, in 1972.

Library of Congress Control Number: 2013938200

ISBN 978-90-04-25150-2 (hardback)

Copyright 2013 by Koninklijke Brill NV, Leiden, The Netherlands.
Koninklijke Brill NV incorporates the imprints Brill, Global Oriental, Hotei Publishing, IDC Publishers and Martinus Nijhoff Publishers.

All rights reserved. No part of this publication may be reproduced, translated, stored in a retrieval system, or transmitted in any form or by any means, electronic, mechanical, photocopying, recording or otherwise, without prior written permission from the publisher.

Authorization to photocopy items for internal or personal use is granted by Koninklijke Brill NV provided that the appropriate fees are paid directly to The Copyright Clearance Center, 222 Rosewood Drive, Suite 910, Danvers, MA 01923, USA.
Fees are subject to change.

This book is printed on acid-free paper.

SPRACHLICHER UND HISTORISCHER KOMMENTAR ZU AMMIANUS MARCELLINUS XIV 1–7

VON

Dr. P. DE JONGE

VORWORT.

Verfasser dieses Kommentars beabsichtigt einen vollständigen sprachlichen und historischen Kommentar zu Ammianus Marcellinus herauszugeben. Falls keine unvorhergesehenen Umstände dazwischentreten, sollen im nächsten Jahr die übrigen Capita des XIV. Buches, wozu das Material schon ungefähr bereit liegt, erscheinen. Die Literaturlisten, die keinen Anspruch auf Vollständigkeit erheben und sich auch auf den Rest des Werkes beziehen, werden später mit neuen Werken usw. ergänzt werden. Kaiserbiographien und Stammtafeln, die auch weiterhin von den spätern Kaisern zusammengestellt werden, sollen dem Leser dabei behilflich sein, sich in den ziemlich verwickelten Verhältnissen dieses Jahrhunderts zurechtzufinden. Der Verfasser, im vollen Bewusztsein der Mängel dieser Arbeit und der Schwierigkeit des Stoffes, hegt die Hoffnung, denen, die sich für Ammianus und sein Zeitalter interessieren, mit dieser Arbeit entgegenzukommen. Sollte ihm dies gelingen, so wird er sich reichlich belohnt fühlen.

AUSGABEN.

LINDENBROG	Amm. Marc. rer. gest. qui de XXXI supersunt libri XVIII . . . recensiti et observationibus illustrati. Ex bibliotheca Fr. Lindenbrogi. Hamburgi 1609.
VALESIUS	Amm. Marc. . . . libri . . . emendati ab Henrico Valesio et annot.. illustrati . . . Parisiis 1636.
GRONOVIUS	Amm. Marc . . . libri . . . rec. ab Jacobo Gronovio. Lugduni Batavorum 1693.
ERNESTI	Amm. Marc. rer. gest. libri qui supersunt ex recensione Valesio-Gronoviana. Indicem dignitatum nec non glossarium Latinitatis adjecit A. G. Ernesti. Lipsiae 1773.
WAGNER	Amm. Marc. q. s. cum notis integris Frid. Lindenbrogii, Henr. et Hadr. Valesiorum et Jac. Gronovii, quibus Thom. Reinesii quasdam et suas adjecit I. A. Wagner. Edit. absolvit C. G. A. Erfurdt. I—III. Lipsiae 1808.
EYSSENHARDT	Amm. Marc. rer. gest. l. q. s. F. Eyssenhart recensuit. Berolini 1871.
GARDTHAUSEN	Amm. Marc. rer. gest. l. q. s. Recensuit notisque selectis instruxit V. Gardthausen. I—II. Lipsiae 1874 sq.
CLARK	Amm. Marc. rer. gest. l. q. s. Recensuit rhythmiceque distinxit Carolus U. Clark adjuvantibus Ludovico Traube et Guilelmo Heraeo. I—II. Berolini 1910, 1915.

CLAUSULAE bei Amm. Marc.

I $\overset{×}{\smile} \smile \smile \overset{×}{\smile} \smile$	2 — 1.
II $\overset{×}{\smile} \smile \smile \overset{×}{\smile} \smile \smile$	2 — 2.
III $\overset{×}{\smile} \smile \smile \smile \smile \overset{×}{\smile} \smile$	4 — 1.
IV $\overset{×}{\smile} \smile \smile \smile \smile \overset{×}{\smile} \smile \smile$	4 — 2.

Die clausula ist akzentuierend. Die Quantität in akzentuierten und nicht-akzentuierten Silben ist nicht berücksichtigt, in letztern nur bisweilen die durch Position verursachte, besonders am Satzende. Elision findet nicht statt, Hiatus ist frequent. Die clausula kann mitten in einem Worte anfangen. Das Vorkommen der aphaeresis ist nicht sicher, syncope findet sich sehr selten; dagegen öfter synizesis und dialysis. Bemerkenswert ist die dialysis in den Silben, die mit qu anfangen, wo man u als vollständige Silbe rechnet. Die Akzentuation hat viele Eigentümlichkeiten. In den Fremdwörtern (meistens griechischen) wird sehr oft die griechische Akzentuation beibehalten. Cf. Harmon, The clausula in Ammianus Marcellinus und A. W. de Groot, La prose métrique des anciens, p. 13, 14, 24, 37, 61—62 (1926).

LITERATURVERZEICHNIS
(SPRACHLICH).

LITERATURVERZEICHNIS
(SPRACHLICH).

Arch. L. L. G.	Archiv für lateinische Lexicographie und Grammatik. Hrsg. von E. Wölfflin, Leipzig 1—15 (1884—1908).
Ahlquist	Ahlquist H., Studien zur spätlateinischen Mulomedicina Chironis. Diss. Uppsala 1909 (U. U. Å.).
	Baecklund P. S., Die lateinischen Bildungen auf -fex und -ficus. Diss. Uppsala 1914.
	Baehrens W. A., Beiträge zur lat. Syntax (Sonderabdr. aus Philol. Suppl. Bnd. XII Zweites Heft).
	Baehrens W. A., Burs. Jb. 203 (1925) S. 46—90.
	Baehrens W. A., Sprachlicher Kommentar zur vulgärlateinischen Appendix Probi. Halle (Saale) 1922.
	Balmus Constantin G., Ét. sur le style de Saint-Augustin dans les confessions et la cité de Dieu (Budé), 1930.
	Becker A., Pseudo-Quintilianea. Symbolae ad Quintiliani quae feruntur declamationes XIX maiores. Progr. Ludwigshafen/Rh. 1904.
Bednara Arch. 14.	Bednara E., De sermone dactylicorum Latinorum quaestiones. Arch. 14. S. 317—360 und 532—604.
Bednara Arch. 15.	Bednara E., Aus der Werkstatt der daktylischen Dichter. Arch. 15. S. 223—232.
	Bergmüller L., Einige Bemerkungen zur Latinität des Iordanes. Progr. Augsburg 1903.
B. ph. W.	Berliner philologische Wochenschrift. Leipzig.
Bernhard Apulejus.	Bernhard M., Der Stil des Apuleius von Madaura. Ein Beitrag zur Stilistik des Spätlateins. Stuttgart 1927. Tübinger Beiträge z. Altertumswiss. 2. Heft.
	Bertschinger, Volkstümliche Elemente in der Sprache des Phaedrus. Bern 1921.
	Bibliotheca classica Latina siue Collectio auctorum classicorum Latinorum cum notis et indicibus. Parisiis. Colligebat N. E. Lemaire. (= collection Didot).
Bickel	Bickel, G. G. A. 180 (1918) p. 274 sq. Rezension von Clarks Ammian-Ausgabe.
	Birth Th., Philol. 83 (1928) p. 178 sq. (Konjekturen).
	Boas M., Vulgär-lat. vellet-velit. Phil. Wochenschr. 44 (1924) p. 1277.
Bonnet	Bonnet M., Le latin de Grégoire de Tours. Thèse. Paris 1890.
	Brakman, Ammianea et Annaeana. Lugd. Bat. 1909.
	Bréal M. u. Bailly A., Dictionnaire étymol. latin[6]. Paris 1906.

	Brünnert, Sallust und Dictys. Erfurt 1883.
	Büchele, uide Tross.
	Bücheler, Carmina latina Epigraphica (cf. Engström).
	Bürner G., Vergils Einfluss bei den Kirchenschriftstellern der vornikänischen Periode. Diss. Erlangen 1902.
Bursian Jahresber.	Bursian C., Jahresbericht über die Fortschritte der klassischen Altertumswissenschaft. Leipzig 1875.
Du Cange	Glossarium med. et inf. latinitatis, conditum a Carolo du Fresne Domino Du Cange, . . . dig. G. A. L. Henschel. Ed. nova . . . a L. Faire I—X, 1883—1887.
	Chruzander G., De elocutione Panegyricorum ueterum Gallicanorum. Diss. Upsaliae 1897.
	Cobet C. G., Annotationes criticae et palaeographicae ad Julianum. Mnemosyne 8 (1859), 4 (N. S.) (1876), 10 (1882), 11 (1883).
	Compernass J., Vulgaria. Glotta VIII, 1917 p. 88 sq.
	Cornelissen, In Ammian. emendationes. Mnemos. 14 (1886) p. 234—304.
C. G. L.	Corpus Glossariorum a G. Loewe incohatum. . . ed. G. Goetz. I—VII. Lipsiae et Berolini 1888—1901.
C. I. L.	Corpus Inscriptionum Latinarum.
Wiener Corpus	Corpus scriptorum ecclesiasticorum Latinorum editum consilio et impensis Academiae litterarum Caesareae Vindobonensis. Vindobonae.
	Dautremer L., Ammien Marcellin, ét. d'hist. litt. Lille 1899.
	Damsté, ad Amm. Marc. (adversaria critica). Mnem. 55 (1927) und 58 (1930).
	Damsté, de longaevitatis causis. Mnem. 57 (1929).
Degel	Degel F., Archaistische Bestandteile in der Sprache des Tac. Erlangen 1907.
	Dederichsus, Quaestiones Ammianeae gramm. et criticae. Diss. monasteriensis 1878.
	Desertine, De Apulei studiis Plautinis. Utrecht 1898.
	De-Vit Vincentii, Totius Latinitatis Onomasticon opera et studio doct. Vincentii De-Vit lucubratum. I—IV. Prati 1859—1892.
	Diehl E., Vulgärlat. Inschr. Kleine Texte. Bonn 1910.
	Dieterich K., Untersuchungen zur Gesch. der gr. Sprache von der hellen. Zeit bis zum 10. Jahrh. n. Chr. Leipzig 1898 (Byz. Archiv I).
	Diez F., Etymol. Wörterbuch der Roman. Sprachen. 5. Ausg. Bonn 1887.
Draeger Hist. Synt.	Draeger A., Historische Syntax der lateinischen Sprache, 1876.
Draeger über Synt. Tac.	Draeger A., Über Syntax und Stil des Tacitus. 2. Aufl. Leipzig 1874.

(Sprachlich). 9

Ehrismann	Ehrismann H., De temporum et modorum usu Ammianeo. Diss. Argentorat. 1886.
	Ells H., Unters. über den Stil und die Sprache des Venantius Fortunatus. Diss. Heidelberg 1907.
	Engström Einar, Carmina latina Epigraphica.
Eranos	Eranos, Acta philologica Suecana. Upsaliae-Gotoburgi 1896 — .
	Ernout A., Hist. Formenlehre des Lat. (Deutsche Übers. von H. Meltzer)[3] 1920.
	Faszbender Chr., De Julii Valerii sermone quaestiones selectae. Diss. Münster 1909.
	Fehrle E., Romania bei Amm. Marc. Philol. Wochenschr. 45 (1925) p. 381—382.
Fesser	Fesser Hans, Sprachl. Beobachtungen zu Amm. Marc. Diss. Breslau 1932.
	Fletcher G. B. A., Notes on Amm. Marc. Class. Quart. 24 (1930).
Forcellini	Forcellini-Corradini, Lexicon totius latinitatis J. Facciolati, Aeg. Forcellini et J. Furlanetti cura . . . . . lucubratum, nunc demum . . . . auctius emendatius melioremque in formam redactum, curante Doct. Fr. Corradini I—IV. Patauii. 1864—1887.
	Friedrich G., Catulli Veronensis liber, erklärt von G. Friedrich. Leipzig und Berlin 1908.
	Friedländer Ludw., D. Junii Juvenalis Saturarum libri V. Mit erklärenden Anmerkungen. I—II Leipzig 1895.
	Fritsch, Über den Sprachgebrauch des Vellejus Paterculus. Progr. Arnstadt 1876.
	Funaioli G., Der Lokativ und seine Auflösung. Arch. L. L. G. 14, 301 ff.
	Gamillscheg E., Etym. Wörterbuch der französischen Sprache. Heidelberg 1928.
	Gardthausen V., Conjectanea Ammianea (1869) cf. Ed. Gardth.
	Gardthausen V., Woch. kl. Phil. 1911 p. 215 (Ammians Metrik).
	Gatscha F., Quaestionum Apuleianarum capita tria. Dissertationes philologicae Vindobonenses. Vol. VI, p. 139—190. Vindobonae 1898.
Geisau	Geisau von, De Apulei syntaxi poetica et graecania. Diss. Münster 1912.
	Georges K. E., Lexicon der lat. Wortformen. Leipzig 1890.
Georges	Georges K. E., Ausführliches lateinisch-deutsches Handwörterbuch. 8. Auflage I—II. Hannover u. Leipzig 1913, 1918.
	Giles P., Vergleichende Grammatik der klassischen Sprachen. Deutsche Ausg. von J. Hertel. Leipzig 1904.

Glotta	Glotta, Zeitschrift für griechische und lateinische Sprache. Göttingen 1909 sq.
Goelzer St. Jérome	Goelzer H., Étude lexicographique et grammaticale de la latinité de Saint Jérome. Thèse. Paris 1884.
G. G. A.	Göttinger gelehrte Anzeigen (Nachrichten).
Grandgent	Grandgent C. H., An introduction to vulgar Latin. Boston 1907.
	Grevander S., Unters. zur Sprache der Mulom. Chir. Diss. Lund 1926 (L. U. Å., N. F., Avd. I, Bnd. 22 : 3.)
	Groehl F., De syntaxi Firmiciana. Diss. Vratislav. 1918.
	Groot A. W. de, A Handbook of antique Prose-Rhythm. (Mit ausführlicher Bibliographie) Haag 1918.
	Günther O., Zur Textkritik des Ammian. Marc. Philol. 50 (1891) p. 65—73.
	Hache Fr., Quaestiones archaicae. Breslau 1907.
Hagendahl St. A.	Hagendahl H., Studia Ammianea. Uppsala 1921.
Hagend. zu A. M.	Hagendahl H., Zu Amm. Marc. Strena phil. J. P. Persson. Upps. 1922 p. 74 ff.
Hagend.Perf. formen	Hagendahl H., Die Perfektformen auf -ere und -erunt. Upps. 1923.
Hagend. abund.	Hagendahl H., De abundantia sermonis Ammianei. Eranos 22 (1924) p. 161 ff.
	Hahn L., Rom und Romanismus im Gr.-Röm. Osten (1906).
	Hahn L., Philol. Suppl. Bnd. X (1907) p. 675 sq.
Hand	Hand, Lehrbuch des lat. Stils[3] (1880).
Harmon	Harmon Austin Morris, The Clausula in Ammianus Marcellinus. (Transactions of the Connecticut Academy of arts and science. Vol. 16, 1911 p. 117—245. New Haven, Connecticut).
Hassenstein	Hassenstein G., De syntaxi Ammiani Marcellini. Diss. Regimonti 1877.
	Haupt M., Index lectionum Berol. ann. 1868 u. 1874 (über Amm.).
	Haupt M., Rhein. Mus. I, 1845 (N.F.) p. 475 (über Amm.).
Haustein	Haustein A., De genetiui adjectiuis accommodati in lingua Latina usu. Diss. Halis Saxonum 1882.
	Havers W., Handb. der erklärenden Syntax (1931).
	Havet L., La prose métrique de Symmaque (1892).
	Hedfors Hjalmar, Compositiones ad tingenda musiva. Diss. Uppsala 1932.
	Heidrich G., Der Stil des Varro. Progr. Melk 1892.
	Henry V., Précis de grammaire comparé du grec et latin. Paris[6] 1908.
Hermes	Hermes, Zeitschrift für klassische Philologie. Berlin.
Hertz Amm. Marc.	Hertz M., De Amm. Marc. studiis Sallustianis. Ind. lect. Breslau 1874.

(Sprachlich).

Hertz Aul. Gell.	Hertz M., Aulus Gellius und Ammianus Marc. Hermes 8 (1874) p. 257—302.
	Hertz M., Analecta ad carm. Horat. historiam IV. Index lect. Vratisl. 1880 p. 11.
	Hildebrand, Philol. Wochenschr. 46 (1926) p. 620.
Hofmann-Leumann	Hofmann J. B., Lateinische Grammatik (Syntax und Stilistik) in Iw. Müllers Handbuch der Altertumswiss. II. Abt. 2. Teil. München 1926.
	Hofmann J. B., Lateinische Umgangssprache. Heidelberg 1926.
	Holborn A., De Sallustii epistulis. Berlin 1926.
	Holtze F., Syntaxis priscorum scriptorum latinorum (1861 sq.).
	Hoppe H., De sermone Tertullianeo quaestiones selectae. Marburg 1897.
Hoppe	Hoppe H., Syntax und Stil des Tertullian. Leipzig 1903.
	Ilewycz Roman, Über den Einflusz Vergils auf die Carmina latina epigraphica. Wien. Stud. 40 (1918) p. 68—78, 138—149; ib., 41 (1919) p. 46—51.
Immisch Sprachgesch. Parall.	Immisch Otto, Sprach- und Stilgeschichtl. Parallelen zwischen Griech. und Lat. Neue Jahrb. 1912 Bnd. 29, p. 27—49.
	Indogermanische Forschungen. Zeitschrift für indogermanische Sprach- und Altertumskunde. Straszburg.
Jahrb. cl. Phil.	Jahrbücher für classische Philologie. Leipzig.
	Jespersen O., Lehrb. der Phonetik. Deutsche Übersetzung von H. Davidsen. Leipzig 1904.
	Kalb, Das Juristenlatein (1888).
Kalb Roms Juristen	Kalb, Roms Juristen nach ihrer Sprache dargestellt (1890).
Kallenberg	Kallenberg H., Quaestiones grammaticae Ammianeae. Diss. Halae 1868.
	Kaulen Fr., Sprachliches Handbuch zur biblischen Vulgata. 2. Aufl. Freiburg i. B. 1904.
	Keller O., Grammatische Aufsätze. (Zur lateinischen Sprachgeschichte. Zweiter Teil) Leipzig 1895.
	Kiessling A., Fleckeisens Jahrbücher 1871, p. 481—504 (über Amm.).
	Kiessling A., Conjectan. Amm. in Index schol. Gryphisw. 1874.
	Kiessling A., Rhein. Mus. 19 (über Amm.).
	Kirchenlateinisches Wörterbuch (Schmid, Sleumer) 1926. (Auch für Vulgata u. Codex juris canonici).
Klebs	Klebs E., Die Sallustianismen der Scr. hist. Aug. Rhein. Mus. 47 (1892) S. 537 ff.
	Klotz R., Handbuch der lateinischen Stilistik. Leipzig 1874.

Köne I. K., Über die Sprache der römischen Epiker. Münster 1840.
Körting G., Lat.-rom. Wörterbuch. 3. Aufl. Paderborn 1907.
Kottmann, De elocutione L. Junii Moderati Columellae. Progr. Rottweil 1903.

Koziol   Koziol H., Der Stil des Apuleius. Ein Beitrag zur Kenntnis des sog. afrikanischen Lateins. Wien 1872.
Krah, Specimen grammaticae Livian. Progr. Insterburg 1859.
Kraut, Über Syntax und Stil des jüngeren Plinius. Progr. Schönthal 1872.

Krebs Antib.   Krebs J. B., Antibarbarus der lateinischen Sprache. 7. Aufl. von J. H. Schmalz. I—II. Basel 1905—1907.
Kretschmann H., De latinitate L. Apulei Madaurensis. Diss. Regimonti 1865.
Kroll W., De Q. Aurelii Symmachi studiis Graecis et Latinis. Breslauer philol. Abh. VI, 2 (1891).
Kroll W., Das afrikanische Latein. Rhein. Mus. 52 (1897) S. 569 ff.
Kroll W., Lateinische Philologie. Wissenschaftliche Forschungsberichte, hrsg. von K. Hönn II. Gotha 1919.
Kroll W., Studien zum Verständnis der röm. Litteratur. Stuttgart 1924.
Kroll W., Die Sprache des Sallust. Glotta 15 (1927) S. 280 ff.
Kroll W., Sallusts Staatsschriften. Hermes 62 (1927) S. 373 ff.
Kučera Ed., Über die taciteische Inconcinnität. Progr. Olmütz 1882.

Kühnast   Kühnast L., Die Hauptpunkte der livianischen Syntax. 2. Aufl. Berlin 1872.

Kühner-Gerth   Ausführliche Grammatik der griechischen Sprache von R. Kühner. Zweiter Band: Satzlehre, 3. Aufl. von B. Gerth. 1—2. Hannover u. Leipzig 1898, 1904.

Kühner-Stegmann   Ausführliche Grammatik der lateinischen Sprache von R. Kühner. Zweiter Band: Satzlehre. 2. Aufl. in zwei Teilen, neubearbeitet von C. Stegmann. Hannover 1912—1914.
Ladewig Th., Vergils Gedichte erklärt. I. Bucolica und Georgica, 5. Aufl. Berlin 1870. II. Aeneide Buch I—VI. 6. Aufl. Berlin 1871.
Landgraf G., Bemerkungen zum sog. poetischen Plural in der lateinischen Prosa. Arch. L. L. G. 14, 63—74.
Landgraf G., Kommentar zu Ciceros Rede pro S. Rosc. Am. Leipzig-Berlin 1914.
Langen P., Beitr. zur Kritik und Erklärung des Ammian.

	Marc. Philol. 29 (1870) p. 335 sq. (Über das Gerundiv). Langen P., Emendat. Ammian. Düren 1867. (Progr.) (Über Wörter, die nur bei Ammian vorkommen). Cf. Hertz, Hermes 8 (1874) p. 260.
Leky	Leky M., De syntaxi Apuleiana. Diss. Münster 1908.
Liddell-Scott	Liddell-Scott, A Greek-English lexicon compiled by H. G. Liddell and R. Scott. A new ed., rev. and augm. by H. S. Jones. Oxford 1925 sq.
	Liechtenhan E., Sprachliche Bemerkungen zu Marcellus Empiricus. Diss. Basel 1917.
Liesenberg	Liesenberg Fr., Die Sprache des Ammianus Marcellinus. 3. Progr. Blankenburg a. Harz. I. Kap. Der Wortschatz (Das Nomen) 1888, I. Kap. Der Wortschatz (Fortsetzung und Schlusz) 1889. II. Kap. Syntax und Stil (1. Teil) 1890.
	Lindenbauer B., S. Benedicti Regula Monachorum. Hrsg. und philol. erklärt von B. Lindenb. Metten 1922.
	Lindenbrogi Fr., Obseruationes in Ammianum Marcellinum et in eundem collectanea. Hamburgi 1609.
	Linse Ae., De P. Ovidio Nasone uocabulorum inuentore. Diss. Tubingensis. Lipsiae 1891.
	Ljungvik H., Beiträge zur Syntax der spätgr. Volkssprache. Uppsala und Leipzig 1932. (S. H. V. U. 27 : 3).
Lodge	Lodge, Lexicon Plautinum (1933).
Löfst. Beitr.	Löfstedt E., Beiträge zur Kenntnis der späteren Latinität. Diss. Uppsala U. U. Å. 1907.
Löfst. Spätl. St.	Löfstedt E., Spätlateinische Studien. Uppsala 1908.
Löfst. Verm. Beitr.	Löfstedt E., Vermischte Beiträge zur lateinischen Sprachkunde. Eranos 8 (1908) S. 85 ff.
Löfst. Peregr.	Löfstedt E., Philologischer Kommentar zur Peregrinatio Aetheriae. Untersuchungen zur Geschichte der lateinischen Sprache. Uppsala. 1911, Leipzig.
Löfst.Tert. Ap. 1915.	Löfstedt E., Tertullians Apologeticum textkritisch untersucht. L. U. Å. Bd. 11 Nr. 6. Lund 1915.
Löfst. Arnob.	Löfstedt E., Arnobiana. Textkritische und sprachliche Studien zu Arnobius. L. U. Å. Bd. 12 Nr 5. Lund 1917.
Löfst.Tert. Ap. 1918.	Löfstedt E., Kritische Bemerkungen zu Tertullians Apologeticum. L. U. Å. Bd. 14 Nr. 24. Lund 1918.
Löfst. Sprache Tert.	Löfstedt E., Zur Sprache Tertullians. L. U. Å. Bd. 16 Nr. 2. Lund 1920.
Löfst. Synt.	Löfstedt E., Syntactia I. Lund 1928.
	Lorenz Th., De clausulis Arnobianis. Diss. Vratislav. 1910.
L. U. Å.	Lunds Universitets Årsskrift. N. F. Afd. 1.
	Lupus B., Der Sprachgebrauch des Cornelius Nepos. Berlin 1876.
	Maas Paul, Studien zum poetischen Plural bei den Römern. Arch. 12, 479—550.

	Madvigius, M. Tullii Ciceronis De finibus bonorum et malorum libri quinque. D. I. N. Madvigius recensuit et enarravit. Ed. 3. Hanuiae 1876.
	Maguiness W. S., The gerundive as future participle passive in the panegyrici latini (The class. Quarterly 29, 1. 1935 p. 45 sq.).
	Manitius M., Rh. Mus. N. F. 80 (1931) p. 406 (4 Mskr. aus einer Bibliothek der Humanistenzeit).
Marx Alt- u. Spätlat.	Marx F., Die Beziehungen des Altlateins zum Spätlatein. Neue Jahrb. 23 (1909) S. 434 ff.
Mayen	Mayen G., De particulis quod quia quoniam quomodo ut pro acc. cum infinitiuo post uerba sentiendi et declarandi positis. Diss. Kiliae 1889.
	Meister Karl, Rh. Mus. 64 (1909) p. 337 sq. (Besprechung der Ed. der Peregrinatio ad loca sancta von Heraeus).
Mél. gréco-rom.	Mélanges gréco-romains tirés du Bulletin de l'académie impériale des sciences de St.-Pétersbourg.
	Meyer W., Gesammelte Abhandlungen zur mittellateinischen Rhytmik. I—II. Berlin 1905.
	Meyer-Lübke W., Rom. etym. Wörterbuch. Heidelberg 1911.
	Meyer-Lübke W., Grammatik der rom. Sprachen. I—IV. Leipzig 1890—1902.
	Meyer-Lübke W., Einf. in das Studium der rom. Sprachw.³, Heidelberg 1920.
Michael	Michael Hugo, De Amm. Marc. studiis Ciceronianis. Diss. Vratislauiae 1874.
Mnem.	Mnemosyne, Bibliotheca philologica Batava. Lugduni Batavorum.
	Mohl F. G., Introduction à la chronologie du latin vulgaire. (1899).
Mommsen Ges. Schr.	Mommsen, Gesammelte Schriften I—VIII. Berlin 1905—1913.
Mommsen Sol.	Mommsen, C. Julii Solini collectanea rerum memorabilium. Iterum recensuit Th. Mommsen. Berolini 1895.
Mon. Germ. Hist. Auct. Ant.	Monumenta Germaniae historica. Auctores antiquissimi. Berolini.
	Müller J., Der Stil des älteren Plinius. Innsbruck 1883.
Iwan Müller Handb.	Müller Iwan von, Handbuch der klassischen Altertumswissenschaft in systematischer Darstellung. Herausgegeben von Dr. Iwan von Müller, München.
Nägelsbach Lat. Stil.	Nägelsbach K. F. von, Lateinische Stilistik. 9. Aufl. von I. Müller, Nürnberg 1905.
	Naumann Franz, De verborum c. praeposit. compos. usu Amm. Marcellini. Progr. Stendal 1891.
Neue-Wagener	Neue F., Formenlehre der lateinischen Sprache. 3. Aufl. von C. Wagener. I—IV. Leipzig 1892—1905.
	Niedermann M., Über einige Quellen unsrer Kenntnis

(Sprachlich). 15

       des späteren Vulgärlateinischen. Neue Jahrb. f. d. Kl. Alt. 29. 1912.
       Niedermann M., Hist. Lautlehre des Lateinischen. (1925).
       Nipperdey K., P. Cornelius Tacitus erklärt von K. Nipperdey — Andresen[11]. Berlin 1908—1915.

Norden Ant.Kunstpr. Norden E., Die antike Kunstprosa vom VI. Jahrhundert v. Chr. bis in die Zeit der Renaissance. I. Dritter Abdruck. Berlin 1925. II. Zweiter Abdruck. Berlin 1909.

Norden Aen. Norden E., P. Vergilius Maro, Aeneis Buch VI erklärt von E. Norden. 2. Aufl. Leipzig-Berlin 1916.

Novák Cur. A. Novák Rob., Curae Ammianeae. Pragae 1896.

       Opitz, De latinitate Senecae. Progr. Naumburg 1871.
       Otto A., Die Sprichwörter und sprichwörtlichen Redensarten der Römer. Gesammelt und erklärt von A. Otto. Leipzig 1890.
       Pareus Joh. Phil., Ed. des Symmachus mit Lexicon Symmachianum. Neustadt a. d. Hardt 1617.
       Paucker C., De latinitate scriptorum historiae Augustae. Meletemata ad apparatum vocabulorum spectantia. Diss. Dorpati 1870.
       Paucker C., De latinitate B. Hieronymi obseruationes ad nominum uerborumque usum pertinentes. Berolini 1880.

Paucker Vorarb. Paucker C., Vorarbeiten zur lateinischen Sprachgeschichte. Hrsg. von H. Rönsch. I—III. Berlin 1884.

R. E. Paulys Real-Encyclopädie der classischen Altertumswissenschaft. Neue Bearbeitung, herausg. von G. Wissowa. Stuttgart 1894—.

       Petschenig M., Philol. 48—52 (1889—1893). Über Amm.
       Petschenig M., Philol. 56 (N. F. 10) 1897 p. 556—560. Über Amm.
       Petschenig M., Philol. 59 (1900). p. 153 sq. Über Amm.

Pfister Pfister, Vulgärlatein und Vulgärgriechisch. Rhein. Mus. 67 (1912) S. 195 ff.

Philol. Philologus, Zeitschrift für das klassische Altertum und sein Nachleben. Göttingen, Leipzig.

       Pighius J. B., Studia Ammianea. Milano, Vita e pensiero (1935).
       Pirson J., Mulomedicina Chironis. La syntaxe du verbe. Festschrift zum 12. allgem. deutschen Neuphilologen Tage in München. Erlangen 1906.
       Pradel Fr., De praepositionum in prisca latinitate vi atque usu. Fleck. Jahrb. 26. Suppl. Bd. (1901) S. 465 ff.
       Reeb W., Auszüge aus Amm. Marc. Neu übersetzt von W. Reeb. 2. Aufl. Leipzig 1933. Geschichtschr. der deutschen Vorzeit Bd. 3.
       Regnier Ad., De la latinité des sermons de Saint Augustin. Thèse. Paris 1886.

Reinhardt	Reinhardt G., De praepositionum usu apud Amm. Marc.. Coethen 1886.
	Reisig Ch. K., (Schmalz-Landgraf) Vorlesungen über lat. Sprachwissenschaft. 1888.
	Reiter Ant., De Amm. Marc. usu orat. obliquae. 1887.
Rh. Mus.	Rheinisches Museum für Philologie. Bonn.
	Ribbeck, P. Vergilii Maronis opera recensuit Otto Ribbeck, Lipsiae 1859—1862.
Riemann Tit. Liv.	Riemann Othon, Études sur la langue et la grammaire de Tite-Live. Paris 1879.
Roensch It.	Roensch H., Itala und Vulgata. Marburg 1875.
Roscher	Roscher, Ausführliches Lexicon der griechischen und römischen Mythologie. Hrsg. von N. H. Roscher. Leipzig 1884—, (A-V, nicht vollst.).
	Ruckdeschel Fr., Archaismen und Vulgarismen in der Sprache des Horaz. München 1910.
Salonius	Salonius A. H., Vitae patrum. Lund 1920. (Skrifter utgivna av Humanistiska Vetenskapssamfundet i Lund II).
	Sander M., Der Sprachgebrauch des Rhetors Annaeus Seneca. Progr. Waren 1877.
Schanz	Schanz M., Geschichte der römischen Litteratur. I—II³, III—IV². München 1905 sqq. (Müllers Handbuch VIII).
	Schenkl K., Wiener Stud. 3 (1881) p. 129 sq. De Panegyricis Vergilii imitatoribus.
Schickinger	Schickinger H., Die Gräcismen bei Amm. Marc. Progr. Nikolsburg 1897.
	Schink W., De Romanorum plurali poetico. Diss. Jenae 1911.
Schmalz Lat. Gr.	Schmalz J. H., Lateinische Grammatik. Syntax und Stilistik. 4. Aufl. München 1910. (Müllers Handbuch II : 2).
	Schmaus H., Tacitus ein Nachahmer Vergils. Diss. Erlangensis, Bamberg 1887.
	Schmaus H., Arch. L. L. G. IV p. 642 sq. Besprechung der Dissertation des Ant. Reiter.
Schmidt Poet. serm.	Schmidt Emil, De poetico sermonis argenteae latinitatis colore. Breslau 1909.
	Schneider E., Quaestiones Ammian. Diss. Berolini 1879.
	Schnetz J., Erklärung und Kritik der Ravennatischen Kosmographie. Philol. 87 und 89 Heft 1. 1934.
	Schoenfeld G., De Taciti studiis Sallustianis. Leipzig 1884.
	Schuchardt H., Der Vokalismus des Vulgärlateins, I—III. Leipzig, 1866—1868.
Schulze Symm.	Schulze E. Th., De Q. Aurelii Symmachi uocabulorum formationibus ad sermonem uulgarem pertinentibus.

(Dissertationes philologicae Halenses Vol. VI, 1886 p. 111—232).

Schulze Graeca-Lat. Schulze W., Graeca-Latina. Univ. Programm. Göttingen 1901.

Schwartz Ed., Zweisprachigkeit in den Konzilsakten. Philol. 88 (1933) p. 245 sq.

Seelmann E., Die Aussprache des Latein. Heilbronn 1885.

Sittl K., Die lokalen Verschiedenheiten der lateinischen Sprache mit besonderer Berücksichtigung des afrikanischen Lateins. Erlangen 1882.

Skutsch F., Die lateinische Sprache, in: Die Kultur der Gegenwart. Teil I, Abteilung VIII^2 p. 439 sq. 1905.

Slotty F., De numeri pluralis usu Catulliano. Diss. Jenae 1905.

Sommer F., Handbuch der lat. Laut- und Formenlehre. Heidelberg 1914^2.

Sophocles   Sophocles. Greek lexicon of the Roman and Byzantine Periods from B. C. 146 to A. D. 1100.

Souter A., A Study of Ambrosiaster. (Text and Studies. Contributions to biblical and patristic literature. Vol. VII : 4) Cambridge 1905.

Spindler P., De Arnobii genere dicendi. Diss. Straszburg 1901.

Stacey S. G., Die Entwicklung des Livianischen Stiles. Arch. L. L. G. 10. 16 ff.

Stangl, Zu Amm. Marc. Phil. Wochenschr. 64 p. 310 sq.

Ströbel E., Tulliana. Sprachliche und textkritische Bemerkungen zu Ciceros Jugendwerk De inuentione. Progr. des K. Luitpoldgymnasiums in München. 1908.

Teeuwen St. W. J., Sprachlicher Bedeutungswandel bei Tertullian. Paderborn 1926.

Teuffel   Teuffel W. S., Geschichte der römischen Literatur. 6. Aufl. von W. Kroll und F. Skutsch I—III. Leipzig-Berlin 1910—1916.

Thes.   Thesaurus linguae Latinae editus auctoritate et consilio academiarum quinque Germanicarum Berolinensis Gottingensis Lipsiensis Monacensis Vindobonensis. Lipsiae 1905—.

Thomas Paul, Obseru. ad script. lat. Mnem. 49 (1921). Über Amm. p. 68.

Thörnell G., Studia panegyrica. Diss. Upsaliae 1905.

Thörnell G., Studia Tertullianea. U. U. Å. 1917 : 3. Uppsala 1918.

Thörnell G., Studia Tertullianea II. U. U. Å. 1921 : 1. Uppsala 1920.

Thörnell G., Ad scriptores Historiae Augustae et Amm. Marc. adnot. Uppsala Almquist et Witsell, Leipzig Harrasowitz 1927.

Thörnell G., Ad Justinum et Ammianum. Eranos 21 (1929) p. 150—151.
Tobler-Lommatzsch, Alt-französisches Wörterbuch. (1925—...) A—E.
Traube, Index zu Cassiodorus Variae. Mon. Germ. Hist. Auct. Ant. XII (1894) p. 487 sq.

Tross-Büchele Tross-Büchele, Amm. Marc. römische Geschichte. Übersetzt von Dr. Ludwig Tross und Dr. Carl Büchele. I—II. Stuttgart 1853—'54.
Trump F., Obseruationes ad genus dicendi Claudiani eiusque imitationem Vergilianam spectantes. Diss. Halens. (Breslau) 1887.
Uhlmann W., De Sex. Properti genere dicendi. Diss. Monast. 1909.

U. U. Å. Uppsala Universitets Årsskrift. Filosofi, språkvetenskap och historiska vetenskapen.
Volkmann R., Die Rhetorik der Griechen und Römer. 2. Aufl. Leipzig 1885.
Vossler K., Neue Denkformen im Vulgärlatein. Hauptfragen der Romanistik. Festschrift für Philipp August Becker zum 1. Juni 1922. Heidelberg 1922, p. 170 sq.

Walde Walde A., Lateinisches etymologisches Wörterbuch. 2. Aufl. Heidelberg 1910.
Walter Fritz, Phil. Wochenschrift 42 (1922) p. 382—384; 43 (1923) p. 166—167; 44 (1924) p. 401—403 u. im Philol. 80 (1924—1925) p. 437 sq. (über Ammian).
Walter Fritz, Phil. Wochenschrift 1932 p. 893 u. 1012 (über Ammian).
Walter Fritz, Philol. 88 (1933) (über Ammian).
Watson E. W., The Style and Language of St. Cyprian. Studia biblica et ecclesiastica vol. IV, p. 189—324. Oxford 1896.

Weinstein Weinstein S., Quibus in rebus Amm. Marc. Sallustium et Tacitum respexerit. Programm Radautz (Bukowina) 1914.

Liv. ed. Weissenborn Weissenborn-Müller, T. Liuii Ab Urbe condita libri. Wilhelm Weissenborns erklärende Ausgabe. Neu bearbeitet von H. J. Müller. Band I—X. Berlin 1880—1911.
Weymann C., Studien zu Apulejus und seinen Nachahmern. Sitzungsberichte d. phil.-hist. Cl. d. K. b. Akad. d. Wissensch. zu München 1893, Bnd. 2, p. 321—392.
Widstrand H., Palladius Studien. Diss. Uppsala 1926.

Wien. Stud. Wiener Studien, Zeitschrift für klassische Philologie (Wien).

Wirz Wirz H., Amm. Beziehungen zu seinen Vorbildern Cicero, Sallust, Livius, Tacitus. Philol. 38 (1877) p. 622 sq.

(Sprachlich).

	Witte K., Singular und Plural. Forschungen über Form und Geschichte der griechischen Poesie. Leipzig 1907.
Woch. kl. Phil.	Wochenschrift für klassische Philologie. Berlin.
Wölfflin Lat. u. rom. Comp.	Wölfflin E., Latein. und romanische Comparation. Erlangen 1879.
	Wölfflin E., Stilistische Nachahmer des Tacitus. Philol. 29 (1870) p. 557 sq.
Z. f. ö. Gymn.	Zeitschrift für die österreichischen Gymnasien. Wien.

LITERATURVERZEICHNIS
(HISTORISCH).

LITERATURVERZEICHNIS
(HISTORISCH).

Abbott-Johnson	Abbott and Johnson, Municipal administration in the Roman Empire (1926).
	Allard Paul, Histoire des persécutions (1885—1890).
	Allard, Paul, Julien l'apostat (1903).
	Allard, Paul, Le Christianisme et l'Empire romain (1897).
Anal. Boll.	Analecta Bollandiana (Brüssel).
	Asmus, R., Wochenschrift für klassische Philologie 1908 (über Julian).
	Asmus, R., Zeitschrift für Kirchengeschichte XVI (1896), p. 45—71 (über Julian).
	Asmus, R., Philologus LXXX (1925) p. 342: Julians Invektive gegen Neilos und ihre Quellen.
Babelon, Rois.	Babelon, Rois de Syrie, d'Arménie et de Commagène, 1890.
Baronius	Baronius, Annales ecclesiastici, 1598—1607.
	Bardenhewer, Patrologie, Freiburg 1894.
	Barrow, Slavery in the Roman Empire, New York, 1928.
	Baynes, N. H., The Byzantine Empire London 1925.
	Bell, H. J., The Byzantine servile state in Egypt, Journal of Egypt. archaeol. IV, 1917.
	Benjamin, De Justiniani imper. aetate quaestiones militares, Berl. 1892.
Berliner Corpus	Die Griechischen christlichen Schriftsteller der ersten drei Jahrh., herausgeg. von der Berl. Akad. der Wiss. 1897 u. f. J..
Bernhart	Bernhart, M., Handbuch zur Münzkunde der röm. Kaiserzeit, 1926.
Bethmann-Hollweg	von Bethmann-Hollweg, Der röm. Zivilprozess, 1864 u. f. J..
Beugnot	Beugnot, Histoire de la déstruction du paganisme en Occident, Paris, 1835.
	Bezerhaus, Neuere Augustinprobleme. Historische Zeitschr. CXXVII 1923.
	J. Bidez, l'Empereur Julien, oeuvres complètes (noch nicht vollständig), Coll. Budé, 1924 u. f. J..
	J. Bidez, Amiens, ville natale de l'Empereur Magnence, Revue des études anciennes XXVII, 1925, p. 312 sqq..
Bidez	J. Bidez, La vie de l'Empereur Julien, 1930.
	J. Bidez u. F. Cumont, Juliani Imperatoris epistolae leges poematia fragmenta varia, 1922.

	J. Bidez u. F. Cumont, Recherches sur la tradition manuscrite des lettres de l'Empereur Julien, Mém. publ. par l'Ac. roy. de Belgique LVII, 1898.
	Billeter, Geschichte des Zinsfusses im griech.-röm. Altertum bis auf Iustinian, Leipzig, 1898.
Birth Charakterk.	Birth, Th., Charakterköpfe Spätroms und die Entstehung des modernen Europas, 1916.
	Blaum, Quaestionum Valerianarum specimen, Progr. Strasb. 1876.
Blümner	Blümner, Die röm. Privataltertümer, 1911.
Böcking N. D.	Böcking, Ed., Notitia Dignitatum, Bonn, 1849.
Boissier	Boissier, G., La fin du paganisme, 1891.
Borghesi	Borghesi, Oeuvres, Paris 1862—1867.
v. Borries	Borries, E. von —, Ammians Quellen für die germanischen Feldzüge Julians, Hermes XXVII, 1892, p. 170 sqq..
Bouchard	Bouchard, L., Étude sur l'administration des finances de l'Empire Romain dans les derniers temps de son existence, 1871.
Büdinger	Büdinger M., Ammianus Marcellinus und die Eigenart seines Geschichtwerkes, Denkschr. d. phil.-hist. Klasse der Wiener Akad. XLIV, 1896, Abh. 5.
	Büdinger M., Untersuchungen zur röm. Kaisergeschichte, 1870.
	Bunbury, A history of ancient geography among the Greeks and Romans from the earliest ages till the fall of the Roman Empire, 1879.
Burckhardt	Burckhardt, J., Die Zeit Konstantins des Groszen, mit einer Einleitung von E. Hohl, 1924.
Bury Rom. Hist.	Bury, J. B., History of the later Roman Empire from the death of Theodosius I to the death of Justinian, 1923.
C. I. G.	Corpus Inscriptionum Graecarum (Boeckh), 1828—1877.
C. I. L.	Corpus Inscriptionum Latinarum, 1863 u. f. J..
C. S. Ch. Or.	Corpus Scriptorum Christianorum Orientalium, cum versione latina, edd. Chabot, Guidi u. A..
Cagnat	Cagnat, Étude sur les impôts indirects chez les Romains jusqu'à l'invasion des Barbares, 1882.
Cambr. Med. Hist.	Cambridge Medieval History, 1911 u. f. J.
	Chapot, La frontière de l'Euphrat, 1907.
Charlesworth	Charlesworth, M. P., Trade-routes and commerce of the Roman Empire, 1924.
Christensen	Christensen, A., L'Empire des Sassanides (Kopenhagen 1907).
Coedès	Coedès, Textes d'auteurs grecs et latins relatifs à l'extrême Orient, Docum. hist. et géogr. rel. à l'Indo-Chine I, 1910.
Cod. Theod.	Theodosiani libri XVI cum const. Sirmondianis (ed. Mommsen, 1905).

(Historisch). 25

Cohen	Cohen, Médailles consulaires: Déscription des monnaies frappées sous l'Empire Romain, 1880—1892.
Coll. Avell.	Epistulae imperatorum pontificum aliorum, Avellana quae dicitur collectio, ed. O. Guenter (Wiener Corpus Bnd. 35).
	Collinet, Le rôle de la doctrine et de la pratique dans le développement du droit romain au Bas-Empire (Rev. hist. de droit fr. et étr. 1928, p. 551—583 und 1929, p. 5—35).
Corp. Jur.	Corpus juris civilis edd. Mommsen-Krueger-Kroll.
Bonner Corpus	Corpus scriptorum historiae Byzantinae, 1829 u. f. J..
Wiener Corpus	Corpus scriptorum ecclesiasticorum latinorum, herausgeg. von der Wiener Akad. der Wiss., 1866 u. f. J..
Cumont Or. Rel.	Cumont, F., Die Orientalischen Religionen im röm. Heidentum, nach der 4-en franz. Aufl. bearb. v. A. Burckhardt-Brandenberg, 1931.
	Cunz Otto, Itineraria Romana, Vol. I, 1929.
Dessau Inscr.	Dessau, Inscriptiones latinae selectae ed. H. Dessau.
Daremb.-Saglio	Daremberg-Saglio, Dictionnaire des antiquités grecques et romaines.
Dict. chrét.	Dictionnaire d'archéologie chrétienne et de liturgie (Cabrol-Leclerc), 1923 u. f. J., nicht vollst., A.-N.
Dict. eccl.	Dictionnaire d'histoire et de géographie ecclésiastiques, 1912 u. f. J., nicht vollst., A-C.
Dict. Théol. cath.	Dictionnaire de théologie catholique (Vacant-Mangenot-Amann), 1923 u. f. J., nicht vollst., A-P.
Diehl Just.	Diehl Ch., Justinien et la civilisation byzantine au VI-me siècle, Paris 1901.
Diehl Art. Byz.	Diehl Ch. Manuel de l'art Byzantin, 1906.
Diehl H. Byz.	Diehl Ch. Histoire de l'Empire Byzantin, 8-me éd., 1924.
Dichl Const.	Diehl Ch., Constantinople, Paris 1924.
Diehl Afr. Byz.	Diehl Ch., l'Afrique Byzantine.
	Dieterich K., Byzantinische Karakterköpfe, Leipzig 1908.
	Dill S., Roman Society in the last Century of the West-Empire.
Ditt. Or. Inscr.	Dittenberger, Orientis graecae inscriptiones selectae. 1903—1905.
Ditt. Syll.	Dittenberger, Sylloge inscriptionum graecarum[3]. 1915—1924.
Diz. epigr.	Dizionario epigrafico di antichità romane (Ruggiero). 1895 u. f. J.
Dom. Fahnen	Domaszewski A. v. —, Die Fahnen im röm. Heere, Abh. des arch.-epigr. Sem. d. Univ. Wien, 1885.
Dom. Rangordnung	Domaszewski A. v. —, Die Rangordnung des röm. Heeres, 1908.
Dom. röm. Kaiser.	Domaszewski A. v. —, Geschichte der röm. Kaiser, 2 Aufl. 1914.
Dopsch	Dopsch, Wirtschaftliche und sociale Grundlagen der

	europäischen Kulturentwicklung aus der Zeit von Caesar bis auf Karl den Groszen, I 1923, II 1924.
Droysen	Droysen, Geschichte des Hellenismus, 1843.
Drumann	W. Drumann—P. Groebe, Gesch. Roms in seinem Übergange von der republikanischen zur monarchistischen Verfassung, 1899 u. f. J..
	Duckett, Latin writers of the fifth Century, New York 1930.
Eckhel	Eckhel, Doctrina nummorum veterum, 1792—1798.
Einl. i. d. Alt. Wiss.	Einleitung in die Altertumswissenschaft (Gercke-Norden), Bnd. I, 3-te Aufl. 1927, Bnd. II, 3-te Aufl. 1922, Bnd. III, 2-te Auflage, 1923.
Enc. Bibl.	Encyclopaedia Biblica (Cheyne-Sutherland Black), 1899—1903.
Enc. Jud.	Encyclopaedia Judaica, 2-te Aufl., nicht vollst., A-L.
	Engelbrecht, Patristische Analekten LXXVIII (1892), über Titulatur.
	Engelbrecht, Das Titelwesen bei den spätlateinischen Epistolographen, Jahrb. der Theres. Akad., Wien 1893.
	Enszlin Wilh., Der Usurpator Magnus Magnentius ein Germane, Klio XIX, 1924, p. 478 sqq.
	Enszlin Wilh., Kaiser Julians Gesetzgebungswerk und Reichsverwaltung, Klio XVIII, 1923. p. 104 sqq.
	Enszlin Wilh., Zur Geschichtsschreibung u. Weltanschauung des Ammianus Marcellinus, Klio Beiheft XVI, N. F. 3, 1923.
	Enszlin Wilh., Meiacarire-aquae frigidae, Klio XIX, 1925, p. 476 sqq.
	Enszlin Wilh., Zum Heermeisteramt des spät-röm. Reiches, Klio XXIV, 1931, pp. 102—147 u. pp. 467—502.
	Fargues Pierre, Claudien: Études sur sa poésie et son temps, Paris 1933.
	Fargues Pierre, Claudien: Invectives contre Eutrope, Paris 1933.
Ferrero	Ferrero G., Grandezza e decadenza di Roma, 1908.
Finke	Finke, Ammianus Marcellinus und seine Quellen zur Gesch. der röm. Rep., Diss Heidelberg, 1904.
	Foord, E., The Byzantine Empire, London 1911.
Förstemann	Förstemann, Alt-deutsches Namenbuch, 2-te Aufl., 1900.
	Förster R., Libanii opera, 1903 u. f. J..
F. H. G.	Fragmenta historicorum graecorum ed. Müller, 1848—1874.
Freeman	Freeman E., History of Sicily, 1891—1894.
Friedländer	Friedländer, Sittengeschichte Roms I—IV, 8-te Aufl., 1910.
	Gardthausen V., Die geographischen Quellen Ammians, Habilit. Schr. Leipzig, 1873.
	Gebhardt Ed., Studien über das Verpflegungswesen

(Historisch). 27

	im Rom und Constantinopel, Diss. Dorpat 1881.
Geffcken Heident.	Geffcken J., Der Ausgang des griechisch-römischen Heidentums, 1920.
Geffcken Jul.	Geffcken J., Kaiser Julianus, 1914.
Gelzer	Gelzer H., Abrisz der byzantinischen Kaisergeschichte, in Krumbacher, Gesch. der byz. Litt., München 1897.
Gibbon	Gibbon E., History of the decline and fall of the Roman Empire, herausgeg. von Bury, 1900.
	Gimazane Jean, Ammien Marcellin. Sa vie et son oeuvre, 1889.
	Gothofredus, Commentar des Cod. Theod., Lyon 1655.
	Gothofredus-Ritter, Commentar des Cod. Theod., Leipzig 1771.
	Goyau, Chronologie de l'Empire romain, 1891.
Heidelb. Index	Gradenwitz O., Heidelberger Index zum Cod. Theod., 1926.
Grosse Rangordn.	Grosse Robert, Die Rangordnung der röm. Armee des 4—6 Jahrh., Klio XV, 1918.
Grosse Fahnen	Grosse Robert, Die Fahnen in der röm.-byz. Armee des 4—10 Jahrh., Byz. Zeitschr. 1914.
Grosse Mil.	Grosse Robert, Röm. Militärgeschichte von Gallienus bis zum Beginn der Byzantinischen Themenverfassung, 1920.
	Grupp G., Kulturgeschichte der röm. Kaiserzeit, 1903.
	Guidonis Geographia, edd. Pinder u. Parthey, 1860.
	Güldenpenning u. Iffland, Der Kaiser Theodosius der Grosze, 1878.
	Güldenpenning A., Geschichte des Oströmischen Reiches unter den Kaisern Arkadius und Theodosius II, 1885.
	Gutschmid A. v. —, Untersuchungen über die Geschichte des Königsreichs Osroene, Mém. de l'acad. imp. d. sc. de St. Petersbourg VII-me série XXXV, 1887.
	Gutschmid A. v. —, Litt. Centralblatt, 1873, pp. 737—739.
	Gwatkin H. M., Studies of Arianism, chiefly referring to the character and chronology of the reaction which followed the council of Nicaea, 1882.
v. Harnack Dogmengeschichte	Harnack A. von —, Lehrbuch der Dogmengeschichte IV, 3-te Aufl., 1920.
	Harnack A. v. —, Augustinus. Reflexionen und Maximen, 1922.
v. Harnack Mission	Harnack A. v. —, Ausbreitung und Mission des Christentums, II, 1924.
	Hartmann, Unters. zur Gesch. der byz. Verwaltung in Italien, Leipzig, 1889.
Hecker	Hecker Herm., Zur Gesch. des Kaisers Julian. Eine Quellenstudie, Progr. Kreutznach 1886.
	Heichelheim Fritz, Zur Währungskrise des röm. Imperiums im 3-ten Jahrh. n. Chr., Klio XXVI, N. F. Bnd. VIII, Heft 1.

Heisenberg	Heisenberg A., in Staat und Gesellschaft der Griechen und Römer bis zum Ausgange des Mittelalters, 2-te Aufl. 1923.
	Heitland, Agricola (c. 49 über die Juristen der Digesten).
Hercher Epist.	Hercher R., Epistolographi graeci, 1873.
	Hercher R., Zu den Briefen Kaiser Julians (Hermes II, 1867 p. 457 sq.).
Herrmann	Herrmann A., Die alten Seidenstraszen zwischen China und Syrien, 1911.
	Herrmann A., Die Beziehungen zwischen China und dem röm. Reich. Mitt. der Vereinigung der Saalburgfreunde, 1928, p. 65 sqq..
	Hertlein Fr. C., Progr. Gymn. Wertheim 1847, 1850, 1856, 1860, 1873.
	Hertlein Fr. C., Zu Julians Briefen, Hermes III, 1869, p. 309 sqq..
	Hertlein Fr. C., Juliani Imperatoris quae supersunt, 1876.
Hertzberg	Hertzberg G. Fr., Gesch. der Byzantiner und des osmanischen Reiches bis gegen Ende des 16. Jahrh., 1883.
Heumann-Seckel	Heumann-Seckel, Handlexicon zu den Quellen des röm. Rechts, 9-te Aufl. ,1926.
	Heyler L. H., Juliani imperatoris quae feruntur epistolae, 1828.
	Hirschfeld Otto, Die Getreideverwaltung in der röm. Kaiserzeit. Philol. XXIX, 1870.
	Hirschfeld Otto, Die agentes in rebus, Sitz. Ber. der K. Preuss. Akad. XXV, 1893. (= Kleine Schriften, p. 624.)
	Hirschfeld Otto, Die Rangtitel der röm. Kaiserzeit, Sitz. Ber. der Berl. Akad. 1901 p. 580 sqq. (= Kleine Schriften, p. 646.)
Hirschfeld Verwaltungsb.	Hirschfeld Otto, Die kaiserlichen Verwaltungsbeamten bis auf Diokletian, 2-te Aufl., 1905.
	Hirth F., China and the Roman Orient, 1885.
Hist. Laus.	Historia Lausiaca von Palladius, Migne P. G. XXXIV.
Hist. Mon.	Historia monachorum von Rufinus, Migne P. L. XXI.
	Holl K., Augustins innere Entwicklung, Abh. Berl. Akad. 1922, Phil.-Hist. Kl. No. 4.
Holm	Holm A., Geschichte Siziliens im Altertum, 1869—1898.
	Hölscher, Palästina in persischer und hellenistischer Zeit, 1902.
Hommel	Hommel Fritz, Ethnologie und Geographie des alten Orients, Handb. der Altertumswissenschaft III, 1, 1., 1926.
Humann-Puchstein	Humann-Puchstein, Reisen in Klein-Asien und Nord-Syrien, 1890.
Humbert	Humbert G., Essai sur les finances et la comptabilité publique chez les Romains, 1887.
Huschke	Huschke Ph. Ed., Jurisprudentiae antejustinianae quae supersunt, 1861.

(Historisch). 29

	Ihm M., Studia Ambrosiana, 1889.
Ihne	Ihne W., Römische Geschichte, 1893 sqq..
Itin. Hier.	Itinera Hierosolymitana ed. P. Geyer im Wiener Corpus vol. XXXIX, 1913.
	Jacoby F., Die Fragmente der griechischen Hist. II A, 320, 323 und Kommentar II C, 224—228 (über Timagenes, Quelle des Ammian).
	Jonkers E. J., Economische en sociale toestanden in het Romeinsche Rijk blijkende uit het Corpus juris, Diss. Utrecht 1933 (cf. die Besprechung Gelzers in Gnomon 1934, X. 4. p. 216).
Jorga	Jorga N., The Byzantine Empire, London 1911.
	Justi F., Iranisches Namenbuch, 1895.
Karlowa	Karlowa Otto, Römische Rechtsgeschichte, 1885.
	Keil und von Premerstein, Berichte über die 1-ste (2-te, 3-te) Reise in Lydien, 1908 sq., Denkschr. Akad. Wien.
Kiepert Formae	Kiepert u. Huelsen, Formae urbis Romae antiquae, 1912, (auch für die späte Kaiserzeit).
Kipp	Kipp, Geschichte der Quellen des röm. Rechts, 1909.
Klein	Klein Walter, Studien zu Amm. Marc., Beiheft XIII d. Klio, 1914.
Koch Jul.	Koch Wilhelm, Kaiser Julian der Abtrünnige. Seine Jugend und Kriegstaten bis zum Tode des Kaisers Constantius, Sonderabdr. aus dem 25-ten Supplementband der Jahrb. f. klass. Phil. 1899.
Koch Titel	Koch W., Die byzantinischen Beamtentitel von 400 bis 700, Diss. Jena 1903.
	Koch W., Comment l'Empereur Julien tâcha de fonder une église païenne, Extr. de la Rev. Belge de Phil. et d'Hist. 1927—1928.
Kornemann Doppel-prinz.	Kornemann, Doppelprinzipat und Reichsteilung im Imperium Romanum, 1930.
	Kornemann, Das Problem des Untergangs der antiken Welt, Vergangenheit und Gegenwart XII, 1922.
Krom.-Veith	Kromayer-Veith, Heerwesen und Kriegführung der Griechen und Römer, 1928, Handbuch der Altert. Wissensch. IV, 3, 2.
Krumbacher	Krumbacher, Geschichte der byzantinischen Literatur², 1897.
Kuhn	Kuhn, Städtische und bürgerliche Verfassung des röm. Reiches bis auf die Zeiten Justinians, 1864.
	De la Bletterie, Histoire de l'Empereur Jovien et traductions de quelques ouvrages de l'Empereur Julien, 1776.
	Lagrange, Histoire de saint Paulin de Nole, 1882.
	Lanckoronski, Niemann und Petersen, Städte Pisidiens und Pamphyliens, 1890.

Lange	Lange H., Römische Altertümer, 3-te Aufl., 1879.
	Lange Ludw., Historia mutationum rei militaris Romanorum inde ab interitu rei publicae ad Constantinum Magnum, 1846.
	Laqueur, Koch, Weber (Wilh.), Probleme der Spätantike, Vorträge auf dem 17-ten deutschen Historikertag (Kohlhammer Stuttgart); p. 33: Der Aufenthalt des Constantius II. zu Rom.
Lassen	Lassen C., Indische Altertumskunde, 1847 u. f. J.
	Laube Adolphus, De litterarum Libanii et Basilii commercio, Vratislaviae, 1913.
Le Bas-Waddingt.	Le Bas — Waddington, Voyage archéologique en Grèce et Asie mineure, Inscriptions tom. III, 1868.
Lécr. Sénat	Lécrivain C., Le sénat romain depuis Dioclétien, Bibl. des écoles franç. d'Athènes et de Rome LII, 1888.
	Lemonnier, Étude historique sur la condition privée des affranchis aux trois premiers siècles de l'Empire romain, Paris 1887.
Lenel	Lenel O., Palingenesia iuris civilis, 1889.
Lex. Theol. K.	Lexicon für Theologie und Kirche, 1930 u. f. J..
Liebenam Städteverw.	Liebenam W., Städteverwaltung im röm. Kaiserreiche, 1900.
	Lumbroso G., Impressioni del quarto secolo davanti alle maraviglie dell' urbe, Rend. Accad. Lincei 1924, pp. 25—33.
	Lumbroso G., in Aegyptus XIII, 1933 p. 275 sqq..
	Maasz E., Die Lebenden und die Toten, N. Jahrb. 49, 1922, p. 205 sq. (über den Kult der Märtyrer).
Mac Crindle	Mc. Crindle, Ancient India as described in class. litt., 1901.
Mackail	Mackail A. W., The last great Roman historian, Class. Stud., London Murray 1925.
	Mangold K., Legionen des Orients auf Grund der N. D. Rh. Mus. (1902) 57. N. F., p. 259 sq.
Marq. Privatl.	Marquardt (J.) — Mau, Das Privatleben der Römer, 2-te Aufl. 1866.
Marq. Staatsverw.	Marquardt (J.) — Dessau, Röm. Staatsverwaltung, 2-te Aufl. 1884.
	Marquart J., Süd-Armenien und die Tigrisquellen, 1930, p. 78, 159 (über Vagabanta ad 29, 1, 3.).
	Martrose F., Commentaire d'un passage d'Ammien Marcellin relatif au procès en calomnie, Bull. Soc. antiq. de France 1922, pp. 165—172.
	Maspéro J., Organisation militaire de l'Égypte Byzantine, 1912.
Mau Rel. Jul.	Mau G., Die Religionsphilosophie Kaiser Julians in seinen Reden auf König Helios und die Göttermutter, 1908.
Voc. Cod. Just.	Mayr K. v. — San Nicolò M., Vocabularium Codicis Justiniani, 1923—1925.

Meltzer	Meltzer O., Geschichte der Karthager, 1879—1896.
Mendelss. Zos.	Mendelssohn in seiner Ed. des Zosimus p. XXXIX sqq. (über Ammians Erzählung des persischen Feldzuges).
Merivale	Merivale, History of the Romans under the Empire, 4-te Aufl. 1862.
	Meulen D. van der —, und Wissman H. v. —, Hadramaut; some of its mysteries unveiled, Leiden 1932 (mit Karte.).
	Michael H., in den phil. Abh. M. Hertz zum 70-ten Geburtstag von ehem. Schülern dargebr., 1888 pp. 229—239.
	Michael H., Die verlorenen Bücher des Ammianus Marcellinus, 1880.
	Mickwitz J., Geld und Wirtschaft im röm. Reiche des 4-ten Jahrh. n. Chr., Soc. Scient. Fennica, comm. hum. litt. IV, 2, 1932 cap. I—III.
Migne P. G.	Migne, Patrologiae cursus completus, series Graeca.
Migne P. L.	Migne, Patrologiae cursus completus, series Latina.
Mitteis-Wilcken	Mitteis-Wilcken, Grundzüge der Papyruskunde, nebst Chrestomathie, 1912.
	Mommsen Th., Das röm. Militärwesen seit Diocletian, Hermes XXIV, 1889 pp. 195—279 = Ges. Schr. III p. 206 sqq..
	Mommsen Th., Edition des Solinus (Rerum memorabilium collectanea).
	Mommsen, Eph. epigr. V p. 121 sqq. (über Protectores Augusti).
	Mommsen Th., Ammians Geographica, Hermes XVI, 1881, pp. 602—636 = Ges. Schr. VII p. 393 sqq..
Mommsen R. G.	Mommsen Th., Römische Geschichte, 12-te Aufl. 1920.
Mommsen R. Str.	Mommsen Th., Römisches Staatsrecht, 1887—1894.
Mommsen R. Strafr.	Mommsen Th., Römisches Strafrecht und röm. Strafprozesz, 1899.
Mommsen Abr.	Mommsen Th., Abrisz des röm. Staatsrechts, 1893.
Mommsen Ostg. St.	Mommsen Th., Ostgothische Studien, Ges. Schr. VI p. 409.
Mommsen Ges. Schr.	Mommsen Th., Gesammelte Schriften.
M. A. M. A.	Monumenta Asiae Minoris Antiqua, Publications of the American society for arch. research in Asia minor, 1928, sqq..
Mon. Germ. Hist. Auct. Ant.	Monumenta Germaniae Historica. Auctores antiquissimi.
Müller Mil.	Müller A., Militaria aus Ammianus Marcellinus und Procopius. Philol. LXIV, 1905 p. 573 sq. und LXXI, 1912 p. 101 sq.
	Müller A., Veteranenvereine in der röm. Kaiserzeit, N. Jahrb. XXIX, 1912 p. 267 sq.
	Müller C. F. W., über Ammian in Fleckeisens Jahrb. 1873.
Müller Geogr.	Müller, Geographi graeci minores, 1855—1861.

Naudet	Naudet, Des changements opérés dans toutes les parties de l'administration de l'Empire romain sous le règne de Dioclétien, Constantin et leurs successeurs jusqu'à Julien, 1817.
Negri	Negri Gaetano, l'Imperatore Juliano l'Apostata, Milano, 1902.
	Neumann C. J., Juliani Imperatoris librorum contra Christianos quae supersunt, 1880.
	Neumann C. J., Der röm. Staat und die allgemeine Kirche bis auf Diocletian, 1890.
Niese Mac.	Niese, Geschichte der griechischen und macedonischen Staaten I—III, 1893—1903.
Niese-Hohl	Niese-Hohl, Grundriss der röm. Geschichte, 5-te Aufl., 1923.
	Nischer E. von —, The army reforms of Diocletian and Constantine, The Journ. of Rom. Stud. XIII, 1923 p. 1 sq.
v. Nischer	Nischer E. von —, Das röm. Heer und seine Generale nach Ammianus Marcellinus, Hermes LXIII, 1928 pp. 430—456.
	Nischer E. von —, Die Quellen für das spätröm. Heerwesen, The American Journ. of Philol. LIII, 1932 p. 21 sqq..
Nissen	Nissen H., Italische Landeskunde, 1883—1902.
Nöldeke Tabari	Nöldeke, Geschichte der Perser und Araber zur Zeit der Sasaniden, aus der arabischen Chronik des Tabari, 1879.
Nöldeke Pers. Gesch.	Nöldeke, Aufsätze zur persischen Geschichte, 1887.
	Norden E., Alt-Germanien, 1934 (p. 1 sq.: Einleitung; Die drei Feldzüge des Caesar Julianus auf rechtsrheinischem Gebiet; Ein handschriftliches Ammianusproblem: Alamanni oder Romani? u. p. 85 sq.: Die Ortsbezeichnungen Palas u. Capellatii bei Amm.).
Nov. Theod.	Leges novellae ad Theodosianum pertinentes edd. Mommsen-Meyer, 1905.
	Oppenheim Max Frhrr. von —, Vom Mittelmeer zum persischen Golf, Berlin 1899 und 1900.
	Orange H. P. l' —, Studien zur Geschichte des spätantiken Porträts, 1933.
	Otto Walter F., Der Geist der Antike und die christliche Welt, 1923.
	Otto Walter F., Kulturgeschichte des Altertums, 1925.
Pais Storia crit.	Pais Ettore, Storia critica di Roma durante i primi cinque secoli, 1913 sqq..
	Parker H. M. D., The legions of Diocletian and Constantine, The Journ. of Rom. Stud. XXIII 1933, p. 175 sq.
R. E.	Pauly-Wissowa, Real-Encyclopaedie des klass. Altert., 1894, sqq..
	Peeters P., Anal. Boll. XLIII, 1925, p. 212, über Tamsapor ad 16. 9. 2—4.

(Historisch). 33

	Petau, Juliani Imperatoris Opera, 1630.
Peter G. R.	Peter Carl, Geschichte Roms, 1870—1881.
Peter Wahrh. etc.	Peter H., Wahrheit und Kunst, Geschichtsschreibung und Plagiat im klass. Altert, 1911.
Peter Gesch. Litt.	Peter H., Die geschichtliche Literatur über die röm. Kaiserzeit bis Theodosius (II p. 121 sq. über Ammianus), 1897.
Platner	Platner Sam. Ball, A topographical dictionary of ancient Rome, completed and revised by Thomas Ashby, 1929.
Preisigke Fachw.	Preisigke Fr., Fachwörter des öffentlichen Verwaltungsdienstes Ägyptens, 1915.
Preisigke Wörterb.	Preisigke Fr., Wörterbuch der griechischen Papyrusurkunden, 1925—1931.
Preusz Diokl.	Preusz Th., Kaiser Diokletian und seine Zeit, 1869.
	Rade, Damasus, Bischof von Rom, 1882.
Ramsay Asia	Ramsay, The historical geography of Asia minor, 1890.
Ramsay Phrygia	Ramsay, Cities and bishoprics of Phrygia, 1895—1897.
Ravenn.	Ravennatis anonymi cosmographia edd. Pinder und Parthey, 1860.
Real. Ass.	Reallexicon der Assyriologie (Ebeling-Meissner), 1932 sqq.
Reiche	Reiche Friedrich, Chronologie der letzten 6 Bücher des Ammianus Marcellinus, Diss. Jena 1889.
	Reinkens, Hilarius von Poitiers, 1864.
Reiske	Reiske's Edition des Libanius, 1791—1797.
	Rettich W., Welt und Lebensanschauung des spätröm. Dichters Rutilius Claudius Namatianus, 1918.
H. Richter	Richter H., Das weström. Reich unter den Kaisern Gratian, Valentinian II und Maximus, 1865.
Richter Top.	Richter O., Topographie der Stadt Rom, 2-te Aufl., 1901.
Rode Jul.	Rode, Geschichte der Reaktion Kaiser Julians gegen die christliche Kirche, 1877.
	Rostagni A., Giuliano l'Apostata, 1920.
	Rostovzeff M., Studien zur Geschichte des röm. Kolonates, erstes Beiheft zum Arch. f. Papyr. Forschung herausg. v. Ulr. Wilcken, 1910.
	Rostovzeff M., La crise sociale et politique de l'Empire Romain au III-me siècle après J. Chr., Musée Belge XXVII, 1923, p. 233.
	Rostovzeff M., Caravan Cities, 1932.
	Rouillard G., L'Administration civile de l'Égypte Byzantine, 1928.
Sabatier	Sabatier J., Déscription générale des monnaies Byzantines frappées sous les Empereurs d'Orient depuis Arcadius jusqu'à la prise de Constantinople, 1930.
Sachau	Sachau, Reisen in Syrien und Mesopotamien, 1883.

de Sanctis	de Sanctis Gaetano, Storia dei Romani, 1907 u. f. J..
	Saulcy de —, La numismatique de la Terre sainte, 1874.
Sarre-Herzf.	Sarre und Herzfeld, Archaeologische Reise im Euphrat-Tigris-Gebiet, I—IV, 1920.
Schaefer-Nissen	Schaefer (L.)-Nissen (H.), Abrisz der Quellenkunde der griechischen und römischen Geschichte, 3-te Aufl., 1887.
	Schemmel, F., Die Schule von Caesarea in Palaestina.
	Schemmel F., Die Schulen von Constantinopel vom 12-ten-15-ten Jahrh..
	Schemmel F., Basilius und die Schule von Caesarea.
	Schemmel F., Die Schule von Berytos.
	Schemmel F., Die Schulen von Constantinopel vom 9-ten-11-ten Jahrh., in der Phil. Wochenschr. XLV, 1925, XLII, 1922, XLIII, 1923.
	Schenkl H., Über den Glauben des Rutilius Namatianus, Rhein. Mus. LXVI, 1911.
Schiller	Schiller H., Geschichte der röm. Kaiserzeit, 1883—1887.
Schiller-Vogt	Schiller H. und Vogt M., Die röm. Staats-, Kriegs- und Privataltertümer, 2-te Aufl. 1893.
	Schleusner Guil., Quae ratio inter Taciti Germaniam ac ceteros primi saeculi libros latinos in quibus Germani tangantur intercedere videatur. Accedunt loci quidam Ammiani Marcellini, Barmis 1886.
	Schmidt Carl, Plotins Stellung zum Gnostizismus und kirchlichen Christentum, Texte und Untersuchungen XX.
Schönfeld	Schönfeld M., Wörterbuch der alt-Germanischen Personen- und Völkernamen, 1911.
Schrötter	Schrötter Fr., Wörterbuch der Münzkunde, 1930.
	Schuffner M., Ammianus Marcellinus in rerum gestarum libris quae de sedibus ac moribus complurium gentium scripserit, quibus differant ab aliis scriptoribus etc., Progr. Meiningen 1877.
Schürer	Schürer, Geschichte des jüdischen Volkes[4], 1901—1909.
	Schuster M., Der religiöse Standpunkt des Rutilius Namatianus, Phil. Wochenschr. XLV, 1925 p. 713.
	Schwartz E., Kaiser Constantin und die christliche Kirche, 1913.
W. Schwartz Jul.	Schwartz W., De vita et scriptis Juliani Imperatoris, Diss. Bonn 1888.
Schwegler	Schwegler A., Römische Geschichte, 1853—1858. Band IV und V (1873—1876) von Clason.
N. D. ed. Seeck	Seeck O., Edition der Notitia Dignitatum, 1876.
	Seeck O., Chronologia Symmachiana = Mon. Germ. Hist., Auct. Ant. VI.
	Seeck O., Biographie des Ammianus in R. E. I, p. 1845 sq.
	Seeck O., Studien zu Synesios, Phil. LII, 1894, pp. 442—483.

(Historisch). 35

	Seeck O., Zur Chronologie und Quellenkritik des Ammianus Marcellinus, Hermes XLI, 1906.
Seeck Unterg.	Seeck O., Geschichte des Untergangs der antiken Welt, 1910 u. f. J..
Seeck B. L. Z. G.	Seeck O., Die Briefe des Libanius zeitlich geordnet, 1906.
Seeck Regesten	Seeck O., Regesten der Kaiser und Päpste für die Jahre 311 bis 476 n. Chr., 1919.
Serrigny	Serrigny, Droit public et administratif romain du IV-me au VI-me siècle, 1862.
	Siber, Röm. Rechtsgeschichte, Berlin 1925.
Sievers Lib.	Sievers G. R., Leben des Libanius, 1868.
	Sievers G. R., Studien zur Geschichte der röm. Kaiser, 1870.
Silomon	Silomon, De Libanii Epistolarum libris I—VI, Gött. 1909.
Smith India	Smith V. A., The early history of India, 1914 (p. 295 sqq. über die Jahre 320—455 n. C.).
	Solari A., La campagna Lenziese dell'Imperatore Graziano, ad XXXI, 10, Byzantion VII, 1932 p. 69 sqq.
	Solari A., La rivolta Procopiana, ad XXVI, 5 sqq., Byzantion VII, 1932, p. 143 sqq..
Sölch	Sölch J., Bithynische Städte im Altertum, Klio XIX, 1925 (auch für die späte Kaiserzeit).
	Soltész A., Der Valutafall des 3-ten Jahrh. und die Diocletianische Münzreform, Numismat. Közl. 23/4, pp. 11—17.
	Solymossy A., Die Fabel von dem mürbe gerittenen Fleisch, Ung. Jahrb. III, 1923 p. 276 sqq..
	Sontheimer W., Der Exkurs über Gallien bei Ammianus Marcellinus (XV, 9—12), Klio XX, 1925 pp. 19—53.
	Spanheim, Juliani Imperatoris opera, 1696.
	Stähelin Felix, Die Schweiz in röm. Zeit, 1931.
	Stark, Gaza und die philistäische Küste, 1852.
	Stein E., Beiträge zur Geschichte von Ravenna in spätröm. und byzantinischer Zeit, Klio XVI, 1920.
Stein Spätr. Gesch.	Stein E., Geschichte des spätröm. Reiches, I, 1928.
	Stöckle A., Spätrömische u. Byzantinische Zünfte, Klio, Beiheft IX, 1911.
Strausz	Strausz D. F., Der Romantiker auf dem Throne der Caesaren, (über Julianus), 1847.
	Strzygowski J., Seidenstoffe aus Aegypten im Kaiser-Friedrich-Museum. Wechselbeziehungen zwischen China, Persien und Syrien in spätantiker Zeit. Jahrb. der Preusz. Kunstsammlungen, Band XXIV, 1913 p. 147 sqq..
Südhaus	Südhaus H., De ratione quae intercedat inter Zosimi et Ammiani de bello a Juliano Imp. cum Persis gesto relationes, Bonn, diss. 1870.
	Sundwall, West-röm. Studien,

Tillemont	Tillemont Lenain de —, Histoire des empereurs et des autres princes qui ont régné durant les six premiers siècles de l'église, Brüssel 1707—1739, 2-te Aufl..
Toutain	Toutain, l'Économie antique, Paris, 1927.
	Troeltsch, Augustin, 1930.
	Tscherikower V., Die Hellenistischen Städtegründungen von Alexander dem Groszen bis auf die Römerzeit, Philol. Suppl. Bnd. XIX, Heft I.
	Wallon H., Histoire de l'Esclavage dans l'antiquité, 2-te Aufl., 1879.
Waltzing	Waltzing, Étude historique sur les corporations professionelles, 1895—1900.
Warmington	Warmington E. H., The commerce between the Roman Empire and India, 1928.
	Wendland, Berliner Phil. Wochenschr. 1910, p. 37 über Julian.
Wendland	Wendland, Die hellenistisch-römische Kultur in ihren Beziehungen zum Judentum und zum Christentum, 2-te Aufl., 1912.
Wenger	Wenger L., Volk und Staat in Aegypten am Ausgang der Römerherrschaft, 1922.
Wesseling Itin.	Wesseling P., Vetera Romanorum Itineraria, Amsterdam, 1735.
	Westerhuis J. A., Origo Constantini Imperatoris sive Anonymi Valesiani pars prior, Kampen, 1906.
	Wiegand, Die Alamannenschlacht vor Strassburg, 357, 3-tes Heft der Beitr. zur Landes- und Volkes-Kunde von Elsass-Lothringen, 1887.
Willems	Willems P., Le droit public Romain, 5-me Éd., 1911.
Witte	Witte E., Ammianus Marcellinus quid iudicaverit de rebus divinis, diss. Jena, 1891.
Wolf	Libanii sophistae Epistolas edidit . . . . J. C. Wolf, Amsterdam, 1738.
	Wolff G., Über die Alemannen, ad XVII, 1, 7. Germania XII, 1928, p. 108 sqq..
Wright ed. Jul.	Wright, The works of the Emperor Julian etc., Loeb 1923.
Wright-Sinclair	Wright and Sinclair, A History of later latin literature, 1931.
	Zander C. L. E., Andeutungen zur Geschichte des röm. Kriegswesens, 8 Progr., Gymn. Ratzeburg, 1840—1866.
	Zehetmair, De appellationibus honorificis in papyris graecis obviis, diss. Marburg, 1912.

KAISERBIOGRAPHIEN NEBST STAMMTAFELN.

KAISERBIOGRAPHIEN.

Julianus, ὁ παραβάτης (apostata). Geboren um die Mitte des Jahres 332 n. Chr. in Constantinopel als Sohn des Julius Constantius und der Basilinna. Sein Vater wurde im Jahre 338 bei einem Soldatenaufruhr, wahrscheinlich mit Vorwissen des späteren Kaisers Constantius, erschlagen. Julianus und sein Halbbruder Gallus wurden verbannt, ersterer nach Nikomedien (Bischof Eusebios) 337—338. Danach weilte Julianus um 341 ein oder zwei Jahre in Constantinopel, wurde aber bald aufs neue mit seinem Bruder erst nach Nikomedien, darauf nach Macellum in Kappadokien verbannt (345). Hier studierte er Philosophie und Rhetorik und seine strenggläubige, christliche Erziehung wurde hier fortgesetzt. Im Jahre 351 kehrte er nach Nikomedien zurück. Man nimmt allgemein an, dasz er hier den Neuplatonismus hat kennen lernen und im geheimen wieder Heide wurde. Als Gallus 351 Caesar des Ostens wurde, machte Julianus einige Reisen, auf welchen er die Neuplatoniker Aidesios, Maximos und Chrysanthios kennen lernte. Nach dem gewaltsamen Tode des Gallus im Jahre 354 (Ende des XIV. Buches des Amm. Marc.) geriet auch Julianus in Verdacht. Sieben Monate dauerte die Haft am Hofe zu Mailand, aus der er, trotz Verleumdungen, auf die Fürsprache der Kaiserin Eusebia hin, befreit wurde. Während einer Studienreise nach Griechenland und eines Aufenthalts in Athen wurde er mit den groszen Kappadokern Gregor von Nazianz und Basileios bekannt. Danach wurde er von Constantius zurückgerufen und als Caesar in das von Franken und Alemannen verheerte Gallien gesandt (355). (Buch XV des Amm. Marc. Kap. 8).

Nachdem er die Provinz vom Feinde gesäubert hat, besiegt er diesen vollständig bei Argentorate (Straszburg) 357. Auch der Alemannenkönig Chnodomar wurde gefangen genommen (XVI. 12). Weitere Züge gegen die Franken und Alemannen folgen (358 und 359). Den zerrütteten Verhältnissen in der Provinz wird so gut wie möglich ein Ende gemacht (Buch XVII). Ein Zerwürfnis mit dem eifersüchtigen Kaiser über Soldatenkontingente führte zur Kaiserproklamation des Julianus durch das Heer in Paris (360) (XX. 4). Ein öffentlicher Krieg zwischen dem alten und dem neuen Augustus entsteht. Julianus marschiert nach Osten, aber auf dem Zuge gegen ihn stirbt Constantius (Buch XXI). Obgleich Julianus während der Epiphanien (Januar 360) zum Scheine noch die christliche Kirche in Vienna besuchte, liesz er bald die Maske fallen und veranstaltete Opfer und Götterfeste in heidnischer Weise (XXII. 5). Nach dem Tode des Constantius (November 361) fällt ihm das ganze Reich schnell zu.

Seine kurze Regierung zeichnete sich durch eine Fülle lobenswerter Gesetze aus, betreffs der Rechtsprechung, der Hebung der Curien, des Postwesens, der Ordnung der Finanzen und des Beamtenstandes. Bekannt sind seine christenfeindlichen Maszregeln, besonders das Rhetorenedikt (17. Juni 362), nach welchem es nur den heidnischen Rhetoren gestattet war die „heidnische" Literatur, Philosophie, Mythologie usw. zu unterrichten (XXII. 10. 7 und XXV. 4. 20). Im Jahre 362 nimmt er den schon unter Constantius angefangenen Krieg mit dem Perserkönig Sapor (310—379) wieder auf (XXII. 12). Nach einer glücklichen Kampagne fällt er beim Rückzug in einem siegreichen Gefecht (363) (XXV. 3). In den Jahren 356, 357, 360 und 363 war er Konsul. Julianus ist der Held unseres Schriftstellers, wie Germanicus der des Tacitus. Der Gegensatz zwischen Tiberius und Germanicus findet sich bei ihm wieder in der Gegenüberstellung des Constantius und Julianus. Cf.: J. Bidez, La vie de l'Empereur Julien (1930); Joh. Geffcken, Kaiser Julianus (1914); Mau, Die Religionsphilosophie Kaiser Julians in seinen Reden auf König Helios und die Göttermutter (1907); R. Asmus, Julian und Dion Chrysostomos. Beilage z. Jahresbericht des Gymnasiums Tauberbischofsheim (1895); Julians Galiläerschrift im Zusammenhang mit seinen übrigen Werken. Beilage zum Jahresbericht des Gymnasiums Freiburg i. Br. (1904); Kaiser Julianus' philos. Werke (1908); Der Alkibiades-Kommentar des Jamblichos als Hauptquelle für Kaiser Julian (1917); E. Stein, Sp. Röm. G. p. 221 sq.; Niese-Hohl, R. G. p. 402 sq.; Seeck, Unterg. IV. p. 233 sq. (passim). Weiter findet man ausführliche Literaturangaben in den beiden erstgenannten Arbeiten. Die besten Editionen seines literarischen Nachlasses sind die des J. Bidez und F. Cumont (noch nicht vollständig).

Gallus. Er wurde im Jahre 325 in Etrurien als Sohn des Julius Constantius und der Galla geboren, war also ein Halbbruder des späteren Kaisers Julianus. Betreffs seiner Jugend und Erziehung s. unter Julianus. Nach der Usurpation des Comes Magnus Magnentius in Autun und der Ermordung Constans' I. (337—350), der den westlichen Teil des römischen Reiches regierte, wurde der 25-jährige Gallus in Sirmium zum Caesar ernannt, damit sich Constantius während des Krieges mit dem Usurpator hinsichtlich des Zustandes im Osten nicht zu beunruhigen brauchte. Verheiratet mit Constantia, der Schwester des Kaisers,

Kaiserbiographien. 41

residierte er in Antiochia, wo ihn der neue Prätorianerpräfekt des Ostens, Thalassius, stützte. Er war Consul I 352, II 353, III 354. Die Zeit seiner Regierung wird von Ammian ausführlich in den dunkelsten Farben geschildert (Buch XIV). Eine Katastrophe blieb nicht aus. Constantius zitierte ihn vor sich. Thalassius hatte ihn vor dem Caesar gewarnt. Gallus liesz seinen Nachfolger Domitianus und den Quaestor Montius umbringen, wagte aber keine Empörung und entschlosz sich, vor Constantius zu erscheinen. Constantia eilte ihm voraus, um ihren Bruder zu besänftigen, starb aber auf der Reise. In Poetovio (Pettau) wurde Gallus abgesetzt, in Pola (Istria) hingerichtet (Ende 354). Cf.: Stein, Sp. R. G. p. 217 sq.; Niese-Hohl, p. 402; Seeck, Unterg. IV passim; Seeck, R. E. IV 1094 sq.

Constantius. Sohn Constantins des Groszen und der Flavia Maxima Fausta, geboren 317, wahrscheinlich in Sirmium. Zum Caesar ernannt im Jahre 324. 335 befehligte er das Heer an der Donau, 336 wurde er gegen die Perser vorausentsandt. Nach dem Tode des Vaters kehrte er zurück und geleitete die Totenbahre nach Konstantinopel (337). An der Ermordung seiner Verwandten trägt er wahrscheinlich die Hauptschuld. Er wurde nun Augustus und zog nach der neuen Teilung des Reiches (338) nach dem Orient, da Sapor in Mesopotamien eingefallen war und in Armenien der König Chosroes von den Freunden der Perser vertrieben worden war. Er erzielte keine Erfolge. Im Jahre 348 erlitt er die Niederlage bei Singara durch die Zuchtlosigkeit der Soldaten. Nach der Ermordung des Constans, sicherte Constantius den Osten gegen Feinde (350). Nachdem er Sapor bei einem Angriff auf Nisibis zurückgeworfen hatte, zog er gegen Magnentius und Vetranio. Letzterer war von den Legionen an der Donau zum Kaiser erhoben worden, ergab sich aber bald dem Constantius (Ende 350). Magnentius wurde bei Mursa geschlagen (351), behauptete sich noch kurze Zeit in Gallien und beging Selbstmord im Jahre 353. (Für diese Jahre s. auch unter Julianus und Gallus.) Seit dem Jahre 354 führte er Krieg gegen die Alemannen. 355 trägt er den Sieg am Bodensee davon. Der mag. ped. Silvanus, ein Franke, erhob sich in demselben Jahre als Gegenkaiser, wurde aber bald von Ursicinus gestürzt. Unter Einflusz der Kaiserin Eusebia ernannte er im November 355 Julianus zum Caesar über Gallien (Buch XV). 357 feiert er seine Vicennalien und ist zum ersten Male in Rom (XVI. 10). 358 besiegt er die Quaden, Sarmaten und Sueben (XVII. 12). 359 greift Sapor ihn wieder an (XVIII. 4 sq.). In diesem Kriege findet die bekannte Belagerung und Einnahme von Amida statt (Buch XIX). Constantius fordert Hilfstruppen von Julian. Die Soldaten, die sich weigern nach dem Osten zu ziehen, rufen Julian zum Augustus aus (359/360) (XX. 4). Constantius verweigert jedoch die Anerkennung. Während des Zuges gegen Julian stirbt Constantius in Mopsukrene in Kilikien (361) (Buch XXI).

Constantius wird von Ammian als ein misztrauischer Mensch geschildert, der sich immer verstellte, den Worten der Schmeichler und des Hofgesindels ein viel zu williges Ohr lieh, und maszlos eingebildet war auf seine Augustuswürde. Er war Arianer. Während der Regierung seiner Brüder war seine kirchliche Politik ziemlich gemäszigt; er rief sogar seinen Feind Athanasius aus der Verbannung zurück. Im Jahre 355 liesz er ihn jedoch wieder, zusammen mit Liberius, dem Bischof von Rom, absetzen. Unter seiner Schutzherrschaft fanden die Synoden in Antiochia (340, 341), Serdica (344), Arelate (353), Mailand (355), Ariminum (359), Seleucia (Isauria) (359) statt. Cf.: Sievers, Das Leben des Libanius (passim); Seeck, R. E. IV p. 1044 sq.; Stein, Sp. R. G. p. 203 sq.; Niese-Hohl, R. G. p. 400 sq.; Seeck, Unterg. IV (passim); Harnack, Lehrbuch der Dogmengeschichte II, 146 sq.; Rauschen-Wittig[7], Patrologie p. 145 sq.; Ed. Schwartz, Zur Geschichte des Ath. (G. G. W. Hist. phil. Kl. 1904, 1905, 1908); Bernhart 1. Taf. 20 sq. und 2. p. 313 sq.

Constantia. Älteste Tochter Constantins des Groszen. Sie wird XIV. 7.4. Constantia genannt (Clark liest m. E. fälschlich Constantina, codd. Constantia), Anon. Val. VI. 35 Constantiana, XIV. 11.22 und XXI. 1.5 Constantina. Schon zu Lebzeiten ihres Vaters war sie Augusta. Im Jahre 337 vermählte sie sich mit Hannibalianus, der noch im selben Jahre ermordet wurde. Nach der Usurpation des Magnentius veranlaszte sie Vetranio in Sirmium (wahrscheinlich um ersterem ein Gegengewicht zu halten), den Augustustitel anzunehmen und überredete ihren Bruder, den Kaiser Constantius, ihn als solchen anzuerkennen. Magnentius warb um sie, wurde jedoch abgewiesen. Mit Gallus, der im Jahre 351 Caesar wurde, vermählte sie sich in Sirmium. Aus dieser Ehe wurde eine Tochter geboren. Ammian gibt im XIV. Buch eine sehr finstere Schilderung ihres bösartigen Charakters und beschuldigt sie, ihren Gatten in Antiochia, der Residenz des Gallus, zu Mordtaten angereizt zu haben. Als Constantius den Caesar zur Verantwortung ruft, reist sie ihm voraus, um ersteren zu besänftigen, stirbt jedoch vorher im bithynischen Ort Caeni Gallicani (XIV. 11. 6). Ihr Grabmal befand sich zu Rom an der Via Nomentana (XXI. 1.5). Cf.: Seeck, R. E. 4. p. 958 sq.; Stein, Spätr. Gesch. 1.215 und 219 sq.

STAMMTAFEL DER CONSTANTINISCHEN DYNASTIE.

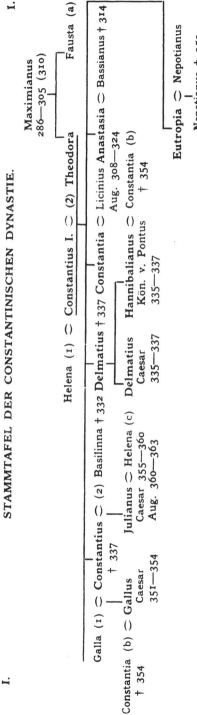
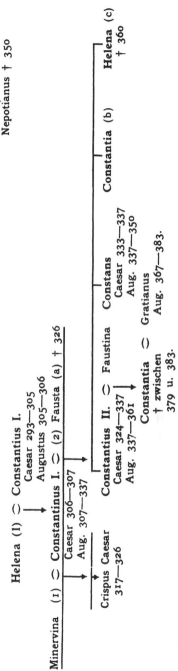

Constantinus II., Caes. 317—337, Aug. 337—340 ist Sohn des Constantinus I. u. unbekannter Mutter, daher Halbbruder des Constantius II. und des Constans.

Stammtafeln.

II. DIE KINDER DES MAXIMIANUS.

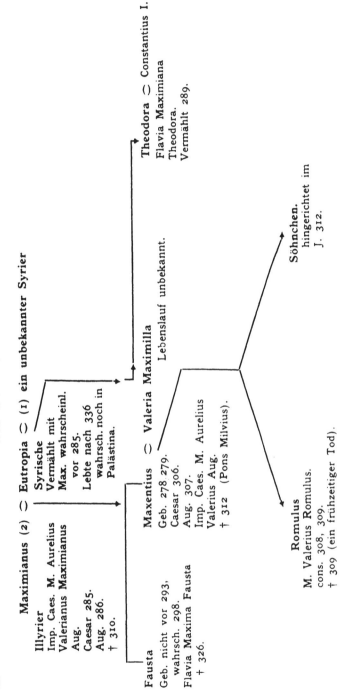

Stammtafeln. 45

CONSTANTIUS I. UND SEINE NACHKOMMEN.

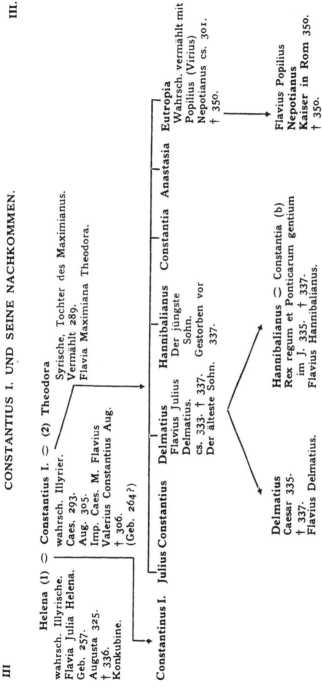

IV. FLAVIUS JULIUS CONSTANTIUS UND NACHKOMMEN.

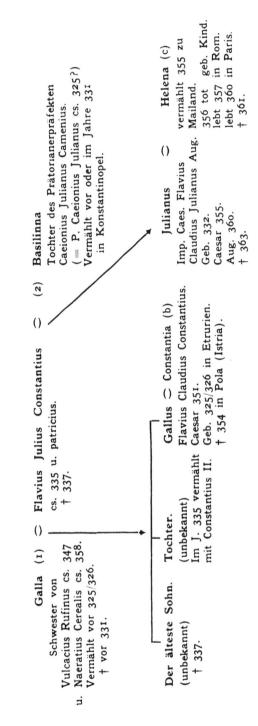

Stammtafeln. 47

V. DIE NACHKOMMEN DES CONSTANTINUS I. UND DIE DURCH SEINE EHE MIT FAUSTA V.
ENTSTANDENEN FAMILIENVERHÄLTNISSE.

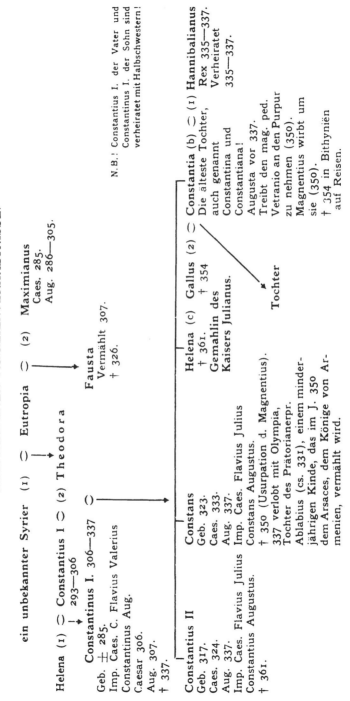

ein unbekannter Syrier (1) ◯ Constantius I ◯ (2) Theodora ◯ Eutropia ◯ (2) Maximianus
                                              293—306   Caes. 285.
                                                                                                         Aug. 286—305.

Helena (1) ◯ Constantinus I. 306—337 ◯ Fausta
Geb. ± 285.   Vermählt 307.
Imp. Caes. C. Flavius Valerius   † 326.
Constantinus Aug.
Caesar 306.
Aug. 307.
† 337.

Constantius II   Constans   Helena (c) Gallus (2) ◯ Constantia (b) ◯ (1) Hannibalianus
Geb. 317.   Geb. 323.   † 361.   † 354   Die älteste Tochter, Rex 335—337.
Caes. 324.   Caes. 333.   Gemahlin des   auch genannt   Verheiratet
Aug. 337.   Aug. 337.   Kaisers Julianus.   Constantina und   335—337.
Imp. Caes. Flavius Julius Imp. Caes. Flavius Julius   Constantiana!
Constantius Augustus.   Constans Augustus.   Augusta vor 337.
† 361.   † 350 (Usurpation d. Magnentius).   Treibt den mag. ped.
                    337 verlobt mit Olympia,   Vetranio an den Purpur
                    Tochter des Prätorianerpr.   zu nehmen (350).
                    Ablabius (cs. 331), einem minder-   Magnentius wirbt um
                    jährigen Kinde, das im J. 350   sie (350).
                    dem Arsaces, dem Könige von Ar-   † 354 in Bithyniën
                    menien, vermählt wird.   auf Reisen.

                                                Tochter

N.B.! Constantius I. der Vater und Constantinus I. der Sohn sind verheiratet mit Halbschwestern!

Stammtafeln.

VI (a) DIE EHEN DES CONSTANTIUS II.

Constantius II. ◯ (1) Tochter seines Onkels Julius
Aug. 337—361   Constantius und der Galla, vermählt 335. Ehe kinderlos.

◯ (2) Eusebia aus Thessalonica, vermählt 352/353 in Mailand. Ehe kinderlos. Wahrscheinlich Tochter des Flavius Eusebius (cs. 347). Ihre Brüder Flavius Eusebius u. Flavius Hypatius (css. 359). 356 in Rom (Spiele für das Volk). Wohnt 357 den Vicennalien ihres Mannes bei. † 361.

◯ (3) Faustina in Antiochia. Aus dieser Ehe als einziges Kind eine Tochter, geb. nach dem Tode ihres Vaters, Constantia. † zwischen 379 u. 383.

Gratianus ◯
Aug. 367—383

VI (b) UNEHELICHE KINDER DES CONSTANTINUS I.

Minervina (1) ◯ Constantinus I. ◯ (2) unbekannte
Konkubine.   Aug. 307—337.   Konkubine, wahrsch. aus Arelate.

Crispus   Constantinus II.
Der älteste Sohn,   Geb. 317,
geb. 307.   zweiter Sohn.
Caes. 317.   Caes. 317, zusammen
Flavius Julius Crispus,   mit Crispus u.
Flavius Claudius Crispus,   Licinianus.
Flavius Valerius Crispus.   Imp. Caes. Flavius
cs. 318, 321, 324.   Claudius Constantinus
† 326 in Pola.   (junior) Aug.

N.B. Fausta war im Jahre 326 höchstens 33, wahrsch. 28 Jahre. Crispus war damals 19 Jahre.

Stammtafeln.

VII. ANASTASIA UND CONSTANTIA UND IHRE EHEN.

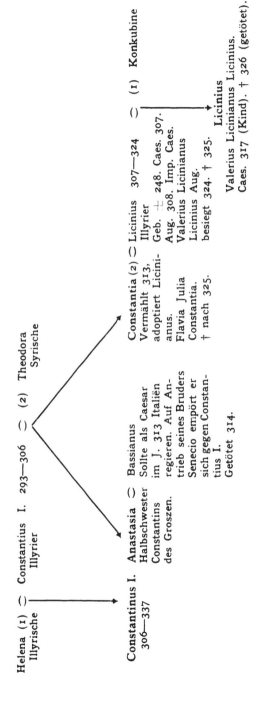

VIII. DIOCLETIANUS UND NACHKOMMEN.

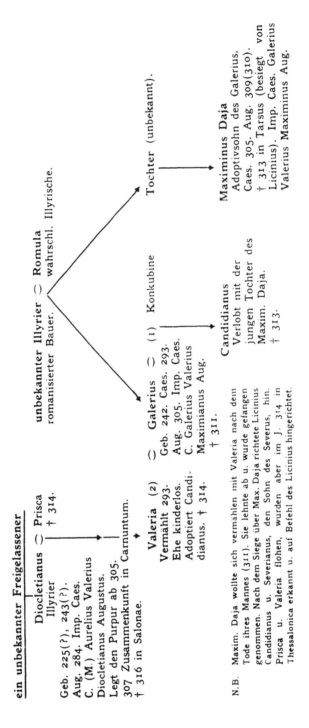

N.B. Maxim. Daja wollte sich vermählen mit Valeria nach dem Tode ihres Mannes (311). Sie lehnte ab u. wurde gefangen genommen. Nach dem Siege über Max. Daja richtete Licinius Candidianus u. Severianus, den Sohn des Severus, hin. Prisca u. Valeria flohen, wurden aber im J. 314 in Thessalonica erkannt u. auf Befehl des Licinius hingerichtet.

SPRACHLICHER KOMMENTAR.

SPRACHLICHER KOMMENTAR
Zu XIV 1. 1—1. 1 (p. 1. 1—1. 6).

1. 1. post emensos insuperabilis expeditionis eventus. Cf. 14. 1. 4 post hoc impie impetratum; 14. 5. 1 post theatralis ludos . . . editos; 14. 6. 5 post superbas efferatarum gentium cervices oppressas; 14. 7. 12 post statuas Constantii dejectas; 14. 10. 11 post exudatos labores: post mit Partiz. statt des Ablat. abs. (oder eines Temporalsatzes). Dieser Gebrauch auch bei klass. Schriftstellern, aber selten; bei Amm. sehr oft, cf. Hassenst. p. 46; Hofm.-Leum. p. 501.   p. 1.1.

emensos mit passiver Bedeutung, cf. Verg. Georg. I. 450; Amm. 30. 7. 5 post periculorum molestias — emensas. Hier u. 30. 7. 5 = durchmachen, erleben.

1. 1. fortunae saevientis procellae. Cf. 16. 1. 1 haec . . fatorum ordine contexto versante; 22. 1. 1 dum haec in diversa parte terrarum fortunae struunt volubiles casus; 26. 3. 1 dum haec in oriente volubiles fatorum explicant sortes; 27. 1. 1 dum haec . . diversi rerum expediunt casus; 31. 1. 1 inter haec fortuna volucris rota . . Bellonam . . armabat. Oft am Anfange eines neuen Abschnittes, cf. et. Tac. Hist. II. 1; Ann. 4. 1.   p. 1.4.

1. 1. rebus . . . communibus. Gräzismus. Cf. 21. 13. 10 negotia communia; 14. 7. 12; 15. 8. 3; 21. 5. 7; 27. 5. 8 in commune consulere; 26. 6. 3 communia; 26. 2. 7 in commune conducere. Schon bei Cicero, Tacit. u. Livius (cf. Heraeus ad Tac. Hist. 4. 64) für τὰ κοινά, εἰς κοινόν, cf. Thes. III. p. 1976 sq.; Du Cange II. 482.   p. 1.4.

1. 1. miseriae. Cf. G. Hassenstein p. 22: „scriptorem nostrum ea nomina abstracta, quae pro concretis usurpat, plurali numero ponere memoratu vix est dignum . . . e. g. armaturae, potestates, vicinitates, antiquitates, fortunae, caritates, summitates, celsitudines, altitudines, sublimitates, acclivitates, supremitates, securitates, uligines. Magis offendit eorum nominum numerus pluralis, quae non modo forma, sed etiam vi sunt abstracta. Sed maxima eorum pars jam apud optimos prosae orationis scriptores ita legitur usurpata." Cf. et. Hofm.-Leum. p. 371, u. ad 14. 6. 17 u. 14. 8. 13. Weiter: 14. 1. 10; 14. 6. 22; 14. 6. 23; 14. 8. 13; 14. 10. 3. etc.   p. 1.5.

1. 1. primitiae. „translate pro initio. Cf. 21. 3. 5 ab aetatis primitiis callens; 16. 3. 3 quibus vincendi primitiis laetus; 24. 2. 6 his vincendi primitiis; 25. 2. 7 ante lucis primitias; 26. 6. 16 ob principatus primitias; 28. 6. 7 ob imperii primitias; 27. 3. 9 primitiis (premitus V corr.   p. 1.6.

54 Sprachlicher Kommentar

Petschenig) crebriscentis seditionis in majus; 31. 2. 2 ab ipsis nascendi primitiis. Similis usus passim invenitur apud poetas inde a Verg. Aen. 11. 156 sq. primitiae juvenis miserae bellique propinqui dura rudimenta, in prosa apud Ps. Quint. decl. min. 315 (imitatio versus Vergil.); Apul. met. 10. 29, Plat. 1. 2; Paneg. 2. 34. 1; Cod. Just. 1. 17. 2. 11 (a⁰ 533) i. q. elementa." Hag. St. Amm. p. 25. Über den Begriff poetisch cf. ibid. p. 16—25.

p. 1. 6. **1. 1. principale culmen:** die hohe Würde eines Cäsars. Culmen besonders im Spätlat. in übertr. Bedeutung: hohe Würde, Amt, die Obergewalt, Glück, cf. Verg. Aen. 2. 290 ruit alta a culmine Troja; Amm. 20. 8. 11 fortunae superioris culmine sociamur; 27. 11. 7 in summis divitiarum et dignitatum culminibus anxius; 15. 5. 17 ad augustum culmen evectum; 16. 6. 1 a gregario ad magnum militiae culmen evectus, u. zahllose and. Stellen bei Amm. Auch gesagt von Personen: Amm. 26. 7. 16 sequimini culminis summi prosapiam (= Familie); Cod. Theod. 3. 1. 16 si ab imperiali majestate judex delegatus non sit sed ab alio culmine. Sogar in der Anrede: Cod. Just. 1. 31. 5 tui culminis administratio.

principalis: kaiserlich. Cf. Plin. Paneg. 79 principales curae; ibid. 82 copiae principales; Tac. Hist. 1. 22 principale matrimonium; Ulp. Dig. 16. 3. 7. § 3 rescriptum principale.

p. 1. 8—9. **1. 1. etiam tum.** Tum: praeterea. In dieser Bedeutung tum seit dem Altlat. Bei Amm. besonders in der Verbindung etiam tum. Cf. Hofm.-Leum. p. 751.

p. 1. 9. **1. 1. efferebatur in fastus,** Cf. 14. 11. 26 mortalitatis vinciens fastus (sc. Adrastia); 16. 7. 8; 16. 12. 3; 17. 5. 2; 17. 13. 5; 17. 13. 12; 18. 3. 6; 19. 11. 13; 27. 7. 9; 27. 9. 4; 28. 5. 8; 30. 7. 10: Poetismus, cf. Hag. St. Amm. p. 37: ,,pluralis numerus a poetis praefertur, in prosa raro nec ante Tac. invenitur"; Thes. VI. 328 sq. Über die Wörter auf -us (-tus, -sus) cf. Liesenberg (1888) p. 14 sq.

p. 1. 9. **1. 1. efferebatur in fastus, si plus valuisset, ausurus hostilia.** Cf. 14. 11. 2 Ursicinum .. si nullus esset qui prohibet, altiora meditaturum; 15. 5. 1 calamitatum turbo novarum, exstincturus omnia simul, ni fortuna moderatrıx .. consummavit: Part. Fut. = Apodosis eines Konditionalsatzes. Dieser Gebrauch nicht rein klassisch, aber schon bei Livius, Tacitus, Curtius, Suetonius, u. a. Cf. et. Draeger über Synt. Tac. § 195; Kühnast p. 266; Hassenst. p. 47; Hofm.-Leum. p. 775.

Anm. Über das Part. Fut. cf. et. ad 14. 6. 2.

1.1. ausurus hostilia. Sallustianismus. (a)Cf. 15. 5. 25 (20. 10. 2) nihil metuens hostile u. Sall. Jug. 91. 4 nihil hostile metuentes; 27. 9. 7 nihil audentes hostile; 29. 4. 2 nihil hostile operiens (Konjektur!) 29. 5. 19; 29. 6. 6 cum nihil exspectaretur hostile. cf. et. Tac. Hist. 4. 15 multa hostilia ausus; Fesser p. 14.

(b) Der gebrauch des Neutr. Plur. des Adjekt. statt. Subst. (mit Gen. cf. ad 14. 2. 6), auch altlat., klass. besonders bei den Augusteischen Dichtern, erweitert von Tac. u. Liv., findet sich unmäßig bei Amm. (wie im Spätlat. überhaupt). Cf. 14. 1. 8 Similia-utilia; 14. 5. 4 (15. 5. 8) incidentia; 14. 11. 26 exorsa; 15. 2. 9 ex his emergentia casibus; 15. 4. 10 residua; 21. 1. 8 accidentia-futura; 21. 6. 1 antedicta; 14. 1. 8 similia multa; 14. 2. 3 praerupta letalia; 14. 7. 4 incitatum propositum ad nocendum; 15. 5. 23 tristia accidentia; 15. 5. 33 fortia facta; 17. 11. 4 duo haec ludibriosa et irrita; 21. 11. 1 ausa immania; 26. 7. 8 ausa ingentia; 31. 10. 19 incidentia multa et seria. Cf. et. Kallenberg. p. 7; Hassenst. p. 24; Kühnast p. 48 sq.; Draeger Hist. Synt. § 20 sq.; Draeger Über Synt. Tac. § 7; Hofm.-Leum. p. 456. Cf. et. ad 14. 1. 10; 14. 7. 21; 14. 11. 11; 14. 2. 6; u. Thes. II p. 1258 (ausum), III p. 1430 sq. (coeptum), IV p. 304 (congrua).

1.2. Cujus acerbitati uxor grave accesserat incentivum. Cf. 22. 11. 5; 26. 6. 7 und 29. 3. 1 qui . . . scaevum imperatori accesserat incentivum. Cf. et. M. Hertz. Aul. Gell. p. 269 sq: ,,Wie großen Werth Amm. auf die Phrase legte, erhellt, wenn es dafür eines Beweises bedürfte, daraus, daß er Phrasen vornehmlich eigner Fabrik wiederholt anbringt, wie sachliche Wiederholungen, zum Teil nachweislich mit Absicht, sich häufig bei ihm finden, beides natürlich in noch höherem Maße anzunehmen als jetzt ersichtlich ist, wo uns nur ein Teil seiner Aufzeichnungen vorliegt.'' Cf. ibid. eine Liste solcher Wiederholungen (Wörter u. Phrasen). Über sachliche Wiederholungen cf. Gardthausen, Conject. Amm. p. 23.

incentivum. Das Adjekt. bedeutet anstimmend, abgeleitet v. incino, besonders attributiv bei tibia. Cf. Varro r. r. 1. 2. 15 dextera tibia alia quam sinistra, ita ut tamen sit quodammodo conjuncta, quod est altera ejusdem carminis modorum incentiva, altera succentiva (akkompagnierend). In übertr. Bedeutung ibid: aliud pastio, aliud agricultura, sed affinis. Et licet adjicias pastorum vitam esse incentivam, agricolarum succentivam, quae succinit pastorali, quod est inferior, ut tibia sinistra dextrae. Es kommt weiter nicht vor in klass. Zeit, wohl im Spätlat. in übertr. Bed. (anregend, reizend). Cf. Prud. Hamart. 250 terras lues incentiva fatigat (lues incent. = ansteckende Krankheit). Forcellini erklärt: ad incitandum aptus, quia incentione tubarum solent milites ad pugnam incitari. Diese Erklärung scheint mir unrichtig. Wahrsch. hat man das Wort im Spätlat. unbewußt verbunden mit incendo. Das substantivierte Neutrum wird in dieser Bedeutung gebraucht. Cf. Hier. Ep. 52. 3 incentiva vitiorum et carnis titillationes. Prud. apoth. 929 est incentivum peccaminis.

p. 1. 11.   1. 2. grave incentivum. Für den Gebrauch des Neutrums der Adjekt. u. Partiz. im Singular cf. 14. 7. 4 incitatum propositum; 14. 7. 21 veri consideratione; 14. 11. 6 cruentum; 16. 2. 16 omne conferentes; 21. 12.10 summa coepti prudentis; 22. 11. 5 grave incentivum; 22. 16. 19 intellegendi divini editionem; 24. 4. 25 ultimum flentes, u. Hofm.-Leum. p. 455 sq. Cf. et. ad 14. 1. 6.

p. 1. 14.   1. 2. nihil mitius = non minus, affektierter Ausdruck.

p. 1. 15.   1. 2. rumigerulus = Neuigkeitskrämer, v. rumigero (aus *rumorigerulus?). Cf. Hier. Ep. 117. 10 me malignum, suspiciosum et rumigerulum clamitas; Ep. 50. 1 monachus rumigerulus, rabula, vafer; Gloss. graeco — lat. θρυλητής = rumigerulus. Spätlat.

p. 1. 16.   1. 2. male suetos. Cf. Tac. hist. 3. 62 male jam adsuetum. Cf. et. ad 14. 2. 1.

p. 1. 16.   1. 2. addere quaedam male suetos. Cf. 14. 3. 2 (suetus); 14. 3. 23 (consuetus); 14. 2. 13 und 14. 6. 15 (assuetus). Über den Inf. bei Adjekt. cf. Hofm.-Leum. p. 578 u. ad 14. 2. 17. Auch klassisch.
compertis — suetos Wortumstellung des Rhytmus wegen.

p. 1. 16—17.   1. 2. placentia sibi. Wortumstellung für sibi placentia. Die beiden Worte gehören zusammen. Sibi = Gallus u. Constantia.
discentes. B. u. G. haben dicentes, Clark: discentes. Letzteres ist besser, obgleich nicht-klass. u. vulgär: = docere. Cf. Hil. trin. 7. 16 quia deum esse dominum nostrum Jesum Christum didicissemus (codd. dett. docuissemus!).

p. 1. 17.   1. 2. artium nefandarum = Wahrsagerei u. was damit zusammenhängt. Cf. Cod. Just. 1. 5. 6. 1 nec vero impios libros nefandi et sacrilegi Nestorii; 1. 7. 5 ex cultu Christianae religionis in nefandam sectam ritumve traduxerit; 5. 8. 2 nefandissimum scelus fratris sororisve filiae nuptiarum; Cod. Theod. 16. 5. 6. 8 Eunomianae perfidiae crimen et nefanda monstruosis nominibus auctorum prodigia; 16. 7. 4. 4 Eos vero qui Manichaeorum nefanda secreta..; 16. 9. 4. 6 nefanda superstitio. Aus diesen Stellen geht hervor, daß nefandus ein gebräuchliches Wort ist für den Begriff: nicht-christlich, oder besser: nicht im Einklang mit dem orthodoxen Glauben. Cf. et. Mommsen Strafrecht p. 639; Cumont-Burckhardt: Die orientalischen Religionen im Römischen Heidentum p. 148 sq.

1. 2. **insontibus.** Archaismus (wie sons). Cf. 14. 5. 2; 14. 7. 8; 14. 7. 21; 14. 11. 22. Das gewöhnliche u. klass. Wort ist (in)nocens. Cf. Fesser p. 57; Lodge I 803, II 663. Über die den Ammianus kennzeichnende Variation cf. 15. 3. 2 sine innocentium sontiumque differentia; 14. 7. 21 discernente a societate noxiorum insontes; 26. 6. 7 nocentes pariter et insontes; 28. 1. 45 nullo noxiorum discrimine vel insontium; woneben 18. 3. 5 nocentes innocentesque = 29. 1. 18 (cf. Tac. hist. I 21 nocentem innocentemque).

1. 3. **inter humilia.** Substantiviertes Adjekt. im Neutr. mit einer Präposit. (im Akkus.) verbunden. Cf. 14. 2. 6 inter arta et avia; 21. 6. 9 inter tot urgentia; 24. 3. 8 inter secunda et aspera; 30. 7. 4 inter proba et praecipua; 14. 1. 10 ad vertenda opposita; 14. 10. 11 ad placidiora; 15. 8. 3 u. 17. 13. 2 ad longinqua; 15. 10. 11 ad restantia; 21. 1. 14 ad explicanda prospecta; 22. 9. 2 ad expedienda incidentia; 24. 3. 3 ad paria facienda; 25. 3. 2 ad speculanda interiora; 25. 3. 18 ad tranquilliora; 26. 6. 3 ad regenda communia; 28. 6. 28 ad remota et abdita; 29. 2. 23 ad agenda sperandaque similia; 29. 3. 6 ad potiora; 16. 10. 11 ad ultiora; 17. 1. 5 ad celsiora; 16. 12. 3 ad majora; 18. 7. 3 ad tutiora; 21. 1. 3 ad multa et urgentia; 24. 1. 10 ad agenda similia; 14. 2. 2 per ancoralia; 14. 4. 3, 16. 2. 2, 24. 7. 6, 27. 8. 5 per diversa; 19. 8. 11, 21. 8. 3, 24. 4. 9, 27. 2. 1, 30. 6. 4, 31. 5. 9 per varia; 16. 11. 9 per brevia; 19. 8. 1 per ardua; 22. 16. 22 per sublimia; 33. 6. 7 per longinqua; 24. 1. 6 per opportuna; 27. 9. 6 per vicina; 27. 10. 11 per ignota — per abdita; 20. 7. 10 per proclive; 16. 2. 8, 16. 10. 5, 16. 12. 1, 17. 10. 2, 17. 8. 1, 20. 8. 8 in unum; 16. 4. 1, 16. 12. 16, 17. 3. 9, 20. 4. 2, 30. 9. 1 in majus; 17. 11. 1 in deridiculum; 23. 6. 2 in melius; 19. 2. 3 in arduum; 19. 7. 4, 21. 2. 1 in vanum; 20. 11. 20 in longum; 21. 5. 7, 29. 6. 3 in commune; 15. 2. 3 contra accidentia; 24. 4. 19 contra sperata; 23. 6. 4 post finitima cuncta subacta; 16. 11. 3, 16. 12. 37, 30. 2. 7 ultra solitum; 17. 6. 1, 17. 10. 2 praeter solitum; 19. 7. 5 in humiliora; 21. 1. 1 in futura; 28. 4. 3 in molliora; 25. 10. 3 in sublimiora. Cf. et. ad 14. 1. 1 (hostilia) u. ad 14. 10. 16 (in mit Abl., de u. ex).

58 Sprachlicher Kommentar

p. 2. 1—2.   **1. 3. jam potentia** codd., jam ‹im›potentia Wagner, impotentia Mommsen. Die Änderung ist nicht notwendig, paläographisch aber möglich (dittogr.); impotentia = Unbändigkeit. Vielleicht Taciteismus?

p. 2. 4.   **1. 3. impetraret.** Mit Akk. c. Inf.! Cf. Tac. ann. 11. 10; 12. 27: Agrippina in oppidum Ubiorum veteranos coloniamque deduci impetrat. Auch bei Suet. und Eccles. Gräzismus oder Taciteismus? Cf. Hofm.-Leum. p. 585. Cf. et. ad 14. 5. 7 u. 14. 1. 3 (assequor).

p. 2. 4—5.   **1. 3. per palatii pseudothyrum introducta.** Cf. Cic. In Verrem II. 50: ea quemadmodum ad istum postea per pseudothyrum revertantur, tabulis vobis testibusque, judices, planum faciam; or. pro red. in sen 6. 14.: idem domi quam libidinosus, quam intemperans non janua receptis, sed pseudothyro intromissis voluptatibus. Cf. ad 14. 7. 12.

p. 2. 6.   **1. 3. formula letali** = Todesurteil; formula = forma. Cf. Thes. VI 1081 = forma (in re publica et ecclesia administranda) i. q. decretum (vel codicilli = Handschreiben des Kaisers, Kabinettsorder, Patent) imperatoris, magistratuum sim. Cf. et. Thes. VI 1114 (nicht bei Du Cange). Nicht zu verwechseln mit der formula im röm. Privatprozessrecht (cf. Wenger, R. E. VI 2859 sq.).

p. 2. 6.   **1. 3. letali.** Cf. 14. 2. 3; 14. 2. 13; 14. 11. 24; 15. 2. 4; 15. 3. 9; 16. 8. 6; 21. 15. 3; 22. 3. 12; 23. 4. 3; 23. 6. 17; 27. 1. 5; 27 .9. 5; 28. 1. 14; 28. 3. 6; 30. 1. 16; 30. 6. 3; Cod. Theod. 9. 12. 1. Hag. St. Amm. p. 44: „vox poetis adamata passim a scriptoribus Latinitatis argenteae adhibetur, crebescit apud posteriores."

p. 2. 7.   **1. 3. loqui permissus:** Nom. c. Infin! Über die Konstruktion der verba permittendi cf. 14. 2. 6; 14. 6. 5; 14. 6. 26; 14. 7. 15; 14. 9. 3; u. 14. 11. 26 (dare). Eine Liste findet sich bei Kallenberg. p. 33 u. Schickinger p. 26. Cf. et. ad 14. 5. 7. u. Hofm.-Leum. p. 580. 589.

p. 2. 8.   **1. 4. post hoc impie perpetratum.** Perpetrare archaisch wie patrare (cf. ad 14. 5. 9.). Cf: 14. 2. 3; 16. 8. 1; 17. 13. 1; 21. 3. 5; 27. 11. 3; 28. 1. 10; 29. 2. 20. Cf. et. Fesser p. 38 u. ad 14. 7. 10.
N.B. perpetratum ist Partizipium!

p. 2. 9.   **1. 4. tanquam licentia crudelitati indulta.** Cf. 14. 6. 7 sed tamquam indulta licentia vitiis; 27. 9. 4 tamquam peccatis indulta licentia.

Cf. Priscian. Gramm. IX. 51 „indulsi, indulsum vel indultum. Unde Marcellinus rerum gestarum XIV. Tamquam licentia crudelitati indulta." Lindenbr.: Locus hic unicus est, quem hujus auctoris ab antiquis laudari memini (cf. Seeck, R. E. I p. 1852).

1. 4. **aestimati quidam noxii.** Aestimare mit prädik. Nominativ. Cf. 21. 16. 11 ut justus aestimaretur; 24. 1. 3 ut plures aestimarentur aut pauci; 30. 8. 5 ad resistendum aptus aestimatus.

1. 4. **pars . . . alii.** Sallustianismus (von Tacitus übernommen), oft bei Amm., mit vielen Variationen: (19. 2. 7) multos .. alii .. pars; (22 9. 8) pars . . . alii .. nonnulli; mit vorsätzlichem Streben nach Inkonzinnität (wie bei Sallust): (16. 2. 6) partim . . . alios .. nonnullos. Daher finden sich bei ihm selten korrespondierende Begriffe wie: partim.. partim (16. 12. 26 etc.); alii .. alii (19. 11. 15 etc.). Cf. Holborn: De Sallustii epistulis p. 34; Kroll in der Glotta 15. 287; Fesser p. 3 sq.; Thes. I. 1642 sq.

1. 4. **actique laribus suis extorres.** Mit Ablat., wie auch 31. 8. 8; 31. 12. 8; mit Gen. 29. 6. 4 regionum suarum faciebant extorres. Letzteres nicht klass. Beispiele bei andern Schriftst: Haustein p. 75; Wölfflin Arch. L. L. G. 13. 408; Hag. St. Amm. p. 56. Cf. et. ad 14. 5. 6 (sagax).

1. 4. **nullo sibi relicto.** Cf. 17. 5. 15 nullo impetrato; 20. 8. 19 nullo suppresso; = nulla re. Das substantivische Neutrum im Ablat. nullo zum erstenmal bei Quint., bei Seneca maj. u. min. u. bei Tacit. (einmal). Cf. et. Draeger über Synt. Tac. § 7; Hofm.-Leum. p. 489.

1. 4. **stipe conlaticia.** Cf. 14. 6. 11 conlaticia stipe; Apul. met. 8. 26 juvenis .. conlaticia stipe de mensa paratus; Thes. III p. 1577. Cf. et. 29. 2. 7 merebat aes conlaticium grave. Ein seltenes Adj. Der Ausdruck ist wahrscheinlich Apulejanischer Herkunft. Cf. et. Liesenberg (1888) p. 32 sq. (Adj. auf -icius).

1. 4. **civili justoque imperio ad voluntatem converso cruentam.** Cf. Sall. Iug. 85. 35 hoc est utile, hoc civile imperium; 10. 6 imperium ex justissimo atque optumo crudele intolerandumque factum. Cf. et. ad 14. 2. 1 u. Fesser p. 10.

1. 5. **nec vox accusatoris ulla, licet subditicii, in his malorum quaerebatur acervis.** licet (a) mit Adjekt. Cf. 15. 1. 2 cujus nutu . . .

60 Sprachlicher Kommentar

licet diversis temporibus duo exauctorati sunt principes; 15. 3. 11 sub . . . aliqua spe licet incerta; 16. 4. 4 providebat . . ut militum diuturno labori quies succederet aliqua licet brevis; 19. 6. 8 audito licet levi sonitu; 19. 8. 5 licet iniqua reluctante fortuna; 21. 3. 3 milites licet numero impares; 21. 5. 11; 25. 8. 6; 26. 6. 9; 27. 2. 5; 29. 5. 37; 31. 7. 9. (b) mit Partiz. 14. 11. 24 eum licet nocentem blandius palpantes; 15.7.3 ut eum obsequentium pars desereret, licet in periculum festinantem abruptum; 16. 11. 9 per eas (sc. lintres) licet vacillantes erecti; 20. 7. 9 suspicio .. licet adseveratione vulgata; 22. 9. 12; 26. 10. 11; 29. 5. 34; 30. 10. 6. (c) mit adverbialer Apposition 25. 3. 8 licet in negotio dispari; 31. 11. 4 agnitus tamen licet sero Sebastianus. Cf. et. Hassenst. p. 36; Lachm. ad Propert. III. 30. 74; Hofm.-Leum. p. 603.

subditicios Cf. 14. 6. 15 nomenculatores . . . lucris quosdam et prandiis inserunt, subditicios ignobiles et obscuros; = subditivus (= untergeschoben, unecht); cf. 14. 9. 1 cum accusatores quaesitoresque subditivos sibi consociatos ex isdem foveis cerneret emergentes. Cf. Liesenberg (1888) p. 32 sq.

acervis cf. 26. 2. 8 acervos curarum; 28. 1. 24 acervi aerumnarum.

p. 2. 16—17. 1. 5. sedet = i. q. alicui probatum est, placet. (a) mit Infin. 18. 2. 2 seditque tandem multa et varia cogitanti id temptare quod utile probavit eventus; 25. 10. 3; 28. 5. 9. (b) mit ut 15. 2. 5 id sederat, ut .. Ursicinus indemnatus occideretur; 15. 5. 30; (c) persönl. Konstruktion, cf. 19. 7. 6 et tandem multa versantibus nobis sedit consilium, quod tutius celeritas fecit, quattuor isdem ballistis scorpiones opponi; 24. 8. 5 sedit tamen sententia, ut .. Corduenam arriperemus.

Poetismus, cf. Verg. Aen. 4. 15 sq. si mihi non amino fixum immotumque sederet, ne cui me vinclo vellem sociare jugali; 7. 611 certa sedet patribus sententia pugnae; 5. 418 idque pio sedet Aeneae. Hag. St. A. p. 66 sq; Löfst. Peregr. Aeth. p. 146. Abwechslend mit sedere: 15. 8. 3 stetit fixa sententia; 18. 5. 5 stetitque sententia.

sed quidquid Caesaris implacabilitati sedisset, id velut fas . . . confestim urgebatur impleri. Konjunkt. Plq. Pf., Iterativ der Vergangenheit. Nicht der klass. Regel gemäß, aber schon bei Livius, Nepos, Suet. u. Tac. Wahrscheinlich unter Einfluß des Griechischen (vergl. die Konstrukt. mit ὅστις ἄν, ὅπου ἄν, etc.), in welchem sowohl in tempor. als relat. Nebensätzen die Wiederholung ausgedrückt wird durch den Konj. mit ἄν für die Gegenwart, durch den Optativ für die Vergangenheit, aber nicht durch den Indikativ. Cf. Draeger über Synt. Tac. § 159; Schickinger p. 23. Cf. 14. 5. 2 quicquid increpuisset,

Zu 1. 5—1. 6 (p. 2. 16—2. 23). 61

ad salutis suae dispendium existumans factum . . . insontium caedibus fecit (= faciebat) victoriam luctuosam (3) siquis enim . . rumore tenus esset insimulatus fovisse partes hostiles, capite . . damnabatur. Wie bei si iterativum auch hier wohl genauer Gebrauch der Zeiten. Ausnahme: 19. 3. 2: palam quidem litteras imperiales praetendens, intacto ubique milite, quicquid geri potuisset impleri debere aperte jubentes (potuisset für posset). Cf. et. Ehrism. p. 58 (der, wie oft, keinen Unterschied macht zwischen dem Gebrauch in orat. obliqua u. recta, z. B. 17. 3. 2, wo deesset conj. obliquus ist!); Hofm.-Leum. p. 709 sq. u. ad 14. 1. 1.

Anm. Für quisquis mit iterat. Konj. des Perfekts (Präsens im Hauptsatze) cf. 23. 4. 5; 23. 4. 12; 23. 6. 17; Ehrism. p. 57.

1. 5. confestim. „Ein Terminus der Amts- u. Militärsprache. Es fehlt bei den Autoren des 1. Jahrh. p. Chr. n. bis auf Hadrian, lebt dann unter archaisierenden Tendenzen wieder auf." Fesser p. 44; Thes. IV 192. Sehr oft bei Amm. Cf. et ad 14. 7. 10.

1. 5. impleri = effici. Oft bei Amm. Cf. 18. 2. 3; 26. 1. 7; 28. 1. 19.

1. 6. super his. Gräzismus = ἐπὶ (πρὸς) δέ τούτοις. Cf. 17. 13. 4; 21. 16. 17; 31. 13. 11; 31. 14. 3 u. Hor. Sat. 2. 6. 3; Schickinger p. 19; Hofm.-Leum. p. 540. Besonders spätlat.

1. 6. cunctus. Oft bei Ovid. u. Tac. u. im Spätlat. seit Apulejus. Oft im Cod. Theod. Cf. Thes. IV p. 1396 sq.

1. 6. relaturi quae audirent. Genauer wäre audivissent. Dieser Gebrauch des Konj. Imperf. statt des Konj. Plq. Perf. von alters her, auch bei den besten Schriftst., besonders in kondit. irrealen Sätzen. Cf. 15. 6. 3 unde apparebat quod si praesumere fortunae superioris insignia conaretur, auri tam grave pondus largiretur ut suum (sc. Silvanus usurpator). Cf. Ehrism. p. 28 sq.; Hofm.-Leum. p. 570. Vielleicht im Spätlat. als Gräzismus.

1. 6. peragranter. (cf. 28. 1. 14 transeunter) = im Vorbeigehen, en passant. Eine Liste der vielen von Part. Präs. abgeleiteten Adverbia auf -ter: Liesenberg (1889) p. 12.

1. 6. hi . . . honoratorum circulis adsistendo, pervadendoque divitum domus . . . quidquid noscere poterant. . nuntiabant. Cf. 14. 1. 9 per tabernas palabatur et conpita, quaeritando graeco sermone; 14. 2. 2 ne cedentium quidem ulli parcendo; 14. 5. 6 et ferebatur per strages multiplices . . . crimina scilicet multa consarcinando; 14. 7. 5

Theophilum ... multitudini dedit, id adsidue replicando, quod..; 14. 11. 11 proficisci pellexit, vultu adsimulato saepius replicando. Ablat. gerundii = Partiz. Präs. Bei Amm. übliche Konstruktion; kommt schon bei Liv. vor, bei Cic. wahrsch. nie, nimmt zu im Spätlat., wird von den romanischen Sprachen übernommen. Die Konstr. war wohl schon immer in der Umgangssprache gebräuchlich. Cf. Reisig Annot. 596; Kühnast p. 256 sq; Hassenst. p. 47 sq.; Hofm.-Leum. p. 600.

1. 6. **pervadendoque divites domus egentium habitu.** Cf. Draeger. Hist. Synt. p. 538: „Überhaupt wird der begleitende Umstand in allen Zeitaltern auch durch den bloßen Abl. ausgedrückt, in der Verbindung mit einem Attribut überall, ohne dasselbe vorzugsweise in nachklassischer Sprache und hier in der auffälligsten Weise." Cf. et. Hassenstein p. 5 (veraltet); Kühnast p. 177 sq; Hofm.-Leum. p. 430.

Anm. Hassenstein p. 6: „nonnullis locis abl. modi attributis quidem conjunctus, sed tamen liberrime pro praepositione vel plurium verborum circuitu positus est." Cf. 18. 3. 1 superque hoc ei prodigiorum gnaros sollicite consulenti discrimen magnum portendi responsum est, conjectura videlicet tali quod ...

1. 6. **duplicarent in pejus.** Cf. 14. 2. 1; 15. 3. 5. Sall. Hist. I. 5 in deterius composuit; Tac. ann. 4. 6 mutati in deterius. Cf. in majus (16. 4. 1 etc.), in melius (22. 10. 7 etc.). Sallustianismus (oder Taciteismus). Cf. et. Fesser p. 6; Hofm.-Leum. p. 455.

1. 7. **interdum acciderat, ut, si quid .. pater familias uxori susurrasset in aurem ... postridie disceret imperator.** Cf. 14. 5. 3 si quis .. rumore tenus esset insimulatus .. injecto onere catenarum in modum beluae trahebatur; 14. 9. 2 Constantium, cetera medium principem, sed si quid auribus ejus hujus modi quivis infudisset ignotus, acerbum et implacabilem; 22. 10. 4 gaudebam plane praeque me ferebam, si ab his laudarer, quos et vituperare posse adverterem, si quid factum sit secus aut dictum (mit typischer Variation); 27. 3. 5 homo indignanter admodum sustinens, si (etiam cum spueret) non laudaretur. Si mit Konj. Imperf. Iterat. oder Konj. Plq. Perf. Iterat. Dederichs gibt folgende allgem. Regel (die sich großenteils mutatis mutandis auch auf tempor. iterativ. u. relativ. iterativ. Sätze bezieht): „in eis enuntiatis condicionalibus quae pertinent ad res praeterito tempore vere factos et iteratam habent significationem, imp. vel plq. conj. adhibetur. In apodosi plerumque imperfectum invenitur." Cf. et ad 14. 4. 6 u. 14. 6. 12; Hassenst. p. 43 sq.; Schickinger p. 23 (der die Beisp. Hassenst. ergänzt).

Anm. Hassenst. zitiert falsch 21. 16. 18 u. 21. 16. 19, wo man sogar kein si findet!; infolge einer andern Lesart deutet Schickinger 30. 8. 13 als eine Ausnahme (mscr. didi; Clarke m. Eins. richtig didicisset; Schick. didicit).

1. 7. nullo citerioris vitae ministro. Wagner in seiner Edit. 2. p. 8: „vita citerior Ammiano alias est ante acta (16. 10. 11; 28. 4. 2), quod tamen huic loco non convenit. Citerior hic est propior, interior, uti 25. 4. 3, qui locus nostro plane est παράλληλος. Cf. et. 18. 4. 4 et 27. 10. 4."

1. 7. inclitis. Archaisch u. poetisch. Cf. Norden. Aen. 259. 279; Fesser p. 56; Lodge I 788.

1. 7. etiam parietes arcanorum soli conscii timebantur. Cf. Cic. Pro Cael. 60 nonne ipsam domum metuet, ne quam vocem ejiciat, non parietes conscios, non noctem illam funestam ac luctuosam perhorrescet? Pro Cluentio 15. non parietes denique ipsos superiorum testes nuptiarum. ad fam. 3. 3 sed in ea es urbe, in qua haec vel plura et ornatiora parietes ipsi loqui posse videantur. Cf. et. ad 14. 7. 12.

1. 8. adulescebat autem obstinatum propositum erga haec et similia multa scrutanda. (Clark scrutandi). Hassenst. p. 34: „Rarissime in optima, saepius in argentea q. d. latinitate, multo omnium creberrime apud Tac. praepositioni „erga" generalis cujusdam et minus definitae ad personam aliquam sive rem relationis vis indita invenitur, qua efficitur ut vel „contra" praep. significationem interdum videatur aequiperare." Cf. 15. 3. 2 principem erga haec et similia palam obstinatum et gravem; 16. 10. 17 fama .. augens omnia semper in majus erga haec explicanda, quae Romae sunt, obsolescit; 21. 16. 1 erga tribuendas celsiores dignitates impendio parcus. Cf. et. Draeger Hist. Synt. § 263; Du Cange III p. 71 (= du côté de); Hofm.-Leum. p. 520 u. 599. Erga mit Gerundium u. Gerundiv ist nachklass.

1. 8. abrupte mariti fortunas trudebat in exitium praeceps, cum eum potius lenitate feminea ad veritatis viam reducere … deberet. cum concessivum. (a) mit Konj. 14. 7. 18; 14. 9. 5 etc. (b) mit Indik. (nicht klass.) 21. 1. 4 ambitioso diademate utebatur .. cum inter exordia principatus vili corona circumdatus erat; 29. 1. 22 nullam esse crudeliorem sententiam ea, quae est, cum parcere videtur, asperior; 30. 8. 3 ut nullum … eriperet morte … cum id etiam principes interdum fecere saevissimi. (c) Konj. neben Indik. (für die Variation cf. ad 14. 2. 13) 31. 14. 6 illud quoque ferri non poterat quod, cum legibus lites . . . committere videri se vellet, destinatisque velut lectis judicibus negotia spectanda mandabat, nihil agi contra libidinem suam patiebatur. Cf. et. Ehrism. p. 60; Hofm.-Leum. p. 752.

Anm. Ehrism. zitiert falsch 26. 3. 5 (Ehrism. debet; mscr. deberet) u. 17. 5. 13 (placatae sint aures invidiae ist Wunschsatz!).

lenitate feminea. Cf. 29. 5. 28 destinatione feminea. Das Adj. femininus kommt bei Amm. nicht vor. Cf. Hag. St. A. p. 39: ,,vocabulum potissimum poetarum pro voce prosaica femininus, quae metro dactylico aptari non potest, adhibitum, apud scriptores argenteae latinitatis raro, saepius inde ab Apul. legitur." Cf. et. Thes. VI 465 sq.

Anm. Für die Adjekt. auf -eus cf. Paucker Vorarb. p. 105—110. Dieser verfertigte eine Liste von 277 Adj. auf -eus. ,,von diesen recentiores 87 (c. 31½ %) von den veteriores finden sich nur oder vorzugsweise oder wenigstens zuerst bei Dichtern 60 (etwas über 31½ %)." Größtenteils sind sie Vergilianischer Herkunft, oft metri causa verfertigt (z. B. ersetzt er vipĕrīnus durch vipĕrĕus). Sie werden von den späteren Schriftstellern, besonders von Amm., übernommen; cf. et. Norden, Aen. p. 218; Bednara, Arch. L. L. G. 14 (p. 317—360 und p. 532—604): De sermone dactylicorum Latinorum quaestiones; Arch. L. L. G. 15. p. 228; E. Häfner, Über die Sprache der lat. Hexametriker, I. Teil, Die Eigennamen (Diss. Erlangensis, München 1895); Liesenberg (1888) p. 32 (der sich täuscht, wenn er meint daß Amm. ,,diese, meistens Farbe oder Stoff bezeichnenden Adj. fast alle der Dichtersprache entlehnt habe," da sie teils schon vorkommen bei klass. Schriftst., teils vulgärlat. oder spätlat. sind).

1. 8. utilia. Cf. 14. 10. 14; 15. 5. 8; 19. 3. 3; 20. 8. 12 etc. Dieser häufige gebrauch des Neutr. Plur. utilia ist wahrsch. ein Sallustianismus; dies geht ziemlich sicher aus der Verbindung utilia parare hervor (17. 4. 13; 18. 6. 8; 21. 11. 3; cf. Sall. Hist. II 47. 7). Cf. et. Fesser p. 11.

1. 9. impendio gnarus. Archaismus; cf. 25. 3. 15; 26. 6. 11; 27. 2. 3; 28. 5. 15 (beim Posit. so nur bei Amm.); beim Kompar: 29. 1. 25 eloquentior (wie bei Plaut. Terent. Cic. Tac.). Bei Verben: 26. 5. 11 terreri; 26. 6. 7 maerens; 30. 2. 1 conari (wie bei Apul. Solinus. Hieronymus). Cf. et. Liesenberg (1889) p. 15; Lodge I 765.

1. 9. claritudo. Cf. 14. 8. 2. Archaismus; cf. Fesser p. 50; Thes. III 1267 sq. (bei Tac. Apul. Gell. u. a.). claritas kommt bei Amm. nicht vor. Über die Subst. auf -tudo cf. Liesenberg (1888) p. 22.

Anm. Lodge I p. 268 liest bei Plaut. Merc. 880 claritudo (Lindsay:

caelum ut est splendore plenum nonne ex adverso vides?, wo die letzten 3 Worte aus 878 wiederholt werden). Dann wäre claritudo Plautinisch. Cf. Enk in seiner Edit. des Merc. 1. p. 88.

1. 9. **postremo agnitus saepe, jamque (si prodisset) conspicuum se fore contemplans.** Ehrism. p. 35: „plq. perf. conj. in enuntiatis secundariis saepissime exprimit conj. futuri vel primi vel exacti." Man darf aber den Unterschied zwischen orat. recta u. obliqua nicht vernachlässigen. In der letzteren wird der klass. Regel gemäß Konj. Plq. Perf. geschrieben statt des Fut. exact. Auch si prodisset kann auf diese Weise erklärt werden. (Sogenannter Nebensatz des Akk. c. Inf.).

Anm. Ehrism. vergißt oft diesen Unterschied zwischen or. recta u. obl. Daher zitiert er falsch 14. 11. 8 (cf. ibid.). Auch Ausdrücke wie si juvisset fors etc. sind, die Stereotypie nicht mitgerechnet, keineswegs befremdend, weil man in der lat. Sprache bekanntlich schon bald Fut. exact. ($\sim$ Konj. Plq. Perf.) dort anwendet, wo wir Fut. I oder Ind. schreiben würden. Über die or. obl. bei Amm. Marc. im allgem. cf. Antonius Reiter, De A. M. usu orat. obliq.

1. 9. **luce palam.** Archaistischer Pleonasmus. Cf. 24. 4. 21 luce ac palam. Cf. et. ad 14. 7. 10; Fesser p. 47; Norden Ant. Kunstpr. II² p. 650.

1. 9. **medullitus.** Bei Plautus (Most. I. 3. 86; Truc. II. 4. 85), Ennius u. Varro. Cf. et. ad 14. 8. 5 u. Lodge II p. 35. Archaisch oder vulgär? oder beides? Cf. 15. 2. 3; 30. 8. 10. Cf. et. Fesser p. 47; M. Bernhard Apulejus p. 134; Norden Ant. Kunstpr. II² p. 650 u. ad 14. 7. 10.

1. 10. **tempestas** = tempus. Archaismus. Cf. Cic. De orat. III 153. Fesser p. 54. Für die Subst. auf -tas cf. Liesenberg (1888) p. 18 sq.

1. 10. **adrogantis ingenii.** Cf. 18. 3. 6: erat autem idem Barbatio subagrestis, adrogantisque propositi. Adrogans mit ingenium verbunden ist mir weiter nicht bekannt.

1. 10. **celsae potestates.** Cf. 14. 10. 10 circumdatus potestatum coetu celsarum; 16. 12. 14 accessit huic alacritati plenus celsarum potestatum adsensus 28. 6. 9 ludi potestates excelsae. Cf. et. ad 14. 10. 10.

1. 10. **evibrabat** (= excitabat, exstimulabat). Cf. 24. 4. 16; Aul. Gell. 1. 11. 1. Cf. et. ad 14. 10. 3.

1. 10. **idque incertum qua mente ne lateret adfectans.** Sallustianismus. Cf. 14. 7. 7; Fesser p. 4 sq. Vergl.: immane quantum, auch ein Sallust., z. B. 24. 4. 2 cujus fortitudo in locis patentibus immane quantum gentibus est formidata.. (cf. et. Fesser p. 5).

66   Sprachlicher Kommentar

p. 3. 25.   1. 10. affectans. Konstr. mit ne (für die Konstr. der verba contendendi cf. ad 14. 5. 7) nicht-klass.; cf. Eutr. 5. 4; Ambros. de off. 3. 16. 97. Mit Inf.-Konstr. (wie bei Ovid. u. späteren): 25. 4. 18 cum indignis loqui saepe adfectans; 26. 3. 5 curiosius spectari adfectans; 30. 2. 11 laedere modis quibus poterat adfectabat. Cf. et. Liesenberg (1889) p.1; Lodge I 73; Thes. I 1183 sq.; Hofm.-Leum. p. 581.

p. 4. 1.   1. 10. ad vertenda opposita, Clark. Mscr.: supposita. Wagner: „obvia quaeque. Forsan et h. l. Amm. scripserat adposita (apposita)." Cf. 14. 2. 9; 17. 7. 2; 20. 3. 5.

p. 4. 4.   2. 1. namque et Isauri ad bella gravia proruperunt, et = etiam. Cf. 14. 2. 5; 15. 2. 10 perductus est iisdem diebus et Gorgonius; 16. 12. 49 inter quos decernebant et reges; 17. 12. 3 trahentes singulos, interdum et binos; 22. 10. 4; 23. 6. 16; 26. 7. 10; 30. 8. 1. Dieser Gebrauch (im Altlat. nur bei Personenwechsel im Dialog), nicht bei Caesar, selten bei Sall., häufiger bei Cic., üblich bei Liv. Tac. u. den Schriftst. des Silberlat., am häufigsten aber im Spätl. (wie bei Amm.). Cf. Hassenst. p. 35; Draeger H. Synt. § 213; Hofm.-Leum. p. 661.

p. 4. 4.   2. 1. saepe . . saepeque. Gräzismus. πολλάκις μέν — πολλάκις δέ Cf. Hofm.-Leum. p. 664.

p. 4. 5.   2. 1. cuncta miscere. Cf. 16. 12. 4 agitabat miscebatque omnia (= Cic. de orat. I 120 miscere atque agitare; Liv. 35. 12. 3 agitandum aliquid miscendumque rati); 28. 1. 15; 29. 1. 24; 31. 2. 1; 31. 8. 6 omnia foedissime permiscentes. Cf. Sall. Cat. 10. 1 miscere omnia; 2. 3; Iug. 12. 5; 5. 2 cuncta permiscuit; 66. 1 cuncta agitare; Tac. H. 1. 53; 2. 23 miscere cuncta. Cf. et. Hans Wirtz Philol. 36 (1877) p. 627 sq.; Fesser p. 10. Vergl. auch Verbindungen wie: cuncta parare (15. 5. 9 etc.); cuncta turbare (16. 12. 38 etc.); cuncta complere (20. 11. 11 etc.), wahrscheinlich ebenfalls Sallustianismen. Im allgem. fällt bei Ammian der Gebrauch von cunctus auf.

p. 4. 5—6. 2. 1. alente impunitate aduliscentem in pejus audaciam. Cf. 26. 3. 4 sed tempore secuto longaeva impunitas nutrivit immania, usque eo grassante licentia; Cic. Pro Sestio 82 at vero ipsi illi parricidae, quorum ecfrenatus furor alitur impunitate diuturna.

p. 4. 6.   2. 1. ad bella gravia. Poet. Plur., wahrsch. infolge der clausula (III); cf. 21. 1. 1. 1 intercluso hac bellorum difficili sorte Constantio trans flumen Eufraten (über den Perserkrieg); 21. 13. 2 ad civilia bella custodiens militem (sc. Constantius gegen den Julianus); 27. 4. 1 Procopio, civilia bella coeptanti (claus. I. cf. ad 14. 8. 5 Anm.), aber 27. 5. 1, über denselben Procop.: bellum principibus legitimis inferenti; 30. 1. 22 Pyrrum Italiam tunc bellis saevissimis exurentem. Cf. et: Thes. II 1853; Schmidt p. 56; Schink p. 34 sq.; Hag. St. A. p. 92 sq.: „sed plerumque aegre dijudicari potest, utrum plur. numerus poetarum ritu de uno certoque bello an nulla re certa significata sensu generali positus sit (cf. 19. 11. 2) — accedit quod bellum more in primis poetis ac posterioribus accepto pro pugna sive proelio saepe usurpatur —''; und ibid. p. 93 sq. (certamina u. proelia) u. ad 14. 2. 3.

2. 1. **perduellis.** Archaismus. Cf. Cic. off. 1. 37; Lodge II p. 310; Fesser p. 53. p. 4. 7.

2. 1. **irrequietis motibus.** Cf. 16. 12. 30; 16. 12. 33; 28. 5. 8. Dem Ovid entnommen? Cf. Met. 2. 386; 13. 730; Tristia 2. 236 (in der Ed. der Tristia v. S. G. Owen p. 253: auctores et imitatores, wird Ammian nicht genannt). Cf. et. 18. 6. 12 inrequietis cursibus sectabantur (Lact. de ira 13. 4 sol inrequietis cursibus .. orbes annuos conficit); 22. 16. 11 opus jusserat inrequietis laboribus consummari, und ad 14. 1. 2ᵃ und 14. 6. 15 (in); Hag. St. A. p. 51. p. 4. 7.

2. 2. **atque (ut Tullias ait), ut etiam bestiae** etc. Bestiae ist eine Konjektur des Valesius. Cf. Cic. pro Cluent. 25.: Jam hoc non ignoratis, judices, ut etiam bestiae fame domitae ad eum locum, ubi pastae aliquando sint, revertantur. p. 4. 10—11.

2. 2. **loca petivere mari confinia, per quae ‹a›viis** (mscr. viis; aviis Kiessl.; in G) **latebrosis sese convallibusque occultantes.** Cf. Sil. Ital. 12. 352 latebrosa per avia saltus (Hag. St. A. p. 15). p. 4. 13.

2. 2. **quos cum in somnum sentirent effusos .. eisdem nihil opinantibus adsistebant.** Cum iterat. der Vergangenheit. Cf. 21. 16. 6 somno contentus exiguo, cum id posceret tempus et ratio; 27. 4. 9 ita humanum fundere sanguinem adsueti, ut cum hostium copia non daretur, ipsi inter epulas . . . suis velut alienis corporibus inprimerent ferrum; 27. 11. 2; 27. 12. 14. In diesem Falle nie mit Konj. Plq. Perf.! Cf. et. Hassenst. p. 43 sq.; Schickinger p. 24 sq. Für cum iterat. der Gegenwart cf. ad 14. 2. 7 u. für cum im allgem. ad 14. 7. 9. Einige Ausnahmen nicht mitgerechnet ist cum iterat. mit Konj. nicht klassisch, häufig im silbernen Lat., ganz gewöhnl. im Spätlat. p. 4. 16—18.

68 Sprachlicher Kommentar

p. 4.16.   2.2. ancoralia. = Ankertaue = ἐπίγυια, πρυμνήσια. Cf. Thes. II 31. M. E. hat Wagner recht wenn er sagt: „malim ego de stationibus navium (Ankerplätze) intelligere, quod repentes — quadrupedo gradu — suspensis passibus suadent." Cf. et. Liv. 22. 19. 10; 37. 30. 10; Plin. 16. 34; Apul. met. 11. 16 (Adjekt.); Lübeck R. E. I 2115.

p. 4.19.   2.2. ulli, statt cuiquam. Cf. 29. 3. 2 nec meliora monente ullo nec retentante. Cf. Hofm.-Leum. p. 483 sq.: „quisquam u. ullus ergänzen sich so, daß dieses adjektivisch, jenes substantivisch gebraucht wird. Doch findet sich quisquam auch in adjektivischer Verwendung" etc. Hassenst. p. 32.

4.22.—23   2.3. litoribus Cypriis. litora = litus. Cf. 15. 11. 5; 25. 4. 24. Nebeneinander: 22. 8. 14 dextram . . . inflexionem Bospori Thracii excipit Bithyniae litus . . . per quae litora in sinus oblongos curvata; 22.8.43—44 Histros quondam potentissima civitas et Tomi et Apollonia et Anchialos et Odessos, aliae praeterea multae, quas litora continent Thraciarum .. per hoc Scythicum litus. Der poet. Plur. litora auch in der klass. Prosa, aber nicht bei Cic. Vergl. den übereinstimmenden Gebrauch v. ripae u. Hag. St. A. p. 85 sq.

Anm. Über den poet. Plur. im allgem. cf. W. Schink, De Romanorum plurali poetico (1911); Aem. Schmidt, De poetico sermonis argenteae latinitatis colore p. 4 sq. (1909); Paul Maas, Studien zum poet. Plur. bei den Römern. Arch. L. L. G. 12 (p. 479—550).

p. 5.4.   2.5. excitavit . . et quisque serpentes. Cf. M. Petschenig (Philol. 50. 1891): „Zunächst ist Gardthausens Vermutung sed (codd. et) abzuweisen, da Amm. oft et und que hat, wo man sed oder autem erwartet." Beisp., wo et steht, während man sed oder at erwartet: 14. 8. 12; 16. 4. 2—3; 16. 5. 1; 21. 1. 13; 22. 9. 11; 24. 6. 5; 24. 6. 17; 26. 9. 11; 27. 3. 6; 27. 3. 11; 29. 1. 37; (u. -que adversat: 15. 4. 9; 15. 5. 6; 16. 9. 4; 16. 11. 10).

p. 5.7.   2.5. superabatur . . persultat. Cf. 14. 3. 1 incessunt . . juvant. Cf. et. Ehrism. p. 23 sq.: In describendis locis ac populorum moribus saepe praesenti tempore utitur Amm., ubi rerum gestarum ordinem narrationisque progressus spectantibus imperfectum aptius poni videatur (praesens consuetudinis)." Auch klass. (Hofm.-Leum. p. 552 sq.).

Anm. Für das Präsens statt des Futurs cf. Ehrism. p. 23.

p. 5.8.   2.5. loca plana . . . et mollia. Cf. 24. 1. 2 per plana camporum et mollia; 27. 5. 4 per plana camporum. Cf. Sall. Hist. IV 24 Italiae plana ac mollia. Cf. et. 18. 9. 2 Mesopotamiae plana u. Tac. Hist. III 42 plana Umbriae; Agr. 12 plana terrarum; Aem. Schmidt poet. serm. p. 79; Fesser p. 11.

2. 6. etiamsi ... ad vertices venerint summos ... consternuntur. Cf. 29. 2. 24 ratio enim eadem est ubique recte secusve gestorum, etiam si magnitudo sit dissimilis rerum; mit. Indik.: 17. 11. 2 legimus in veteres ... duces, vitia criminaque, etiam si inveniri non poterant, finxisse malignitatem (in orat. obliqua!). Cf. et. Ehrism. p. 64; Hofm.-Leum. 781.
Anm. Für etsi, tametsi, quamvis, quamlibet cf. Dederichs p. 24 sq. u. Ehrism. p. 63 sq.

2. 6. lapsantibus. Poetismus. Cf. Verg. Aen. 2. 551 in multo lapsantem sanguine nati. In der Prosa seit Tac.; cf. Hag. St. A. p. 67. Über die Intensiva, Iterativa (u. Inchoativa) cf. Liesenberg (1889) p. 1—7 „Von diesen (den Verben sc.) verdienen hauptsächlich die intensiven, iterativen u. inchoativen hervorgehoben zu werden, weil, wie ihre Anzahl u. die Häufigkeit ihres Vorkommens zeigen, sie Ammian mit Vorliebe anwendet, oft vielleicht nur zur Abwechslung für die gewöhnlichen, da die Stammverben meistens daneben und oft ohne wesentlichen Unterschied vorkommen." Hierzu gehören viele Poetismen. Dieser Gebrauch der Intens. (Iterat.) ist Vulgarismus oder Archaismus (Bei dem affektierten Amm. größtenteils letzteres). Cf. et. Hofm.-Leum. p. 547.

2. 6. rupium abscisa. Cf. 14. 6. 4 tranquilliora vitae; 14. 6. 25 aurigarum ... praecipua; 14. 10. 14 Martis ambigua: Partiz. oder Adjekt. im Neutr. Plur. mit nachfolgendem Genit. eines Subst. Im Altlat. auch, aber sehr selten, bei Sall., oft bei Liv. u. den Schriftst. des silbernen Lat. Draeger (H. Synt. § 199. 4) zeigt, daß Cic. (tantum, quantum, dimidium ausgenommen) nur den Plural des Superlat. (z. B. belli extrema, summa pectoris), die Späteren dagegen seit Liv. den Plur. u. Singul. jeder Gradation in dieser Weise gebrauchen, auch Präpositionen damit verbinden; daß die klass. Schriftst. mit diesem Neutr. Plur. nur den partit. Genit. verbinden, die Späteren aber auch einen andern Genit. Dieser Gebrauch bei Tac. am häufigsten, nimmt später ab. In Bezug hierauf stimmt Amm. mit Tac. überein (vielleicht auch unter dem Einfluß des Griechischen?). Cf. et: Kühnast. p. 78; Zernial, Selecta quaedam capita ex genitivi usu Taciteo (1864 diss. Göttingen); Hofm.-Leum. p. 456; Hassenst. p. 8 sq.

2. 6. ex necessitate ultima. Cf. 16. 12. 33; 18. 8. 5; 29. 1. 3; 30. 6. 6 u. Tac. ann. 15. 61. Cf. et. necessitas extrema: 16. 12. 45; 18. 3. 9;

70   Sprachlicher Kommentar

20. 4. 18 u. Sall. Hist. I. 55. 15; Tac. Ann. 13. 1. Für die Variation cf. 16. 10. 2 in necessitatibus summis; 19. 8. 8 necessitate . . . postrema (26. 5. 5;   31. 8. 4); 24. 4. 19 in destrictis necessitatibus. Cf. et. Fesser p. 11.

p. 5. 16—17.   **2. 7. et cum edita montium petere coeperint grassatores, loci iniquitati milites cedunt.** Cum iterativum der Gegenwart. Diese Konstr. ist die übliche bei Amm. Bisweilen Präs. Ind. (z. B. 27. 9. 5; 30. 4. 20 etc.), sehr selten Präs. Konj. (25. 3. 19 aequo enim judicio juxta timidus est et ignavus, qui cum non oportet mori desiderat et qui refugiat cum sit oportunum; mit typischer Variation!) u. einmal Perf. Ind. (28. 4. 10 ex his quidam cum salutari pectoribus coeperunt, osculanda capita in modum taurorum minacium obliquantes, adulatoribus offerunt genua savianda; wo Clarke schreibt coeperint, m. E. unrichtig, weil bei Amm. Konjekturen kraft einer Analogie — in casu cum mit Konj. des Perf. — methodisch falsch sind). Cum mit iterat. Konj. nicht klass. (bei Caes. u. Cic. fast nur Indik.), öfter bei Liv. Nepos u. im silbernen Lat. Im Spätlat. ganz gewöhnlich. Die Tempora sind aber Imp. u. Plq. Perf! Amm. hat wieder seine eigne Syntax. (cf. ad 14. 2. 2).

Cf. et. Hassenst. p. 43 sq.; Schickinger p. 24 sq.; Ehrism. p. 53 sq.; Hofm.-Leum. p. 750 sq. u. ad 14. 7. 9.

Anm. Für ubi iterat. cf. ad 14. 2. 7[a] u. für si iterat. Dederichs p. 8 sq. Für quotienscumque cf. 16. 10. 18 (Konj. Plq. Perf.) u. ut iterat. 26. 10. 11 (Ind. Plq. Perf.). Die beiden letzten Konjunkt. kommen als Iterativa der Gegenwart nicht vor.

p. 5. 17.   **2. 7. cum edita montium petere coeperint.** Coepi mit Inf. = ἤρξατο mit Inf. Oft im Spätlat. (aber auch schon im Altlat.) u. bei Amm. Sowohl das Vulgärlat. wie die griech. Umgangssprache begünstigen ähnliche Konstruktionen bei Amm. (der ja ein Grieche war). Diese Konstr. umschreibt den Aorist. Cf. Pfister Vulgärlat. u. Vulgärgriechisch (Rh. Mus. N. F. 67. 1912) p. 204 sq. u. O. Immisch, Sprach- u. Stilgeschichtliche Parallelen zwischen Griech. u. Lat. (Neue Jahrb. f. d. kl. Alt. 29. 1912) p. 41. Cf. et. Hofm.-Leum. p. 551 u. 561; Thes. III p. 1424.

p. 5. 18—20.   **2. 7. ubi autem in planitie potuerint repperiri .. pecudum ritu inertium trucidantur.** ubi iterat. der Gegenwart. Cf. 18. 7. 5 at ubi solis radiis exarserit tempus . . . vapore sideris et magnitudine culicum agitantur; 22. 15. 20 audax tamen crocodilus monstrum fugacibus; ubi audacem senserit timidissimum. Dieses ubi bei Amm. selten u. nie mit dem Konj. oder Ind. des Präs. Auch ubi iterat. der Vergangenheit bei Amm. selten. Die Konstr. sind: Imp. Konj. 27. 11. 2 erat .. ubi paveret, omni humilior socco u. Plq. Perf. Konj. 25. 4. 5 ubi vero exigua dormiendi quiete recreasset corpus laboribus induratum, expergefactus explorabat . . . vigiliarum vices et stationum u. Imp. Ind. 27. 8. 8 .. ubi debitorum aliquem egestate obstrictum, nihil reddere posse discebat, interfici debere pronuntiabat.

Cf. Hofm.-Leum. p. 767: „Der Konj. der in klass. Zeit nur durch Modusangleichung und als obliquus begegnet, erscheint als iterat. Konj. oft seit Liv., dann bei Vell., Tac., Just. u.a. Tac. verwendet zur Bezeichnung der wiederholten Handlung sowohl den Indik. als den Konj. Plq. Perf." Amm. hat wieder seine eigne Syntax. Cf. et: Schickinger p. 24; Ehrism. p. 56 sq.; Hassenst. p. 44 u. ad 14. 2. 20.

2. 8. congressione stataria. Cf. 20. 8. 1 statariae pugnae (= 19. 5. 2 planarios conflictus). Griechisch: σταδίη ὑσμίνη (Ilias 13. 314 etc.), σταδία μάχη (Thuc. 4. 38 etc.), ἡ συσταδὸν μάχη (Herod. 6. 7. 20 etc.). Steht der pugna concursatoria (16. 9 1; 31. 16. 5) gegenüber. Cf. et. gradarius (Diom. 477. 20).

2. 9. supercilia fluvii. = der hohe Rand, das hohe Ufer; cf. 17. 9. 1; 22. 8. 8; 14. 8. 5 etc. Gräzismus (= ἐφρύς), der aber ebensowohl Liv., Verg. oder andren Schriftst. entnommen sein kann. Im Griechischen wahrsch. Poetismus (vielleicht Koine).

2. 9. verticosi. Cf. 16. 12. 55. Sallustianismus. Cf. Hist. IV. 28 (Sen. nat. quaest. 7. 8. 2 ut Salustii verbo utar, verticosus); Fesser p. 9. Für die zahlreichen Adjekt. denomin. auf -osus cf. Liesenberg (1888) p. 27.

Anm. Ein auffallendes Adj. ist tumulosus, nur Sall. Jug. 91. 3 u. Amm. 31. 7. 10 u. 21. 10. 3.

2. 9. adulta nocte. Cf. 25. 2. 4; Tac. Hist. III 23. Sallustianismus. Sall. Hist. fr. inc. (= Serv. ad Georg. I 43): ut primo mense veris novum dicatur ver, secundo adultum, tertio praeceps, sicut etiam Sall. dicit ubique. Cf. et.: vere adulto 17. 13. 28; 19. 11. 2; 20. 8. 1; 23. 2. 2 u. adulta hieme 20. 1. 3; 26. 9. 1 (Tac. ann. 2. 23; 11. 31). Cf. et. Fesser p. 11 sq.; G. Schoenfeld, De Taciti studiis Sallustianis (1884) p. 27; Thes. I 803. Für die Variation cf. 26. 9. 1 aperto (= adulto) jam vere.

Anm. Bemerkenswert ist der häufige Gebrauch v. adolescere, den Amm. sehr erweitert, wahrsch. unter Einfl. des Tac. Cf. Thes. I 802 sq.

72   Sprachlicher Kommentar

p. 6, 4—5.   2. 9. arbitrabantur ... transgressi ... apposita quaeque vastare.
Nomin. c. Infin!; cf. 19. 11. 6; Hor. Ep. I. 7. 22: vir bonus et sapiens
dignis ait esse paratus (mit der Anm. in der Ed. Kiessling-Heinze);
Catull. 4. 2 (∾ Verg. Catal. 10. 2). In der Prosa sehr selten. Cf. Tac. Hist.
4. 55 ipse e majoribus suis hostis populi Romani quam socius jactabat
(mit den Emendat. v. Ritter, Urlichs, Mercerus u. a.). Gräzismus und
Poetismus. In der nachklass. poet. Prosa seit Petron., oft bei Tertull.
Cf. et. Schickinger p. 27; Hofm.-Leum. p. 588.
    Anm. (a) 19. 11. 6 Clarke u. Gardthausen interpungieren hinter in-
commoda. Schickinger ist damit nicht einverstanden, weil parati in der
orat. obliq. steht, entsprechend dem Beisp 14. 2. 9. Die Interp. ist aber
notwendig für die clausula (II) (b) 17. 13. 11 deutet Schickinger meriti
fuisse auch als Nom. c. Inf. Es ist aber unmöglich den Gen. fortunae
zu verbinden mit dem Partiz. meriti. Belegstellen gibt er nicht. meriti
=: Gen. des Subst. meritum, kontrastiert mit fortunae. (c) Der Nom.
c. Inf. beim Passiv der verba sentiendi u. declarandi steht bei Amm.
wie in der klass. Prosa (nur häufiger); cf. Hofm.-Leum. p. 589.

p. 6. 4—5.   2. 9. inopino adcursu. Poetismus. Vergil hat das Wort neu gebildet
für das pros. Wort inopinatus. Seit Plin. min. auch in der Prosa; auch
im Cod. Theod. (9. 45. 5). Nach den Stud. Amm. v. Hag. 21 mal bei Amm.
Von Menschen: 19. 8. 11 quoniam inopini per varia visebantur. Cf. et.
Norden Aen. p. 142 u. 155; Novák Cur. Amm. p. 34 sq.: neque inopinans
neque inopinatus probavit Amm.; nam pro illo plerumque scripsit neco-
pinans et semel inopinus (14. 11. 20), pro hoc inopinus" u. ad 14. 6. 15.

p. 6. 5.   2. 9. sed in cassum labores pertulere gravissimos. pertulere
statt pertulerant. Cf. 20. 9. 8 magistrum enim officiorum jam pridem
ipse Anatolium ordinavit (st. ordinaverat); 21. 11. 2 (misit st. miserat);
27. 3. 3 successit (st. successerat); 27. 5. 3 (petivere st. petiverant).
Cf. et. Ehrism. p. 31 sq.: quod autem sescenties perf. pro plq. perf. positum
est, id vitio vix aliter vertas, nisi ita, ut Amm. vel vulgarem vel potius
Graecum quendam patrii sermonis usum in lat. linguam transtulisse
putes. Constat enim Graecos in rerum gestarum narratione aoristo uti
solere, ubi Romani Script. plq. perf. utantur." Vorliegende Beispiele
beziehen sich auf diese „Verwechslung" in Hauptsätzen.

p. 6. 5.   2. 9. in cassum. Archaismus. Cf. 14. 11. 26;   15. 5. 8;   17. 1. 10;
20. 4. 4;   20. 7. 8;   20. 11. 13;   21. 12. 17;   25. 6. 13;   27. 6. 4;   28. 2. 8;
29. 6. 16;   31. 15. 13. Cf. et. Thes. III 522; Fesser p. 43 u. ad 14. 7. 10.

2. 10. gurgitis. Cf. 15. 4. 4. Oceani gurgitibus intimatur (sc. Rhenus);
18. 7 9 Eufraten nivibus tabefactis inflatum late fusis gurgitibus evagari;
22. 8. 3 unde (sc. Lesbo mare Aegaeum) gurgitibus refluis . . . Troada
perstringit. 22. 15. 13 gurgitum nimietate umectans diutius terras (sc.
Nilus). Poetismus. Gesagt vom Meer u. von Flüssen; cf. Hag. St. A. p. 31 sq.

2. 10. dum piscatorios quaerunt lenunculos. Cf. 16. 10. 3 lenunculo
se commisisse piscantis; Sall. Hist. I. 25 incidit . . in lenunculum piscantis;
cf. Fesser p. 13; Finke p. 22. Demin. v. lembus.

2. 10. innare temere contextis cratibus parant. Cf. Petschenig
(Philol. 50. 1891): „Es ist fraglich ob Kießlings cratibus oder das
überlieferte ratibus richtig ist. 31. 5. 3 liest man: ratibus (partibus V)
transiere male contextis u. 23. 3. 9: naves ex diversa trabe contextas
(so G. contextae V). Demnach wird auch 25. 8. 2, auf welche Stelle sich
Kießling stützte, pars ratibus temere textis richtig sein."

2. 10. denseta scutorum compage. spissare, coacervare. Poetismus
u. seltenes Wort; cf. 22. 6. 2; 24. 2. 14 (densetisque clipeis); 25. 1. 17;
26. 8. 9 (densetis cohaerentes supra capita scutis); 29. 5. 48; 31. 15. 2;
Thes. V p. 542 sq. Abwechslend mit densare (pros., seit Liv.):
16. 2. 9; 16. 12. 20 (Thes. V 544) u. dem Frequentat. densitare (Thes.
V 544): 19. 7. 3 densitataeque acies (Clark densetaeque) u. 27. 4. 5
montibus praeruptis densitatae Succorum patescunt angustiae (Clark
densetae). Cf. et. Hag. St. A. p. 62 sq.; F. Vogel Jb. cl. Phil. 127 (1883)
p. 865 sq.

Anm. In 19. 7. 3 u. 27. 4. 5 stimmt densitatae besser überein mit V.
Man wagte es nicht densitare in den Text aufzunehmen, weil es anderweitig
nicht vorkommt. Es gibt aber bei Amm. mehrere solcher hapax legomena
(z. B. conceptare, adaequitare, vastitare). Cf. Liesenberg (1889) p. 1 sq.;
Hofm.-Leum. p. 547.

2. 11. venere prope oppidum Laranda. Cf. 16. 12. 19 prope collem
advenit; 16. 12. 27; 17. 1. 8; 18. 2. 8; 20. 7. 2; 21. 3. 3; 24. 1. 5;
25. 6. 7 prope tabernaculum advenire; 28. 6. 4 prope Leptim accedere.
Prope als Präp. bei Bewegungsverben mit Akkus. auch klass.; cf. et.
Hassenst. p. 33; Reinhardt p. 52; Hofm.-Leum. p. 503 u. ad 14. 3. 3.

2. 12. equestrium adjumento cohortium . . digressi sunt. Gardth.
adventu. Cf. Petschenig (Philol. 50. 1891): „Zunächst ist adventu wegen
des Relativsatzes wenig passend. Dann gebraucht Amm. adjumentum
geradezu für Truppe; cf. 14. 7. 9: adjumenta paulatim illi subtraxit;
26. 6. 11: sufficiens equitum adjumentum et peditum mitti jussit. Es

74   Sprachlicher Kommentar

liegt daher lediglich eine Ungenauigkeit des Ausdrucks vor, indem statt: digressi sunt folgen sollte: repulsi oder digredi coacti sunt." Cf. et. Thes. 1. p. 704; für die Wörter auf -mentum Liesenberg (1888) p. 8 sq.

p. 6. 17.   **2. 12. planitie porrecta.** Cf. 14. 7. 4 vehiculoque impositam; 14. 10. 10 tribunali adsistens. Die gewaltige Ausdehnung des Abl. loci (besonders des attributlosen) ist nachklass. u. spätlat. Beisp. Hassenst. p. 6. Cf. et. Kühnast p. 174; Hofm.-Leum. p. 450.

p. 6. 18.   **2. 12. omne juventutis robur.** (a) Für die große Anzahl der Mask. auf -us (-tus oder -sus) cf. Liesenberg p. 14 sq. (b) cf. Liv. 3. 23. 1 robore juventutis praemisso u. 8. 29. 7 u. ad 14. 2. 1.

p. 6. 23—7. 1.   **2. 13. et cum neque adclivitas ipsa sine discrimine posset adiri letali ... maesti excedunt.** Mscr. possit, Clark posset. Letzteres nicht richtig. Ebenso unrichtig Gardth. procederet (mscr. procedebat). (I) Amm. konstruiert cum mit Ind. u. Konj. (cf. Ehrism. p. 46 sq. u. Hofm.-Leum. p. 752). cum caus. (wie adversat. u. conzess.) mit Ind. ist spätlat. Cf. 19. 11. 4 cum necdum solutae vernis caloribus nives, amnem undique pervium faciunt, nostrique pruinis subdivales moras difficile tolerabant (Clark -bunt, mscr. -bant!); 27. 2. 11 quae superfluum est explicare, cum neque operae pretium aliquod eorum habuere proventus, nec historiam producere per minutias ignobiles decet; 31. 15. 1. (II) Wenn im Hauptsatze ein Präs. Hist. steht, ist die consecutio temporum bei Amm. (der klass. Regel gemäß) präsential oder perfektal (meistens perfektal, oft variierend). Cf. 18. 7. 10; 24. 4. 22 murorum invaduntur... frontes ut ... nec.. audiretur .. nec .. emergat; 28. 1. 24 ne .. acervi crescerent aerumnarum .. legati mittuntur .. oraturi, ne delictis supplicia sint grandiora, neve senator quisquam .. exponeretur u. Ehrism. p. 40: ,,Amm. temporum variationi enixe operam dedisse, nec fere usquam illam praesentis convenientiam adscivisse nisi in eis periodis, quibus altera sententia ex eodem praes. hist. pendens conj. imperf. i. e. convenientiam perfecti praebeat..". Für präsentiale consec. cf. 31. 4. 5: hacque spe mittuntur diversi, qui cum vehiculis plebem transferant truculentam.

p. 7. 1.   **2. 13. postrema vi subigente.** subigere = cogere. Archaismus. Cf. 15. 5. 20 (mit Akk. c. Inf.); 22. 8. 17 (mit Inf.). Cf. et. Fesser p. 41 u. ad 14. 7. 10.

p. 7. 1.   **2. 13. majora .. adgressuri.** Sallustianismus. Iug. 89. 3 majora ... aggredi. Cf. et. 16. 12. 3 ad majora stimulati; 21. 5. 5 altius adfecto majora; 25. 1. 18 ad audenda .. majora coeptantes (= 27. 8. 9; 31. 7. 7), vielleicht auch Sallustianismen, u. Fesser p. 13.

2. 14. **concepta rabie saeviore .. efferebantur.** Efferre verbunden mit in (ad) mit Akkus.: 14. 1. 1; 16. 10. 12; 22. 2. 2; 28. 16. 15; 30. 1. 3. Petschenig (Philol. 50. 1891 p. 337) vermutet efferabantur (cf. 14. 1. 10: quibus mox Caesar acrius efferatus; 14. 7. 2: Antiochensis ordinis vertices sub uno elogio jussit occidi, ideo efferatus). Cf. et. Thes. 5, 2 p. 142 sq. u. p. 147 sq.

2. 14. **incohibilis**: unaufhaltbar. Cf. 21. 16. 11; 24. 1. 5 (incohibili cursu); Gellius 5. 3. 4: videt eum cum illo genere oneris tam impedito ac tam incohibili facile atque expedite incedentem (hier: nicht zusammenzuhalten). Cf. et. ad 14. 10. 3.

2. 14. **efferebantur.** Das Perfekt. elati sunt wäre richtiger gewesen, aber die Formen: latus sum, elatus sum kommen bei Amm. nicht vor. Cf. 14. 5. 6: infudit et ferebatur; Ehrismann p. 14 sq.: „permultis locis imperf. legitur ubi perfectum exspectes. Atque equidem cum saepissime imperf. pass. pro formis compositis perf. positum sit, suspicor Amm. consulto perf. pass. evitasse (cf. ad 14. 11. 32) . . . In linguis Romanicis quas dicimus praes. et imperf. pass. e temporum commutatione perfecti et plq. perf. orta esse constat — quam temporum commutationem Amm. aetate jam floruisse et litteris e monumentis probatum est (cf. Hofm.-Leum. p. 559 sq.) — Formae igitur compositae perf. et plq. perf. tamquam vulgares habebantur, imperf. vero, cum tamquam forma docta et elegantior videretur, Amm. ceteris temporibus ad praeteritum significandum idoneis, ni fallor, praetulit." Auch nennt Ehrism. als andre mutmaßliche Ursache die Rhetorik, auf welche man oft diese Verwechslung des Imp. u. Perf. zurückführen kann (für Ammians Rhetorik und den Vortrag seiner eignen Werke cf. Lib. Ep. 450 (ed. Wolf 983); Sievers, Leben des Lib. p. 272; Vales. in der Praefatio seiner Edit. — Ed. Wagner 1. p. LXXVI sq.; Seeck B. L. Z. G. p. 463). In dieser Rhetorik spielt nicht allein die Abwechslung, aber auch der Rhythmus eine bedeutende Rolle. Auffallende Imperfekta sind gewiss oft der Rhythmisierung entsprungen (cf. Austin Morris Harmon: The clausula in Amm. Marc. p. 119 sq.). Cf. 21. 12. 5 elatis clamoribus ferebantur (clausula III ՝⌣ ⌣ ⌣ ⌣ ՝⌣), wo diese Klausel der Stelle angemessen ist, was man beim Lesen sofort bemerkt (cf. et. Harmon p. 147). In wiefern die Klauseln den Gebrauch der Tempora beeinflußt haben, ist noch nicht genau zu sagen; jedenfalls mehr als man gewöhnlich voraussetzt. Cf. et. Hofm.-Leum. p. 795 sq.

76 Sprachlicher Kommentar

p. 7. 5. **2. 15. praedocti.** Cf. 14. 9. 3; 22. 1. 2; 24. 3. 10; Sall. Jug. 94. 1. Sallustianismus. Cf. et. Fesser p. 9; Faßbender, De Julii Valerii sermone quaestiones selectae (Diss. Monast. 1909) p. 22.

p. 7. 5. **2. 15. speculationibus fidis.** Cf. 27. 2. 2: speculatione didicit fida; 27. 2. 4: diligenti speculatione praemissa; 26. 2. 4: speculationibus fidis Aequitius doctus. Ausgenommen 27. 2. 2. hat speculatio an diesen Stellen konkrete Bedeutung: Kundschafter.

p. 7. 8. **2. 15. neque tamen.** Bei Amm. kommt neque bei weitem nicht sooft wie nec vor, was dem spätlat. Gebrauch entspricht, der nec immer mehr vorzieht. Cf. Löfstedt, Syntactica 1. p. 260. Beisp.: neque — neque: 16. 7. 8; 18. 6. 23; 19. 5. 2; 19. 11. 11; 30. 5. 3; 31. 2. 3; 31. 4. 6; 31. 10. 12; 31. 13. 5; neque-nec: 14. 2. 13; 19. 8. 8; 20. 5. 7; 24. 4. 30; 27. 2. 11; 28. 5. 12; 28. 6. 9; 30. 1. 4; 30. 9. 5 (nec-neque-nec.); neque — et: 25. 7. 4; 31. 13. 3; non neque: 17. 9. 5; neque: 21. 7. 5; 26. 9. 4; 27. 3. 14; 29. 1. 42; 30. 1. 5 (et — neque).

p. 7. 12. **2. 16. parumper.** Archaisch. Cf. 18. 4. 7; 20. 3. 8; 21. 7. 7; 27. 2. 6; 27. 10. 14; 29. 4. 5; 29. 6. 11; 31. 9. 1; Norden Aen. 236 u. ad 14. 7. 10.

p. 7. 13. **2. 17. bene pertinax.** Cf. Hofmann, Lat. Umgangssprache p. 74: Typisch umgangssprachlich ist ferner das Heranziehen von Qualitätsausdrücken zur Steigerung. Zu allen Zeiten in der Alltagssprache lebendig ist bene.. "; Hofm.-Leum. p. 462; Wölfflin, Lat. u. rom. Comp. p. 7 sq.; Lodge 1. p. 225 sq. u. franz. bien, italien. bene in derselben Funktion.

p. 7. 14. **2. 17. parans.** Für die Konstrukt. der Verba contendendi cf. ad 14. 11. 11.

p. 7. 14—15. **2. 17. qui habitus iram pugnantium concitat et dolorem.** Die Verbindung der Subst. ira u. dolor ist ein Taciteismus. Cf. 14. 11. 23 (= 28. 6. 19): ira princeps percitus et dolore; 16. 12. 3 (= 29. 5. 46): nec ira nec dolore perculsus; 15. 8. 15: irae documentum est et doloris; 19. 8. 1: ira et dolore exundans; 24. 4. 20: ira et dolore succenso militi; 25. 3. 10: ira et dolore ferventior; Tac. ann. 1. 41: utque erat recens dolore et ira; 2. 19: dolore et ira adfecit; 2. 82: dolor ira; Hist. 4. 44: dolore iraque; cf. Fesser p. 24.

p. 7. 16. **2. 17. ductores.** Erhaben u. archaisch. Cf. 14. 9. 1 u. Fesser p. 51; Norden Aen. 227 sq. Für die Subst. auf -tor cf. Liesenberg (1888) p. 4 sq.

p. 7. 16—17. **2. 17. rati intempestivum ... subire.** Esse ist fortgelassen: 19. 11. 13; 23. 5. 15; 18. 8. 4; 22. 1. 3; 21. 2. 4; 15. 8. 1; 20. 5. 4;

15. 9. 1; 21. 4. 3; 22. 14. 1; 23. 1. 1; 23. 6. 62; 24. 6. 2; 26. 1. 13; 27. 8. 4; 31. 2. 20; 31. 10. 15. Bei diesen Beispielen hängt das Adjektivum anscheinend von einem verbum sentiendi ab. Cf. Kallenberg p. 40 sq.: „..utrum Amm. omnibus his locis (sc. supra allatis) esse omiserit an accusat. adjectivi simpliciter ex verbo pendeat, difficile est decernere. Illud enim eo probari videtur, quod fere sine ulla exceptione esse omissum est. In contrariam autem partem opponi potest esse omnino apud nullum scriptorem tam saepe omissum esse quam apud Amm. . . . Praecipue autem apud fut. activ. infinitivum et perfecti passivi fere ubique, apud infinitivum gerundii persaepe esse omissum est." Cf. et. Reisig p. 813 (788).

2. 17. **haut longe.** Cf. Fesser p. 45: „In der Volkssprache schon in republikanischer Zeit ausgestorben. Der gebrauch bei Amm. ist ebenso wie bei den Archaisten u. anderen Spätlateinern künstlich u. entspringt lediglich der imitatio veterum. Bei Amm. findet sich haud zumeist in festen Typen." Beisp.: haut longe: 14. 7. 17; haud longius: 24. 5. 3; spatio haut longo: 15. 10. 10; 31. 7. 5; haut longo intervallo: 16. 12. 19; haud procul: 22. 8. 20; 23. 6. 12; 25. 6. 11; 31. 13. 9; haud diu postea: 19. 9. 8; 21. 12. 3; 23. 2. 5; haud multo deinceps: 22. 7. 5; haud ita diu: 27. 11. 3; haud ita dudum: 14. 6. 19; 15. 8. 1; 16. 11. 11; haud dudum 25. 5. 4; haud levius malum: 24. 4. 11; genus haud leve: 21. 1. 7; haud exiguum malum: 24. 7. 8; haud mitius malum: 28. 1. 48; haud dispari — malo: 15. 5. 1; dux haud exilium meritorum: 15. 5. 32; haud exilis meriti virum: 29. 2. 25; haud minore cura: 18. 1. 1; 20. 4. 19; haud minore gemitu: 17. 12. 16; haud multo minorem exercitum: 25. 7. 2; haud parva mole: 27. 10. 14; haud aspernanda pignora: 28. 2. 6. Cf. et. ad 14. 7. 10.

2. 17. **muri . . . quorum tutela securitas poterat in solido locari cunctorum.** In solido: in tuto; cf. 17. 5. 11: ut salus ejus deinceps locetur in solido; Aen. 11. 426 s.q: multos alterna revisens lusit et in solido rursus Fortuna locavit; Hagend. Stud. Amm. p. 4.

2. 18. **propugnaculis insistebant et pinnis.** Cf. 16. 4. 2: inter propugnacula visebatur et pinnas (Griech.: προμαχῶνεσ u. ἐπάλξεισ).

2. 18. **ut si qui se proripuisset interius.** Cf. G. B. A. Fletcher, The Class. Quarterly 24 (1930) p. 193: „This (sc. interius) is adopted by Gardth. and Clark, but the objection to it is, that the missiles must have been intended to kill attackers, wen they were still outside the walls; those who succeeded in getting inside would be less likely to be

78   Sprachlicher Kommentar

killed by missiles than in hand-to-hand fighting. It would seem to be not impossible that wat Amm. wrote was citerius."

p. 8. 1.   **2. 19. inediae propinquantis aerumnas.** Amm. gebraucht nur propinquare: Poetismus u. Taciteismus (nie bei Cic. u. Caesar!). Cf. Draeger, über Synt. Tac. p. 10; Norden Aen. p. 242; Fesser p. 25; Hofm.-Leum. p. 548.

p. 8. 1—7.   **2. 20. haec ubi latius fama vulgasset missaeque relationes adsiduae Gallum Caesarem permovissent . . jussus comes . . . properabat. .** Amm. verbindet ubi meistens mit Indik. Perf., aber auch mit Indik. Imperf. (14. 5. 4, etc.), Konj. Imperf. (z. B: 19. 4. 1: sed in civitate, ubi . . . cadaverum multitudo humandi officia superaret, pestilentia .. accessit), Indik. Plq. Perf. (z. B: 19. 2. 6: vixque ubi Grumbates hastam . . . conjecerat . . . armis exercitus concrepans involat. .) u. Konj. Plq. Perf. (hier etc.). Cf. Schickinger p. 24 sq.; Ehrismann p. 51 sq.

Anm. Die Konstruktion mit Konj. wird beeinflußt von ubi iterat., das seinerseits beeinflußt wird von ὁπόταν u. a. Konjunktionen (mit Konj. oder Optat. iterativus!), da bekanntlich im klass. Latein ubi iterat. gewöhnlich verbunden wird mit Indikativ Imperf. oder Indikativ Plq. Perf. Cf. Ehrismann p. 54 u. 56 sq.; Michael p. 4; u. ad 14. 2. 7.

p. 8. 5.   **2. 20. ad eximendam periculo civitatem.** Periculo eximere auch viel bei Tacit.; cf. 17. 2. 4; 19. 11. 13; 19. 12. 13; 22. 3. 6; 29. 6. 8; 31. 13. 9 u. Tac. Hist. 1. 59; 1. 73; 2. 93; 3. 45. Vergleiche mit diesem Ausdruck discriminibus eximere, auch ein Taciteismus (16. 12. 55; 18. 2. 13; 28. 6. 13; 29. 5. 14; Tac. Ann. 2. 55; hist. 3. 10). Weiter verbindet Amm. eximere mit dem Dativ (Tac. ausschließlich!), aber sehr selten (cf. 17. 12. 5: si quos exemit celeritas morti) u. einmal mit a mit Ablat. (cf. 19. 12. 17 a quaestionibus vel cruentis nullam leges Corneliae exemere fortunam, abwechslend mit 28. 1. 11: quos . . . arbitria quaestionibus exemere cruentis). Cf. et Fesser p. 25 sq.

p. 8. 8.   **3. 1. per Isauriam.** Cf. 15. 9. 8: per haec loca .. viguere studia doctrinarum; 16. 1. 2: res, quas per Gallias virtute felicitateque correxit; 16. 6. 1: haec per Gallias agebantur; 16. 3. 1: per quos tractus nec civitas ulla visitur nec castellum; 17. 5. 1: cum universa per Gallias studio cautiore disponerentur. Cf. Hofm.-Leum. p. 521: „Im Spätlat. ist die lokale Bedeutung stark zu bloßem ad, in verflüchtigt; es steht so bei Verben der Bewegung oft z. B. bei Juvencus, sowie statt des Lokativs bzw. in c. abl. bei Städte- u. Ländernamen; oft so Amm. aus dem

Zu XIV 2. 19—3. 2 (p. 8. 1—8. 18). 79

Kurialstil." Vielleicht ist der Gebrauch bei Amm. ein Gräzismus (cf. Hassenst. p. 32). Cf. Reinhardt p. 8 sq.

3. 1. rege Persarum bellis finitimis illigato. Cf. Liv. 31. 25. 8: ad illigandam Romano bello gentem u. 32. 22. 11. p. 8. 8—9.

3. 1. conlimitiis. Cf. 14. 3. 1; 15. 4. 1; 18. 2. 2; 18. 6. 9; 21. 3. 4; 21. 13. 4; 26. 6. 11; 27. 4. 8; 29. 6. 15; 31. 10. 2; Jul. Val. 3. 47; Solin. 49. 6 (wo Mommsen colliminium liest). Ein sehr seltenes Wort, das bei Solin. bedeutet: Grenze zwischen zwei Orten, bei Amm.: Grenzgebiet. In übertragener Bedeutung: Epist. imp. Constantin. (Migne 13, 565[B]): implicitus malorum collimitio. Cf. et. Thes. 3 p. 1624 u. Liesenberg (1888) p. 10 sq. (für die Wörter auf -ium). p. 8. 9.

3. 1. mente .. versabili. Versabilis: beweglich, verschiebbar (19. 6. 4: repagulis versabilibus); veränderlich, unbeständig (hier u. 16. 8. 4: versabilem feminam); geschmeidig (14. 11. 2: versabilium adulatorum). Für die Adj. auf -bilis cf. Liesenberg (1888) p. 25 sq. p. 8. 9—10.

3. 1. incursare Mesopotamiam ... ordinatus. Ordinatus: jussus (franz. ordonner). In dieser Bedeutung auch in der späteren Juristensprache. Cf. Cod. Just. 1. 14. 8: bene enim cognoscimus, quod cum vestro consilio fuerit ordinatum, id ad beatudinem nostri imperii et ad nostram gloriam redundare (a⁰ 446) u. ibid. 1. 27. 1. § 43: his scilicet, qui ordinati fuerint a tua sublimitate secundum praesentem divinam constitutionem, firmitatem sui status in perpetuo habituris (a⁰ 534). Cf. et. Du Cange 4. p. 726. p. 81. 12.

3. 2. laevorsum. Cf. 18. 6. 15; 31. 10. 11. Wahrscheinlich dem Apulejus (Flor. 2) entnommen; cf. et. ad 14. 6. 9. p. 8. 15.

3. 2. Osdroenae subsiderat extimas partes. Valesius (in ed. Wagner 2. p. 20): „Est autem subsidere quod Graeci ἐφεδρεύειν dicunt, cum manus militum post virgulta, aut maceriam, aut collem insidias struens occultatur: unde et subsessae dicuntur a Vegetio (3. 6 u. 3. 22)." Die Konstruktion mit Akkus. auch Verg. Aen. 11. 268: devictam Asiam subsedit adulter; mit Dat. Claud. 29 (Laus Serenae Reg.) 232 sq: p. 8. 15—16.

    ne qua procul positis furto subsederit armis
    calliditas nocitura domi.

3. 2. quod si impetrasset, fulminis modo cuncta vastarat. Für den Indikat. in der Apodosis der irrealen hypothetischen Periode cf. Hassenst. p. 39; Schickinger p. 21 sq. (der Hassenst. vervollständigt); p. 8. 17—18.

Kühnast p. 226; Draeger: Hist. Synt. § 550 (unvollständig); Hofm.-Leum. p. 567 u. 773 sq.

Beisp.: a. Imperfekt. in der Apodosis: 15.4.2: et navigari ab ortu poterat — ni ruenti curreret similis; 16. 7. 4: Si .. bona quaedam dicerent de spadone .. a veritate descivisse arguebantur; 25. 4. 5: quod ni ita agi ipse doceret aspectus, nulla vi credebatur posse discerni; 22. 10. 6: aestimabatur .. vetus illa Justitia . . . reversa ad terras, ni quaedam suo ageret .. arbitrio; 25. 8. 15: in corpora sua necessitas erat humana vertenda, ni jumentorum caro caesorum aliquatenus perdurasset; 27. 4. 2: erat Thraciarum descriptio facilis, si veteres concinerent stili; 30. 5. 10: quam (sc. praefecturam) si adeptus rexisset, prae his quae erat ausurus, administratio Probi ferebatur in caelum.

b. Plusq. Perf. in der Apodosis: 14. 6. 3: Virtus convenerat atque Fortuna .. quarum si altera defuisset, ad perfectam non venerat summitatem; 16. 12. 70: quos (sc. Juliani actus) sepelierat penitus, ni fama .. silere nesciret; 19. 6. 11: Persarum regem .. ni obstitisset violentior casus .. obtruncarant; 21. 13. 2: nam si permeato flumine nullum qui resisteret invenisset, absque difficultate penetrarat Euphraten; 23. 3. 3: ubi ni multiplex fuisset auxilium, etiam Cumana carmina consumpserat magnitudo flammarum; 22. 4. 5: quorum mensuram si in agris consul Quinctius possedisset, amiserat etiam gloriam paupertatis; 23. 6. 83: et gentes plurimas. — sub jugum haec natio miserat .. ni bellis civilibus vexarentur; 26. 6. 8: qui .. cuncta confuderat, ni gladio perisset ultore; 26. 10. 2: nam si victoriae superfuisset .. multas innocentium ediderat strages; 27. 2. 6: quem si secutae residuae cohortes abissent, ad tristes exitus eo usque negotium venerat..; 27. 3. 8: collecta plebs infima .. incenderat .. ni vicinorum et familiarium veloci concursu .. abscessisset; 29. 5. 30: perdiderat cunctos, ni gentium turbulenta concussio .. aperuisset nostris exitus; 29. 6. 13: quae si conspirasset, abierat procul dubio victrix; 30. 9. 1: si reliqua temperasset, vixerat ut Trajanus et Marcus; 31. 3. 8: Hunni .. jam oppresserant adventantes, ni gravati praedarum onere destitissent.

c. Perfektum in der Apodosis: 17. 1. 14: credique obtrectatoribus potuit .. ni pari proposito .. inclaruisset; 17. 7. 8: et superesse potuit .. pars major, ni .. flammarum ardores .. quicquid consumi poterat exussissent. Diese (c) Konstruktion ist sehr selten.

Alle drei Konstrukt. (a, b, c) kommen auch, aber selten, vor in der klass. u. silbernen Latinität. Bemerkenswert ist das Verhältnis des Ammian zu Tac. beim Gebrauch des Indikat. in diesen Perioden. Cf. Hassenstein p. 39: „Apud utrumque saepius, quam apud alios scriptores, cum in protasi condicionali conjunct. imperfecti aut plq. perfecti legitur, in apodosi pro conjunct. invenitur indicativus et imperfecti et perfecti et plq. perfecti. Sed hac crebritate tantum indicativi Taciti et Ammiani enuntiatorum condicionalium usum congruere, singulis rebus diversum esse apparebit." (etwas weiter zeigt er diesen Unterschied).

3. 3. **prope Septembris initium mensis.** Cf. 19. 6. 11 prope confinia lucis (= 25. 1. 11; 27. 2. 8); 24. 2. 4 prope extremum noctis; 25. 6. 4 prope confinia noctis; 27. 3. 1 prope horam diei tertiam. Prope wird äusserst selten bei Zeitbestimmungen gebraucht. Cf. Bell. Afric. 42. 1 (prope solis occasum exspectaverat). Sonst nachklass. Cf. et. Reinhardt p. 52; Hofm.-Leum. p. 503.

3. 4. **dux ante dictus.** Cf. 16. 7. 10: rex praedictus; 26. 5. 6: in memoratis urbibus. Amm. gebraucht ähnliche Wörter häufig, statt relativer Sätze. Diesen Gebrauch findet man auch oft bei den Script. Hist. Aug. u. den Juristen (besonders: supra scriptus) und in der spätgriechischen Sprache (ὁ προειρημένος, ἡ προρρηθεῖσα, ἡ προγραφεῖσα). Cf. et. Hassenst. p. 46.

3. 4. **admissi flagitii metu exagitati.** Sallustianismus? Cf. Cat. 14. 3: quos flagitium, egestas, conscius animus exagitabat; Hist. 1. 77. 7; Tac. Hist. 1. 48. 7: scelerum conscientia exagitati; Fesser p. 13 u. ad 14.2.1.

3. 4. **suorum indicio proditus, qui . . ad praesidia descivere Romana, . . . tabescebat.** Man sollte desciverant erwarten. Cf. 14. 11. 19: et Barbatio repente apparuit comes, qui sub eo domesticus praefuit (für: praefuerat); 14. 11. 24: et non diu postea ambo cruciabili morte absumpti sunt, qui eum .. ad usque plagas perduxere letales (für: perduxerant). Oft liest man: ut mandatum (praeceptum) est für: . . . erat (cf. 14. 11. 16; 19. 12. 7; 24. 1. 6). Für das Ersetzen des Plusq. Perf. durch das Perf. in Relativsätzen cf. et. Ehrism.¹ p. 31 sq.; für diese Erscheinung in Kausalsätzen ibid. p. 32 sq. u. 27. 4. 1: Valens .. arma concussit in Gothos, ratione justa permotus, quod auxilia misere Procopio; 27. 7. 5: et Diodori (sc. eminuit mors) ex agente in rebus, triumque apparitorum .. ob id necatorum atrociter, quod apud eum questus est comes. Cf. et. ad 14. 2. 9.

3. 4. **absque ullo . . effectu.** absque = sine. Cf. 16. 5. 5 Julianus .. absque instrumento . . . evigilavit; 24. 1. 8 absque discriminibus multis certare; 30. 10. 6 absque sui permissu. absque = praeter. 14. 7. 21 absque Mesopotamia et Aegypto; 25. 4. 15 absque his, quos vendidere; 27. 10. 9

montem invium absque septentrionali latere. Schickinger p. 18 deutet absque als Gräzismus. Es kann aber auch Archaismus sein! Bei Plaut. u. Terent. u. dann wieder im 2. Jhrh. n. Chr. bei Archaisten (Fronto, Gellius) u. weiter im Spätlat. Cf. et. Thes. I p. 185 sq.; Hofm.-Leum. p. 531; Fesser p. 59; Lodge 1. 18; H. Pinker, die Partikel absque (Breslau 1930).

p. 9. 4.   4. 1. **ultro citroque discursantes, quidquid inveniri poterat momento temporis parvi vastabant.** Indikat. Imperf. iterativus der Vergangenheit. Cf. 22. 11. 7: metuentes ne illud quoque temptaret evertere, quicquid poterant in ejus perniciem clandestinis insidiis concitabant. Die Konstruktion ist der klassischen Regel gemäß (cf. Hofm.-Leum. p. 709).

Anm. Für den Konjunkt. in relat. iterativen Sätzen der Vergangenheit cf. ad 14. 1. 5.

p. 9. 9—23.   4. 3—5. Eine überraschende Ähnlichkeit hat die hier gegebene Beschreibung der Saraceni mit derjenigen der Hunni (31. 2), die gewiß nicht bloss von den übereinstimmenden nomadischen Lebensverhältnissen der beiden Völker, aber auch von den rhetorischen ἐκφράσεις über dasselbe Thema der Nomaden, usw. herrührt.

Cf. 4. 3: nec eorum quisquam aliquando stivam adprehendit u. 31. 2. 10: nemo apud eos arat, nec stivam aliquando contingit; 4. 3: sine lare sine sedibus fixis aut legibus u. 31. 2. 10: omnes enim sine sedibus fixis, absque lare vel lege; 4. 4: vita est illis semper in fuga u. 31. 2. 10: semper fugientium similes; 4. 5: ..ut alibi mulier nubat, in loco pariat alio, liberosque procul educat .. u. 31. 2. 10: nullusque apud eos (sc. Hunnos) interrogatus, respondere, unde oritur, potest, alibi conceptus, natusque procul et longius educatus. Cf. et. 31. 2. 17 (Beschreibung der Halani).

p. 9. 21—22.   4. 5. **ita autem quoad vixerint late palantur.** Konjunkt. Perf. potentialis. Cf. 16. 7. 3: apparitoremque fidum auctori suo quoad vixerit fore, obligata cervice sua spondebat (vixerit kann hier aber auch sein Futur. II, statt des Fut. I oder: victurus esset!). Quoad bedeutet bei Amm.: per idem tempus quo, eodem tempore quo u. einmal: usque ad id tempus, quo (21. 5. 10: verbis juravere conceptis omnes pro eo casus quoad vitam profuderint — si necessitas adegerit — perlaturos, **wo** profuderint: profudissent). Vergleiche auch ἕως ἄν mit Konjunkt. (mit iterativer oder futuraler Bedeutung) u. Schickinger p. 24; Ehrism. p. 49 sq.: „Memorabile autem est quoad cum nullis aliis praedicatis conjungi quam undecies cum verbo vivendi, ter cum verbo, quod est posse, bis cum esse. Cum ceteris autem verbis plerumque dum conjunctio consociatur."

Anm. Eine ähnliche (griechische?) Konstr. wie hier: 31. 2. 5: tunica.. non ante deponitur aut mutatur quam .. in pannulos defluxerit defrustata (οὐ πρότερον ἄν mit Konjunkt!)

Der Gebrauch der Tempora des Verbums vivere ist bei Amm. überhaupt merkwürdig. So schreibt er vixerat statt: vixit oder vivebat z. B.: 15. 1. 2; 16. 12. 25; 17. 4. 3; 21. 16. 17; 26. 9. 11; 30. 1. 2.

4. 6. victus universis caro ferina est .. et si quae aliter capi per aucupium possint. Cf. 14. 4. 1: milvorum rapacium similes, qui si praedam dispexerint celsius, volatu rapiunt celeri; 15. 10. 5 qui (sc. lignei stili) si nivibus operti latuerint, aut montanis defluentibus rivis eversi, calles agrestibus praeviis difficile pervaduntur. Für diese kondition. iterativen Sätze gibt Dederichs folgende allgem. Regel (die sich mutatis mutandis auch großenteils auf tempor. iterativ. Sätze bezieht): „In generalis notionis et iteratae actionis enuntiatis, quae omnibus valent temporibus, eam legem Amm. secutus est, ut semper in protasi praesentis aut perfecti conjunctivum, in apodosi autem indic. praes. aut futuri aut imperativi adhibet, excepto uno loco (16. 7. 9) quo conjunct. et in protasi et in apodosi legitur." Cf. et. ibid. p. 8 sq., Schickinger p. 22 sq., der Hassenstein (p. 43 sq.) vervollständigt; u. ad 14. 1. 7 u. 14. 6. 12. Vielleicht ist diese Konstruktion wieder ein Gräzismus (si mit Konj. Perf. = ἐάν mit Konj. Aor.).

Anm. Falsch zitiert Hassenst. 22. 15. 31 (Hauptsatz im Futurum, Nebensatz im Fut. exact. dem klass. Gebrauche gemäß) u. 25. 9. 5 (si quis .. distulerit steht in der oratio obliqua!).

5. 1. insolentiae pondera gravius librans: insolentior in dies esse coepit (Wagner).

5. 1. exulari maerore. Hassenst. p. 21: „Amm. interdum, ubi substant. concretum cum adjectivo conjunctum expectatur, hujus adjectivi sensum attributivum substantivo abstracto significat, cui adjectivum graviorem illam notionem exprimens adjungit"; ein bekannter poetischer Gebrauch. Cf. 14. 5. 3: insulari solitudine damnabatur; 14. 7. 8: non reclamante publico vigore; 15. 10. 1: ob suggestus montium arduos et horrore nivali semper obductos; 16. 5. 5: σισύρᾳ quam vulgaris simplicitas susurnam appellat; 23. 6. 26: per arenosas angustias .. aequoream multitudinem inundantes; 27. 12. 6: munimentum positum in asperitate montana. Cf. et. ad 14. 6. 17 u. 14. 8. 13. Für die Adjekt. auf -aris cf. Liesenberg (1888) p. 29 sq.

84 Sprachlicher Kommentar

p. 10. 11—12.   **5. 2. utque aegrum corpus quassari etiam levibus solet offensis,** etc. Cf. Seneca, De ira. 1. 20. 3: .. ut exulcerata et aegra corpora, quae ad tactus levissimos gemunt; ita ira muliebre maxime et puerile vitium est.

p. 10. 12—14.   **5. 2. animus ejus angustus et tener, quidquid increpuisset, ad salutis suae dispendium existimans factum.** (a) Cf. Cic. Cat. 1. 18: nunc vero me totam esse in metu propter unum te, quidquid increpuerit, Catilinam timeri; in Pis. 99: circumspectantem omnia, quicquid increpuisset, pertimescentem u. 21. 16. 9: si quid tale increpuisset. Cf. et. ad 14. 7. 12.

(b) **animus ejus angustus et tener.** Cf. 18. 6. 7: parvi angustique animi; 19. 12. 5: ut erat angusti pectoris.

p. 10. 13.   **5. 2. animus .. tener.** tener: zart, empfindlich.

p. 10. 14—15.   **5. 2. insontium caedibus fecit victoriam luctuosam.** Fecit statt faciebat, der Variation wegen. Über diese Abwechslung (oder Ersetzung) der Imperfekta mit Perfekta cf. 19. 5. 4: In summoto loco partis meridianae murorum . . . turris fuit in sublimitatem exurgens, sub qua hiabant rupes abscisae (fuit statt: erat, in einer Beschreibung von etwas, das es damals noch gab). Cf. et. Ehrismann p. 30 sq.; u. ad 14. 2. 9 u. 14. 3. 4.

Anm. Hier u. anderswo nicht zu verwechseln mit dem präsentischen Perfekt (Perf. logicum) oder dem Perf. gnomicum; cf. 21. 1. 13; 21. 8. 3; 21. 16. 5 u. Ehrism. p. 30 sq.; Hofm.-Leum. p. 560.

p. 10. 14—15.   **5. 2. victoriam luctuosam.** Hag. Stud. Amm. p. 59 fand bei Amm. 15 mal luctuosus, 4 mal luctificus (Poetismus, in der spätlat. Prosa selten): „Quamquam discrimen aliquod significationis etsi exiguum, inter haec adjectiva (active usurpata) intercedere haud abnuo, tamen temere factum esse non puto, quod illud (sc. luctificus) semper ita adhibetur, ut ope ejus clausula apte cadat, id quod altero pro eo substituto fieri non potuit."

a. luctuosus: 14. 5. 2; 14. 10. 16; 25. 9. 1; 26. 1. 3; 27. 9. 3; 28. 1. 1; 29. 2. 1; 29. 2. 7 (clausula III: luctificus würde nicht passen); 26. 9. 9 (clausula I: auch hier luctificus nicht passend). Weiter steht luctuosus nicht in der clausula: 19. 9. 9; 28. 2. 14; 28. 6. 19; 29. 1. 7; 31. 10. 19; 31. 13. 1 u. luctuose: 31. 8. 1 (clausula I).

b. luctificus 17. 5. 7 (claus. III); 25. 10. 1 (claus. II); 28. 2. 12 (claus. II); 29. 3. 9 (claus. I), wo luctuosus nirgends paßt.

Für die Adj. auf -osus cf. Liesenberg (1888) p. 27 sq.

5. 3. siquis esset insimulatus fovisse. In der klass. Sprache verbindet man arguo, insimulo mit Akk. c. Inf., accuso mit quod. Cf. 14. 7. 7; 14. 11. 24 u. Kallenberg p. 15 sq.: „apud verba accusandi saepius infinitivus legitur (sc. quam quod), qui usus apud nonnulla quidem hujus generis verba rarus est. Tacitus apud verbum accusandi ipsum primus acc. c. inf. utitur (cf. Nipperdey ad Tac. Ann. 14. 18). Ubicumque autem Amm. infinitivo utitur, verbum accusandi, uno loco excepto, forma passivi, infinitivo activi sequente, expressum est."

Anm. Bemerkenswert ist 22. 14. 3: et culpabatur .., cum .. laetabatur, wo cum: etwa = quod!

5. 3. partes hostiles. Cf. 16. 12. 41: partem hostilem; 14. 8. 15: hostiles ejus exuviae (= Tac. ann. 3. 72: hostiles exuvias) u. metus hostilis: 27. 5. 7; Sall. Jug. 41. 2; 105. 3; Liv. 35. 30. 4; Tac. ann. 12. 51. Hostilis = Genit. substant. hostis. Dieser Gebrauch des Adjekt. hostilis wahrsch. Sallustianismus (oder Taciteismus). Cf. Fesser p. 14 sq.; Kroll, Glotta (1927) 15. p. 295.

5. 4. dolere impendio simulantium. Impendio im Altlat. nur neben den Kompar. minus u. magis. Es wird von den Archaisten aufgenommen u. der Gebrauch erweitert. Seit Apul. auch mit Verben, bei Amm. u. wohl zuerst bei diesem oft bei Adjekt. Cf. Hofmann. Lat. Umgangsspr. p. 72; Fesser p. 46. Beisp.: neben Adjekt.: 14. 1. 9; 14. 6. 19; 15. 4. 5; 15. 5. 1; 15. 5. 19; 16. 8. 10; 19. 9. 7; 20. 7. 1; 21. 16. 1; 21. 16. 6; 22. 16. 14; 23. 2. 8; 23. 6. 81; mit tempestivus: 19. 8. 6; 25. 3. 15; 26. 6. 11; 27. 2. 3; neben Verben: 14. 5. 4; 26. 5. 11; 26. 6. 7; 30. 2. 1; 31. 14. 6.

Anm. 22. 16. 14 (mscr.): hactenus impendio locus et diversoriis laetis exstructus. Clark (mit zu freier Konjektur!): amoenus etc. M. E. wäre es besser impendio mit exstructus zu verbinden u. hactenus nicht zu ändern; impendio bedeutet dann: magno impendio.

5. 4. a cujus (sc. principis) salute velut filo pendere statum orbis terrarum. Cf. Hegesipp. 5. 30: in milite unius sors est, in imperatore univorsum periculum; Lampr. Alex. Sev. 57. 5: undique omnibus clamantibus: „Salva Roma, salva res publica, quia salvus est Alexander"; Cod. Theod. 7. 20. 2: Cum introisset principia et salutatus esset a praefectis et tribunis et viris eminentissimis, adclamatum est: Auguste Constantine, dii te nobis servent: vestra salus, nostra salus: vere dicimus, jurati dicimus.

5. 6. coluber quidam sub vultu latens. mscr.: glaber. Bentley, Novák, alii: coluber. (Für glaber cf. Thes. 6 p. 1998 sq.). Für coluber

cf. 18. 4. 4: ut coluber magna copia virus exuberans; das Wort oft bei den christlichen Schriftstellern: diabolus (cf. Thes. 3. p. 1728).
quidam ist ein Gräzismus (τὶς); cf. 26. 5. 7: iracundo quodam et saevo. Cf. Hofm.-Leum. p. 484; Bonnet p. 303; Petschenig, Arch. L. L. G. 6 p. 268.

p. 11. 6—7.   **5. 6. odorandi . . sagax.** Cf. G. Hassenst. p. 7: „In relativorum quae dicuntur adjectivorum usu, quibus genitivus adnectitur, Amm. eos auctores sequitur, qui secundum poetarum orationem in hoc usu licentiores sunt et in majorem adjectivorum numerum eum transferunt. Nec tamen Tacitum aequiperat, quem hunc usum latissime extendisse notum est."

Anm. Hassenstein gibt eine Liste mit 4 Adjekt. (callidus, incertus, providus, prudens), die auch schon in der klass. Sprache mit dem Genit. vorkommen. Manche, die ursprünglich poetisch sind oder nur spätlateinisch, übergeht er. Die Liste kann vervollständigt werden aus Hag. St. Amm. p. 56 sq. (Anmerkung 1). Cf. et. A.Haustein, De genitivi adjectivis accommodati in lingua latina usu. (Diss. Halle 1882); Hofm.-Leum. p. 403 sq.

p. 11. 8.   **5. 6. conspirasse Magnentio.** Gräzismus: συνόμνυσθαί τινι. Cf. 14. 8. 8: cui non certaverit alia (μάχεσθαί τινι); 15. 8. 13: hostibus congredi; 27. 1. 1: congressi Juliano Caesari; 30. 7. 7: Alamannis congressus; 28. 5. 11: Alamannis jurgabant und 15. 7. 9: paria sciens ceteris (τὰ αὐτὰ εἰδὼς τοῖς ἄλλοις); 17. 13. 1: dominis suis hostibusque concordes; 26. 8. 13: eadem sibi sentientis (τὰ αὐτὰ ἑαυτῷ φρονοῦντος). Über diesen Dativ. sociativus, den Catullus zuerst gebraucht (62. 64: noli pugnare duobus) cf. Draeger, hist. Synt. § 184.

p. 11. 9.   **5. 6. fortunis complurium sese repentinus infudit.** Cf. 16. 2. 1: rumores, qui volitabant assidui; 18. 2. 12: decurrere jubentur taciti; 18. 2. 1: invaderet repentinus; 18. 2. 15: grassabatur intrepidus; 19. 9. 6: digresso advena repentino, usw. Dieser prädikative Gebrauch des Adjekt., auch schon bei den augusteischen Dichtern (besonders Vergil), häufig bei Tac. Liv., findet sich viel in der nachklassischen poetisierenden Prosa. Cf. Hassenst. p. 28; Draeger, hist. Synt. § 159; Hofm.-Leum. p. 467 sq. Nur bei Amm. kommen vor: 14. 3. 4: dux tabescebat immobilis; 16. 9. 3: suorum sanguine fuso multiplici; 17. 12. 11: jussi obtinere impavidi; 19. 11. 9: stabant incurvi; 29. 6. 9: mansit immobilis. Oft auch (besonders bei Amm.) Gräzismus (in der griechischen Sprache hat sich der Gebrauch bekanntlich viel weiter verbreitet).

5. 6. consarcinando. Cf. 22. 9. 11; 31. 2. 5 (in der eigentlichen Bedeutung) u. metaphorisch: 14. 9. 2; 15. 5. 5; 15. 5. 12; 28. 1. 12; 29. 1. 25; 30. 1. 2; Gellius 2. 23. 21 u. 13. 25. 19; Thes. 4. p. 360; u. ad 14. 10. 3. Bedeutung hier: consuere. Nicht klassisch.

5. 6. unde admissum est facinus impium, quod Constanti tempus nota inusserat sempiterna. Cf. Cic. in Pis. 18. 43: nota inusta senatus; pro Plancio 12. 29: signa .. domesticis inusta notis veritatis; Pro Sulla 31. 88: sed ne qua generi ac nomini suo nota nefariae turpitudinis inuratur; In Cat. 1. 6. 13: Quae nota domesticae turpitudinis non inusta vitae tuae est? Phil. 1. 13. 32; 13. 19. 40; 14. 3. 7. Cf. et. ad 14. 7. 12.

5. 7. obsecrans ut. Cf. 14. 7. 5: plebi suppliciter obsecranti, ut .. dispelleret. Für die Konstrukt. der verba orandi et postulandi cf. Kallenberg p. 26 sq. u. für die verba causativa im allgemeinen ibid. p. 24 sq.; Reisig. p. 441 (mit der Anmerkung v. Haase); Draeger, Hist. Synt. II § 417 (p. 310 sq.); Hofm.-Leum. p. 584 sq.

5. 7. minabatur se discessurum. Cf. 14. 7. 5: quae adfore sperabatur, etc.; Kallenberg p. 20: „Grammatici plerumque docent haec verba (sc. minandi, pollicendi, sperandi) sequi acc. c. inf. futuri: si igitur infinit. praes. exstet, constructionem neglectam habendam esse. Sed mea quidem sententia, magna ex parte non neglegenter dictum est, si inf. praes. invenitur, praesertim cum apud optimos scriptores legatur, sed omnia huc redeunt, quo modo is qui minatur, pollicetur, sperat, mente cogitet. Amm. utraque constructione fere pariter utitur." M. E. ist Kallenbergs Meinung richtig; man beachte nur den häufigen Gebrauch des Inf. Präs. pro Fut. im Altlat., bei Archaisten u. Vulgärschriftstellern u. Juristen (besonders Inf. Praes. Pass.) Cf. Kalb, Roms Juristen p. 43 sq; Hofm.-Leum. p. 586 sq.

Anm. Man achte auch darauf, daß der Infin. Fut. Pass. im Spätlat. nicht zu der Umgangssprache gehört.

5. 7. perquisitor. Plautinisch? Cf. Stich. 2. 2. 61; Lodge 2 p. 319 u. ad 14. 8. 5.

5. 7. desineret. Für die Konstrukt. der Verba desistendi cf. ad 14. 11. 11.

5. 7. tandem .. in aperta pericula projectare. Cf. Aen. 11. 360 sq.: quid miseros totiens in aperta pericula cives // projicis? u. Hagendahl, St. Amm. p. 5.

p. 11.19—20. **5. 8. Unde ei Catenae indutum est cognomentum.** Cf. 15. 3. 4: Catenae indutum est cognomentum; 15. 5. 4: cui cognomentum erat inditum Mattyocopi; Aul. Gell. 1. 23. 13: atque puero postea cognomentum . . inditum Praetextatus. Cognomen ist Archaismus. Fast ausschließlich bei Sall. u. Tac. Cf. Lodge 1. p. 272; Thes. 3. 1494; u. ad 14. 6. 18.
Anm. Warum Clark 14. 5. 8 u. 15. 3. 4 indutum liest u. 15. 5. 4 inditum, während die Stelle des Gellius inditum gibt (welcher dieser Archaismus, mitsamt dem ganzen Ausdruck, wahrscheinlich entnommen ist) ist mir nicht klar.

p. 11.23. **5. 8. exitio urguente abrupto.** Cf. 15. 7. 3: in periculum festinantem abruptum; 19. 8. 3: periculi tam abrupti (19. 12. 13; 20. 7. 12; 27. 10. 11); 24. 4. 30: in perniciem coegit abruptam; 26. 10. 10: ibi capitalis vertitur pernicies et abrupta; 16. 2. 1: ut solet abrupta saepe discrimina salutis ultima desperatio propulsare (26. 8. 12; 31. 12. 5); 18. 7. 10: pro abrupto rerum praesentium statu; Cod. Theod. 10. 10. 28: abrupto periculo. In der eigentlichen Bedeutung: 22. 10. 3: scopulos abruptos; 31. 10. 12: abruptis rupibus. Das substantiv. Adjekt. in übertragener Bedeutung: 16. 8. 6: in abrupto necessitatis (25. 8. 2; 30. 1. 8); 19. 11. 13: quod in abrupto staret adhuc imperator. Cf. et. Thes. 1. p. 142 sq.

p. 11.24—25. **5. 8. jam destrictum mucronem.** Cf. 15. 4. 9: strictis mucronibus; 20. 7. 14: hinc indeque stricto mucrone; 24. 6. 11: mucronibus strictis; 27. 1. 4: strictis conflixere mucronibus (cf. et. 17. 12. 21: eductisque mucronibus; 27. 12. 8: expeditis mucronibus; 31. 13. 2: mucronem exerere); Verg. Aen. 2. 449: strictis mucronibus; 10. 651 sq.: strictumque coruscat mucronem; 12. 663: strictis . . . mucronibus; Sen. dial. 6. 20. 5: strictos in civilia capita mucrones; Tac. Hist. 1. 27; 2. 41; 5. 22; u. Hagendahl, St. Amm. p. 6; A. Becker, Pseudo-Quintilianea. Symbolae ad Quintiliani quae feruntur declamationes 19 majores, p. 28 u. p. 55 (Programm Ludwigshafen 1904).

p. 11.25. **5. 8. proprium latus.** Proprius: Gräzismus (ἴδιος), = Pronom. possess. Schon bei Tac. Ann. 1. 15: proprio sumptu; 1. 71 u. 3. 72: propria pecunia; Hist. 2. 84: propriis opibus (= Amm. 25. 9. 6). Bei Amm. sehr häufig. Das merkwürdigste Beispiel ist propria sponte: sua sponte (14. 6. 2; 17. 2. 3; 28. 4. 16; 30. 5. 8; 31. 12. 15). Die ursprüngliche Bedeutung wird meistens nicht ganz verwischt. Cf. et. Schickinger p. 29.

p. 12.1. **5. 9. quibus patratis.** Archaismus u. gehoben. Cf. 15. 5. 31: ad id patrandum; 18. 2. 3: ad haec patranda; 21. 12. 15; 24. 2. 1; 24. 4 10; 26. 8. 3; 29. 1. 35; 31. 9. 2; Fesser p. 38 u. ad 14. 7. 10.

6. 1. inter haec. Bei Amm. häufig das seit Liv. übliche inter haec p. 12. 8.
für das klass. interea. Cf. 14 6. 1;   14. 11. 17;   15. 5. 9;   15. 5. 15;
16. 10. 18; 17. 12, 1 etc. Auch bei Tac. besonders häufig (cf. Nipperdey,
ad Ann. 1. 12 u. Heraeus, ad Hist. 4. 46). Manieriert ist: haec inter;
cf. 25. 7. 4; 27. 9. 8; 28. 2. 10 usw. (Poetismus?). Cf. et Fesser p. 5 sq.;
Kühner-Stegmann 1. 552.

6. 1. oppido gnarus. Cf. 16. 7. 8. Archaismus. Schon von Quint. p. 12. 10.
8. 3. 25 als veraltet bezeichnet. Cf. et. Fesser p. 47 u. ad 14. 7. 10.

6. 2. minari posse .. existimo .., quam ob rem .. nihil .. narratur. p. 12. 14—16
Für den Indikativus in der indirekten Frage cf. Kallenb. p. 17; Hassenst.
p. 38; Schickinger p. 21; Kühnast p. 234; Draeger § 464 (2. p. 446),
der wie gewöhnlich Amm. nicht zitiert. Der Indik. ist alt — u. vulgärlat.
Cf. et. Hofm.-Leum. p. 694: „Die plebejische Diktion des Vitruvius u.
Petron. . . u. später die Archaisten gebrauchen oft den Indikat. . . viele
spätlat. Schriftsteller bevorzugen den Indik. . . andere vermeiden ihn
in bewußtem Streben nach guter Latinität..." Bezeichnend ist wieder
der Parallelismus dieser Erscheinung in der griechischen Sprache. Bei
Amm. sind die Verhältnisse wieder etwas kompliziert. Beisp.: 14. 6. 14:
tractatur an .. conveniet; 14. 6. 22: nec credi potest qua obsequiorum
diversitate coluntur homines; 14. 10. 13: ut ostendam, qua ex causa
omnes vos simul adesse volui; 14. 10. 15: vos quid suadetis operior.
In diesen Beisp. steht im Hauptsatze Präs. oder Fut., im Nebensatz
der Indikat. (cf. et. ad 14. 7. 14). Ehrismann p. 65 gibt folgende Regel:
„Si praeteritum tempus in enuntiatione primaria exstat, conjunctivus
in enunt. interrogativa plerumque collocatur, sed indicat. locum habere
potest, sive tempus praesens sive praeteritum usurpatur in sententia
primaria." Vergl. wieder die griech. Synt., wo in den abhängigen Frage-
sätzen entgegen dem lat. Gebrauch derselbe Modus und dasselbe Tempus
steht wie in der unabhängigen Frage; nur kann statt des Modus realis
der Urteilsfrage u. statt. des dubitativen Konjunktivs der Begehrsfrage
nach regierendem historischen Tempus der Optativus obliquus eintreten.

6. 2. summatim causas perstringam, nusquam a veritate p. 12. 17—18.
sponte propria digressurus. Cf. 16. 1. 2: singula serie progrediente
monstrabo, instrumenta omnia mediocris ingenii (si suffecerint) com-
moturus; 24. 3. 7: moriar stando, contempturus animam quam mihi
febricula eripiet una, aut certe discedam. Partiz. Fut. statt des Part.
Präs. Obgleich die Wahl des Fut. erklärlich ist, liegt hier wieder ein Fall
des ungenauen Gebrauchs der Tempora vor. Cf. et. 21. 16. 1: bonorum

igitur vitiorumque ejus differentia vere servata, praecipua prima conveniet expediri (conveniet genügt schon zur Andeutung des Futuralen!); 22. 14. 7; 22. 15. 3; 22. 15. 28; 23. 6. 32 (wo überall steht: conveniet; nebenbei ein Beispiel der formelhaften Ausdrucksweise des Amm.). Für diese Verwechslung des Fut. u. des Präs., die sowohl vulgärlat. als griechisch ist (u. die Verschwindung des Fut. verursachte), cf. Pfister p. 204; Brinkmann, Rhein. Mus. 54 p. 95 sq.; J. Vogeser: Zur Sprache der griech. Heiligenlegenden (Diss. München. 1907) p. 32 sq.; Bonnet p. 634 sq.

Anm. Clark hat diese Erscheinung oft nicht verstanden; z. B. liest er 14. 11. 2 prohibebit, wo das handschriftliche prohibet beizubehalten ist.

p. 12.19—13.12. **6. 3—6.** Cf. Harmon p. 203 sq., der auf den künstlichen Rhythmus dieser Stelle aufmerksam macht u. ein metrisches Schema gibt.

p. 12. 21. **6. 3. Virtus convenit atque Fortuna.** Cf. Curt. Ruf. 10. 5. 35: fatendum est tamen, cum plurimum virtuti debuerit, plus debuisse fortunae, quam solus omnium mortalium in potestate habuit; Flor. 1. 1. 2: Nam tot laboribus periculisque jactatus est (sc. populus Romanus) ut ad constituendum ejus imperium contendisse Virtus et Fortuna videantur. Lindenbrog. zitiert auch (ed. Wagner 2. p. 30) Arnulfus Lexoviens. Episc. p. 44 b: Ut ad constitutionem Ecclesiae illius contendere Virtus et Fortuna viderentur.

p. 12. 24. **6. 4. circummuranus.** Cf. 21. 13. 2: timebat eum periculis objectare circummuranis. Mir sonst nicht bekannt; cf. **intramuranus**: 31. 7. 5 (intramuranis cohibitum spatiis), auch bei den Scriptt. Hist. Aug. u. Spät., und **antemuranus**: 21. 12. 13 (vallumque antemuranum), auch nur bei Amm. Für die Adjekt. auf -anus cf. Liesenberg (1888) p. 31.

p. 13 5—6. **6. 5. leges fundamenta libertatis et retinacula sempiterna.** Cf. Cic. Pro Cluent. 146: Hoc enim vinculum est hujus dignitatis, qua fuimus in re publica, hoc fundamentum libertatis, hic fons aequitatis; mens et animus et consilium et sententia civitatis posita est in legibus; Pro Balbo 31: haec (sc. jura) sunt enim fundamenta firmissima nostrae libertatis. Cf. et. ad 14. 7. 12 u. Synes. Ep. 2: ἀφοβία μεγίστη τὸ φοβεῖσθαι τοὺς νόμους.

p. 13. 4—7. **6. 5. urbs venerabilis — Caesaribus tamquam liberis suis regenda patrimonii jura permisit.** Cf. Cic. Pro Caec. 26. 75: Quapropter non minus diligenter ea, quae a majoribus accepistis publica patrimonia juris quam privatae rei vestrae retinere debetis. Cf. et. ad 14. 7. 12.

6. 6. et olim licet otiosae sint tribus.. per omnes tamen † quotque sunt partesque terrarum, ut domina suscipitur et regina. Cf. 14. 8. 6: quarum ad praesens pleraeque, licet Graecis nominibus appellentur . . . primigenia tamen nomina non amittunt. Für licet bei Amm. hat man folgende Regel: Wenn in der Apodosis Indik. Präs. oder Fut. steht , steht in der Protasis Konjunkt. Präs. (Perfekt.). Ausnahmen: 20. 3. 3: ac licet utriusque sideris conversiones et motus .. conveniunt, tamen sol non semper his diebus obducitur; 28. 5. 7: ac licet justus quidam arbiter rerum, factum incusabit perfidum et deforme, pensato tamen negotio, non feret indigne.. Cf. et. ad 14. 11. 6.

6. 6. ut domina suscipitur et regina. Cf. Cic. de off. 3. 28: haec enim una virtus omnium est domina et regina virtutum; in Verrem 3. 71; Tusc. 2. 47 (suscipere: Gräzismus: ἀποδέχεσθαι; cf. 15. 8. 15: Caesaremque admiratione digna suscipiebant, u. Valesius ad. h. l. = ed. Wagner 2. p. 32).

6. 6. populi Romani nomen circumspectum et verecundum. Gräzismus: τὸ περίβλεπτον ὄνομα καὶ αἰδέσιμον. Cf. 18. 10. 1; 23. 6. 64; 27. 3. 14: procedantque vehiculis insidentes, circumspecte vestiti; 28. 4. 12: parietes lapidum circumspectis coloribus nitidos u. 21. 16. 11: Marci illius dissimilis Principis verecundi; 30. 8. 4: quae temperantia morum ita tolerabilem eum (sc. Artaxerxem) fecit et verecundum. Cf. et. Itala 1. Cor. 12. 23: et quae verecundiora nostra honestatem abundantem habent, u. Valesius ad h. l. (= Ed. Wagner 2. p. 32): „Sed et Zeno Veronensis perinde loquitur in serm. 2 de Abraham = Migne p. 421: „Sarrae uterum filius aperit primo vocabulo, cui jam aviae reverentiam senectus verecunda detulerat"; et paulo post = Migne p. 424: „ad hujus ergo personam, Christi refertur verecunda nativitas": id est verenda, reverenda." Cf. et. Forcellini 6. p. 288 (s. v. verecundus); Thes. 3. p. 1171 (s. v. circumspectus), u. ad 14. 2. 9. Für die Adjekt. auf -undus cf. Liesenberg (1888) p. 27.

6. 7. paucorum .. ad errores lapsorum et lasciviam. Cf. 15. 11. 5: moribus ad mollitiem lapsis; 28. 3. 8: paulatim prolapsos in vitia 29. 5. 23: ad unum prolapsos errorem; Cic. de leg. 2. 38: quarum (sc. civitatum) mores lapsi ad mollitias.

6. 7. beate perfecta ratione victuro .. convenit. Cf. Hofm.-Leum. p. 458 c: „Die Substantivierung des Part. Fut. masc. läßt sich nicht vor Sall. nachweisen .., häufiger wird sie im silbernen Latein . . . sowie im Spätlat., hier z. T. unter Verwischung der Futurbedeutung…"

92   Sprachlicher Kommentar

Anm. Über die Substantivierung des Part. Präs. im Nom. Sing. u. des Part. Perf. Pass. (oder Depon.) im Mask. Sing. (beide bereits altlat. u. nachklass.) cf. ibid. 457 sq. u. 21. 1. 12: cum animantis altius quiescentis, ocularis pupula neutrubi inclinata, rectissime cernit u. 24. 4. 24: visus formidandae vastitatis armatus (cf. Thes. 2 p. 84 sq. u. p. 620 sq.). Cf. et. Hassenst. p. 24 (veraltet).

p. 13. 17—26.   **6. 8—9.** Cf. Cic. de re publ. 6. 8: Cum enim Laelius quereretur Nasicae statuas in publico in interfecti tyranni remunerationem locatas, respondit Scipio post alia in haec verba: Sed quamquam sapientibus conscientia ipsa factorum egregiorum amplissimum virtutis est praemium, tamen illa divina virtus non statuas plumbo inhaerentes nec triumphos arescentibus laureis, sed stabiliora quaedam et viridiora praemiorum genera desiderat, etc. Cf. et. Cic. de fin. 5. 78. Für den Einfluß, den Cicero auf Amm. ausübte cf. H. Michael, De Amm. Marc. studiis Ciceronianis. Cf. et. Cic. Philipp. 5. 13; Seneca de clem. 1. 1; Plin. min. Ep. 1. 8. 14; Symm. 9. 105.

p. 13. 20.   **6. 8. curant.** Mit Akkus. c. Infin. pass. verbunden. Auch klass. Cf. ad 14. 5. 7. u. Thes. 4 p. 1499; Hofm.-Leum. p. 581.

p. 13. 20.   **6. 8. inbratteari.** Cf. Isid. orig. 16. 18. 3: bractea dicitur tenuissima lamina auri ἀπὸ τοῦ βρεμετοῦ, qui est ὀνοματοποιὸν crepitandi ἀπὸ τοῦ βράχειν lamina, u. Gloss. 2. 31. 17: brattea = πέταλον. Inbratteari findet sich bei Amm. nur hier; inbracteatus: 17. 4. 15 u. 25. 1. 12. Der Verfertiger dieser bratteae heißt br(l)atti(e)arius: πεταλουργός (cf. Cod. Theod. 13. 4. 2; Cod. Just. 10. 66 (64) 1). Cf. et. Thes. 2. p. 2166 sq.

p. 13. 21—23.   **6. 8. quam autem sit pulchrum . . tendere.** Für den Infinit., der Substantiven mit einem Verbum verbunden oder Adjektiven mit einem Verbum verbunden oder Adjekt. ohne Verbum folgt, cf. Kallenberg p. 37—42 u. ad 14. 2. 17.

p. 13. 22.   **6. 8. exigua haec spernentem et minima.** Cf. Cic. de fin. 5. 78: quae enim mala illi non audent appellare . . . ea nos mala dicimus, sed exigua et paene minima; Acad. 2. 127: erigimur, altiores fieri videmur, humana despicimus cogitantesque supera caelestia haec nostra ut exigua et minima contemnimus. Cf. et. ad 14. 6. 8.

p. 13. 22—23.   **6. 8. ad ascensus verae gloriae tendere longos et arduos.** Cf. Hes. Opera et dies, v. 289 sq.:

τῆς δ'ἀρετῆς ἱδρῶτα θεοὶ προπάροιθεν ἔθηκαν
ἀθάνατοι· μακρὸς δὲ καὶ ὄρθιος οἶμος ἐς αὐτὴν
καὶ τρηχὺς τὸ πρῶτον. ἐπὴν δ'εἰς ἄκρον ἵκηται,
ῥηϊδίη δὴ ἔπειτα πέλει, χαλεπή περ ἐοῦσα.

6. 8. memorat vates Ascraeus. Memorare ist ein Archaismus: dicere. Cf. 15. 3. 6; 15. 5. 20; 15. 8. 3; 15. 9. 4; 16. 5. 8; 17. 3. 2; 17. 4. 14, usw. Abwechselnd mit commemorare (für die Klausel!); cf. 21. 5. 11; 27. 5. 1; 28. 6. 20; 30. 8. 4. Gleichwertig 15. 5. 4: memorato duce neben 14. 3. 4: dux ante dictus (= 15. 2. 2). Bei Plaut. ist mem. ein normales Wort für sagen; es war wohl immer vulgär, bei Amm. wahrscheinlich wieder eine Reminiszenz. Cf. Lodge 2. p. 37 sq.; Roensch It. p. 373; Fesser p. 37, u. ad 14. 7. 10.

6. 8. inter multos ... statuam Cf. Brakman, Amm. et Annaeana p. 2: „nonne necessario scribendum est: inter multos unus? Voci suppletae spatiolum saltem sufficit, quae commendatur his verbis: (30. 8. 9) unum ex multis constans innocentiae vulgi veteris specimen ponam. Confer quoque: (15. 8. 2) id ubi urgente malorum impendentium mole, confessus est proximis, succumbere tot necessitatibus tamque crebris unum se, quod numquam fecerat, aperte demonstrans sq."

6. 8. mussitare. Cf. 14. 11. 3; 16. 4. 2; 23. 5. 16. Bei Plaut. Terent. Apul. Liv. Tertull. Archaisch (oder archaistisch) u. Intensivum von mussare (17. 13. 11; 21. 1. 13; 24. 7. 5; 29. 2. 17), das sich bei Plaut. Enn. Sall. Varro u. Verg. findet. Cf. Fesser p. 34: „Der unterschiedslose Gebrauch von intensiven und einfachen Formen zeigt wie Amm. ohne inneres Gefühl die Sprache handhabt. So gebraucht er ohne Bedeutungsunterschied affligere neben afflictare, agere neben agitare, discurrere neben discursare, ducere neben ductare, rapere neben raptare, vastare neben vastitare usw. Es wäre eine müßige, u. ohne größeres Material nicht zu bewältigende Aufgabe, festzustellen, welche Intens. zu Amm. Zeiten wirklich lebendig gewesen sind u. von ihm der Volkssprache entnommen sein könnten." Cf. et. Hofm.-Leum. p. 547; Hagendahl: Eranos 22 (1923) p. 211. Eine Liste der Intensiva bei Amm. bei Liesenberg (1890) p. 1—5.

6. 9. solito altioribus. Cf. 14. 10. 2: solito crebriores; 16. 2. 9 (= 17. 13. 33): solito alacrior; 26. 4. 5: solito acrior; 18. 6. 9; 20. 3. 6; 20. 5. 1; 20. 8. 8; 21. 5. 1; 22. 13. 2 usw. Auch solitis, gekünstelt; cf. 19. 10. 1: asperiores solitis; 27. 10. 5: expeditio solitis gravior u. Fesser p. 23 sq.: „Der Gebrauch von solito beim Komp. ist im ganzen selten, ursprünglich dichterisch, seit Liv. auch in der Prosa"; Hofm.-Leum. p. 426.

6. 9. ambitioso vestium cultu. Petschenig (Philol. 50. 1891. p. 337 sq.) vermutet: ambitu vestium culto (cultu codd.). „Daß ambitus

94   Sprachlicher Kommentar

im Spätlatein geradezu für „Umhüllung, Gewand" gebraucht wird, zeigt der Ausdruck ambitus pellis emortuae vom Schaffell der Mönche bei Cassian Inst. 1. 11. 2." Cf. et. Thes. 1. p. 1859 sq.

p. 14. 5.   **6. 9. effigiatus** v. effigiare, nicht klass. u. besonders spätlat. (cf. Thes. 5. 2. p. 184). In der eigentlichen Bedeutung: 31. 2. 2: quales in commarginandis pontibus effigiati stipites dolantur incompte (sc. Huni deformes). In der prägnanten Bedeutung: 26. 7. 11: nummos effigiatos in vultum novi principis; 17. 4. 15: mons (sc. obeliscus) ipse effigiatus scriptilibus elementis (hier: verzieren, schmücken) u. hier. Cf. et. Apul. flor. 15. p. 51 u. Hertz. Aul. Gell. p. 268 (über Entlehnungen aus Apul.).

p. 14. 7–8   **6. 10. cultorum . . feracium.** Culta: Ackerland; auch klass. Cf. Thes. 3 p. 1692.

p. 14. 10–11.   **6. 10. non divitiis eluxisse, sed per bella saevissima.** Cf. Fesser p. 13: „Den von Amm. ausgesprochenen Gedanken: majores . . non divitiis eluxisse, sed . . . opposita cuncta superasse virtute, darf man vielleicht auf den von Sallust öfter betonten Gegensatz von divitiae und virtus zurückführen." Cf. Jug. 15. 3; Cat. 1. 4; Cat. 53. 4: virtutem cuncta patravisse eoque factum, ut divitias paupertas . . superaret.

p. 14. 13.   **6. 11. hac ex causa.** Cf. 15. 10. 9; 22. 13. 3; 26. 6. 3; 26. 8. 14; 29. 6. 12; abwechselnd mit: hac (qua, ea) causa, eine altlat. u. archaistische Verbindung. Cf. Fesser p. 43; Thes. 3. 672 u. ad 14. 7. 10.

p. 14. 17–15. 12.   **6. 12—14.** Si . . introieris (12), cum feceris (13), si dederis et defueris (13), cum coeperint (14), si placuerit (14). Cf. 20. 3. 2—11: cum revocatur, cum repperitur (2), cum opponitur (3), cum venerint, si praestrinxerint (4), si inhaeserint (5), si formaverit (6), cum disparatur (7) si non possit (8), cum concurrerit (9) cum egerit, cum migraverit, cum coeperit et pervenerit (10) cum steterit (11). Cf. Ehrism. p. 55: „Plerumque autem fit, ut in descriptionibus rerum naturae, quae res certis quibusdam intervallis ac condicionibus repetuntur, conjunctiones cum et si vel altera alteram excipiant, vel si conjunctio cum plus quam semel ponitur, praesens indicativi alternet cum perfecti conjunctivo, vel particula si modo cum perfecti modo cum praesentis conjunctivo jungatur." Cf. et. ad 14. 10. 1. Für die Konstruktionen von si iterativ. u. cum iterativ. cf. Dederichs p. 8 sq. u. ad 14. 1. 7; 14. 2. 7.

Anm. Oft findet sich cum verbunden mit coeperit. Vergl. quoad verbunden mit vixerit (cf. ad 14. 4. 5).

6. 12. bene nummatus. Cf. 18. 5. 5: vietus quidem senex et bene nummatus; (Ter. Eun. 4. 4. 21: hic est vietus vetus veternosus senex); Horat. 1. 6. 38: ac bene nummatum decorat Suadela Venusque; Cic. de leg. agr. 2. 58; Apul. met. 1. 7 (Komparat.). Zweifelsohne gehört das Wort der Umgangssprache an. Bei Amm. wird es wahrscheinlich eine Reminiszenz der Komödie oder des Horatius sein. Obige Stelle aus Terentius deutet auf die erste Möglichkeit hin; diese Mutmaßung wird durch andre Stellen bei Amm. unterstützt. Cf. 25. 4. 14 (fortunae aliquamdiu bonae gubernatricis) u. 25. 4. 22 (labro inferiore demisso); Terent. Eun. 5. 8. 16 (incipere, an Fortunam conlaudem, quae gubernatrix fuit) u. 2. 3. 44 (incurvos, tremulus, labiis demissis, gemens). Cf. et. Hertz, Aul. Gell. p. 271.

Anm. 18. 5. 5 schreiben die Mskr. victus, die Edition des Gelenius vietus, Heraeus u. Clark, m. E. unrichtig, cultus.

6. 12. salutatum introieris. Cf. Fesser p. 60: „Die Verbindung des Supinum mit einem Objektsakkus. ist besonders dem Altlat. eigen, archaisierend bei Sall. Doch findet sich diese syntakt. Erscheinung neben ad mit Gerundivum auch vereinzelt bei Cic. u. Caesar u. auch später, natürlich nur infolge literarischer Tradition, denn aus der Volkssprache war sowohl das erste, wie auch das zweite Supinum schon zu Beginn der Kaiserzeit geschwunden." Cf. et. Hofm.-Leum. p. 601; Draeger, Hist. Synt. p. 830 sq. § 608. (Ehrismann p. 73 ist nicht vollständig!). Beisp. des ersten Supins: (ohne Objektsakkus.) 30. 3. 1; (mit Objektsakkus.): 14. 7. 7: misisse quaeritatum praesagia; 27. 10. 10: speculatum radices avolavit; 29. 1. 19: eversum ire .. domus festinabant, u. ereptum ire (ein Sallustianismus!): 19. 3. 3; 22. 2. 3; 23. 6. 40; 29. 1. 18.

6. 12. et interrogatus multa coactusque mentiri. Cf. Wagners Annot. (in seiner Ed. 2. p. 39): „Tot obtusus interrogatiunculis, ut, cum non habeas, quod statim respondeas, ut tamen respondeas, fingere plura cogaris."

6. 12. summatem virum. Cf. 26. 10. 14: viri pertulere summates; 28. 1. 31: viri summatum omnium maximi; 23. 6. 30: viri summates. Weiter summas: 26. 6. 1; 28. 6. 17; 29. 1. 23; 30. 10. 2 usw.; Aul. Gell. 6 (7). 3. 7: non pauci ex summatibus viris; Plaut. Stich. 492: oratores populi, summates viri, summi accubabunt; Pseud. 227: Phoenicium .. deliciae summatum virum; Cist. 25: istas videas summo genere natas, summatis matronas u. Cod. Just. 10. 32. 57; 11. 2. 4; Cod. Theod.

96   Sprachlicher Kommentar

13. 5. 32. Das Wort ist nicht klass. Wahrscheinlich hat Amm. es dem Gellius entnommen. Cf. Hertz. Aul. Gell. p. 289 (Anm. 21); Fesser p. 59; Lodge 2. p. 739.

p. 14. 20.   6. 12. te sic enixius observantem. Der Komparativ statt des Positivs. Cf. 22. 16. 21: Pythagoras colens secretius deos; 23. 1. 3: hocque modo elemento destinatius repellente, cessavit inceptum; 23. 2. 4: loquebatur asperius; 23. 6. 53: quos (sc. Abios), ut Homerus fabulosius canit, Juppiter ab Idaeis montibus contuetur, usw. (Die alte Bedeutung ist meistens nicht ganz verwischt). Dieser Austausch von Komparativ und Positiv (u. auch Superlativ!) u. überhaupt die Verschiebung der Komparationsgrade ist eine Eigentümlichkeit der vulgärgriech. u. vulgärlat. Sprache. Cf. Hassenstein p. 30; Reisig 3. p. 183 sq. (§ 229, Anm. 404); Hofm.-Leum. p. 465; Hagend. St. A. p. 130 sq.; Joseph Schnetz, Erklärung u. Kritik der Ravennatischen Kosmographie (Philol. 89. 1934. p. 93).

p. 15. 8.   6. 13. aetatem omnem frustra in stipite conteres summittendo. Cf. 20. 8. 7: in multis bellis et asperis, aetatem sine fructu conterens miles; Cic. de leg. 1. 10. 53: aetatem in litibus conterere; De orat. 3. 31. 123: omnem teramus in his discendis rebus aetatem. Für den Einfluß der rhetorischen Schriften Ciceros auf Amm. cf. Michael p. 17 sq.

15. 10—12.   6. 14. anxia deliberatione tractatur an . . peregrinum invitari conveniet. Cf. 14. 7. 7; 14. 7. 19; 15. 7. 4; 29. 1. 20; 29. 1. 33; 29. 1. 40; 29. 5. 26, usw.; Hofm.-Leum. p. 696: „num in der indirekten Frage .. wird in nachklass. Zeit überhaupt seltener u. mehr u. mehr von an verdrängt, welches sich vorklass. u. klass., abgesehen von scio, dubito, fors fuat an, nur nach wenigen Verben wie tempto, quaero findet." Cf. et. Hassenst. p. 36; Draeger, Hist. Synt. 2. p. 459. § 467; Thes. 1. p. 7 sq.

p. 15. 12.   6. 14 et si . . id placuerit fieri. Placere verbunden mit Akk. c. Inf. pass., wie in der klass. Sprache. Für die Konstruktionen der Verba impersonalia cf. 14. 11. 6 (restat); 14. 6. 20 (licet); 14. 6. 7, 14. 6. 14, 14. 7. 12 (convenit); 14. 7. 10, 14. 7. 12 (decet); 14. 10. 10 (oportere); 14. 11. 1 (placet); 14. 9. 9 (refert) u. ad 14. 5. 7.

p. 15. 15.   6. 15. infaustos. Cf. 24. 7. 3; 26. 1. 7; 26. 6. 14; 26. 10. 9; 29. 1. 29; 29. 2. 15; 31. 4. 6; 31. 5. 9. Poetismus. Seit Verg. bei Dichtern, später auch in der Prosa (seit Plin. nat. hist.). Auch im Cod. Theod. (9. 17. 5; 16. 5. 34).

Anm. Über den zunehmenden Gebrauch der mit in privativum zusammengesetzten Wörter (unter griechischem Einfluß entstanden, anfangs bei den Dichtern, besonders Verg., aber auch von der inneren Entwickelung des Spätlat. veranlaßt) cf. Paucker, Mél. gréco-rom. 1872. 3. p. 455 sq.; F. Vogel, Arch. L. L. G. 4. p. 320 sq.; Goelzer, St. Jérome. p. 136 sq.; Schulze, Symm. p. 222 sq.; Wölfflin, Arch. L. L. G. 4. p. 400 sq.; Hagendahl, St. A. p. 45 sq. Eine Liste bei Liesenberg (1889) p. 17 sq.

6. 15. eo quoque accedente quod. Die Verba addendi werden bei Amm. immer mit quod, nie mit ut verbunden. Cf. Kallenberg p. 14 sq. u. ad 14. 10. 14; Hofm.-Leum. p. 720; Thes. 1 p. 269.

6. 15. venditare. Das Verb ist geringschätzend. Cf. 28. 1. 34; 30. 4. 2; 30. 4. 11. Daneben vendere (25. 4. 15; 31. 2. 6) u. das archaische venumdare (16. 7. 5; 18. 5. 6; 22. 7. 8; 25. 8. 1; 30. 4. 18; 30. 9. 3; 31. 6. 5).
Anm. Venumdare u. venumdari statt vendere u. venire auch bei den späteren Juristen, vor Ulpian aber gemieden. Cf. Heumann-Seckel[9] p. 618.

6. 16. illuc transiturus, quod quidam . . agitant. Der Satz, der mit quod anfängt, erklärt den vorhergehenden Satz. Auch klass. Cf. 14. 10. 12; 14. 11. 6; 14. 11. 10; Kallenberg p. 14; Hofm.-Leum. p. 721 u. ad 14. 10. 14.

6. 16. ignitis . . calcibus agitant. Cf. Verg. Aen. 6. 33. Seltenes Wort, poetisch u. archaisch. Cf. et. Du Cange 3. p. 760 (ignita: Diaboli sagittae).

6. 16. praedatorios globos. Cf. 15. 13. 4; 26. 4. 5; 27. 5. 4; 31. 10.4; 21. 3. 1: manus praedatorias; 31. 5. 8: turmae praedatoriae. Sallustianismus. Cf. Jug. 20. 7: cum praedatoria manu; Tac. ann. 4. 24: praedatorias manus. Das Wort kommt selten vor. Cf. Fesser p. 19 sq.; Lodge 2 p. 364 u. für die Adjekt. auf -orius, Liesenberg (1888) p. 30.

6. 16. pos terga. Pos ist vulgär. Cf. 14. 6. 16; 15. 7. 4; 19. 11. 8; 19. 11. 17; 21. 7. 1; 22. 8. 26; abwechslend mit post tergum (16. 2. 10; 17. 13. 28; 19. 9. 2) u. pone terga (pone ist archaisch! 17. 13. 28; 29. 5. 47). Pone ist wahrscheinlich dem Tacitus oder Apulejus entnommen. Ein merkwürdiges Beispiel der Variation ist 17. 13. 28, wo sich post terga findet neben pone terga (cf. ad 14. 2. 13). Cf. et. Fesser p. 47; Heraeus ad Tac. Hist. 3. 60; u. ad 14. 7. 10.

6. 16. per latera civitatis. Civitas: oppidum ipsum, aedificia et plateae. Cf. 18. 8. 11; 21. 12. 14; 29. 6. 18; 31. 11. 4; Thes. 3. p. 1232 sq.; Du Cange 2. p. 370. Diese Bedeutung schon klass., aber selten.

98   Sprachlicher Kommentar

p. 16. 7.   **6. 17. juxta vehiculi frontem.** Cf. 18. 6. 22; 29. 5. 28; 31. 16. 3.
Juxta als Präposition in der Bedeutung von prope ist klass.; auch der
adverbiale Gebrauch in dieser Bedeutung (16. 11. 12; 22. 8. 17;
22. 8. 38; 25. 1. 13; 27. 4. 12; 29. 5. 37; 31. 11. 3; 31. 12. 9; 31. 16. 7).
Anm. Für die adverb. Funktion cf. et. Fesser p. 46: „Die adv. Funktion
von juxta = pariter findet sich vom Altlat. bis auf Cicero, dann bei
Sall. archaisierend, ebenso bei Tac. u. im Spätlat." u. 15 12. 2: placatorum
juxta et irascentium; 18. 9. 2: regionem ubere et cultu juxta fecundam;
19. 12. 7: juxta nobiles et obscuri; 22. 12. 7; 23. 6. 45; 23. 6. 48; 23. 6. 80;
25. 3. 19; 29. 1. 8; 30. 5. 6. (Variationen: 15. 3. 3: pauperes et divites
indiscrete; 16. 12. 29: notos pariter et ignotos).

p. 16. 7—16.9.   **6. 17. textrinum .. ministerium .. servitium.** Cf. Hassenst. p. 13:
„Servitium pro servis jam a Cicerone, ministerium pro ministris a Livio,
Tacito, utroque Plinio, aliis ponitur; textrinum pro textoribus alibi non
inveni." Cf. et: Du Cange 6. p. 215 sq. (servitium); 6. p. 572 (textrinum;
wo sich aber obige Bedeutung nicht findet); 6. p. 419 (ministerium);
Liesenberg (1888) p. 10 sq. (für die Subst. auf -ium).

p. 16. 8.   **6. 17. atratum .. ministerium.** Cf. 22. 16. 23: Aegyptii plerique
subfusculi sunt et atrati; 29. 1. 14: praemortuus et atratus. Ein seltenes
Wort. Cf. Thes. 2. p. 1093.

p. 16. 11.   **6. 17. quaqua incesserit.** Cf. 22. 2. 5; 24. 3. 12; 25. 8. 12. Altlat.
u. archaisch. Cf. Fesser p. 48 u. ad 14. 7. 10.

p. 16. 13.   **6. 17. omnium prima.** Cf. 14. 6. 25; 14. 9. 4; Sall. Jug. 56. 3; Tac.
Ann. 3. 61 u. Fesser p. 7: „Der abundante Gebrauch von omnis scheint
dem Amm. in einigen Typen durch Sall., bzw. Tac., deren Gebrauch
archaisierend sein könnte, vermittelt zu sein." Cf. et. Kroll, Glotta
15. p. 303 u. Hermes 62. p. 385.

p. 16. 13—16.   **6. 17. velut vim injectans naturae—vias propagandae posteritatis
ostendit.** Cf. Wagner in seiner Ed. 2. p. 44 sq.: „Exquisitioribus verbis
ornare sibi visus est Amm. sententiam, quam brevius et simplicius ita
poterat efferre: vim inferens naturae, quae puerulis adeo semen ad
propagandam aliquando subolem indidit."

p. 16. 18.   **6. 18. vocabili sonu.** Cf. Petschenig, Philol. 50 (1891) p. 338: „Nach
V, wo vocabuli steht, zu schreiben vocabili sonu; cf. Gell. 13. 21. (20).
14: sed quod hic sonus vocabilior visus et amoenior." (Anm: „Fehlt
bei M. Hertz, Aul. Gell. usw.").

Zu XIV 6. 17—6. 23 (p. 16. 7—17. 17). 99

6. 18. sonu. Cf. (ablativus) 18. 8. 5; 27. 1. 5; 30. 6. 3 (objurgatorio
sonu, cf. ad 14. 1. 2); 20. 9. 6; 27. 6. 10; (Gen.) 20. 4. 14; (Nom. Plur.)
22. 9. 15 u. Fesser p. 61: „Sonus nach der 4. Deklin. flektiert ist sicher
bezeugt für Sisenna (hist. 3 fragm. 26 = Peter Hist. Rom. Reliq. p. 280)
u. Apulejus met. 8. 30: sonu tympanorum. Es erscheint nicht ausgeschlossen,
daß Sisenna auf Grund seiner radikalen analogetischen Einstellung
sonus in Analogie zu sonitus, crepitus etc. nach der 4. Deklin. flektieren
zu müssen glaubte." Daher bei Amm., wie bei Apulej. wahrscheinlich
Archaismus. Das Wort kommt bei Plaut. nicht vor. Cf. Lodge 2. p. 663.

6. 18. histrionici gestus instrumenta. Cf. 18. 7. 7: histrionicis
gestibus; 30. 4. 19: histrionico gestu; Aul. Gell. 1. 5: gestumque in agendo
histrionicum. Cf. Hertz. Aul Gell. p. 281 sq. (mit der Anmerkung p. 281).

6. 19. haut ita dudum. Über die künstliche archaisierende Erweiterung
des Gebrauches von haud cf. Hofm.-Leum. p. 642; Heidelberger
Index p. 95; Vocab. Cod. Just. p. 1167.

6. 19. adseculae. Über adsecula (= assecula, assecla, adsaecula), ein
ziemlich seltenes Wort, cf. Thes. 2. p. 849 sq.; Du Cange 1. p. 439.

6. 20. et licet quocumque oculos flexeris. Licet steht im Indik.,
der klass. Regel gemäß (cf. Hofm.-Leum. p. 566). Aber bei Amm.
findet sich auch licet im Konj., wie debeo, decet, convenit, oportet etc.,
wo in der klass. Sprache der Indik. erwartet wird. Cf. 31. 7. 2: qui cum
ad loca venissent, ubi particulatim . . multitudo minui deberet hostilis, . .
legiones . . opposuere . . barbaris (oder Konjunkt. der oratio obliqua?)
u. Ehrismann p. 41.
Anm. Auch nach paene u. prope findet sich oft bei Amm. der Konjunkt.,
im Gegensatze zu dem gewöhlichen klass. Gebrauch. Cf. Ehrismann p. 41.

6. 21. illud autem non dubitatur quod . . plerique retentabant.
Der mit quod eingeleitete Satz entspricht einem Subjekt. Beisp. Kallenberg
p. 14. Cf. et. ad 14. 10. 14.

6. 22. inanes flatus quorundam . . aestimant. Flatus in übertragener
Bedeutung: fastus, superbia. Meistens im Nom. (Akkus.) des
Plurals. Cf. 14. 10. 14: mitigemus ferociae flatus; 27. 9. 5; 29. 6. 3;
(Singular) 20. 9. 4 u. 30. 3. 4. Poetismus. In der Prosa nur hier u. bei
Ennod. opusc. 3. 105. Cf. et. Hagendahl, St. A. p. 38 u. ad 14. 1. 1 (fastus).

6. 23. morborum acerbitates. Cf. Hofm.-Leum. p. 454: „Adj.
von besonderem Nachdruck werdem im Lat. im weitergehendem Maße
als im Deutschen durch abstrakte Subst. mit Genit. ersetzt (z. B. Cic.

de or. 3. 35; divin. 2. 72; pro Rab. 3; Liv. 24. 5. 1; Caes. bell. civ. 1. 64. 4 etc.). Die barocke spätere Sprache schwelgt in solchen Verbindungen, eine z. T. durch die Häufigkeit der entsprechenden Verwendung des Neutr. Plur. des Adjekt. mit Gen. verständliche Gebrauchszunahme..." Cf. 18. 2. 19: pacem condicionum similitudine meruerunt; 18. 6. 11: murorumque maximam partem pacis diuturnitate contemptam et subversam adusque celsarum turrium minas expediit; 30. 4. 3: amplitudo Platonis; 30. 8. 6: ut Isocratis memorat pulchritudo. Cf. et. Hassenstein p. 16 sq. u. ad 14. 6. 7; 14. 8. 13.

p. 17. 19. **6. 23. sospitalis.** Archaismus wie sospes u. sospitare. Künstlich gebildet ist: sospitas bei Amm. 17. 5. 10; 19. 4. 8 (cf. Roensch. It. p. 53 u. Kroll. Rhein. Mus. 52. p. 577). Cf. et. Fesser p. 58; Lodge 2 p. 665 u. für die Adjekt. auf -alis, Liesenberg (1888) p. 28 sq.

p. 17.20—23. **6. 23. additumque est .. ut famulos .. non ante recipiant domum quam lavacro purgaverint corpus.** Priusquam nur einmal bei Amm., sonst immer antequam. Diese Konjunktionen werden immer mit dem Konjunktiv verbunden, einmal mit dem Indikativ. Cf. 19. 2. 12: ac priusquam lux occiperet; 22. 15. 26: eosque antequam finibus suis excedunt, proeliis superatos aeriis vorant. Im Spätlat. überwiegt antequam (cf. Hofm.-Leum. p. 735). Über den Modus cf. Hofm.-Leum. p. 735: „In nachklass. Zeit wird der Indik. bereits von Vellejus fast ganz, von Curt. u. Suet. gänzlich gemieden, ebenso im Spätlat. z. B. von Solin., Hieron. in der Vulg..." Cf. et. Ehrismann p. 51 (der wieder den Unterschied zwischen orat. obliqua u. recta nicht berücksichtigt).

p. 17. 21. **6. 23. percontatum missos.** Cf. Hofm.-Leum. p. 601: „Von Deponentien wird im Altlat. öfters ein Supin gebildet (Ter. Phormio 462: percontatum ibo). In klass. Zeit gebraucht nur Sall. ultum eo (das von Spätlat. übernommen wird), bzw. hortor. Später scheinen Belege ganz zu fehlen." Nicht aber bei Amm., der wahrscheinlich wieder einmal archaisiert. Cf. 16. 12. 45: opitulatum conturmalibus suis .. venere; 17. 8. 5: legatis .. missis precatum consultumque rebus suis; 28. 5. 2: ut .. opitulatum rebus dubiis adveniret (opitulari auch nur bei Amm.!), abwechselnd mit 17. 1. 6: ad opitulandum suis necessitudinibus avolarunt.

p. 17. 21. **6. 23. noti:** amici, familiares. Cf. Hassenstein p. 23 sq.: „Graecum usum sequens Amm. plurimus est in adjectivis et participiis pro substantivis ponendis eaque re etiam Tacitum superat .. Sed ut priores auctores in iis casibus, quorum forma genus non ostenditur, utendis parcior est quam in reliquis, praecipue nomin. et accus." u. die Liste der Beisp. daselbst (falsch zitiert Hassenst. 14. 8. 3 u. 14. 9. 3).

6. 23. purgaverint. Cf. 30. 7. 10: efficacia pari Valentinum .. antequam negotium effervescat, oppressit. Für die repraesentatio (in temporalen Sätzen, wie hier, findet sie sich selten) cf. ad 14. 11. 14 u. 14. 11. 26 u. Ehrismann p. 20.

6. 25. aut pugnaciter aleis certant. Cf. Cic. Acad. 2. 65: nam si in minimis rebus pertinacia reprehenditur, calumnia etiam coercetur, ego de omni statu consilioque totius vitae aut certare cum aliis pugnaciter aut frustari cum alios, tum etiam me ipsum velim? Über den Einfluß, den die philosoph. Schriften Ciceros auf Amm. ausgeübt haben cf. Michael p. 31 sq. Nur bei ihm sind zwei Fragmente erhalten, nämlich: de re publ. 5. 11 (= Amm. 30. 4. 10) u. ein fragmentum incertum (= Amm. 15. 5. 23; in der Ed. Mueller pars 4. vol. 3. p. 411).

6. 25. turpi sonu fragosis naribus introrsum reducto spiritu concrepantes. Cf. Wagners Annot. (in seiner Ed. 2 p. 50): „auribus molesto sono reductum paulatim spiritum per nares cum impetu stridentem, acutum emittunt."

6. 25. per minutias: ad minutias usque (Wagner 2. p. 51).

6. 26. haec similiaque. Mskr.: haec et similiaque. Die handschriftliche Überlieferung ist m. E. besser. Cf. 16. 5. 7; 21. 5. 12 u. Hofm.-Leum. p. 656: „Abundantes que tritt am frühesten in der Verbindung et -que der Formeln sibi et suisque, sibi et posterisque auf; hier wird der Pleonasmus als Kontamination der alltäglichen Ausdrucksweise mit dem Archaismus der publizistischen Sprache zu verstehen sein. Im Spätlat. häufen sich die Belege, namentlich in der Dichtung u. in der vulgären Prosa . . ." Über die Abundanz im Gebrauche der Partikeln (eine häufige u. nicht genügend beachtete Erscheinung im Spätlat.) cf. Löfstedt, Spätl. St. p. 27 sq. u. Beitr. p. 31 sq. (cf. et. 29. 4. 7, wo Clark liest: tum cum, Mskr.: dum cum.) u. über die Abundanz im allgemeinen im Spätlat.: Immisch, Sprachgesch. Parall. p. 44.

6. 26. ergo redeundum ad textum. Cf. 14. 8. 15: nunc repetetur ordo gestorum. Cf. Fesser p. 16 sq.: „Die Art u. Weise, wie Sall. Jug. 79. 1 einen Exkurs einleitet: „sed quoniam in eas regiones .. venimus, non indignum videtur ... memorare" finden wir bei Amm., freilich in sprachlich mannigfach variierter Gestalt, wieder .. Wenn Amm. am Schluß eines Exkurses sich selbst zum Thema zurückruft, handelt es sich um eine auch sonst vielfach geübte Technik." Siehe ebendaselbst die Beisp. Cf. et. Heraeus ad Tac. Hist. 2. 38.

HISTORISCHER KOMMENTAR.

HISTORISCHER KOMMENTAR
Zu XIV 1. 1—1. 1 (p. 1. 1—1. 9).

1. 1. post emensos . . . expeditionis eventus. Gemeint ist der Krieg zwischen Magnentius und Constantius II. den die Schlacht bei Mons Seleuci in Gallia (Juli 353) beendete. Cf. Stein, Spätr. G. p. 215—218; Schiller, II, 249; Seeck, IV, 427 sq.

1. 1. tubarum clangore. Auszer der tuba nennt Ammianus lituus und bucina und er spricht ferner von cornicines, liticines, aen(e)atores (= cornicines, oder allgemeiner Name für Bläser) und von classicum und bucinum (Hornsignal). Von einer Art Marschmusik erfährt man: XIX, 6. 9 et velut repedantes sub modulis . . . discedebant und XXIV, 6. 10 velut pedis anapaesti praecinentibus modulis lenius procedebant. Es sieht sehr danach aus, dasz Ammian die verschiedenen Instrumente verwechselt. Cf. A. Müller, Mil. p. 597 sq. und besonders nachfolgendes Beispiel: ,,Zum Angriff geben das Signal der lituus (XXXI, 7. 10), die tuba (XVI, 12. 27; XX, 11. 8), die bucina (XXI, 12. 5; XXIV, 5. 9; XXVII, 2. 6) und die cornicines (XXXI, 10. 8); auch wird zu dem Zweck das classicum geblasen (XXIV, 6. 11).''

1. 1. ex squalore imo miseriarum. Das einsame, abgeschiedene Leben mit Julianus auf Fundus Macelli in Kappadokien (345—351). Cf. Stein, Spätr. Gesch. p. 216—217; Seeck, Unterg. IV, 429 sq.; Geffcken, Jul. p. 9 sq.; Bidez, Jul. p. 22 sq.

1. 1. aetatis adultae primitiis. Als er 26 Jahre alt war.

1. 1. potestatis delatae. Die Würde des Caesars im Jahre 351. Cf. Stein, Spätr. Gesch. p. 216; Seeck, Unterg. IV, 4.

1. 1. gentilitate . . . . Constantii nominis. Codd. Constantini. Gallus heiszt offiziell Flav. Claud. Constantius Caesar. Darum Lind. Constantii, Vales. Constantiani. Letzteres (Constantini könnte eine Verschreibung v. Constantiani sein) kommt mir wahrscheinlicher vor. Wagner: Constantiniani, weil Gallus: ,,non tam propinquitate Constantii elatus fuit, quam quod ad magnum illum Constantinum patruum genus referre potest.'' Letzteres kommt jedoch schon durch propinquitate enim regiae stirpis zum Ausdruck. gentilitas nominis = Namensübereinstimmung. Cf. XIV, 9. 4 Epigonus et Eusebius ob nominum gentili-

tatem oppressi (Die Bedeutung geht klar aus dem Vergleich mit XIV, 7. 18 hervor); XXIII, 6. 55 ad dicionem gentilitatemque trahere nominis sui; XXV, 5. 6 gentilitate prope perciti nominis, quod una littera discernebat (i. e. Jovianus-Julianus); XXXI, 2. 13 ad gentilitatem sui vocabuli. Cf. et. Varro de lingua latina VIII, 2. § 4 ut in hominibus quaedam sunt agnationes ac gentilitates, sic in verbis; ut enim ab Aemilio homines orti Aemilii ac gentiles, sic ab Aemilii nomine declinatae voces in gentilitate nominali etc.

p. 1. 12.   **1. 2. Annibaliano.** Sohn des Delmatius († 337), des Halbbruders Constantins des Groszen. Er war von 335—337 König von Pontus. Im Jahre 334 hatten die Perser sich nämlich Armeniens bemächtigt. Constantin wollte Armenia, das gröstenteils christlich war, nicht preisgeben. Daher die Ernennung des Sohnes des Delmatius zum König von Pontus. Wahrscheinlich ist dieser es gewesen, der die Perser im Jahre 336 aus Armenia vertrieb. Er war mit Constantia, der ältesten Tochter Constantins vermählt, die zur Augusta erhoben war. Anfang 338 wurde er zusammen mit seinem Bruder Delmatius, seinem Vater Delmatius und seinem Onkel Julius Constantius (beide letztere waren Halbbrüder Constantins des Groszen), in Constantinopel von Soldaten umgebracht. Cf. Stein, Spätr. Gesch. p. 200 sq.; Seeck, Unterg. IV, 381 sq.; Seeck, R. E. 2352 sq.; Schiller, II, 235 sq.

p. 1. 11—12.   **1. 2. uxor** = Constantia.
Augusti = Constantius (337—361).
germanitas: sie war eine Schwester des Constantius.
regi: im Jahre 335 zu rex regum und Ponticarum gentium von Constantin dem Groszen erhoben.
fratris: Constantins Halbbruder Delmatius.
Constantinus: der Grosze (306—337), Vater der Constantia.

p. 1. 13.   **1. 2. Megaera.** Eine der Erinyen, der personifizierte Neid. Ein solcher Gebrauch in übertragenem Sinne wie hier, ist mir sonst nicht bekannt. Cf. Verg. Aen. XII, 846; Luc. I, 577; VI, 730; Apoll. I, 1. 4; Roscher I p. 1310; Kruse, R. E., Bnd. 15 p. 123.

p. 2. 6.   **1. 3. Honoratus.** Cf. Seeck, B. L. Z. G. p. 179—180. Er war erst Consularis Syriae, nachher Comes Orientis (noch in 354). Er nahm den Gemeindevorstand Antiochiens in Schutz, als Gallus ihn hinrichten lassen wollte (354, Ammian XIV, 7. 2), war mit Libanius befreundet, kämpfte wahrscheinlich gegen die Isaurier, wurde Praef. praet. Galliarum in oder nach 354 (356?) und wohnte schlieszlich als amtloser Bürger seit 357 in Bithynien. Im Dezember 359 wird er als erster zum praefectus urbis Constantinopolis ernannt, einem sehr hohen Posten, der unmittelbar dem des praef. praet. folgt. (Vordem gab es dort nur einen Proconsul, cf. Sievers, Lib. p. 211—213). Er war es noch im Jahre 361. In 359 spielte er eine Rolle als Richter in den Religionsprozessen in Constantinopel. Er war also ein Christ. Cf.: Socr. II, 41. 1 καὶ γὰρ παρῆν ἀπὸ τῶν ἑσπερίων μερῶν ἀναστρέψας ὁ βασιλεύς (sc. Constantius II. in Konstantinopel). καὶ τότε τὸν ἔπαρχον τῆς Κωνσταντινουπόλεως κατέστησεν, Ὁνοράτον ὄνομα, τὴν ἀνθυπάτων παύσας ἀρχήν (officium proconsulare), und Sozom. IV, 23. 3 ὄντων δὲ ἐν Κωνσταντινουπόλει τῶν ἐξ ἑκατέρας συνόδου (sc. in Ariminum und Seleucia) εἴκοσιν, καὶ ἄλλων οἵπερ ἔτυχον ἐνδημοῦντες, τὸ μὲν πρῶτον ἐπιτρέπεται δικάσαι τῇ κατὰ Ἀέτιον ζητήσει, παρόντων τῶν ἀπὸ τῆς μεγάλης βουλῆς ἐξάρχων (senatores), ὁ Ὁνοράτος, ὃν βασιλεὺς οὐ πρὸ πολλοῦ ἀπὸ τῆς πρὸς δύσιν ἀρχομένης (praef. Galliae) ἐπανελθὼν, πρῶτον ὕπαρχον Κωνσταντινουπόλεως ἀπέφηνεν (praef. urbis).

1. 3. **Clematius.** Auszer an dieser Stelle wird Clematius auch erwähnt Lib. ep. 605 ed. Wolff (= pag. 626 ed. Foerster). Dieser Brief ist an Chromatius aus Palestina gerichtet. Er hatte durch Vermittelung unseres Clematius im Jahre 353 Libanius kennen lernen, der sich in dem Jahre in Antiochia aufhielt. Die Ep. ist von 361/362, die Stelle wo er genannt wird: ἐγὼ δέ σε ἐξ ἐκείνων καὶ φιλῶ καὶ θαυμάζω τῶν χρόνων, ἐν οἷς ἀπὸ τῆς παρ' ὑμῖν ἀρχῆς ἥκων Κλημάτιος ἐκεῖνος, ὃς ἐπὶ δικαίῳ βίῳ τελευτὴν οὐ δικαίαν ἐδέξατο, πολλὰ μὲν τὴν Παλαιστίνην ἐπῄνει, κεφάλαιον δὲ τῶν καλῶν τὴν σὴν ὡρίζετο φύσιν. τῆς παρ' ὑμῖν ἀρχ. ist natürlich Palestina, wo, der Not. Dignit. nach, der vir clarissimus consularis Palaestinae (ein Statthalter, der dem Comes Orientis unterstellt war) an der Spitze stand. Dieses Amt hat Clematius also innegehabt. Da nun die Hinrichtung des Clematius im Winter 353/354 stattfand und Libanius, nachdem er sich viele Jahre in Constantinopel und anderen Städten aufgehalten hatte, in 353 von Constantius die Erlaubnis bekam seine Vaterstadt „auf Urlaub" wieder einmal zu besuchen und da die aus der 605. Ep. angeführten Worte den Eindruck erwecken, dasz der Rhetor und der Ex-Statthalter persönlich miteinander verkehrten, so ist die Vermutung wohl nicht allzu kühn, dasz dieser Verkehr im Jahre 353 in Antiochia stattfand und dasz Clematius kurz zuvor sein Amt niedergelegt hatte.

108   Historisches Kommentar

Anm.: Man darf diesen Chromatius nicht mit einem Homonym verwechseln, der schon mit Libanius in Athen studiert hatte und ihn also von Jugend an kannte. Auch unser Clematius hat, wie das so oft bei Libanius vorkommt, zwei Homonyme an welche eine grosze Anzahl Briefe gerichtet ist. Cf.: Seeck, B. L. Z. G. p. 110—111.

p. 2. 18.   **1. 6. excogitatum est super his, ut homines quidam ignoti.** Cf. Lampr., Sev. Alex. c. 23: de omnibus hominibus per fideles homines suos semper quaesivit et per eos quos nemo nosset hoc agebat, cum diceret omnes praeda corrumpi posse. Cf. et. Dion. Halc. IV, c. 43 (Tarquinius Superbus).

p. 2. 19.   **1. 6. Antiochia** ('Αντιόχεια). Cf. XXII, 9. 14 at hinc videre properans (sc. Julianus) Antiochiam, orientis apicem pulchrum etc. Am Orontes, mit dem Zunamen ἡ ἐπὶ Δάφνῃ. Geburtsort des Ammian. Marc., des Libanius, Joh. Chrysostomus und des Euagrius. Es ist die Hauptstadt Syriens (Provinz des Dioc. Orientis) und eine berühmte Stadt der Christenheit (act. apost. 11. 26; Gal. 2. 11 sq. etc.). Der Patriarch von Antiochia steht auf einer Linie mit denen vom Rom und Konstantinopel. Bekannte Kirche Constantins des Groszen. Von 252—380 fanden dort zehn Konzile statt. Die Bevölkerung war gemischt griechisch-syrisch-jüdisch und wegen ihrer Leichtfertigkeit, ihres Leichtsinns, ihres Fanatismus in religiösen Angelegenheiten und wegen ihrer Spottsucht sehr verrufen (cf. Jul. Misopogon passim; Philost. Vit. 3. 16; Zos. 3. 11; 4. 41; Proc. Bell. P. 2. 8). Cf. Strabo, 16. 719; Ptol. V, 15, 16; N. D. Orient. 11. 21 (22): Stätte von scutariae und clibanariae; Hierocl. Synekd. 711. Cf. et. E. S. Bouchier, A short history of Antiochia (1921); K. Bauer, Antiochia in der ältesten Kirchengeschichte (1919); K. O. Müller, Antiquitates Antiochenae (1839); Enc. Jud. I, 922 sq; Lex. Theol. K. I, p. 491 sq.; Benzinger R. E., I, 2442 sq.; Enc. Bibl. I, p. 184 sq.; Dict. Chrét. I[2], p. 2359 sq. (Leclercq.).

p. 3. 2.   **1. 7. Amphiaraus.** Der bekannte Seher, der am Argonautenzug, an der Calydonischen Jagd, und am Feldzug gegen Theben teilnahm. Er war mit Eriphyle vermählt, die von Polynices mit einem Goldschmuck bestochen, ihren Gatten veranlasste, sich an dem Thebanischen Zug zu beteiligen. Cf. Roscher I, p. 294 sq.; E. Rohde, Psyche, 1. 113 (und anderwärts); Bethe, R. E. I p. 1886 sq.; Thes. I, p. 1979.

p. 3. 2.   **1. 7. Marcius,** auch die Gebrüder Marcii, bekannte Seher. Cf. Liv. 25. 12 (212 v. Chr.): religio deinde nova objecta est ex carminibus Marcianis.

Vates hic Marcius inlustris fuerat et cum conquisitio priore anno ex senatus consulto talium librorum fieret, in M. Aemili praetoris urbani, qui eam rem agebat, manus venerant. In einem dieser Carmina wurde die Schlacht bei Cannae vorhergesagt. Cf. et. Cic. de div. 1. 89; 1. 115; 2. 113; Plin., 7. 119; Macr. Sat. 1. 17. 25 (auch bei Festus, Arnob., Symmachus erwähnt); Roscher. II, 2. p. 2333 sq.; Klotz R. E., XIV p. 1538 sq.

1.8. Gordianorum actibus etc. Dies wird von H. Michael (Die verlorenen Bücher des A. M. p. 19) als ein Beweis dafür angeführt, dasz A. die frühere Geschichte ausführlich erzählt hat; dagegen ist es auffallend, dasz weder Herodianus, noch Dio Cassius, noch Capitol. die Gemahlin Maximins erwähnen. Für andere Beispiele cf. ibid. und XIV. 4. 2 (Saraceni) .... super quorum moribus licet in actibus principis Marci et postea aliquotiens memini rettulisse. Dies letzte weist also auf Exkurse hin, in denen wiederholt u. a. die Sarazenen erwähnt wurden (cf. et. ad XIV, 4. 2). Gardthausen hat in seiner Ausgabe Stellen wie diese als perditorum librorum reliquiae gesammelt (welche die Aufzählung Michaels ergänzt p. 6 und 7) und sie in der Reihenfolge der Kaiser, auf die sie sich beziehen, geordnet.

Die Gordiani sind: Imp. Caes. M. Antonius Gordianus Sempronianus Romanus Africanus senior Augustus (der Vater. Regiert 238, † 238) und Imp. C. M. Ant. Gord. Sempr. Rom. Afric. junior Augustus (der Sohn. Regiert 238, † 238) und der Enkel Imp. Caes. M. Ant. Gord. Augustus (238—244). Cf. Domasz. II p. 286—289; v. Rohden, R. E. I p. 2619 sq.; K. F. W. Lehmann, Kaiser Gordian III, Diss. Jena 1911. Mit Gord. actus ist nicht der Titel eines Teiles der Werke Ammians gemeint, sondern actus = opera, facta, res gestae. Cf. XXI, 8. 1 cujus in actibus Magnenti meminimus; XXII, 9. 6 in actibus Commodi principis; XXIII, 5. 7 . . . Gordiani imperatoris — cujus actus a pueritia primadigessimus tempore competenti.

1.8. Maximini .... imperatoris conjugem. Gemeint ist Imp. Caesar C. Julius Verus Maximinus Augustus, mit dem Zunamen Thrax (235—238). Cf. Domaszewski II, p. 284 sq.; Hohl, R. E. X p. 852 sq.

Seine Gemahlin ist wahrscheinlich Caecilia Paulina, erwähnt in einer Inschrift aus Atina, wo steht: Divae Caeciliae Paulinae Piae Augustae (C. I. L. X, 5054 = Dessau Inscr. 492). Cf. et. Eckhel VII, p. 293; Cohen IV[2], p. 523; Bernhart I, Taf. 14; II, p. 296. Dasz sie von Maximinus ermordet wurde wird bei Zonaras berichtet, 12. 16 p. 124 (Ed. Dindorf) und Syncellus p. 680 (Bonner Corpus).

p. 3. 12.   **l. 9. Gallienus.** Imp. Caesar P. Licinius Valerianus Egnatius Gallienus Augustus (253—268). Ob die Mitteilung wahr ist, ist zweifelhaft. Gallienus ist sehr verleumdet. Cf. Domasz. II 297; Wickert, R. E., XIII p. 350 sq.; A. Alföldi, 25 Jahre Röm.-Germanische Kommission (1930) p. 11.

p. 3. 12—13.   **l. 9. Vesperi per tabernas palabatur.** Cf. Paul. Diac. Hist. Long. 6. 35: Hic (sc. Aripertus) in diebus quibus regnum tenuit, noctu egrediens, et hac illacque pergens, quid de eo a singulis civitatibus diceretur per semet ipsum explorabat: ac diligenter qualem justitiam singuli judices populo suo facerent, investigabat.

p. 3. 15.   **l. 9. In urbe ubi pernoctantium luminum claritudo dierum solet imitari fulgorem.** Cf. Liban. 'Αντιοχικὸς (Ed. Reiske. I p. 363, Ed. Foerster, I. 2. p. 533): καὶ τὴν ἡλίου λαμπάδα λαμπτῆρες ἕτεροι διαδέχονται τὴν Αἰγυπτίων λυχνοκαΐαν παριόντες, καὶ διενήνοχεν ἑνὶ μόνῳ παρ' ἡμῖν νὺξ ἡμέρας, τῷ τοῦ φωτὸς εἴδει, ταῖς δέ γε δημιουργίαις πρὸς ἴσον ἔρχεται, καὶ οἱ μὲν εὐτόνως ἐργάζονται χερσίν, οἱ δὲ ἁπαλὸν γελῶσι καὶ πρὸς ᾠδὴν ἀνίενται; πρὸς 'Ελλέβιχον (Ed. Reiske II. p. 3, Ed. Foerster II, p. 474): ἐλθόντες ἐπὶ τὸ πλησιάζον βαλανεῖον, κάλωας, ὧν ἐξήρτηντο τὰ τὸ φῶς ἐν νυκτὶ παρέχοντα, μαχαίραις ἀπέκοπτον, δεικνύντες ὅτι δεῖ τὸν ἐν τῇ πόλει κόσμον ταῖς αὐτῶν βουλήσεσιν ὑποχωρεῖν; περὶ τῆς τοῦ βασιλέως ὀργῆς (Ed. Reiske I, p. 500, Ed. Foerster II, p. 176): τὸ πολὺ καὶ μάταιον τοῦτο φῶς καὶ τρυφὴν ἄχρηστον βαλανείων δεικνύον, τὸ πρὸ τῶν βασιλείων κρεμάμενον εἰς πολλοστὸν τοῦ νῦν ὄντος καταστήσωμεν. Von den Katastrophen die sein Vaterland getroffen haben, nennt Basil. Caesar. ep. 379 (74) a⁰371: γυμνάσια δὲ κεκλεισμένα καὶ νύκτες ἀλαμπεῖς. Auch Hieronym. erwähnt die Straßenbeleuchtung (adversus Luciferianos Maur. ed. 4. 289. C): Dum audientiam et circulum lumina jam in plateis accensa solverent et inconditam disputationem nox interrumperet, consputa paene invicem facie recesserunt. Über die Beleuchtung eines Badehauses (lavacrum) cf. Cod. Just. 8. 11. 19 (a⁰424) und einer Kirche: Jul. epit. nov. 61. 1. § 205. (ed. Haenel).

p. 3. 19.   **l. 10. Thalassius.** Er war Christ. Wahrscheinlich im Jahre 345 ging er nach Poetovio (Pannonia), um eine Vermittlerrolle im Religionskonflikt zwischen Constantius (337—361) und Constans (337—350) zu spielen. Cf. Ath. ad Imp. Const. apol. 3: ἀλλ' εἴ ποτε καὶ εἰσελθόντων ἡμῶν (sc. Athan.) πρὸς αὐτὸν (sc. Constans) ἐμνημόνευσεν αὐτὸς τῆς σῆς φιλανθρωπίας (sc. des Constantius), ἐμνημόνευσε δὲ καὶ ὅτε

Zu XIV 1. 9—1. 10 (p. 3. 12—3. 19).   111

οἱ περὶ Θάλασσον (sic) ἦλθον εἰς τῆν Γιτυβίωνα, καὶ ἡμεῖς ἐν τῇ Ἀκυληῖᾳ διετρίβομεν. In 346 schrieb er im Auftrag des Constantius dem Athanasius, um diesen zur Rückkehr nach Alexandria zu bewegen (Ath. Hist. ad monach. 22). In 350 begleitet er Constantius auf dessen Feldzug gegen Magnentius (Zos. II. 48. 28, während der Schlacht bei Mursa 351: τῶν δὲ ταξιάρχων καὶ λοχαγῶν βασιλέως δειπνοποιοῦντος εὐωχουμένων, μόνοι Λᾶτινος καὶ Θαλάσσιος, τὰ πρῶτα παρὰ βασιλεῖ φέροντες, τῆς θοίνης οὐ μετεῖχον etc.) Er gehört zur Kommission, die in 351 die Lehre des Photinus prüft und wurde, als Gallus Caesar wurde (März 351), Praef. praet. Orientis (Cod. Theod. 16. 8. 7). Er widersetzt sich der Tyrannie des Gallus (cf. 14. 1. 10; 14. 7. 9). Im Jahre 354 stirbt er, Domitianus ist sein Nachfolger. (14. 7. 9). Thalassius besasz Güter in Phoenicien und Euphratensis (Lib. Ep. ed. Wolff 1426b und 1209).

Anm. Als Julianus, der Bruder des Gallus, den Orient unterworfen hatte, wurden Thalassius' Nachkommen verfolgt. Cf. Lib. Ep. 1426b: οὐκ οἶδ' ὁπότε τοῖς Θαλασσίου παισὶν ὑπάρξει τῶν δικαίων ἐν Φοινίκῃ τυχεῖν, εἰ μὴ νῦν τῶν ἀδικούντων ἔσονται κρείττονες, ὅτε Γαϊανὸς ὁ καλὸς κἀγαθὸς καὶ ῥητορικὸς, καὶ ἀρχικὸς, ἐγρηγορυίᾳ τῇ ψυχῇ τὰ τῆς Φοινίκης ἐφορᾷ (Cajanus, Phoenices consularis in 362) . . . . μετέπλασαν νεὼς εἰς οἰκίαν οἱ Θαλασσίου, πρᾶγμα ποιοῦντες ἀρέσκον τῷ κρατοῦντι τότε (sc. Constantius). καὶ οὐκ ἐπαινῶ μὲν, ἣν δ'οὖν τῶν τότε τὰ τοιαῦτα νόμων. Unter Julianus, dem Heidenkaiser, wurde u. a. dieser Grund ergriffen um sie in Prozesse zu verwickeln. Cf. et. Lib. Ep. 1209; Amm. XXII, 9. 16; Seeck, B. L. Z. G. p. 289 sq.

MUTMASZLICHER STAMMBAUM.

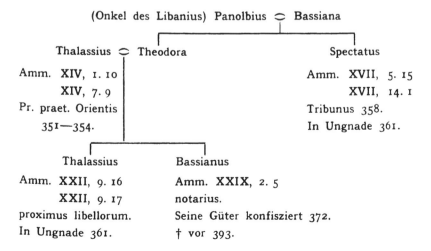

p. 4. 4. **2. 1. Isauri.** Wilder Bergstamm, wohnt in Isauria, einem Gebiet am Südrand der kleinasiatischen Hochfläche, und im Taurusgebirge (in der Mitte zwischen Pamphylia, Pisidia, Lycaonia und Cilicia Thrachea). Sie sind nie vollkommen unterworfen worden. Cf. XIV, 13 und XXVII, 9. 6; Strabo 12. 6: τῆς δὲ Λυκαονίας ἐστὶ καὶ ἡ Ἰσαυρικὴ πρὸς αὐτῷ τῷ Ταύρῳ ἡ τὰ Ἴσαυρα ἔχουσα κώμας δύο ὁμωνύμους-παρέσχον δὲ καὶ Ῥωμαίοις πράγματα καὶ τῷ Ἰσαυρικῷ προσαγορευθέντι Πουβλίῳ Σερβιλίῳ (78—74 v. Chr.); Pomp. Mela 1. 13 (p. 4. Ed. Frick); Dio Cass. 55. 28; Zos. 1. 69; 4. 20; 5. 25. Über die Geographie cf. Philippson, Das Mittelmeergebiet (1907) p. 78: „— es ist eine Längsküste, durch Gebirge vom Innern abgesperrt. Nur im Osten, zur heiszen Ebene von Kilikien — einer thalassogen umgestalteten Deltaküste mit offenen Reeden — führen die leichten kilikischen Pässe über den Taurus. Der Rest ist Abrasionsküste mit kleineren Ingressionsbuchten, die gute Schlupfhäfen bieten: aber die Verkehrsbedeutung ist gering, infolge der schlechten Landverbindungen. So war besonders das rauhe Kilikien ein Hauptsitz der Seeräuber, die von hier aus dem syrisch-ägäischen Verkehr in die Flanke fielen."

Die Provinz Isauria, die zur praefectura Orientis gehört, ist ein Teil der diocesis Oriens (N. D. p. 5), die vom vir spect. comes Orientis verwaltet wird (N. D. p. 49). An der Spitze der provincia steht ein vir spectabilis comes rei militaris per Isauriam et praeses (die höchste militärische und zivile Instanz sind hier, entgegen der Regel, in einer Person vereint). Es liegen dort zwei Legionen (N. D. p. 61; Willems, Dr. publ. Rom. p. 604). Cf. et. Ruge, R. E., IX p. 2056.

p. 4. 9. **2. 1. Iconium.** Nach Xen. 1. 2. 19 die östlichste Stadt Phrygiens (τῆς Φρυγίας πόλιν ἐσχάτην). Auch nach Act. apost. (13. 52 und 14. 6): οἱ δὲ ἐκτιναξάμενοι τὸν κονιορτὸν τῶν ποδῶν ἐπ' αὐτοὺς ἦλθον εἰς Ἰκόνιον . . . ὡς δὲ ἐγένετο ὁρμὴ τῶν ἐθνῶν τε καὶ Ἰουδαίων σὺν τοῖς ἄρχουσιν αὐτῶν ὑβρίσαι καὶ λιθοβολῆσαι αὐτούς, συνιδόντες κατέφυγον εἰς τὰς πόλεις τῆς Λυκαονίας Λύστραν καὶ Δέρβην καὶ τὴν περίχωρον.

Auch nach den Inschriften im phrygischen Sprachgebiet. Antonius gab West-Lycaonia (mit Iconium und Lystra) dem Polemon (39), im Jahre 36 bekam es Amyntas, der König von Galatia, seit 25 v. Chr. gehörte es zur neu eingerichteten Provinz Galatia. Unter Claudius heiszt es Claudiconium, zwischen 130 und 138 wurde es colonia Aelia Hadriana Augusta Iconiensium Gegenwärtig Conia. Cf. et. Plin. N. H. 5. 95 (urbe celeberrima Iconio), Ptol. 5. 6. 15, Cic. ad fam. (3. 5. 4 etc.). Die Stadt gehört später zu Lycaonia. Cf. Hierocl. 675. 1; Not. Episc. I, 30, 397; II, 26, etc. Ruge, R. E., IX p. 990 sq.

Zu XIV 2. 1—2. 4 (p. 4. 4—5. 3). 113

2. 1. Pisidia. Cf. Strabo 12. 7: τὸ μὲν οὖν πλέον αὐτῶν (sc. der
Pisidier) μέρος τὰς ἀκρωρείας τοῦ Ταύρου κατέχει, τινὲς δὲ καὶ ὑπὲρ
Σίδης καὶ 'Ασπένδου, Παμφυλικῶν πόλεων, κατέχουσι γεώλοφα χωρία.
Cf. et. Pomp. Mela 1. 13. In dieser Zeit, ebenso wie Lycaonia, provincia
und zur dioces. Asiana (Teil der praefectura Orientis) gehörig. An der
Spitze Lyc. stand ein praes (vir spect.). Cf. et. Hierocles, p. 394 (Ed. Bonn.).

2. 3. Scironis praerupta letalia. Sciron (Σκείρων), ein Räuber, der
auf der Grenze Atticas und der Megaris sein Wesen trieb, die Reisenden
zwang, ihm die Füsze zu waschen und sie danach ins Meer warf. Wurde
von Theseus getötet. Cf. Strabo, 9. 1. 4: μετὰ δὴ Κρομμυῶνα ὑπέρκεινται
τῆς 'Αττικῆς αἱ Σκειρωνίδες πέτραι, πάροδον οὐκ ἀπολείπουσαι πρὸς
θαλάττῃ· ὑπὲρ αὐτῶν δ'ἐστὶν ἡ ὁδὸς ἡ ἐπὶ Μεγάρων καὶ τῆς 'Αττικῆς ἀπὸ
τοῦ 'Ισθμοῦ — ἐνταῦθα δὲ μυθεύεται τὰ περὶ τοῦ Σκείρωνος καὶ τοῦ
Πιτυοκάμπτου, τῶν λῃζομένων τὴν λεχθεῖσαν ὀρεινήν, οὓς καθεῖλε Θησεύς.
Pomp. Mela, 2. 3. 47: Scironia saxa, saevo quondam Scironis hospitio
etiamnunc infamia. Cf. et. Bürchner, R. E. (2te Reihe) II p. 825 und von
der Kolf III p. 537 sq. und 546 sq.

2. 4. Lycaonia. Politisch-administrativ hat Lycaonia viele Änderungen
erfahren. Bei der von Diocletianus (Ende des 3. Jhrhs.) vorgenommenen
Einteilung in Provinzen wurde es Pisidia und Isauria einverleibt (bzw.
zur dioces. Asiana und zur dioces. Orientis gehörig). Nach N. D. p. 6
selbstständige Provinz (dioces. Asiana). Cf. et. Ptol. 5. 6. 16; Polemius
Silvius (Ed. Seeck, N. D. p. 258); Hierocles 674 und Ruge, R. E., XIII
p. 2253. Es wird von einem vir spectabilis praeses verwaltet.

2. 4. praetentura. Cf. XXV, 4. 11 praetenturae stationesque agrariae,
tutis rationibus ordinatae; XXXI, 8. 5 praetenturas stationesque disponebat
agrarias. Cf. R. Cagnat (Daremb.-Saglio IV p. 628): „la région frontière,
destinée à couvrir une province de l'Empire, la bande de terrain, occupée
par des troupes, qui s'étendait entre le territoire romain et le pays barbare.
Ainsi il y avait, au sud de la Maurétanie, une praetentura où Septime-
Sévère fit relever la série des milliaires existante avant lui (C. I. L. VIII,
22602—604, 22611); et nous connaissons un légat de Germanie, au
temps de Marc-Aurèle, qui porte, sur une inscription, le titre de legatus
Augusti ad praetenturam Italiae et Alpium expeditione Germanica
(Ann. épigr. 1893, 88)." Du Cange V, p. 417: „praesidia militum quae
pro castris et urbibus securitatis causa collocantur... praetenturae
praeterea dicebantur milites qui conglobati praecurrebant ad observandos

hostium motus, eosdem armis repressuri, si vim facerent in fines imperii."
Cf. et. Gothofr. ad 1. I Cod. Theod. de commeatu (7. 12); Lindenbrog.
(= Ed. Wagner II, p. 14).

Anm. Nicht zu verwechseln mit einer Abteilung des innern Lagers zwischen der via principalis und der porta praetoria! (Cf. Hyg. de munit. castr. § 14).

p. 5. 4—5.   **2. 5. milites per municipia plurima... dispositos et castella.**
Cf. XIV, 2. 8: milite per omnia diffuso propinqua; XIV, 2. 10; XIV, 11. 13: milites agentes in civitatibus perviis, und A. Müller, Mil. p. 615.

p. 5. 23.   **2. 8. Pamphylia.** Gehört nach N. D. zur dioc. Asiana als provincia (Pamfylia) und wurde von einem vir clarissimus consularis (genau so wie Lydia und Hellespontus) verwaltet. Es war früher mit Lycia vereint. Die Scheidung fiel zwischen 313 und 325 (cf. Cod. Theod. 13. 10. 2; Mansi concil. 2. 695). In dieser Provinz liegen u. a. Side, Aspendos und Olbia. Cf. Strabo 14. 4; Lanckoronski, Städte Pamph. und Pisid. I (1890) p. 1. sq.

p. 6. 2.   **2. 9. Melas.** Flusz in Pamphylia, gegenwärtig Manawgat-Tschai. Die Beschreibung Ammians wird von modernen Reisenden bestätigt. Cf. et Strabo, 14. 4. 2: πλησίον δ'ἐστὶ καὶ ἡ Κιβυρατῶν παραλία τῶν μικρῶν· εἶθ' (nach Side nämlich) ὁ Μέλας ποταμὸς καὶ ὕφορμος. Pomp. Mela 1. 78; Ptol. 5. 5. 3; Paus. 8. 28. 3; Zos. 5. 16: ἅπαντες γὰρ ὡς εἰπεῖν οἱ τῶν πόλεων οἰκήτορες, τοῖς παρατυχοῦσιν ἐξοπλισάμενοι, συνέκλεισαν αὐτὸν (sc. Tribigild in 399, der sich gegen Arcadius erhoben hatte) ἅμα τοῖς συμφυγοῦσι τριακοσίοις ἐν μέσῳ τοῦ Μέλανος ποταμοῦ καὶ τοῦ Ἐυρυμέδοντος, ὧν ὁ μὲν ἐπέκεινα διαβαίνει τῆς Σίδης, ὁ δὲ διαρρεῖ τὴν Ἄσπενδον. Cf. et. Ruge, R. E., XV p. 440.

p. 6. 9.   **2. 10. Side.** In der Provinz Pamphylia (dioc. Asiana) gelegen, von Cumae gegründet (Strabo 14. 4: εἶτα Σίδη, Κυμαίων ἄποικος· ἔχει δ' Ἀθηνᾶς ἱερόν.), war Marktort und Schiffswerft der kilikischen Seeräuber (Strabo 14. 3. 2: ἐν Σίδῃ γοῦν πόλει τῆς Παμφυλίας, τὰ ναυπήγια συνίστατο τοῖς Κίλιξιν, ὑπὸ κήρυκά τε ἐπώλουν ἐκεῖ τοὺς ἁλόντας ἐλευθέρους ὁμολογοῦντες). Es ist von Alexander besetzt gewesen (Arr. anab. 1. 26) und spielte eine Rolle in den Kriegen Antiochos des Groszen (223—187). Cf. Polyb. 5. 73. 3; Liv. 35. 48. 6; 37. 23. 3; Pomp. Mela 1. 78. 80. In der christl. Zeit war es Metropolis Pamphyliens (Hierocles 682. 2; Not. Episc. 1. 17). Cf. et. Ruge, R. E., 2. Reihe, II p. 2208.

Zu XIV 2. 5—2. 13 (p.5. 4—6. 20). 115

2. 11. Laranda. In lycaonisch Isauria gelegen (prov. Lyc. dioc. Asiana). Cf. Strabo 12. 6. 3 (Laranda im Besitze des Antipater, eines Tyrannen, von Amyntas getötet). In der Kaiserzeit σεβαστὴ μητρόπολις genannt. Kirchlich gehört es zu Lycaonia. Cf. Hierocles 675. 8; Not. Episc. 1. 402; 3. 260 und passim. Auch erwähnt: Diodor. 18. 22; Eus. Hist. eccl. 6. 19. 18. Cf. et. Ruge, R. E. 23 p. 793.

2. 12. equestrium cohortium. Cf. Albert Müller, Mil.: „Die notitia nennt cohorten nur in den Grenzducaten, wo sie allerdings die Nachfolger der alten Auxiliarcohorten sind, und somit mag Amm. XXVII, 8. 3 bei Erzählung von Ereignissen in Britannien mit dem Ausdruck: adscita animosa legionum et cohortium pube das Richtige getroffen haben; dahingegen ist cohors XX, 5. 1; XXV, 1. 16; XXVII, 2. 6; XXXI, 7. 4; XXXI, 10. 6 nur Bezeichnung irgend einer unbestimmbaren Infanterieabteilung. Geradezu falsch ist cohors XIV, 2. 12 und XXIV, 5. 8 (10) für Cavallerie verwandt."
Bezüglich der Ungenauigkeit Ammians in militärischen Angelegenheiten cf. ibid. p. 573—576.

2. 12. relictum in sedibus. Cf. XVII, 8. 2: frumentum ex eo, quod erat in sedibus consumendum; XX, 4. 16: redite jam nunc ad sedes; Vegetius 2. 5: quae omnia in sedibus, in itineribus, in omni exercitatione castrensi, universi milites et sequi et intelligere consuescant; Cod. Theod. l. 2 De domest. et prot. (6. 24): quaternas etenim annonas eos quos armis gestandis et procinctibus bellicis idoneos adhuc non esse constiterit, in sedibus jubemus adipisci; l. 18 Cod. de Episc. aud. (1. 4): milites qui praesunt et in custodia consistunt in suis ut vocant sedetis sive stationibus (= ἐν τοῖς σεδέτοις αὐτῶν = προσέδραις, καθέδραις, προαστείοις). Sedes = sedetum = seditum = stabilitas. Cf. et Lindenbrog. (= Ed. Wagner II, p. 16): „Sedes autem sive sedeta sunt loca, in quibus milites citra expeditionum necessitatem commorantur"; Du Cange VI, p. 158 sq.

2. 13. Paleae. Cf. W. M. Ramsay, The historical geogr. of Asia minor p. 163: „There are apparently three other places bearing this name in Asia minor. Two of these are bishoprics mentioned in the Notitiae, but not in Hierocles. One of them is in Galatia, the other in Lycia; and both have the alternative name Justinianopolis.... The third is a fortress names Palia or Paleai in Isauria."
Nach ihm wird letztgenannter Ort nirgend sonst erwähnt. Dies ist jedoch ein Irrtum. Er wird in den Acta S. Barnabae (= Acta Sanctorum

116   Historischer Kommentar

Jun. T. 2. p. 432) genannt; cf. et. P. Wesseling in der Ausgabe der Itineraria (1735) p. 708 sq. Nicht bei Kiepert, Specialkarte vom westlichen Klein-asien (1890).

p. 6. 21—22.   **2. 13. militibus omne latus Isauriae defendentibus.** Cf. Pollio (trig. tyrann. c. 26.): Denique post Trebellianum pro barbaris habentur: et cum in medio Romani nominis solo regio eorum sit, novo genere custodiarum quasi limes includitur, locis defensa, non hominibus etc.

p. 7. 3—4.   **2. 14. Seleucia.** Liegt am Calycadnus in Cilicia und ist von Seleucus Nicator (312—281) gegründet. Cf. Strabo 14. 5. 4 p. 670: εἶθ' Ὄλμοι, ὅπου πρότερον ᾤκουν οἱ νῦν Σελευκεῖς. κτισθείσης δ'ἐπὶ τῷ Καλυκάδνῳ τῆς Σελευκείας ἐκεῖ μετῳκίσθησαν. εὐθὺς γάρ ἐστιν ἡ τοῦ Καλυκάδνου ἐκβολὴ κάμψαντι ᾐόνα, ποιοῦσαν ἄκραν, ἣ καλεῖται Σαρπηδών — ἔχει δὲ ὁ ποταμὸς ἀνάπλουν εἰς τὴν Σελεύκειαν, πόλιν εὖ συνοικουμένην καὶ πολὺ ἀφεστῶσαν τοῦ Κιλικίου καὶ Παμφυλίου τρόπου. Später gehört es, wie das ganze Cilicia Thrachea, zur provincia Isauria. Cf. XIV, 8. 2: et hanc (sc. Isauriam) quidem praeter oppida multa, duae civitates exornant, Seleucia opus Seleuci regis etc.; Theodor. H. eccl. 2. 26: πόλις δὲ αὕτη τῆς Ἰσαυρίας, πρὸς τῇ θαλάττῃ κειμένη, καὶ τῶν ὁμοφύλων πόλεων ἡγουμένη. Hierocles 708. 2; Not. episc. I, 529, 829 und passim. Gegenwärtig Selefkeh. Es befand sich ein Heiligtum des Apollo Sarpedonius dort (Zos. 1. 57) und es ist bekannt wegen des Concilium Seleuciense (359). Über seine Blüte cf. Basilios (Migne 9. 85. 556 C sq.). Cf. et. Ruge, R. E., 2. Reihe, II. p. 1203; Tscherikower, Die Hellen. Städtegr. p. 39; M. A. M. A. 3. p. 3 sq.

urbium matris: μητρόπολις. In der späten Kaiserzeit und in der Byzantinischen Periode hieszen die Hauptstädte der provinciae des Ostens μητρόπολις. In Hierocl. Synecd. ist jedesmal der erste Ort, der in einer Eparchia genannt wird die Metropolis; dieselbe Bedeutung hat Metropolis auch in Ägypten (ehemals: Hauptort eines Gaues). Cf. Preisigke Fachw. p. 126; Preisigke Wörterbuch 2. p. 102 sq.; Mitteis-Wilcken, Chrest. 1. 1. p. 82.

p. 7. 4.   **2. 14. Castricius.** Vielleicht derselbe Castricius der in Ep. 1237 Lib. (Ed. Wolf) genannt wird. Cf. Seeck, B. L. Z. G. p. 103 und 121 (Dionysius).

comes. Gemeint ist der vir spect. comes rei mil. per Isauriam et praeses (N. D. p. 62). Unter seinem Kommando standen nach N. D. zwei Legionen nl.: legio IIa Isaura und legio IIIa Isaura. Hier stellt sich heraus, dasz Castr. 3 Legionen befehligt. Der Zustand in 354 hat sich folglich später, jedenfalls vor ungefähr 400 geändert.

2. 14. tresque legiones. Legio als militärischer Ausdruck bedeutet p. 7. 4.
in dieser späten Kaiserzeit eine Abteilung Fuszvolk von ungefähr 1000
Mann Stärke, bei der Feldarmee wenigstens. Man unterscheidet legiones
palatinae und comitatenses, welche erstere höheren Ranges sind, übrigens
aber dieselbe Aufgabe erfüllen wie letztere. (Diesen legiones gegenüber
stehen die vexillationes, die auch wieder in palatinae und comitatenses
eingeteilt sind und aus jeweils ungefähr 500 Reitern bestehen. Ferner
gibt es noch auxilia palatina, gleichfalls zur Feldarmee gehörig, Fusz-
volkabteilungen von ungefähr 500 Mann Stärke.) Es gibt jedoch auch
Legionen bei den pseudocomitatenses (niedriger im Rang als obengenannte Formationen) und bei den Grenztruppen (die niedrigsten im
Rang), beide zur stehenden Armee gehörig. Der Begriff Legio drückt
also sehr verschiedene Werte aus. Dazu kommt noch auszerdem, dasz
sich die militärische Organisation im 4. Jahrhundert noch fortwährend
in der Richtung eines Zustandes entwickelt, wie dieser in den Not. Dign.
beschrieben wird, sodasz es äuszerst schwierig ist für eine bestimmte
Zeit auf einen bestimmten Zustand zu schlieszen. Schlieszlich stiftet
Amm. eine noch heillosere Verwirrung, indem er sich einer absichtlich
ungenauen Terminologie bedient.

2. 15. tessera. Aus der Erwähnung der tessera (hier und XXIII, 2. 2) p. 7. 6.
schlieszt A. Müller, Mil. p. 592 auf das Vorkommen des tesserarius
(Paroleträger). Gemeint ist die tessera expeditionalis (XXIII, 2. 2).
Cf. Daremb.-Saglio 5, p. 135 (Lafaye).

Anm. Betr. tesserarius cf. Veget. 2. 7: Tesserarii qui tesseram per
contubernia militum nuntiant; tessera autem dicitur praeceptum ducis,
quo vel ad aliquod opus vel ad bellum movetur exercitus.

2. 15. Calycadnus. Cf. XIV, 8. 1: ejusque lateri dextro (sc.Ciliciae) p. 7. 7.
adnexa Isauria, pari sorte uberi palmite viret et frugibus multis, quam
mediam navigabile flumen Calycadnus interscindit; Strabo 14. 5. 4;
ad XIV, 2. 14 (Seleucia). Cf. et. Ruge, R. E., X p. 1767.
ponte, gebaut 77 oder 78 n. Chr.; cf. M. A. M. A. 3. 6.

2. 17. hastisque feriens scuta, qui habitus iram pugnantium p. 7. 14—15
concitat et dolorem. Cf. XV, 8. 15: sed militares omnes horrendo
fragore scuta genibus inlidentes, (quod est prosperitatis indicium plenum:
nam contra cum hastis clipei feriuntur, irae documentum est et doloris)
etc.; XVI, 12. 13: ardoremque pugnandi hastis inlidendo scuta monstrantes;
XXI, 5. 9: unanimanti consensu, voces horrendas immani scutorum

fragore miscebat; XXI, 13. 16: hastasque vibrantes irati, post multa quae benevole responderant, petebant duci se protinus in rebellem; XXIII, 5. 24: sublatis altius scutis, nihil periculosum fore vel arduum clamitabat.... Cf. et. Lindenbrog. ad h. l. (Ed. Wagner 2. p. 17 sq.); Salmas. ad Script. Hist. Aug. 2. p. 600. Der Brauch ist barbarischen Ursprungs, jedoch von den römischen Heeren, die ja zu jener Zeit gröstenteils ebenfalls barbarisch waren, übernommen worden.

p. 8. 3. 2. 20. magister equitum. Gemeint ist Ursicinus (cf. ad XIV, 9. 1). Cf. et. Enszlin, Klio 24 (1931) p. 109 sq.

p. 8. 4. 2. 20. Nebridius. Aus Tuscia (XXI, 5. 12). Weil der mag. equitum per Orientem weit fort war und einen andern Auftrag hatte, erhält Nebridius, comes Orientis, ein Statthalter mit ziviler Befugnis, den Befehl, die Isaurier zu bekämpfen. Cf. E. v. Nischer, Hermes 63. (1928) p. 454.

In 354 folgte Nebr. Honoratus als comes Orientis nach (XIV, 2. 20). In 357 hatte er noch diesen Posten inne (Lib. Ep. Ed. Wolf 475). Danach wird er von Constantius nach Gallien gesandt als quaestor sacri palatii des Caesars Julianus. In 360 ernennt Constantius ihn zum praefectus praetorio Galliarum. Cf. XX, 9. 8: quibus auditis Leonas cum Juliani litteris haec eadem indicantibus revertit incolumis solusque admissus est ad praefecturam Nebridius; Zonaras (hiermit in Übereinstimmung) 13. 10. p 21. C: τῷ μέντοι κοιαίστωρι (sc. Leonas, quaestor sacri pal. des Constantius) ἐπέτρεψε (sc. Constantius) καὶ τοὺς τὰς (sc. ἀρχὰς) ἐκεῖσε (sc. in Gallia) ἀνύοντας παραλῦσαι τῆς ἐξουσίας καὶ αὐτὸν τὸν πραιτωρίων ἔπαρχον (sc. Florentius) ἑτέρους τε εἰς ταύτας ἐγκαταστῆσαι, οὓς ἐκεῖνος εἰς ἑκάστην ὠνόμασεν (nach der Erhebung des Julianus zum Augustus in 360). Im Bürgerkrieg gegen Constantius verweigert Nebridius seine Mitwirkung. Cf. XXI, 5. 11: solus omnium licet proposito stabili audacter tamen praefectus repugnavit Nebridius, juris jurandi nexu contra Constantium nequiquam se stringi posse commemorans, cujus beneficiis obligatus erat crebris et multis.... ille innoxius ad larem suam recessit in Tusciam (Julianus nimmt ihn vor seinen eignen Soldaten in Schutz und läszt ihn ziehen). Julianus' eigne Meinung ersieht man aus Ep. Jul. ad Ath. 283. C.: καὶ γὰρ οὐδὲ ἄλλος τις παρῆν τῶν δοκούντων εὔνως ἔχειν ἐμοί, Νεβρίδιος δέ, Πεντάδιος, Δεκέντιος, ὁ παρ' αὐτοῦ πεμφθεὶς ἐπ' αὐτὸ τοῦτο Κωνσταντίου (sc. um Julianus zu kontrollieren). Von Valens wurde er im Jahre 365 zum praef. praetorio Orientis (als Nachfolger des Salutius) ernannt und vom Usurpator Procopius gefangen genommen (365). Cf. XXVI, 7. 4: confestim Nebridius, in locum Saluti praefecti praetorio, factione Petronii recens promotus.... in vincula compinguntur; Zos. 4. 6. 2.; Themist. 7. 91b (in einer Ansprache an Valens): ἀρχαὶ δὲ αἱ μέγισται (sc. Nebridius und der praef. urbis Constantinopolis Caesarius) μετά γε τὴν ὑμετέραν (sc. ἀρχήν, des Kaisers) ἐν μοίρᾳ κακούργων ἦσαν συνειλημμέναι· ἡ δὲ παννυχὶς ἦν ἀγρία τῆς τότε νυκτός (die Anhänger des Valens wurden von Procop. aus dem Bett geholt). Nebridius war wahrscheinlich nicht sehr mit Libanius befreundet. Blosz ein einziger Brief ist an ihn gerichtet (Ep. 1391), voller Schmeicheleien (nach der praefectura in Gallia). Cf. et. Seeck, B. L. Z. G. p. 72 sq., p. 219 sq.

Anm. Das Zitat Seecks (B. L. Z. G. p. 220), nl. Them. 7. 92. C., läszt sich bei Nebridius nicht anwenden. Siehe die desbetreffende Interpretation des Petavius und Harduinus in Themist. Ed. Dindorf p. 564.

3. 1. **rege Persarum.** Gemeint wird Sapor (reg. 310—379), der seit Constantinus I. (reg. 306—337) mit den Römern Krieg führte, u. a. um das von Narses bei dem Frieden von 297 dem Diocletian abgetretene Gebiet zurückzuerobern. Er ist durch den vom Kaiser Julianus gegen ihn unternommenen Feldzug bekannt geworden (363). Cf. XVII, 5. 3: rex regum Sapor, particeps siderum, frater Solis et Lunae, Constantio Caesari fratri meo salutem plurimam dico (Briefanfang aus den Jahren 357/358); XIX, 2. 11; XX, 6. 7; XXV, 8. 13; XXVII, 12. 1: rex vero Persidis longaevus ille Sapor et ab ipsis imperitandi exordiis dulcedini rapinarum addictus. Cf. et. Seeck, R. E., 2. Reihe, I. p. 2334 sq.; Seeck, Unterg. 4. 23. 65. 85. 92; Stein, Spätröm. Gesch. p. 199 sq., 211 sq., 261 sq.; Nöldeke, Pers. Gesch. p. 97 sq.

p. 8. 8.

3. 1. **e numero optimatum.** Unter diesen optimates versteht Amm. wahrscheinlich die zweite Klasse im Reich der Sassaniden (Vispuhrân), Cf. Christensen p. 23 sq. (Amm. ist jedoch, wie sooft, nicht deutlich in seiner Terminologie).

p. 8. 11.

3. 1. **Nohodares.** Cf. Justi, Iranisches Namenbuch p. 230.

p. 8. 11.

3. 1. **Mesopotamia.** Hier wird die provincia Mesopotamia gemeint (dioces. Orientis), da später Osrhoena namentlich genannt wird. Die Hauptstadt ist Nisibis. An der Spitze der Provinz steht ein vir clar. praeses Mesopotamiae (N. D. p. 4). Die Truppen stehen unter dem Befehle eines vir spectab. dux Mesopot. (N. D. p. 77). Cf. N. D. p. 6; Schachermeyr, R. E. XV. p. 1105 sq. und besonders 1158 sq. Über Heer und Flotte: N. D. p. 77; Schachermeyr, ibid., p. 1161 sq.; Chapot, La Frontière de l'Euphrate (1907), passim.

p. 8. 12.

p. 8. 14—15.   **3. 2. praetenturis et stationibus servabantur agrariis.** Cf. A. Müller, Mil. p. 613: ,,Beim Wachtdienst werden unterschieden vigiliae, Wachen im Lager oder in einer Festung, stationes, gröszere Posten auszerhalb des Lagers, daher auch stationes agrariae genannt (cf. XVIII, 5. 3: milites stationarii) und praetenturae, Grenzcordons." Betreffs der römischen Grenzverteidigung im allgemeinen in diesem Gebiet cf. A. Poidebard, La trace de Rome dans le désert de Syrie (Le limes de Trajan à la conquête Arabe, Recherches aériennes; a[1] 1925—1932) 1934.

p. 8. 15—16.   **3. 2. Osdroena.** Provincia Osrhoena (dioc. Orient.), mit der Hauptstadt Edessa, unter der Verwaltung eines vir clar. praeses Osrhoenae (cf. N. D. p. 4). Cf. et. Gutschmid: Untersuchungen über die Geschichte des Königsreichs Osr. (Mém. de l'Acad. Impér. des sciences de St. Pétersbourg. 7ième série. 25. 1887); H. Kiepert, Lehrb. der alten Geographie, p. 155 sq.

p. 8. 19.   **3. 3. Anthemusias.** Stadt in Mesopotamia (prov. Osrhoene), in der Nähe von Edessa, nach welcher die umliegende Gegend auch genannt wurde. Cf. Strabo 16. 1. 27: ἡ μὲν οὖν διάβασις τοῦ Εὐφράτου κατὰ τὴν Ἀνθεμουσίαν ἐστιν αὐτοῖς, τόπον τῆς Μεσοποταμίας (sc. für die Kaufleute); Plin. Nat. Hist. 5. 21: praefectura Mesopotamiae, ab Assyriis originem trahens, in qua Anthemusia et Nicephorium oppida; ibid. 6. 30; Tac. Ann. 6. 41; Fraenkel, R. E., I. p. 2369 sq.; Thes. 2. p. 165; Tscherikower p. 85 und p. 122 sq. (der Batnai und Anthemusias für identisch hält). Über den Begriff condere (,,gründen") cf. ibid. p. 112 sq. Cf. et. Charlesworth p. 261.

p. 8. 19.   **3. 3. Batnae.** Cf. XXIII, 2. 7: ad Batnas, municipium Osdroenae (sic). In der prov. Osrhoena (dioc. Orient.); Zos. 3. 12. 2: ἐπὶ Βάτνας τῆς Ὀσδροηνῆς πολίχνιόν τι προῄει; Hierocles (Bonn. Corp. Constant. Porphyrog. 3. p. 398); Fraenkel, R. E., 3 p. 140; Thes. 2. p. 1787; E. H. Warmington, The commerce between the Roman Empire and India, p. 138 und p. 358 (Note 146).

Anm. Nicht zu verwechseln mit Batnae in Syria (prov. Euphratensis, dioc. Orient.). Hierüber Jul. Imp. Ep. (Ed. Bidez) p. 156, 157, 158 und Cumont, Étud. Syriennes p. 19 sq., 192, 279, 319. Cf. et. Benzinger, R. E. 3, p. 124 und Honigmann, 12, p. 191 sq.

p. 8. 23.   **3. 3. Indi.** Cf. Lassen 3. p. 45 sq. und 4. p. 897; Warmington p. 136 sq.; Smith, India p. 295 sq. (für die Jahre 320—455 n. Chr.); Mac Crindle,

p. 150 sq.; Wecker, R. E. 19. p. 1264 sq. Über die christliche Mission in India cf. Smith ibid. p. 260 sq.

3. 3. **Seres.** Chinesen. Cf. XXIII, 6. 64: .... ultra haec utriusque Scythiae loca, contra orientalem plagam in orbis speciem consertae, celsorum aggerum summitates (wahrscheinlich ist die grosze chinesische Mauer gemeint) ambiunt Seras, ubertate regionum et amplitudine circumspectos, ab occidentali latere Scythis adnexos .... Cf. et. Hermann, R. E. 2. Reihe, 2. p. 1678 sq. (Seres); Blümner, ibid. p. 1724 sq. (Serica); Hermann, ibid, p. 1727 sq. (Serinda); Hermann, ibid. p. 1737 sq. (Seros); Coedès, Textes d'auteurs grecs et latins relatifs à l'extrême-Orient, passim. (Docum. hist. et géographiques relat. à l'Indochine 1, 1910); Hermann, Die alten Seidenstrassen zwischen China und Syrien (1911); Charlesworth p. 98 sq. p. 8. 23.

3. 4. **Aboras.** Flusz in Mesopotamien, der in den Euphrat mündet. Cf. XXIII, 5. 4: Julianus vero dum moratur apud Cercusium (Circesium) ut per navalem Aborae pontem exercitus et omnes sequellae transirent (363 n. Chr.). Im Alten Testament Chabor genannt (2. Könige, 17. 6; 18. 11; 1. Chron. 5. 26). Cf. et. Strabo, 16. 1. 27; Ptolem. 5. 18. 3; Zos. 3. 13; Fraenkel, R. E. 1. p. 107. p. 8. 25.

4. 1. **Saraceni.** Cf. XXII, 15. 2: et Scenitas praetenditur Arabas (sc. Aegyptus) quos Sarracenos nunc appellamus; XXIII, 6. 13: et Scenitas Arabas quos Saracenos posteritas appellavit; Ptolem. 5. 17. 3; Euseb. 6. 42. 4: πολλοί (sc. Christen, die verfolgt werden) δὲ οἱ κατ' αὐτὸ τὸ Ἀραβικὸν ὄρος (cf. Herodot. 2. 8.) ἐξανδραποδισθέντες ὑπὸ βαρβάρων Σαρακηνῶν (wahrscheinlich ist dies die älteste Stelle wo die Saraceni erwähnt werden. Cf. Vales., Annot. ad. h. l.); Sozom. 6. 38 (über ihre Herkunft und ihr Christentum); N. D. p. 59: equites Saraceni Thamudeni und p. 68: equites Saraceni indigenae und equites Saraceni; Steph. Byz. Ethn. (Ed. Meineke) p. 556: μετὰ τοὺς Ναβαταίους. οἱ οἰκοῦντες Σαρακηνοί. Moritz, R. E. 2. Reihe, 1. p. 2387 sq.: „war mit Sarakenoi also ursprünglich nur ein Nomadenvolk der Sinaihalbinsel bzw. an der Nordwestgrenze von Arabien bezeichnet worden, so wurde anscheinend schon im 3. Jahrh. n. Chr. diese Bezeichnung auf alle Stämme der Syrischen Steppe ausgedehnt, mit denen die Römer in Berührung traten." Amm. macht einen deutlichen Unterschied zwischen Arabes und Saraceni. Cf. XXIII, 6. 45: Quibus (sc. Parthyaeis) ab orientali australique plaga Arabes beati conterminant, ideo sic appellati, quod frugibus iuxta et p. 9. 3.

fetibus et palmite odorumque suavitate multiplici sunt locupletes, magnaeque eorum partes mare rubrum latere dextro contingunt, laeva Persico mari conlimitant elementi utriusque potiri bonis omnibus adsueti. Cf. et. D. H. Müller und v. Rohden, R. E. 2. 344 sq. (Arabia); Thes. 2. 390 sq. (Arabs). Aus XIV, 4. 3 geht deutlich hervor, dasz Ammianus die Einwohner des Landes westlich des Roten Meeres, das früher Arabia hiesz, auch Saraceni nennt.

p. 9.3.   **4. 1. Saraceni nec amici nobis umquam, nec hostes optandi.** Cf. XXV, 6. 10: Hos autem Saracenos ideo patiebamur infestos, quod salaria muneraque plurima a Juliano, ad similitudinem praeteriti temporis, accipere vetiti, questique apud eum, solum audierant, imperatorem bellicosum et vigilantem ferrum habere, non aurum (a⁰ 363).

p. 9.7.   4. 2. Valesius bemerkt dazu: „.... at scriptorum, qui res Marci nobis reliquerunt, nemo Sarac. aut Arabum meminit. Ceterum quod commercium, aut quando habuerit cum Saracenis Marcus, conjicere difficile est. Videtur tamen id ei contigisse, cum occiso Cassio (sc. Avidio) Syriam et Aegyptum perlustraret . . ." (in Ed. Wagner 2. p. 22). Über actus cf. ad XIV, 1. 8.

Marci, sc. Marcus Aurelius, Imp. Caesar M. Aurelius Antoninus Augustus (161—180).

p. 9.9.   4. 3. **Assyrii**, ἡ Ἀσσυρία, der ursprüngliche Name des ganzen Mesopotamiens. Cf. Herod. 1. 178: τῆς δὲ Ἀσσυρίης ἐστὶ μέν κου καὶ ἄλλα πολίσματα μεγάλα πολλά, τὸ δὲ ὀνομαστότατον καὶ ἰσχυρότατον καὶ ἔνθα σφι Νίνου ἀναστάτου γενομένης τὰ βασιλήια κατεστήκεε, ἦν Βαβυλών (mit der Anmerkung Steins); ibid. 1. 185, 3. 92 etc. Bei späteren Schriftstellern (auch klassisch) werden Assyria und Babylonia öfter synonymisch gebraucht (nicht zu verwechseln mit dem Gebrauch von Assyrius für Syrius, namentlich bei Dichtern, z. B., Verg. Georg. 2. 465 Assyrio veneno = Phoenicischer Purpur). Bezeichnend für die Begriffsverwirrung: Mela 1. 62: Syria — aliis aliisque nuncupata nominibus: nam et Coele dicitur et Mesopotamia . . . et Babylonia; Plin. Nat. Hist. 6. 121: Babylon . . . . propter quam reliqua pars Mesopotamiae Assyriaeque Babylonia appellata est. Cf. et. Bezold, R. E. 2. p. 1751 sq. und Baumstark, ibid. p. 2700 sq. (Babylonia); Thes. 1. p. 940 sq. und p. 1653 sq. (Babylonia); Nöldeke, Zeitschr. für Assyriologie 1. p. 268; Ed. Schwartz, Einiges über Assyrien, Syrien, Koelesyrien (Philol. 86. 1931. p. 373). In der Not. Dignitat. p. 59 wird eine ala secunda Assyriorum erwähnt.

4. 3. ad Nili cataractas. Cataracta ist bei Amm. ein ziemlich beliebtes Wort. Vom Nil: XIV, 4. 3; XV, 4. 2; XXII, 15. 9; XXII, 15. 11. In der Bedeutung Schleuse cf. XXIV, 1. 11: Cataractis avulsis, ad diffundendas reprimendasque aquas rigare suetas opere saxeo structis und XXIV, 3. 10: quo itinere nos ituros Persae praedocti, sublatis cataractis undas evagari fusius permiserunt. Cf. et. Thes. 3. p. 595 sq.

4. 3. Blemmyarum. Cf. XXII, 15. 24: ad Blemmyas migrasse compulsi (sc. Hippopotami). Die Bl., ein aethiopisches Nomadenvolk, wohnten in Nubia und raubten und plünderten oft in Aegypten. Cf. Strabo 17. 1. 2: τὰ δὲ κατωτέρω ἑκατέρωθεν Μερόης, παρὰ μὲν τὸν Νεῖλον πρὸς τὴν Ἐρυθρὰν Μεγάβαροι καὶ Βλέμμυες, Αἰθιόπων ὑπακούοντες, Αἰγυπτίοις δ'ὅμοροι. Heliod. Aeth. 9. 16. 18; 10. 26; Claud. 47: populisque salus sitientibus errat // per Meroen, Blemyasque feros, atramque Syenen (sc. Nilus); Avienus. orb. terr. 329: post Blemyes medii succedunt solis habenas, corpora proceri, nigri cute, viscera sicci; Sethe, R. E. 3. p. 566; Thes. 2. p. 2052 sq.; Preisigke 3. p. 268.

4. 4. Über die sexuellen Verhältnisse cf. Strabo 16. 4. 3: διαδέχεται δὲ τὴν βασίλειαν οὐ παῖς παρὰ πατρός, ἀλλ' ὃς ἂν πρῶτος γεννηθῇ τινι τῶν ἐπιφανῶν παῖς μετὰ τὴν κατάστασιν τοῦ βασιλέως (sc. bei einigen Stämmen in Arabia Felix); ibid. 16. 4. 25: ἀδελφοὶ τιμιώτεροι τῶν τέκνων· κατὰ πρεσβυγένειαν καὶ βασιλεύουσιν οἱ ἐκ τοῦ γένους καὶ ἄλλας ἀρχὰς ἄρχουσι· κοινὴ κτῆσις ἅπασι τοῖς συγγενέσι, κύριος δὲ ὁ πρεσβύτατος· μία δὲ καὶ γυνὴ πᾶσιν. ibid. 16. 4. 17: κοιναὶ δὲ καὶ γυναῖκες καὶ τέκνα πλὴν τοῖς τυράννοις (über die Troglodyten). Bezüglich dieser „Promiscuität" cf. et. Bachofen, Archaeologische Briefe (1880—1886), passim; Kornemann, Die Stellung der Frau in der vorgriechischen Mittelmeerkultur (1927); Hans Plischke, Die Familie bei den Naturvölkern (Deutscher Pfeiler. 1923. p. 496—506); Paul Krische, Das Rätsel der Mutterrechtsgesellschaft (München 1927).

4. 5. alibi mulier nubat, in loco pariat alio. Ebenso über die Hunnen: (XXXI, 2. 10) Nullus apud eos interrogatus respondere unde oritur potest, alibi conceptus, natusque procul, et longius educatus.

4. 6. plerosque nos vidimus . . . . usum vini penitus ignorantes. Cf. Spartian. Pescennius Niger 7. 8: Idem (sc. Pescennius) tumultuantibus iis qui a Saracenis victi fuerant et dicentibus: „Vinum non accepimus, pugnare non possumus," „Erubescite", inquit: „illi qui vos vincunt aquam bibunt." Aus nos geht also hervor, dasz Amm. selbst hiervon Augenzeuge war.

p. 10. 6.   **5. 1. Arelate.** In Gallia Narbonensis (dioc. septem provinciarum, prov. Viennensis, unter Verwaltung eines consularis), am Rhodanus, im Gebiet der Salluvii (gegenwärtig Arles). Von Constantin dem Groszen begünstigt, deswegen auch Constantina genannt. Vollständiger Name: Colonia Julia Paterna Arelate oder: . . . Arelatensium Sextanorum. Cf. Caes. B. G. 1. 36; Mela 2. 75; Strabo 4. 1. 6; Ptol. 2. 10. 8; N. D. p. 150: praepositus thesaurorum Arelatensium (hochgestellter Steuerbeamter); ibid.: procurator monetae Arelatensis; ibid. p. 151: procurator gynaecii Arelatensis, provinciae Viennensis (gynaec. ist Weberei und Spinnerei); ibid. p. 152: praepositus branbaricariorum (Verfertiger von Goldgewebe) sive argentariorum Arelatensium; Not. Gall. 11. Ed. Seeck p. 269: civitas Arelatensium; Prud. Peristeph. 4. 35: teque, praepollens Arelas, habebit // sancte Genesi (der Märtyrer Genesius); Oros. 1. 26. 65; Ven. Fort. 5 .2 69 und besonders Auson. 19. 73:

> Pande duplex (zu beiden Seiten liegend) Arelate, tuos
> [blanda hospita portus,
> Gallula Roma Arelas, quam Narbo Martius et quam
> Accolit Alpinis opulenta Vienna colonis,
> Praecipitis Rhodani sic intercisa fluentis,
> Ut mediam facias navali ponte plateam,
> Per quem Romani commercia suscipis orbis
> Nec cohibes, populosque alios et moenia ditas
> Gallia quis fruitur gremioque Aquitania lato.

Es war Sitz eines Erzbischofs; cf. Conc. Constant. coll. 7. A⁰ 550 (Mansi 9. p. 348): Aurelianum religiosissimum, qui praesidet Arelati venerandae ecclesiae, quae prima est sanctarum Galliae ecclesiarum. Cf. et. Ihm, R. E. 2. p. 633 sq.; Thes. 2. p. 501 sq.

p. 10. 8—9.   **5. 1. diem sextum idus Octobres, qui imperii ejus annum tricensimum terminabat**: den 10. Oktober 353. Cf. Seeck, Regesten p. 200. Die Feste veranstaltet er seiner tricennalia zu Ehren (= 30 jähriges Regierungsjubileum).

p. 10. 10—11.   **5. 1. Gerontius.** Nicht zu verwechseln mit einigen Homonymen, die u. a. bei Libanius erwähnt werden. Cf. B. L. Z. G. p. 163 sq.

5. 1. Magnentianae comitem partis. Cf. XIV, 1. 1; XV, 6. 4 (der Caesar Decentius, Sohn des Magnentius); XXII, 14. 4; XXXI, 11. 3. Name: Imp. Caesar Flavius Magnus Magnentius Augustus (Flavius Magnentius Maxim. Aug.). Regiert von 350—353. Cf. Enszlin, R. E. 14. p. 445 sq.; Seeck, Unterg. 4. p. 89—118; C. Jullian, Hist. d. l. G. 7. p. 150 sq.; Stein, Spätröm. Gesch. p. 215 sq.

comitem. Hier wahrscheinlich nicht im technischen Sinne, obwohl nicht unmöglich. Comes, mehr Titel als Bezeichnung eines Amtes, für höhere Beamte in sehr verschiedener Bedeutung gebräuchlich. Manchmal blosz Ehrentitel überhaupt. Cf. R. E. 4. p. 622 sq.; Thes. 3. p. 1776 sq.; Ruggiero, Dizion, epigr. 2. 468; Daremb.-Saglio 1, 2. p. 137 sq.; Willems, Dr. publ. Rom. p. 567 und die Artikel Mommsens in Hermes 4. p. 120 (=Ges. Schr. 4. p. 311 sq.); Memorie dell'Instituto 2. p. 303; Eph. epigr. 5. p. 634.

5. 2. victoriam. Gemeint ist die Schlacht bei Mons Seleucus (Gallia) im Sommer des Jahres 353, wo Constantius den Magnentius besiegte.

5. 3. siquis enim militarium vel honoratorum. Cf. Vales. ad h. l. (= Ed. Wagner 2. p. 24): „Militares sunt viri militari dignitate praediti, ut tribuni, duces, comites rei militaris et magistri militum .... Honorati vero sunt qui civiles dignitates gessere vel in urbe vel in provinciis." Cf. XXI, 16. 1: (Constantius) numquam erigens cornua militarium. Nec sub eo dux quisquam cum clarissimatu provectus est. Erant enim (ut nos quoque meminimus), perfectissimi; XXIX, 1. 9: (Euserium) virum praestabilem scientia litterarum, abundeque honoratum: Asiam quippe paulo ante rexerat pro praefectis. Der Unterschied den Amm. hier macht ist jedoch nicht der gebräuchliche. Cf. XXI, 6. 2: inter conplures alios honore conspicuos, adoraturi imperatorem peregre venientem, ordinantur etiam ex tribunis insignibus, wo honor angewendet ist, um u. a. eine militärische Würde zu bezeichnen, und Willems p. 569: „L'ensemble des citoyens qui ont obtenu des fonctions imperiales civiles ou militaires, effectives ou titulaires, conferant au moins le rang de clarissimus, forment la classe des honorati (annotat. 7: de là que les termes honorati et senatores ou clarissimi sont souvent synonymes)."; Daremb.-Saglio 3. 1. p. 247 (Humbert).

5. 3. quod nominatus esset, aut delatus, aut postulatus. Cf. Valesius in der Edition Wagner 2. p. 25: „Nominatum dicit eum, qui rumore tenus insimulatus est, ut paulo ante dixerat: delatum vero, qui aut ad judicem, aut ad imperatorem alicujus indicio denuntiatus est.

At postulatus is dicitur, qui legibus inter reos est receptus, subscribente adversario. Postulationem sequebatur interrogatio, in qua accusator reum interrogabat . . ." Cf. et. Heumann-Seckel p. 128, 442.

p. 10. 19.   5. 3. capite. Bezüglich der Todesstrafe, speziell im Zusammenhang mit der kaiserlichen Rechtspflege, cf. Mommsen, Strafr. p. 262 sq.

p. 10. 19.   5. 3. insulari solitudine. Dies bezieht sich wahrscheinlich auf die deportatio, wobei der Verurteilte zu lebenslänglichem Aufenthalt auf einer ihm angewiesenen Insel gezwungen wurde. Diese Strafe bringt zugleich Verlust der civitas und publicatio bonorum mit sich. Die deportatio blieb während der ganzen Kaiserzeit (und später) erhalten. Cf. Dig. 48, 19. 2. § 1: Constat, postquam deportatio in locum aquae et ignis interdictionis successit, non prius amittere quem civitatem, quam princeps deportatum in insulam statuerit; ibid. 32. 1. § 3: Deportatos eos accipere debemus, quibus princeps insulas adnotavit vel de quibus deportandis scripsit. Man darf inzwischen nicht den Unterschied zwischen deportatio und relegatio aus den Augen verlieren; bei letzterer bleibt die civitas erhalten und es folgt meistens keine völlige Beschlagnahme. Allerdings kann man in diesem Fall, meistens für eine bestimmte Zeit, jedoch auch lebenslänglich, nach einem bestimmten Ort, mitunter einer insula, verbannt werden. Cf. Dig. 48. 22. 7: Relegatorum duo genera: sunt quidam, qui in insulam relegantur, sunt, qui simpliciter, ut provinciis eis interdicatur, non etiam insula adsignetur; ibid. 48. 22. 4: Relegati in insulam in potestate sua liberos retinent, quia et alia omnia jura sua retinent: tantum enim insula eis egredi non licet. Et bona quoque sua omnia retinent praeter ea, si qua eis adempta sunt: nam eorum, qui in perpetuum exilium dati sunt vel relegati, potest quis sententia partem bonorum adimere. Mit der multatio bonorum (p. 10. 19) könnte also vielleicht, entsprechend der bei Amm. ungenauen Andeutung von termini technici, die relegatio gemeint sein. Cf. et. Mommsen, Strafr. p. 973 sq.

p. 10. 21—22.   5. 4. proximorum cruentae blanditiae. In Betreff auf Amm. Auffassungen über die Schmeichler cf. XV, 5. 37; XVI, 12. 68: interque exaggerationem inanium laudum, ostentationemque aperte lucentium, inflabant ex usu imperatorem, suopte ingenio nimium quicquid per omnem terrae ambitum agebatur felicibus ejus auspiciis adsignantes; XIX, 11. 7; XX, 8. 11; XXII, 4. 2 (im allgemeinen über die Hofhaltung). All diese Stellen beziehen sich auf den, für Schmeicheleien sehr zugänglichen Constantius. Hierin kam Valens ihm jedoch gleich. Cf. XXVII, 5. 8; XXIX, 1. 10; XXIX, 1. 19; XXX, 1. 2; XXX, 4. 1 sq.; XXXI, 4. 4; XXXI, 12. 7 und Enszlin, Zur Geschichtsschr. u. Weltansch. des A. M. p. 24.

5. 5. **oblato de more elogio.** Cf. v. Premerstein, R. E. 5. p. 2440 sq. und besonders p. 2452: „Im Strafprozesse der späteren Kaiserzeit werden richterliche Entscheidungen verschiedenen Inhaltes als e. bezeichnet, sodasz das Wort fast gleichbedeutend mit sententia erscheint. Durch ein elogium principis ergeht die Bewilligung zur Folterung von Rangspersonen (Amm. XIX, 12. 9); subscriptionis elogio leni begnadigt der Kaiser die zum Tode Verurteilten (Amm. XXX, 8. 3). Insbesondere aber wird e. von dem Endurteile im Strafprozesse (sonst judicium oder sententia) gebraucht, welches, wo er Richter ist, der Kaiser selbst (Amm. XIV, 7. 2; XV, 5. 26), sonst ein andrer rechtsprechender Magistrat fällt. So heiszt e. auch das mit dem Endurteil abgeschlossene Protokoll der Strafverhandlung (oder ein Auszug daraus), wie es in bestimmten Fällen dem Kaiser zur Überprüfung (allenfalls zur Ausübung seines Begnadigungsrechtes) vorgelegt wurde (hier)." Cf. et. Thes. 5. 2. p. 404 sq.; Daremb.-Saglio 2. 1. p. 582 sq. (Lafaye); Du Cange 3. p. 30.

5. 6. **Paulus.** Cf. XIV, 5. 8; XV, 3. 4: et Paulo quidem, ut relatum est supra, Catenae indutum est cognomentum, eo quod in complicandis calumniarum nexibus erat indissolubilis, mira inventorum sese varietate dispendens, ut in conluctationibus callere nimis quidam solent artifices palaestritae; XIX, 12. 1: quorum (sc. criminum) exsecutor et administer, saepe dictus Tartareus ille notarius missus est Paulus, qui peritus artium cruentarum, ut lanista ex commerciis libitinae vel ludi, ipse quoque ex eculeo vel carnifice quaestum fructumque captabat. Ut enim erat obstinatum fixumque ejus propositum ad laedendum ita nec furtis abstinuit, innocentibus exitialis causas adfingens, dum in calamitosis stipendiis versaretur; XXII, 3. 10. Im Jahre 355 verlieh er seine Mitwirkung in der Untersuchung gegen Silvanus (XV, 6. 1), in 359 im Prozess von Scythopolis (XIX, 12. 1, 2, 5, 7, 13), und im selben Jahr auch noch gegen die Anhänger des Athanasius. In 362 liesz Julianus ihn lebendig verbrennen. Cf. et. Jul. ad Ath. 282 C: εἶτ' ἄλλον λαβὼν καὶ παρασκευάσας δεύτερον καὶ τρίτον, Παῦλον Γαυδέντιον, τοὺς ὀνομαστοὺς ἐπ' ἐμὲ μισθωσάμενος συκοφάντας (sc. Constantius); Jul. Ep. 97: ἡ Παύλου συκοφαντία; Seeck, B. L. Z. G. p. 233 sq.

Anm. XV, 3. 4 berichtet Amm., dasz Paulus in Dacia geboren ist. Cf. Ed. Wagner 2. p. 111 ad h. l.

5. 6. notarius. Cf. XVII, 5. 15; XIX, 9. 9; XIX, 12. 1; XX, 4. 2; XX, 4. 11; XXIX, 1. 8. Die notarii sind hohe Beamte, meistens tribuni et notarii genannt (mit dem Rang von clarissimi), deren Aufgabe das Abfassen von Berichten des kaiserlichen Consistoriums ist. Vieles Andere gehört jedoch auch zu ihrer Aufgabe (sowie zu der der agentes in rebus), z. B. politische Prozesse, Gesandtschaften, militärische Aufträge usw. Ihr Vorgesetzter ist der vir spectab. primicerius notar., bei welchem das laterculum majus (Liste der höheren Beamten) in Verwahrung ist, nach ihm kommt der sequens primicerium tribunus ac notarius oder secundicerius notar. Auf Griechisch: βασιλικοὶ ὑπογραφεῖς. Cf. Claud. Epith. Pall. 84:

> Princeps militiae, qua non illustrior exstat (mil. ist Beamtenkarriere)
> Altera: cunctorum tabulas assignat honorum,
> Regnorum tractat numeros, constringit in unum
> Sparsas imperii vices, cuneosque recenset // dispositos, etc.

Cf. et. Daremb.-Saglio 4.' p. 105 sq.; Willems, Dr. publ. Rom. p. 576 sq., 565.

5. 7. Martinus. Nicht anderswo bekannt. Cf. Enszlin, R. E. 14. p. 2018. **pro praefectis agens**, nl. vicarius. Die vicarii sind Stellvertreter der praefecti praetorio (die unmittelbar dem Kaiser unterstehenden Verwalter der praefecturae), sie stehen an der Spitze der dioceses, überwachen die Provinzialverwalter (praesides, consulares, correctores) und haben eigne Gewalt in Bezug auf Rechtspflege und Steuern. Titel: v. spectabilis vicarius (praefectorum). Cf. Willems, Dr. publ. Rom. p. 602 sq.: „Le titre général des gouverneurs des diocèses est celui de vicarius (praefectorum). Cependant le gouverneur du diocèse d'Orient, qui s'appelle Comes Orientis et celui d'Égypte, qui a le titre de praefectus Augustalis, sont superieurs en rang aux autres vicarii. (N. D. p. 2)."

5. 7. Brittannia. Seit Dioclet. 4 Provinz.: Br. prima, Br. secunda (südliche Prov.) und Maxima Caesariensis, Flavia Caesariensis (nördliche Prov.). Cf. Laterc. Veronense (Ed. Seeck) p. 249, vom Jahre 297. In 369 wurde das nördliche Gebiet, das den Barbaren in die Hände gefallen war, vom ältern Theodosius zur fünften Provinz gemacht, mit Namen Valentiniana (Valentia bei Amm. XXVIII, 7. 5). Wurde nach N. D. vom vicarius (cf. ad XIV, 5. 7: pro praefectis) Britanniarum verwaltet, der dem praef. praet. Galliarum untersteht. Er hat sub dispositione: die beiden consulares der Max. Caes. und Valent. und die drei praesides von Br. prima, Br. sec. und Flav. Caes. (N. D. p. 172); ferner den comes litoris Saxonici per Britann. mit 9 castella (N. D. p. 180), den comes Britanniae (N. D. p. 182) und den dux Britanniarum mit 14 castella (um und bei vallum Hadriani). Cf. Mommsen, Hermes 19 (1881) p. 233 sq.; Hübner, R. E. 3. p. 858 sq.; F. Haverfield, The Roman occupation of Britain (1924) p. 261 sq. und vom selben Verfasser, The Romanization of Roman Britain (1915) p. 77 sq.; Thes. 2 p. 2195 sq.

5. 8. comitatus. στρατόπεδον. Ursprünglich das Gefolge des Kaisers, später Hof (comitatus sacer); cf. Lyd. mag. 2. 7: κομιτᾶτον ἁπλῶς τὴν βασιλέως συνοδίαν. Comitatus ist der kaiserliche Hof auf Reisen, im Gegensatz zu palatium: der Palast, die feste Residenz. Der Unterschied wird jedoch längst nicht immer beachtet, auch nicht in den offiziellen Akten. Cf. Cod. Just. 7. 35. 2: (hier ist comitatus Nicomedia, die feste Residenz; Gesetz vom Jahre 286); Sidon. epist. 7. 2. 3: militia illis in clericali potius quam in Palatino decursa comitatu; Seeck, R. E. 4. p. 622 sq.; Thes. 3.p. 1796 sq.; Daremb.-Saglio 4. p. 280 sq. (palatium); Preisigke, Wörterbuch 3. p. 223 (στρατόπεδον), p. 214 (κομιτᾶτος), p. 6 (comitatus). p. 11. 22.

5. 8. tribunus. Dasz tribunus, ohne Zusatz, tribunus et notarius bedeuten soll, ist nicht wahrscheinlich, da trib. in dieser und in andern Verbindungen ein Ehrentitel ist. Hier sind die militärischen tribuni gemeint. Cf. Robert Grosse, Rangordnung p. 148 sq.: „Der Tribunus war der eigentliche Frontoffizier dieses Zeitalters. Prokop nennt ihn seinem Purismus entsprechend ἄρχων καταλόγου ἱππικοῦ oder ἄρχων τῶν πεζῶν, seltener ἡγεμὼν κατάλογου ἱππικοῦ oder πεζῶν; bei andern Schriftstellern heiszt er oft ταξίαρχος wobei natürlich fraglich ist, wie oft sich hinter diesen Bezeichnungen ein Praepositus birgt. Als offizieller Titel blieb τριβοῦνος aber stets in Gebrauch. Fast alle Truppenkörper stehen unter dem Kommando von Tribunen. Ihre Stellung war, wenn sie nicht gerade dem mobilen Feldheere angehörten, meist recht selbstständig; doch treten Gesetze ihrer Willkür bei Urlaubserteilungen entgegen, und Recht scheinen sie nur im Auftrage ihrer Vorgesetzten, der duces bzw. magistri militum gesprochen zu haben." Cf. et. Willems, Dr. publ. Rom. p. 579 und Gothofred. ad Cod. Theod. 6. 31 (de stratoribus). p. 11. 22.

Anm. Tribunus als Direktor von Waffenfabriken XIV, 7. 18; XIV, 9. 4. Cf. A. Müller, Mil. p. 594 sq.

5. 8. rector. Rector ist hier in allgemeiner, nicht in technischer Bedeutung (cf. ad XIV, 10. 8) gebraucht, da XIV, 5. 7 ja gesagt wird, dasz Martinus ist: agens pro praefectis. p. 11. 26.

130 Historischer Kommentar

p. 12. 3—4. **5. 9. quorum adventu intendebantur eculei, uncasque parabat carnifex et tormenta.** Cf. XXVI, 10. 9: carnifex enim, et unci, et cruentae quaestiones, sine discrimine ullo aetatum et dignitatum, per fortunas omnes et ordines grassabantur und XXVI, 10. 12: innocentes tortoribus exposuit multos vel sub eculeo locavit incurvos, aut ictu carnificis torvi substravit; XXVIII, 1. 19: inductusque in judicium, quamquam incurvus sub eculeo staret, pertinaci negabat instantia. Cf. et. Vales. annot. (= Ed. Wagner 3. p. 167): „Eculeus, quantum ex veterum libris colligimus, stipes fuit ligneus, sursum ac deorsum perforatus, cujus in medio transversarium erat lignum, cui noxius tamquam equo insidebat, unde et machinae nomen ductum. In infima parte stipitis sex aut septem erant foramina, aliud alio inferius, ad quae fidicularum intensionibus pedes noxii hominis adducebantur. In qua intensione cum hinc quidem pedes deorsum attraherentur, inde manus post tergum vincula cohiberent, necesse erat ut miseri homines prae dolore totius corporis caput incurvarent" und Hitzig, R. E. 5. p. 1931. Mit uncus wird hier wahrscheinlich ein Martergerät gemeint und nicht die unci, womit man die Leichen in den Tiber oder ad scalas Gemonias schleppte. Cf. Daremb.-Saglio 5. p. 591 (Pottier).

p. 12. 4—5. **5. 9. proscripti sunt plures, actique in exsilium alii.** Cf. XXVI, 10. 14: exin cum superata luctibus ferocia deflagrasset, proscriptiones et exilia et quae leviora quibusdam videntur, quamquam sint aspera, viri pertulere summates (Vales. und Mommsen lesen: exilia, quae leviora etc.!). Cf. et. Capitol. Anton. Pius c. 7: Publicatio bonorum rarior quam umquam fuit, ita ut unus tantum proscriberetur; Prosper Aquit. (a⁰ 441: Aetio II et Sigisvulto coss.): at illi hoc facinus constantissime respuentes, excitato in rabidissimam iram Barbaro, primum proscripti, deinde in exilium acti, tum atrocissimis cruciati suppliciis, ad postremum diversis mortibus interempti, illustri martyrio mirabiliter occubuerunt. Cf. Heumann-Seckel p. 472 (proscribere = bona publicare).

p. 12. 8. **6. 1. Orfitus.** Memmius Vitrasius O. Honorius, proconsul Africae circa a⁰ 352, praefectus urbi a. 353—355, iterum a. 357—359. Q. Aurelius Symmachus (cons. a⁰ 391) war mit seiner Tochter Rusticiana verheiratet. Er wird erwähnt in der Ep. Symm. 1. 150 und relatio 34 (Ed. Seeck = Monum. Germ. Hist. Auct. Ant. 6). Cf. ibid. p. XL. XLIX, LVI und LXXV und XVI 10. 4: secunda Orfiti praefectura (357, als Constantius den bekannten Besuch an Rom abstattete); XXVII, 3. 2.: Terentius enim, humili genere in urbe (sc. Pistoria) natus et pistor, ad vicem praemii, quia peculatus reum detulerat Orfitum ex praefecto, hanc eandem provinciam (sc. Tuscia annonaria) correctoris administraverat potestate (365); **XXVII**, 7. 3: qui (sc. Vulcacius Rufinus pr. praet. a" 365) nanctus copiam principis Orfitum ex praefecto urbis solutum exilio, patrimonii redintegrata jactura, remitti facit in lares. Hieraus geht hervor, dasz Orfitus kurze Zeit in Verbannung war und zwar auf Grund einer vom Bäcker Terentius angestrengten Anklage.

praefecti potestate. An der Spitze der beiden Hauptstädte des römischen Reiches (Rom und Constantinopel) standen die beiden viri inlustres praefecti urbi, die vom Kaiser aus den consulares ernannt wurden und denselben Rang wie die praefecti praetorio innehatten. Cf. Willems, Dr. publ. Rom. p. 585 sq.; Daremb.-Saglio 4. p. 619 sq.

6. 1. urbs aeterna. Cf. **XV**, 7. 1; **XV**, 7. 10; **XVI**, 10. 14; Tibullus 5. 23: Romulus aeternae nondum firmaverat urbis // moenia, consorti non habitanda Remo; Cod. Theod. 7. 13. 14; 11. 2. 2; (aeternabilis urbs) 11. 20. 3; Thes. 1. p. 1147. Synonyme: aeternalis, aeternabilis. Die Verbindung urbs aeterna findet sich zuerst bei Tibullus? Cf. et. Bernhart, (Textband) p. 66.

6. 1. inopia vini. Die von Rom benötigte Weinmenge (canon) kam aus bestimmten Gegenden Italiens und aus andern Provinzen; sie wurde von den vini susceptores in Empfang genommen und durch Vermittlung der vinarii, unter Aufsicht der praef. urbi zu dreiviertel des Marktpreises verkauft. Daher eine arca vinaria, die von einem rationalis vinorum beaufsichtigt wurde, der dem praef. urbi unterstellt war. Cf. Willems, Dr. publ. Rom. p. 589 sq.; Daremb.-Saglio 1. p. 364 sq. (Humbert) und besonders p. 366; Böcking, **N. D.** 2 p. 194 sq.; Habel, R. E. 2. p. 425 sq. (arca) und Vales. annot. (in Ed. Wagner 2. p. 30): „Praef. urbi annonam populi Romani curabat, non tantum ut panes civiles singulis civibus gratis erogarentur ex more: sed etiam ut frumentum vaenale in foro ad populi usus abunde suppeteret. Neque enim panis gradilis ad integram familiam pascendam sufficere poterat. Oleum praeterea ac porcinam carnem idem curabat et vinum. Unde in Notitia Imperii sub ejus administratione Praefectus annonae et Tribunus fori suarii et Rationalis vinorum fiscalium recensetur (N. D. p. 114). Vinum igitur, perinde atque oleum et porcina, gratuito erogabatur populo Rom. ex instituto Constantini Magni... (cf. Suidas s.v. παλατῖνοι und Codinus orig. Const. num. 15). Zu welchen Ausmaszen sich die Volkswut steigern konnte, wenn diese Weinversorgung vernachlässigt wurde, geht aus

Amm. XXVII, 3. 4. hervor: qui consumptis aliquot annis, domum ejus (sc. Symmachus pater, praefectus urbi 384 und 385) in Transtiberino tractu pulcherrimam incenderunt, ea re perciti, quod vilis quidam plebeius finxerat, illum dixisse sine indice ullo vel teste, libenter se vino proprio calcarias extincturum, quam id venditurum pretiis quibus sperabatur.

p. 12. 14—16. **6. 2.** Nicht blosz diese Worte berechtigen zu der Annahme, dasz Amm. sich schon wiederholt über die Verhältnisse in der Stadt Rom geäuszert hat (cum = jedesmal wenn!), sondern mehr noch XXVIII, 4. 6: et primo nobilitatis, ut aliquotiens pro locorum copia fecimus, dein plebis digeremus errata, etc. Cf. H. Michael, Die verlorenen Bücher des A. M. p. 23. Mit der ganzen nachfolgenden Charakteristik cf. XXVIII, 4.

p.12.19—13.12. **6. 3—6. ab incunabilis primis.** Cf. Flor. 1. 1, 4—8: Si quis populum Romanum quasi hominem consideret, totamque ejus aetatem percenseat, ut coeperit, utque adoleverit, ut quasi ad quendam juventae florem pervenerit, ut postea velut consenuerit, quattuor gradus processusque ejus inveniet; Lact. Inst. div. 7. 15, 14—16: non inscite Seneca **Romanae urbis tempora distribuit per aetates. Primam enim dixit infantiam sub rege Romulo fuisse, a quo et genita et quasi educata sit Roma: deinde pueritiam sub ceteris regibus a quibus et aucta sit et disciplinis pluribus institutisque formata; at vero Tarquinio regnante, cum jam quasi adulta esse coepisset, servitium non tulisse et rejecto superbo dominationis jugo, maluisse legibus obtemperare quam regibus: cumque esset adolescentia ejus fine Punici belli terminata, tum denique confirmatis viribus coepisse juvenescere. Sublata enim Carthagine, quae diu aemula imperii fuit, manus suas in totum orbem terra marique porrexit, donec regibus cunctis et nationibus subjugatis, cum jam bellorum materia deficeret, viribus suis male uteretur, quibus se ipsa confecit. Haec fuit prima ejus senectus, cum bellis lacerata civilibus atque intestino malo pressa, rursus ad regimen singularis imperii recidit, quasi ad alteram infantiam revoluta. Amissa enim libertate, quam Bruto duce et auctore defenderat, ita consenuit tanquam sustentare se ipsa non valeret, nisi adminiculo regentium niteretur. Quodsi haec ita sunt, quid restat, nisi ut sequatur interitus senectutem;** Vopiscus: Vita Cari, 2, 1—3, 1. Welcher Seneca hier gemeint ist und wo er dies gesagt hat, ist nicht bekannt. Dasz Lact., ein gebildeter Mensch, sich geirrt haben sollte, ist nicht anzunehmen. Wahrscheinlich ist der Passus von Amm. dem Florus entnommen. Die andere Einteilung der Perioden bei Amm. braucht hiermit überhaupt nicht im Widerspruch zu sein, denn auch

Vopiscus und Seneca haben ihre eigne Variation. Der stärkste Beweisgrund für eine Entlehnung aus Florus ist gewisz der gleichlautende Passus von Virtus und Fortuna (Amm. XIV, 6. 3 und Florus I. I, 2), obwohl diese Worte bei Florus etwas eher vorkommen als die Beschreibung der aetates. Cf. et. ad XIV, 6. 6 (Pompiliani secur. temp.); Spengel, Abh. der Kgl. Bayr. Ak., Phil.-philol. Cl. 9. 2. a⁰ 1861. p. 317—350; Unger, Philol. 43, a⁰ 1884, p. 429—443; Rossbach, Bresl. philol. Abh. 2. 3. a⁰ 1888; Schanz, G. R. L. 3. p. 60, a⁰ 1896; Klotz, Rh. Mus. N. F. 56, a⁰ 1901. p. 429 sq.; Finke p. 34 sq.

6. 4. quod annis circumcluditur fere trecentis, circummurana p. 12. 24—25. **pertulit bella.** Wenn Ammianus sich nicht irrt, müszte diese 300-jährige Periode also ungefähr bis zum Jahre 450 reichen, eine ziemlich willkürlich angenommene Grenze für die circummurana bella, wenn man sich die Besetzung Roms von den Galliern (387) und die Kriege mit Fidenae und Veji am Ende des 5. und zu Beginn des 4. Jahrhunderts v. Chr. vergegenwärtigt.

6. 6. otiosae tribus. Über den Rückgang der comitia in der Kaiserzeit p. 13. 8. cf. Daremb.-Saglio 1. p. 1397 sq. (Humbert); Liebenam, R. E. 4. p. 710 sq. und Stobbe, Über die Com. unter den Kaisern, Philol. 31. p. 288 sq., mit der dort angeführten Literatur. Cf. Symm. orat. ined. ed. Majus, p. 40: sit mihi fas Patres Conscripti in certamen praesentium vetustatem citare. Illa tribus evocet libertina ac plebeja faece pollutas; nos patricios favisores: classis illa, nos principes. Tales collega vester suffragatores habuit, quales antiquitas candidatus. Intellegamus nostri saeculi bona: abest cera turpis, diribitio corrupta clientelarum cuneis, sitella venalis; Auson. Grat. act. III. 13: . . . consul ego, imperator Auguste, munere tuo non passus saepta neque campum, non suffragia non puncta, non loculos, qui non prensaverim manus nec salutantium confusus occursu aut sua amicis nomina non reddiderim aut aliena imposuerim: qui tribus non circumivi, centurias non adulavi, vocatis classibus non intremui, nihil cum sequestre deposui, cum distributore nil pepigi; Claud. Mam. grat. act. Jul. 19.

6. 6. Pompiliani securitas temporis. Gemeint ist die Regierung p. 13. 9. des Numa Pompilius. Hinsichtlich dieser legendarischen securitas cf. Schwegler 1. p. 539 sq.; Ihne 1. p. 22 sq.; Claud. 8, de 4⁰ cons. Honor.: judicibus notis regimur. fruimurque quietis // militiaeque bonis; ceu bellatore Quirino // ceu placido moderante Numa.

Anm. Finke p. 39 ist der Ansicht, dasz mit diesen Worten die Regierung des Antoninus Pius gemeint wird. Cf. Fronto (Ed. Naber p. 206): ejus itinerum monumenta videas per plurimas Asiae atque Europae urbes, et regum .... exercitus .... suum .... neminem unquam post vidit nem(ine) apstinando uni omnium Romanorum principum Numae regi aequiperandus....; vita Pii (Jul. Capit.) 13. 4: meruit et flaminem et circenses et templum et sodales Antoninianos solusque omnium prope principum prorsus sine civili sanguine et hostili, quantum ad se ipsum pertinet, vixit et qui rite comparetur Numae, cujus felicitatem pietatemque et securitatem caerimoniasque semper obtinuit. Auch verbindet er dies mit Flor. 1, 1. 8 (prooem.): quibus inertia Caesarum quasi consenuit atque decoxit. Cf. et. Unger in Philol. 43 (1884) p. 441 und ad XIV, 6. 3—6 (α).

p. 13. 13.   **6. 7. coetuum magnificus splendor.** Coetus: „Salon", Klub, Kreis. Cf. XV, 3. 5: epulis coetibusque se crebrius inserens; XXV, 4. 21: municipalium ordinum coetibus; XXVI, 7. 1: coetu militarium nexi; Thes. 3 p. 1439 sq.

13. 15—16.   **6. 7. ut Simonides lyricus docet.** Cf. Plut. vita Demosth. 1. 1: ὁ μὲν γράψας τὸ ἐπὶ τῇ νίκῃ τῆς Ὀλυμπίασιν ἱπποδρομίας εἰς Ἀλκιβιάδην ἐγκώμιον, εἴθ' ἕτερός τις ἦν, ὦ Σόσσιε Σενεκίων, φησὶ χρῆναι τῷ εὐδαίμονι πρῶτον ὑπάρξαι „τὰν πόλιν εὐδόκιμον." Plut. Alc. 11. 1; Thuc. 6. 16. 2. Selbstredend kann hier, wie schon Valesius bemerkte, nicht die Rede von Simonides sein. Das Zitat des Amm. ist einem epinicium des Euripides entnommen, wovon sich ein Fragment findet in Bergk. Poet. Lyr. Graec. 2⁴. p. 591 = Diehl, Anth. Lyrica 1. p. 77.

p. 13. 17.   **6. 8. statuas.** Hinsichtlich des Errichtens von statuae und deren enormer Zunahme etc. cf. Friedl. Sittengesch. 3⁸. 241 sq. (im Allgemeinen) und Daremb.-Saglio 4 p. 1469 sq. und besonders p. 1482 sq. Über den Miszbrauch cf. Cod. Just. 1. 24. 1 (de statuis et imaginibus): si quis judicum (judices: alle Beamten mit richterlicher Gewalt) accepisse aeneas vel argenteas vel marmoreas statuas extra imperiale beneficium in administratione positus detegetur, emolumenta, quae acceperit in ea positus dignitate, quam polluit, cum extortis titulis vel praesumptis in quadruplum fisco nostro inferat simulque noverit existimationis suae poenam (Infamie) se subiturum. nec eos (sc. Subalterne, Klienten, usw.) sane a periculo pudoris (Infamie) haberi volumus immunes, qui adulandi studio aut metu inconstanti ignavia transire quae sunt interdicta temptaverint (ein Gesetz der Kaiser Arcadius und

Honorius. a⁰ 398). Cf. s. eod. titul. et. 2, 3, 4 und die entsprechenden Gesetze im Cod. Theod. (mit den Anmerkungen von Gothofred.).

6. 8. Acilius Glabrio. Cf. Liv. 40. 34. 5: duumvir aedem Pietatis in foro olitorio dedicavit statuamque auratam, quae prima omnium in Italia est statua aurata, patris Glabrionis posuit (181 v. Chr.); Val. Max. 2. 5. 1; Klebs, R. E. 1. p. 255 sq.; Finke p. 19 sq. Der ältere Glabrio war zusammen mit P. Corn. Scipio consul im Jahre 191.

6. 8. regem superasset Antiochum. Gemeint ist Antiochus (der Grosze) III., der von 223—187 regierte. Die Niederlage ist die in der Schlacht bei Thermopylae erlittene (191 v. Chr.). Cf. Wilcken, R. E. 1. p. 2459 sq.

6. 8. Censorius Cato. Cf. Plut. Apophthegm. 10: πολλῶν δὲ ὁρῶν ἀνισταμένους ἀνδριάντας, ἐμοῦ δὲ, ἔφη, ἐρωτᾶν βούλομαι μᾶλλον τοὺς ἀνθρώπους διὰ τί ἀνδριὰς οὐ κεῖται Κάτωνος, ἢ διὰ τί κεῖται; Plut. Cato maj. 19. 4 und πολιτ. παραγγ. 27; Claud., De laud. Stilich. 2. p. 178 sq.: . . . . quis devius esset

>   angulus, aut regio, quae non pro numine vultus
>   dilectos colerent, talem ni semper honorem
>   respueres? decus hoc rapiat, quem falsa timentium
>   munera decipiunt, qui se diffidit amari.
>   Hoc solus sprevisse potest, qui jure meretur.

Anm. Aussprüche des Cato werden bei Amm. auch XV, 12. 4 und XVI, 5. 2 angeführt. Letztgenannte Stellen kommen blosz bei ihm vor. Cf. M. Catonis praeter librum de re rustica quae exstant rec. H. Jordan (1860) p. 110 und p. CVI; Finke p. 67: „offenbar kannte und benutzte also Amm. eine Sammlung Catonischer Aussprüche, wie sie auch Plutarch vorlag." Cf. et. XXVIII, 4. 9 und Plut. Cato 17. 7; γαμ. παραγγ. 13.

6. 9. carruchae solito altiores. Carruc(h)a: griechisch καρούχα. Ein Reisewagen mit 4 Rädern, namentlich Prunkwagen. Cf. Plin. Nat. Hist. 33. 140: at nos carrucas argento caelare invenimus; Mart. 3. 62: aurea quod fundi pretio carruca paratur. Später wird er als ein Wagen, den honorati zugehörig, erwähnt. Cf. Cod. Just. 11. 20: omnes honorati seu civilium seu militarium vehiculis dignitatis suae, id est carrucis, intra urbem sacratissimi nominis semper utantur (a⁰ 386); Cod. Theod. 14. 12. 1 (mit den Anmerkungen v. Gothofr.). Später ist das Wort auch in allgemeinem Sinne üblich. Cf. Thes. 3. p. 498 sq.; Mau, R. E. 3. p. 1614; Daremb.-Saglio 1. 2. p. 928 (Saglio); Marq., Privatleben p. 736. Eine Abbildung findet sich Not. Dign. Or. 3 und Occ. 2 und 4. Über die Pracht dieser Wagen berichtet Paulinus Nol. Ep. 29. 12 (Wiener Corpus 29. p. 259): vidimus gloriam domini in illo matris et filiorum itinere, qui quidem in eo, sed longe dispari cultu, macro illam et viliore asellis burico (eine kleine Pferdeart) sedentem tota hujus saeculi pompa qua honorati et opulenti poterant circumflui senatores prosequebantur, carrucis nutantibus, phaleratis equis, auratis pilentis et carpentis pluribus gemente Appia atque fulgente; sed splendoribus vanitatis praelucebat Christianae humilitatis gratia. Cf. et. Holder, Alt-Celtischer Sprachschatz (1896) p. 813 sq.

p. 14. 2—6.   **6. 9. quas in collis insertas, jugulis ipsis adnectunt etc.** Diese Stelle ist nicht deutlich. Valesius liest: quas collis insertas, cingulis ipsis adnectunt (Mscr.: inserta singulis), m. E. besser. Cf. Wagners Annot. (in seiner Ed. 2. p. 35): „**quas collis insertas,** caput enim solum eminebat; quod uti commune erat lacernis priscis et recentioribus, in eo tamen discrepasse videntur, ut, cum illae rotundae fuerint et undique clausae, humerosque et pectus ventriculumque texerint ad genua fere protensae, hae contra apertae paterent et explicari possent — **cingulis ipsis adnectunt nimia subteminum tenuitate perflabiles,** quia ob texturae subtilitatem perflabiles sunt, ideo cingulis adeo firmant atque adstringunt, ne ventis ludibrio sint — **expectantes,** tempus observantes — **crebris agitationibus,** gesticulationibus — **maximeque sinistra, ut longiores fimbriae .... perspicue luceant.** Fimbrias intellexerim vel de limbis, clavisve, vel de duabus longioribus laciniis, in acutum, desinentibus, quales in Iconismo Mercurii apud Ferrarium: de re vestiaria (2. p. 79) conspiciuntur."

p. 14. 2.   **6. 9. sudant sub ponderibus lacernarum.** Valesius (Ed. Wagner 2. p. 35): „Ironice id dictum accipio in homines delicatos, quibus oneri erant lacernae sericae." Cf. Juven. 2. 6. v. 259 sq.: (mit den Anmerkungen von Friedländer und Duff)

> Hae sunt quae tenui sudant in cyclade, quarum
> Delicias et panniculus bombycinus urit?

Cl. Claud. In Eutr. 2. v. 335 sq.:

> Vestis odoratae studium; laus maxima risum
> Per vanos movisse sales minimeque viriles
> Munditiae; compti vultus; onerique vel ipsa
> Serica.

Hieron. consol. ad Pammachium de obitu Paulinae (Ep. 66): . . . Quibus serica vestis oneri erat et solis calor incendium; nunc sordidatae et lugubres et sui comparatione forticulae . . . . pavimenta verrunt . . . (= Migne 22. p. 646).

6. 9. lacerna. Cf. Lange, R. E. 12. p. 327 sq.: „Römischer offener Mantel, besondere Form des sagum. Sie entspricht der griechischen Chlamys.... ihre griechische Übersetzung lautet aber nicht χλαμύς, sondern ἐφεστρίς. Sie wurde um die Schultern geworfen, hing bis über die Lenden herab und wurde vorn auf der Brust oder auf der Schulter mit einem Knopf oder Fibula geschlossen. Wahrscheinlich gehörte auch eine Kaputze, cucullus zu ihr." Sie wurde erst spät in Gebrauch genommen (1. Jahrh. v. Chr.); charakteristisch sind besonders ihre Fransen. Cf. et. Daremb.-Saglio 3. p. 903 sq. (Thédenat); Blümner, Röm. Priv. Alt. p. 215.

6. 9. effigiatae in species animalium multiformes. Cf. Prudent. Hamartigenia v. 287 sq.:

> vellere non ovium, sed Eoo ex orbe petitis
> ramorum spoliis fluitantes sumere amictus
> gaudent et durum scutulis perfundere corpus.
> additur ars, ut fila herbis saturata recoctis
> illudant varias distincto stamine formas,
> ut quaeque est lanugo ferae mollissima tactu,
> pectitur.

Chrysost. Hom. 50. 4 (in Matthaeum): τὸ δὲ ζώδια γίνεσθαι ἢ ἐν τοίχοις ἢ ἐν ἱματίοις, ποῦ χρήσιμον, εἰπέ μοι; διὰ δὴ τοῦτο καὶ τῶν ὑποδηματορράφων καὶ τῶν ὑφαντῶν πολλὰ περικόπτειν ἔδει τῆς τέχνης, καὶ γὰρ ἐπὶ τὸ βάναυσον τὰ πλείονα αὐτῆς ἐξήγαγον, τὸ ἀναγκαῖον αὐτῆς διαφθείραντας, τέχνῃ κακοτεχνίαν μίξαντες. (= Migne P. G. 58. p. 501); Theodor., De providentia 4: πῶς ἑνὶ χρώματι τῶν ὑποκειμένων, ἐρίων ἢ σηρικῶν νημάτων, παντοδαπῶν ζώων ἐνυφαίνονται τύποι, καὶ ἀνθρώπων ἰνδάλματα τῶν μὲν θηρευόντων, τῶν δὲ προσευχομένων, καὶ δένδρων εἰκόνες, καὶ ἕτερα ἄλλα μυρία, etc. (= Migne P. G. 83. p. 617 sq.). Cf. et. Margarethe Bieber, Entwicklungsgeschichte der Griechischen Tracht (1934), Tafel 47 und 48.

Anm. Valesius zitiert Asterius (Amasiae episcopus) und zwar dessen Homilia de divite et Lazaro, deren ich nicht habhaft werden konnte. Daselbst findet sich auch eine ausführliche Beschreibung obiger Mode.

p. 14. 8—9.   **6. 10. quae a primo ad ultimum solem se abunde jactitant possidere.** Ein überschwenglicher Ausdruck: von Sonnenaufgang bis Sonnenuntergang. In ihrem „Reiche" ging die Sonne nicht unter.

p. 14. 13—14. **6. 11. Valerius Publicola.** P. Valerius Poplicola, der nämliche, der der Überlieferung nach zusammen mit Brutus und Lucretius das Königtum stürzte; cs. 509, 508, 507 und 504. † 503. Bezüglich der vorgemeldeten Begebenheit cf. Liv. 2. 16. 7: P. Valerius, omnium consensu princeps belli pacisque artibus, anno post Agrippa Menenio P. Postumio css. moritur, gloria ingenti, copiis familiaribus adeo exiguis, ut funeri sumptus deesset: de publico est datus. Cf. De Sanctis 1. p. 398 sq. und p. 410 sq.; Pais 1. 1. p. 414 sq. und p. 489 sq.; Ihne 1. p. 72 sq.

p. 14. 15.   **6. 11. Reguli.** M. Atilius Regulus, cs. 267, cs. suff. 256. Sieger in der Schlacht bei Ecnomus (256), wurde bei Tunes (255) gefangengenommen. In Bezug auf diese Mitteilung cf. Val. Max. 4. 4. 6: consulibus scripsit vilicum in agello, quem VII jugerum in Papinia habebat, mortuum esse occasionemque nanctum mercennarium amoto inde rustico instrumento discessisse, ideoque petere ut sibi successor mitteretur, ne deserto agro non esset unde uxor ac liberi sui alerentur. quae postquam senatus a consulibus accepit et agrum Atili ilico colendum locari et alimenta conjugi ejus ac liberis praeberi resque, quas amiserat, redimi publice jussit; Liv. periocha 18; Front. Strat. 4. 3. 3; Sen. Dial. 12. 12. 6; Apul. Apol. 18; Cassio Dio fragm. 43. 20; Aur. Vict. 40. 2. Alle angeführten Stellen wissen blosz von einer Unterstützung publice zu berichten. Cf. et. ad XIV, 11. 32 und Finke p. 43 sq. und p. 60; Klebs, R. E. 2. p. 208 sq.

p. 14. 15.   **6. 11. filia Scipionis.** Cf. Val. Max. 4. 4. 10: Itaque cum secundo Punico bello Cn. Scipio ex Hispania senatui scripsisset petens ut sibi successor mitteretur, quia filiam virginem adultae jam aetatis haberet neque ei sine se dos expediri posset, senatus, ne res publica bono duce careret patris sibi partes desumpsit consilioque uxoris ac propinquorum

Scipionis constituta dote summam ejus ex aerario erogavit ac puellam nuptum dedit. Gemeint ist P. Corn. Scipio Africanus major cs. 205 und 194, der Eroberer Spaniens und Sieger in der Schlacht bei Zama (202). Cf. et. Sen. cons. ad Helv. 12. 6; Nat. quaest. 1. 17. 8; Frontinus 4. 3. 4; Apul. Apol. 18 (nicht bei Livius); Finke p. 19.

Anm. Das im vorstehenden Bericht vorkommende Praenomen beruht selbstredend auf einem Irrtum des Val. Max.

6. 14. distributio sollemnium sportularum. Cf. Hug, R. E. 3 (2. Reihe) p. 1886: „Im Laufe des 2. Jahrh. scheint mit dem Erlöschen des Klientenwesens auch die regelmäszig ausbezahlte sp. verschwunden zu sein. Wenn später noch s. erwähnt werden, so sind es nur gelegentliche Geschenke, namentlich bei auszerordentlichen Gelegenheiten, wie an Familienfesten, beim Amtsantritt usw." Sportula darf in dieser alten Bedeutung nicht verwechselt werden mit demselben Wort aus der späten Kaiserzeit, wo es Emolumente die den subalternen Beamten (officiales) ausgezahlt werden, bedeutet (namentlich beim Gericht). Diese Art sportulae war zu Beginn der Kaiserzeit und in der klassischen Periode nicht bekannt. Über sportulae im Allgemeinen cf. Marquardt, Privatl.² p. 207 sq.; Friedländer 1⁸. p. 444 sq.; Daremb.-Saglio (Lécrivain) 4. 2. p. 1443 sq.

6. 14. pro domibus excubat aurigarum. Cf. XIV, 6. 25: ab ortu lucis ad vesperam sole fatiscunt vel pluviis, per minutias aurigarum equorumque praecipua vel delicta scrutantes; XXVIII, 4. 29: Hi (sc. plebs otiosa) omne, quod vivunt, vino et tesseris impendunt et lustris et voluptatibus et spectaculis: eisque templum et habitaculum et contio et cupitorum spes omnis Circus est maximus: et videre licet per fora et compita et plateas et conventicula circulos multos collectos in se controversis jurgiis ferri, aliis aliud, ut fit, defendentibus... exoptato die equestrium ludorum inlucescente, nondum solis puro jubare, effusius omnes festinant praecipites ut velocitate currus ipsos anteeant certaturos: super quorum eventu discissi votorum studiis anxii plurimi agunt pervigiles noctes. Bekannte aurigae werden erwähnt: XIV, 11. 12: (Gallus) capiti Thoracis aurigae coronam inposuit, ut victoris; XV, 7. 2 (Philoromus); XXVI, 3. 3 (Hilarinus); XXVIII, 1. 27 (Auchenius); XXIX, 3. 5: Athanasius favorabilis tunc auriga. Cf. et. Thes. 2. p. 1498 (auriga); Pollack, R. E. 2. p. 2549 (auriga); Pollack, R. E. 3. p. 2571 sq. (circus); Daremb.-Saglio 1. 2. p. 1187 sq. (Bussemaker-Saglio). Und besonders über die Parteien die sich in Rom und Constantinopel bildeten Daremb.-Saglio. ibid. p. 1198 sq.

Historischer Kommentar

p. 15. 13. **6. 14. artem tesserariam.** Auszer dem Würfelspiel, das ein reines Glücksspiel ist, kannten die Alten auch viele andere Spiele, worunter sehr schwierige, die unserm Tricktrackspiel ähneln; es wurden sogar Abhandlungen darüber verfaszt. Unter Personen „qui artem tesserariam profitentur" musz man wohl diejenigen verstehen, die in solcherlei Spielen sehr bewandert und geschickt waren, sodasz sie sich, wie das auch heutzutage noch geschieht, ihr Brot, und zwar vermutlich nicht stets auf ehrliche Weise verdienten. Über die tessera etc. cf. Daremb.-Saglio 5. p. 125 sq. (Lafaye).

p. 14. 15. **6. 14. secretiora quaedam:** artes magicas. Cf. XXVI, 3. 3: secretiora legibus interdicta.

p. 15. 16. **6. 15. nomenculatores.** Cf. Daremb.-Saglio 4. 1. p. 96 sq. (Fabia): „À la maison le nomenclator avait son rôle dans le cérémonial de la salutatio. Si l'introduction des visiteurs, chez les personnes qui n'en recevaient pas un grand nombre, était l'affaire du valet de chambre (cubicularius), à celles dont une foule d'amis et de clients emplissait chaque matin l'atrium il fallait nécessairement un spécialiste qui, connaissant tous ces gens, d'abord les rangeât par catégories dans le vestibule, puis, au fur et à mesure qu'ils pénétraient auprès du maître incapable de les reconnaître tous, les lui annonçat, non pas à haute voix, mais en lui soufflant leur nom à l'oreille... Au nomenclateur revenait le soin de distribuer pendant la salutatio les invitations à dîner, et ses instructions lui donnaient souvent la plus grande latitude pour le choix des invités. Il assignait aux convives leurs places à table et, au cours du repas, leur fournissait au besoin des explications sur les mets servis."

p. 15. 20. **6. 16. subversasque silices.** Cf. die Annot. des Valesius (= Ed. Wagner 2. p. 41): „Vias urbis intelligit quae silice stratae erant." Cf. et. Juven. 6. 350: nec melior, pedibus silicem quae conterit atram; Prud. contra Symm. 1. 581: quique terit silicem variis discursibus atram.

p. 15. 21. **6. 16. equos publicos.** Cf. die Annotation Wagners (in seiner Ed. 2. p. 42): „equos publicos vocant, qui per stationes erant dispositi, vel singuli, vel plures curribus jungendi, ut in promptu essent, si quando ex aulis principum mandata erant in provincias perferenda, vel ex his ad Imperatores nuntianda." Cf. et. ibid. 3. Index 2 (s.v. cursus clabularis); Seeck, R. E. 4. p. 1846 sq. (: cursus publicus); Mommsen, R. Str. 2³. p. 1029. Über die „Abhetzerei" dieser equi publici cf. XV, 1. 2: Apodemius

Zu XIV 6. 14—6. 16 (p. 15. 13—16. 2). 141

quoad vixerat igneus turbarum incentor, raptos ejus calceos vehens, equorum permutatione veloci, ut nimietate cogendi quosdam extingueret, praecursorius index Mediolanum advenit; Liban., or. 18. 143 (Foerster 2. p. 297): διὸ στῆναι μὲν οὐκ ἦν οὐδὲ μικρὸν οὐδὲ ἀπολαῦσαι φάτνης, ἡ πληγὴ δὲ ἀσθενοῦσαν οὐκ ἀνίστη πρὸς δρόμον, ἔδει δὲ εἴκοσιν ἢ καὶ πλειόνων πρὸς ἕλξιν ὀχήματος, αἱ πολλαὶ δὲ αἱ μὲν ἄρτι λυθεῖσαι πίπτουσαι ἔθνησκον, αἱ δὲ ὑπὸ τῷ ζυγῷ πρὶν ἢ λυθῆναι — κᾆτ' ἐκωλύετο μὲν ἀπὸ τοῦ τοιούτου τὰ δεόμενα τάχους, τὴν βλάβην δὲ πάλιν εἰς χρημάτων λόγον αἱ πόλεις ἐδέχοντο; Cod. Theod. 8. 5 (passim), wo von den schwersten Strafen, sogar von Todesstrafen berichtet wird, um diesem Miszbrauch zu steuern. Cf. et. W. Riepl, Das Nachrichtenwesen des Altertums (1913) p. 264 sq.

6. 16. familiarium agmina. Cf. Chrysost. in Homilia 40 in Epistolam   p. 15. 22.
1. ad Corinthios (= Migne, P. G. 61. p. 354): Ὁ δὲ Χριστὸς παραγενόμενος καὶ τοῦτο ἔλυσεν. Ἐν γὰρ Χριστῷ Ἰησοῦ οὐκ ἔστι δοῦλος οὐδὲ ἐλεύθερος. Ὥστε οὐκ ἀναγκαῖον τὸ δοῦλον ἔχειν· εἰ δὲ καὶ ἀναγκαῖον, ἕνα που μόνον ἢ τὸ πολὺ δεύτερον. Τί βούλεται τὰ σμήνη τῶν οἰκετῶν; Καθάπερ γὰρ οἱ προβατοπῶλαι καὶ οἱ σωματοκάπηλοι, οὕτως ἐν βαλανείῳ, οὕτως ἐν ἀγορᾷ περιίασιν οἱ πλουτοῦντες.... Τί δὲ καὶ παῖδας ῥαβδούχους ἔχεις, ὡς δούλοις κεχρημένος τοῖς ἐλευθέροις, μᾶλλον δὲ αὐτὸς παντὸς ἀτιμότερον οἰκέτου ζῶν; H. Wallon, Histoire de l'esclavage dans l'antiquité (1847) 3. p. 222 sq.; E. J. Jonkers, De l'influence du Christianisme sur la législation relative à l'esclavage dans l'antiquité (Mnemos. Ser. 3. 1. a⁰ 1934. p. 241 sq.).

6. 16. ne Sannione quidem, ut ait comicus, domi relicto. Cf. p. 15. 22.
Ter. Eun. 780: solus Sannio servat domi; Adelph. 1. 2. 2; Cic. de orat. 2. 251; ep. 9. 16. 10. Cf. Daremb.-Saglio 4. 2. p. 1062 (Navarre): „En latin, ce mot désigne une sorte de mime, qui, par des grimaces, des contorsions de tout le corps, des imitations grotesques, excitait l'hilarité du public. Il est à présumer, bien qu'aucun texte ne le dise expressément, que le sannio s'exhibait, comme nos paillasses et nos clowns, dans des théatres et des cirques etc."

6. 16. basternis. Cf. Mau, R. E. 3. p. 113: „Basterna ist eine in   p. 16. 2.
spätrömischer Zeit üblich gewordene Art Sänfte, wohl zuerst erwähnt Hist. Aug. Elag. 21. 7. Die B. war geschlossen und hatte vorn und hinten je zwei Stangen (amites), an denen sie meist von Maultieren getragen wurde. Dasz sie auch von Männern getragen wurde ist aus der Glosse

basterna: tecta manualis zu schlieszen. Dasz auch Männer sich ihrer bedienten, beweist Symm. ep. 6. 15." Diese letzte Stelle deutet Mau wahrscheinlich verkehrt, indem er das Wort basternarius auffaszt als: Träger einer basterna. Besser wohl: ,,Esclave qui conduisait les mulets d'une basterna." (Morel in Daremb.-Saglio 1. 1. p. 682). Eine Beschreibung findet sich: Ant. Pal. 3. 183:

> Aurea matronas claudit basterna pudicas
> Quae radians patulum gestat utrinque latus;
> Hanc geminus portat duplici sub robore burdo,
> Provehit et modico pendula septa gradu.

Cf. et. Daremb.-Saglio (Morel) ibid.; Ginzrot, Die Wagen der Alten 2. 280; Blümner p. 448.

p. 16. 4.   6. 17. **armatura.** Cf. XIV, 11. 21; XV, 4. 10; XV, 5. 6; XV, 5. 33; XXVII, 2. 6. Abstractum pro concreto. Armatura schon bei Cicero, Caesar, Livius etc. in diesem Sinne gebräuchlich. Cf. et. Thes. 2. p. 605 sq.; Du Cange 1. p. 398 sq.; und ad XIV, 8. 13.

a. Bedeutung. Valesius bemerkt zu XIV, 11. 21: ,,Armaturae milites fuere in comitatu Imperatoris. Horum duae scholae in Not. Imp. recensentur (Not. Dign. Occ. 9. 6; Or. 11. 9), sub dispositione magistri officiorum: armaturae sc. seniores et armaturae juniores. Ab his distinguendae sunt armaturae quos Vegetius (2. 7.) inter principia legionum numerat...." Cf. Not. Dign. Ed. Böcking 2. p. 934 sq. (die Annotation steht an verkehrter Stelle: cf. Seeck, Not. Dign. p. 212. 54). Ob armaturae equites oder pedites waren ist nicht bekannt. Cf. et. die Anmerkung des Valesius ad XV, 5. 33 (anläszlich Jul. Imp. orat. 1. Spanh. p. 48 und Zonar. 13. 8). Armatura kommt nicht vor im Corp. Jur. und Cod. Theod. (Betreffs scholae cf. ad XIV, 7. 9).

b. Domaszewski und Pollack, R. E. 2. p. 1178 sq.: ,,Armatura ist im besonderen die in der Kaiserzeit übliche lateinische Bezeichnung für die pyrrhicha militaris (Veget. 1. 13; 2. 23)." Cf. XXI, 16. 7: (Constantius) artium armaturae pedestris (es gab deren zwei, equestris und pedestris) per quam scientissimus. Auch die Leute die dieses Spiel treiben heiszen armaturae.

c. Amt von unbekannter Bedeutung. Lydus de mag. 46 gibt für armatura die Erklärung ὁπλομελέτη (Drillfeldwebel). Diese letztgenannte Bedeutung findet sich nicht bei Amm.

Höchstwahrscheinlich gebraucht Amm. armaturae hier nicht in einer der drei obengenannten technischen Bedeutungen.

6. 17. textrinum. Hier wird nicht gemeint: Arbeiter oder Arbeiterinnen die in Handel oder Fabrik beschäftigt sind, sondern Sklaven, die den persönlichen Bedarf an textilia des „bene nummatus" und seiner Familie decken.

6. 17. multitudo spadonum. Cf. Dig. de verb. signif. 50. 16. 128: spadonum generalis appellatio est, quo nomine tam hi, qui natura spadones sunt, item thlibiae, thlasiae, sed et si quod aliud genus spadonum est, continentur (folglich auch die sog. eunuchi oder castrati). Die Kastration kam in der Kaiserzeit sehr häufig vor, trotzdem der Staat sie bekämpfte. Nachdem die Kirche sich anfänglich unschlüssig verhalten hatte mit Rücksicht auf die Askese, ging man seit dem Konzil von Nicaea (325) energisch dagegen vor. Cf. Mansi sacr. concil. ampl. coll. 2 col. 667: „Si quis a medicis in morbo excisus, vel a barbaris exectus est, is in clero maneat. Si quis autem cum esset sanus, se ipsum execuit, eum etiam in clero examinatum cessare convenit et deinceps nullum talem oportet promoveri. Quemadmodum autem hoc manifestum est, quod de iis, qui de industria hoc agant et se ipsos audent excidere, dictum est: ita si aliqui a barbaris vel dominis castrati sint, inveniantur autem et ii alioqui digni, tales in clerum admittit canon. (canon 1.). Über die grosze Anzahl dieser Eunuchen cf. Lib. or. 18. 130 (Foerster 2. p. 291): εὐνούχους ὑπὲρ τὰς μυίας παρὰ τοῖς ποιμέσιν ἐν ἦρι (sc. am Hofe des Constantius); Chrysost. Homil. 20 in Paul. ad Eph. (Migne P. G. 62. p. 144): ἡ γυνὴ χρυσοφορεῖ, καὶ ἐπὶ ζεύγους λευκῶν πρόεισι, περιφέρεται πανταχοῦ, οἰκετῶν ἀγέλας ἔχει, καὶ εὐνούχων ἐσμόν. Cf. et. Dict. chrét. 2. 2. p. 2369 sq. (Leclerq.) und 5. 1. p. 744 (Leclerq), mit der dort angeführten Literatur; Pfaff, R. E. 3 (2. Reihe) p. 1258 sq.

6. 17. Semiramidis. Cf. XXIII, 6. 22: In hac Adiabena, Ninus est civitas, quae olim Persidis regna possiderat, nomen Nini, potentissimi quondam regis, Samiramidis mariti, declarans. Cf. Claud. 1. in Eutrop. v. 339 sq.:

>...... seu prima Semiramis astu
>Assyriis mentita virum, ne vocis acutae
>Mollities, levesque genae se prodere possent,
>Hos sibi conjunxit similes: seu Persica ferro
>Luxuries vetuit nasci lanuginis umbram.

Cf. et. Roscher 4. p. 678 sq. (Lehmann-Haupt.). Dasz die „Erfindung" der Kastration der Semiramis zugeschrieben wird, scheint nirgendwo sonst vorzukommen.

144 Historischer Kommentar

p. 16.18—19.   **6. 18. vocabili sonu, perflabili tinnitu fidium resultantes.**
Mscr. vocabuli; Vales. vocali. Cf. Vales. annot. (Ed. Wagner 2. p. 45):
,,Nondum mihi persanatus locus videtur. Ac nisi me conjectura fallit,
sic scripserat Marcellinus: vocali sono ac perflabili, tinnituque fidium
resultantes (cf. XXX, 1. 20: et aedes amplae nervorum et articulato
flatilique sonitu resultarent). Quibus verbis duas Musicae species com-
plectitur, organicam et vocalem. Sed organica duplex est: quarum altera
in percussione consistit, altera in flatu. Organorum quippe alia sunt ἐν-
τατὰ καὶ καθαπτά, alia ἐμπνευστά, quibus etiam hydraulica continentur''
(Athenaeus 4. 182e). Cf. Cic. pro Sext. Roscio Am. 46. 134: utquotidiano
cantu vocum, et nervorum et tibiarum . . . . . . tota vicinitas personet;
Cassiod., De artibus ac disciplinis liberalium litterarum, Migne, P. L.
70. p. 1209: Symphonia est temperamentum sonitus gravis ad acutum
et acuti ad gravem, modulamen efficiens sive in voce, sive in percussione,
sive in flatu (an welchen Stellen man auch wieder dieselbe Unterscheidung
findet) und ferner: ,,Graeci perinde ὀργανικὴν καὶ ᾠδικὴν μοῦσαν
distinguunt, ut videre est apud Dion. Halic. (De composit. verb. 11.,
Ed. Reiske 5. p. 57) et nominatim apud Auctores, qui de Musica scripserunt
. . . . : apud quos nihil frequentius occurrit quam haec λέξεως καὶ κρούσεως
distinctio, id est vocalis et organicae Musicae . . . .''

p. 16.19—20.   **6. 18. et in locum oratoris doctor artium ludicrarum accitur.**
Über das Bühnenwesen dieser Zeit cf. A. Müller, Das Bühnenwesen
in der Zeit von Constantin d. Gr. bis Justinian (Neue Jahrb. 23. 1909.) p.
36 sq. und über das Interesse, das man der Bühne entgegenbrachte, speziell
p. 38 sq. (mit der dort angeführten Literatur). Stellen bei Amm. die sich
auf Bühne und Schauspiel beziehen: XXI, 10. 2; XVI, 12. 57; XXVI, 6. 15;
XVI, 6. 3; XIV, 6. 25; XXVIII, 6. 29; XXVIII, 4. 32/33.

p. 16. 21.   **6. 18. organa hydraulica.** Cf. Tittel, R. E. 9. p. 60 sq.: ,,Die Wasserorgel, ein antikes Musikinstrument, bei dem ein durch Wasserdruck
(ὕδωρ) erzeugter Luftstrom verschieden lange Pfeifen (αὐλοί) zum Tönen
bringt, also eigentlich: Wasserflöte.'' In der späteren Kaiserzeit wird
die Wasserorgel von der mit einem Blasebalg angeblasenen Luftorgel
verdrängt. Sie wird dann meist nur organum: Orgel genannt. Über die
Verwendung in der Kaiserzeit cf. R. E. ibid. p. 74 sq. (mit den dort
angeführten Stellen). Einen organarius (Orgelspieler: ὑδραύλης) erwähnt Amm. XXVIII, 1. 8: inpetrarunt ut hi quos suspectati sunt, ilico
rapti, conpingerentur in vincula, organarius Sericus, et Asbolius pa-
laestrita et aruspex Campensis. Cf. et. H. Degering, Die Orgel, ihre

Erfindung und ihre Geschichte bis zur Karolingerzeit (1905), passim, besonders p. 53 sq.

6. 19. cum peregrini ob formidatam haud ita dudum alimentorum inopiam. Cf. Lib. orat. 11. 174 (Foerster 1. 2. p. 495): οὕτω τῇ τε γῇ πρέπων ὁ ὄχλος ὁ παρ' ἡμῖν τῷ τε ὄχλῳ τῆς γῆς ἡ φύσις (sc. in Antiochia) δι' ἣν οὐδεπώποτε τὸν Ξένιον ἠναγκάσθημεν ἀδικῆσαι Δία διὰ τῆς περὶ τοὺς ξένους ὠμότητος, καί τοι τὸ παράδειγμα τῆς Ῥώμης ἔχοντες, ἢ τὴν τῶν ἀναγκαίων σπάνιν, ἡνίκα ἂν τοῦτο συμπέσῃ, τῇ τῶν ξένων ἐλάσει πρὸς ἀφθονίαν μεθίστησιν; Epist. 1439. 2 (Foerster 11. p. 423): τὰ δ'αὖ περὶ τὸν σῖτον σὺ μὲν καὶ ταῦτα ἄξια τῆς Ῥώμης τετόλμηκας, ἡμῖν δὲ ἔδοξεν ἄμεινον εἶναι καὶ ταύτῃ τὴν ἀγορὰν αὐτόνομον ἀφεῖναι· κρεῖττον γὰρ πονῆσαι μικρὸν ἢ μετὰ ταῦτα ἐν ἐγκλήμασιν εἶναι καὶ ζητεῖν ὑπὲρ τῶν αἰτιῶν λόγους (der Brief ist an Rufinus, comes Orientis, der in Antiochia residierte, geschrieben, 363); Themist. or. 18. 222a (an Theodosius): οὔκουν δεῖ ἡμῖν ξενηλασίας συνεχοῦς, καθάπερ τῇ μητροπόλει (Them. spricht in Constantinopel; die Metrop. ist Rom), φαρμάκου τῆς ἐνδείας χαλεπωτέρου, ἀλλ' ἐπιρρέουσιν ἀκωλύτως σὺν τῇ τῶν καλῶν περιουσίᾳ οἱ χρησόμενοι αὐτοῖς ἐπ' ἐξουσίας. Cf. et. Ambr. de off. 3. 7; Symm. ep. 2. 7: defectum timemus annonae, pulsis omnibus, quos exerto et pleno ubere Roma susceperat. Fac ut his remediis convalescamus: quanto nobis odio provinciarum constat ista securitas? Dii patrii, facite gratiam neglectorum sacrorum! miseram famem pellite! quam primum revocet urbs nostra, quos invita dimisit! (Flaviano fratri. a⁰ 383). Wie schon Valesius bemerkt wird peregrini hier nicht im Sinne des Staatsrechtes gebraucht. Peregrini dagegen sind alle diejenigen, die nicht in Rom geboren sind. Augustus hat einmal auch alle peregrini vertrieben (cf. Suet. Octav. c. 42 = Orosius 7. 3).

6. 19. postremo .... remanerent magistris. Cf. Enszlin (Klio Beiheft 16. N. F. 3, 1923) p. 6: „Nach den Ereignissen von 378 zog Amm. auf dem Landweg über Thrakien (XXII, 8. 1 und XXVII, 4. 2), wo er vielleicht die Schlachtfelder besuchte (XXXI, 7. 16) nach Rom und nahm hier seinen Wohnsitz; dies vor 383, denn nach den erbitterten Worten von XIV, 6. 19 hat er die bei der damals drohenden Hungersnot erfolgte Fremdenausweisung selbst dort erlebt. Seeck nimmt an (R. E. I. p. 1846), dasz Amm. damals selbst unter den ausgewiesenen peregrini war (cf. et. Liebenam, Städteverwaltung p. 213). Dem könnte der Einwand begegnen, dasz Amm. als gewesener protector domesticus doch eine angesehene Stellung beanspruchen konnte. Wir können zu der Tatsache dieser Fremdenausweisung den Brief des Symmachus heranziehen (2. 7): Defectum timemus annonae, etc. (s. oben). Das läszt auf eine einschneidende Maszregel schlieszen, die vielleicht auch vor einem mit dem Perfektissimat ausgezeichneten gewesenen protector domesticus nicht haltgemacht hat" und die weitern dort herangezogenen Beweisgründe.

p. 17. 1. **6. 19. mimarum.** Der mimus war in der späten Kaiserzeit gerade so beliebt wie früher und Spieler und Spielerinnen (mimi und mimae) standen noch in demselben üblen Ruf. Als neues Thema war die Nachahmung christlicher Mysterien, Bräuche, Kreuzigungen usw. hinzugekommen. Daher auch die Bekämpfung seitens der Kirche; cf. Gregor. Naz. or. 2. c. 84 (Migne P. G. 35. p. 489): γεγόναμεν θέατρον καινόν, ἤδη προήλθομεν καὶ μέχρι τῆς σκηνῆς, ὃ μικροῦ καὶ δακρύω λέγων, καὶ μετὰ τῶν ἀσελγεστάτων γελώμεθα καὶ οὐδὲν οὕτω τερπνὸν τῶν ἀκουσμάτων καὶ θεαμάτων ὡς Χριστιανὸς κωμῳδούμενος. Julianus scheint vor Ktesiphon eine Truppe Mimen bei sich gehabt zu haben (σκηνὴ Διονύσου: Eunap. 22. 2); unter Theodosius erfreuen sie sich groszer Beliebtheit, ebenso wie die Tänzer: μῖμοι γελοίων καὶ οἱ κακῶς ἀπολούμενοι ὀρχησταὶ καὶ πᾶν ὅτι πρὸς αἰσχρότητα καὶ τὴν ἄτοπον ταύτην καὶ ἐκμελῆ συντελεῖ μουσικήν (Zos. 4. 33. 4). Die Gesetze des Cod. Theod. 15. 7, 2. 4. 5. 8. 9. 13 (a⁰ 371—413) verpflichten sie dazu, bei ihrem Berufe zu bleiben, entsprechend der Bestrebung nach geschlossenen Gilden in dieser Zeit. Über den mimus in der späten Kaiserzeit cf. Wüst, R. E. 15. p. 1755 sq.; Dict. chrét. 6. 1. p. 903 sq. und 11. 1. p. 1203 sq.; H. Reich, Der Mimus, ein literar-entwicklungsgeschichtlicher Versuch (1903). 1. 1. p. 80 sq.

p. 17. 6. **6. 19. cum choris totidemque remanerent magistris.** Dies müssen Chöre gewesen sein, die Tanz und Mime begleiteten, wie Vales. (Ed. Wagner 2. p. 47) bemerkt. An der Spitze solch eines Chores stand ein magister chori, auch mesochorus genannt (Plin. ep. 2. 14. 6; Sidon. ep. 1. 2. 9), auf griechisch: ἡγεμὼν τοῦ χοροῦ (Lib. orat. 33. 3 = Foerster 3. p. 166), μεσόχορος (Phot. Bibl. 240. 36). Cf. et. Reisch, R. E. 3. p. 2442 sq.: χορολέκτης, χοροποιός, χοροστάτης. Cf. et. Lib. orat. 33. 3 (Chor zur Begleitung von Tänzern): οὑτοσὶ τοίνυν Τισαμενὸς γένει μέν ἐστι λαμπρός, ... ἀποκλίνας δὲ ταχέως εἰς ὀρχηστὰς καὶ μακαρίσας αὐτούς τε καὶ ὅσοι περὶ αὐτούς, ἥδιστα μὲν ἂν ἡγεμὼν ἐγένετο τοῦ χοροῦ, τούτου δὲ πολλοῖς εἰργόμενος αἰτιάμασι δι' ᾀσμάτων ἃ ποιῶν παρεῖχεν

Zu XIV 6. 19—6. 22 (p. 17. 4—17. 15) 147

αὐτοῖς, ἣν ἐπὶ τῆς σκηνῆς χάριν τε διδοὺς αὐτοῖς καὶ παρ' αὐτῶν λαμβάνων; Lib. orat. pro salt. 95. 97 (= Foerster 4. p. 483): κτύπου δεῖ τοῖς ὀρχησταῖς, ὦ δαιμόνιε, μείζονος, ὃς τά τε τοῦ χοροῦ διοικήσεται πρὸς τὴν χρείαν καὶ συμβαλεῖ τοῖς ὀρχησταῖς εἰς εὐρυθμίαν. οὗτος δ'ἀπὸ ψιλοῦ τοῦ ποδός οὐκ ἂν ἀποχρῶν εἴη. δεῖ δή τινα κανόνα σιδηροῦν ἀπὸ τῆς βλαύτης ὁρμώμενον ἀρκοῦσαν ἠχὴν ἐργάσασθαι (in dieser Rede finden sich noch mehr Beispiele vom dirigierenden magister chori); Arr. Ind. 14. 5 (wo man aus dem Tanz der Elefanten zum Schalle der Zimbeln darauf schlieszen kann, wie es bei diesen Chören zuging).

6. 20. **feminas . . . . cirratas.** Cf. XXII, 11. 9: alter (sc. exanimatus est) quod dum aedificandae praeesset ecclesiae, cirros puerorum licentius detondebat, id quoque ad deorum cultum existimans pertinere. Gloss. μαλλὸς παιδίου καὶ ἀθλητοῦ, μαλλός, σκόλλυς, crispus capillus, capilli non incisi, capitis crinis: cirrus. Hieraus abgeleitet cirratus. (Cf. Thes. 3. p. 1188 und 1189). Über den cirrus bei Athleten cf. Jüthner, R. E. 3. p. 2586; Daremb.-Saglio 1. 1. p. 520 sq. (Saglio). Über „Wellen" und Haartracht überhaupt, in dieser Zeit cf. Steininger, R. E. 7. p. 2144 sq. mit der dort erwähnten Literatur.   p. 17. 7.

6. 20. **ad usque taedium pedibus pavimenta tergentis.** Cf. Vales. annot. (Ed. Wagner 2. p. 49): „tergere enim pavimentum saltantes proprie dicuntur, quod prae nimia corporis agilitate vix tangunt, nedum terunt. Pavimentum autem Scenae hic intelligi clarum est, quae tessellato opere sternebatur." Warum Vales. unter diesem pavimentum blosz dasjenige einer scena verstehen will, ist mir nicht klar. Denn von einem pavimentum tessellatum wird schon bei Suet. Caes. 46 gesprochen, wo es nicht als zu einer scena gehörig erwähnt wird (: Mosaikfuszboden).   p. 17. 9.

6. 21. **Homerici . . . . Lotofagi.** Cf. Hom. Od. 9. 82—104 und 23. 311; Lamer, R. E. 13. p. 1507 sq.   p. 17. 12—13

6. 22. **pomerium.** In dieser Zeit fällt das pomerium, mit Ausnahme von einzelnen Stellen, vollständig mit der Mauer, die Aurelianus in 271 zu bauen anfing, zusammen (cf. Vopiscus, Vita Aurel. 21). Über das pomerium und seine Geschichte cf. Daremb.-Saglio 4. 1. p. 543 sq. (Besnier); Richter, Topographie von Rom, p. 64 sq.; Jordan, Topographie Roms, 1. p. 169 sq. und p. 322 sq.   p. 17. 15.

148 Historischer Kommentar.

p. 17. 15.   **6. 22. praeter orbos et caelibes.** Eine Sammlung von Belegstellen, die sich auf kinderlose, reiche Erbschleicher beziehen, kann man bei Alfred Gudeman in seinem Komment. auf Tac. Dialogus de orat. p. 217 finden. Cf. et. Friedländer 1. p. 419—426.

p.17.24—18.1.   **6. 24. rogati ad nuptias, ubi aurum dextris manibus cavatis offertur.** Gemeint wird die sportula nuptialis (für sportula cf. ad 6. 14).

p. 18. 2.   **6. 24. Spoletium.** Diese bekannte Stadt in Umbria erlebte während der späten Kaiserzeit, ebenso wie früher eine grosze Blütezeit. Sie war namentlich ihres Weines wegen berühmt (Athen. 1. 27 b; Mart. 6. 89. 3; 13. 120; 14. 16) und man findet sie häufig erwähnt (Plin. n. h. 3. 114; 11. 190; Ptolem. 3. 1. 47; Itin. Anton. 125; Itin. Burdigal. 613; Tab. Peut. Guido 53; Aurel. Vict. ep. 45; Cod. Theod. 16. 5. 2; 13. 3. 5). Auch die Kaiser besuchen sie manchmal. Theoderich schmückt die Stadt mit allerhand schönen Gebäuden (Cassiod. var. 2. 37; 4. 24). Nach dem Tode des Theoderich (526) wird die Stadt von Totila verwüstet und von Narses wieder aufgebaut (552 n. Chr.; cf. Proc. bell. Goth. 3. 12 und 4. 33). Im 4. Jahrh. ist sie Bischofssitz. In der Langobardenzeit (569) wird sie Hauptstadt des mächtigen Herzogtums Spoleto (Paul. Diac. 2. 16; Itin. Rav. 4. 29; Tab. Peut. Guido 66). Cf. et. Philipp, R. E. 3. p. 1842 sq. und Nissen, Ital. Landesk. 2. 404.

p. 18. 4—6.   **6. 25. nonnulli sub velabris umbraculorum theatralium latent, quae ... Catulus in aedilitate sua suspendit omnium primus.** Cf. Val. Max. 2. 4. 6; Plin. Nat. hist. 19. 1. Gemeint ist Q. Lutatius Catulus Capitolinus (cs. 78 v. Chr.), der Sohn des Q. Lut. Cat. (cs. 102 v. Chr.), der 101 v. Chr. zusammen mit Marius die Kimbern bei Vercellae vernichtend schlug (Cf. Mommsen, R. G.[12] 3. p. 115, 117 und passim; Ihne 4. p. 125; 168; 277; Drumann-Groebe 3. 166; Münzer, R. E. 13.p.2082.). Er war der bekannte Führer der Optimatenpartei und Gegner der Gabinischen und Manilischen Gesetze. Val. Max. macht keine chronologische Angabe, Plin.: cum Capitolium dedicaret, Amm.: in aedilitate sua. Catulus weihte im Jahre 69 v. Chr. den nach dem Brande (83) neuerbauten Capitolinischen Tempel. Seine Aedilität ist sonst nicht bekannt (cf. Gellius 2. 10; Liv. epit. 98; Tac. hist. 3. 72; C. I. L. 1². p. 171 und 6, 1313. 1314). Da Amm. und Vales. Max. in den Worten Campanam imitatus luxuriam (bzw. lasciviam) übereinstimmen, so ist es wohl sicher, dasz sich Amm. hier an Val. Max. hält, der aber keine chronologische Angabe macht. Vielleicht hat Finke Recht, wenn er (p. 17)

behauptet, dasz ,,Amm. de suo die Worte in aedilitate sua hinzufügte."
velabris umbraculorum theatralium. Über das velum (velarium: παραπέτασμα), das Amm. hier velabrum nennt cf. Daremb.-Saglio 5. p. 677 sq. (Navarre); mit der dort angeführten Literatur. Eine Abbildung findet man: Overbeck-Mau, Pompeji (1884[4]) Fig. 3. p. 14; A. Mau, Pompeji in Leben und Kunst (1900) p. 132, 203, 204.

6. 25. **Campanam ..... lasciviam.** Das Adjektiv Campanus bezieht sich sowohl auf Capua als auf Campania. Beide waren der üppigen Lebensführung ihrer Einwohner wegen bekannt, bei Campanus denkt man jedoch, in einer Verbindung wie hier, hauptsächlich an **Capua**. Cf. Liv. 23. 45. 2: Campana luxuria (Valer. Max. 2. 4. 6); Plin. n. h. 18. 111: plus apud Campanos unguenti quam apud ceteros olei fieri; Flor. ep. 2. 6. 22: Hannibalem Campani .... soles et tepentes fontibus Baiae subegerunt. Cf. et. Thes. Onomasticon 2. p. 125 sq.

SPRACHLICHER UND HISTORISCHER KOMMENTAR ZU AMMIANUS MARCELLINUS
XIV, 2. Hälfte (c. 7–11)

VON

Dr. P. DE JONGE

VORWORT.

Später als er versprochen und erhofft hatte, legt der Verfasser den 2. Abschnitt des Ammianuskommentars seinen Lesern vor. Seine Berufsarbeit, die ihn sehr in Anspruch nimmt, ließ ihm zu wenig Muße, das Werk eher seinem Ende entgegenzuführen. Den Gelehrten im In- und Ausland ist er für ihre Bemerkungen und Ratschläge herzlich dankbar. Besonderen Dank schuldet er seinem ehemaligen Universitätslehrer Herrn Professor Dr. A. G. Roos für das dauernde und unablässige Interesse, das er der Arbeit des Verfassers entgegengebracht hat und der Verwaltung des Legatum Hoefftianum für die Unterstützung, die die Veröffentlichung dieser Arbeit ermöglicht hat. Die Anmerkungen des philologischen und historischen Kommentars wurden diesmal nicht mehr getrennt. Verzeichnisse der praefecti praetorio, magistri militum, Bischöfe usw. wurden in diesen Teil, hauptsächlich praktischer Gründe wegen, noch nicht aufgenommen. Der Verfasser hat sich möglichst bemüht, die neueste Literatur zu benutzen; daß aber bei dem umfangreichen Stoff manches übersehen wurde, war nicht zu vermeiden, z.B. auf dem Gebiete der Archäologie und Numismatik. So wenig wie irgend möglich und nur wo es unbedingt nötig war, hat er sich mit Textkritik befaßt, da s. E. die Zeit für eine neue Textgestaltung noch nicht reif und die Edition Clarks vorläufig noch allen Anforderungen genügt. Der Kommentar wird jedoch selbstredend an vielen Stellen zu Verbesserungen und Konjekturen (manchmal auch zur Verteidigung schon abgelehnter Lesarten) führen. Mit Rücksicht auf gewisse Bemerkungen sei der Leser gewarnt, daß der vorliegende Kommentar nicht an erster Stelle die Erklärung schwieriger Stellen beabsichtigt, obwohl diese natürlich nicht vernachlässigt wird, sondern daß er im weitesten Sinne historisch orientiert ist. Das Werk wird, sobald der Verfasser es für verantwortet hält, fortgesetzt werden.

Zaandam, Winter 1938/39.

INHALTSVERZEICHNIS.

	Seite
Literaturverzeichnis	1
Sprachlicher u. historischer Kommentar	17
Nachtrag	146

LITERATURVERZEICHNIS
(SPRACHLICH UND HISTORISCH).

Acta	Acta conciliorum oecumenicorum jussu atque mandato soc. scientiarum Argentoratensis ed. Ed. Schwartz.
Agrell	Agrell S., Die spätantike Alphabet-mystik u. die Runenreihe, I. Bull. de la Soc. Royale des Lettres de Lund 1931—1932, p. 63 sq.
Ahlberg	Ahlberg A. W., Durative Zeitbestimmungen im Lateinischen. L. U. Å., 1905.
Alföldi	Alföldi A., Der Untergang der Römerherrschaft in Pannonien. I, 1924; II, 1926.
Alföldi	Alföldi A., The helmet of Constantine. J. R. S. 22 (1932) p. 9 sq.
Alföldi	Alföldi A., A festival of Isis in Rome under the Christian Emperors of the 4th Century. Being a lecture given at the internat. Congress of the Numismatists, London, 1936.
Alföldi	Alföldi A., Die Vorherrschaft der Pannonier im Römerreiche u. die Reaktion des Hellenentums unter Gallienus. 25 Jahre röm.-germ. Kommission, p. 11 sq.
Alt	Alt D. A., Römische Kastelle u. Straßen im Zeitschrift des deutschen Palästina-Vereins 57 (1934) u. 58 (1935). Ortsregister 58 (1935) p. 74 sq.
Alt	Alt D. A., Der südliche Endabschnitt der Straße Bostra-Aila. Ztschr. d. deutschen Paläst.-Ver. 59, 1936, Heft 1/3 p. 92 sq.
Alt	Alt D. A., Aila und Adroa im spät-röm. Grenzschutzsystem. Ztschr. d. deutschen Paläst.-Ver. 59, 1936, Heft 4, p. 181 sq.
Anderson	Anderson J., The Genesis of Diocletian's provincial reorganisation, J. R. S. 22, 1932, p. 24 sq.
Anderson	Anderson W. B., Sidonius, Poems und Letters. With an English Transl. Introd. a. Notes, 1936.
Andreotti	Andreotti R., Costanzo Cloro. Didaskaleion N. S. 9, 1930, I, p. 15 sq.; 2 p. 1 sq.
Andreotti	Andreotti R., L'impresa di Giuliano in Oriente. Historia 4, 1930, p. 236 sq.
Andreotti	Andreotti R., L'opera legislativa ed amministrativa dell' Imperatore Giuliano. N. Riv. stor. 14 (1930) p. 342—383.
Andreotti	Andreotti R., Per una critica dell' imperatore Giuliano. Civiltà moderna 3, 1931, p. 513 sq.
Andreotti	Andreotti R., Il regno dell' imperatore Giuliano, 1936.

Apo. Got. Vil.	Apophoreta Gotoburgensia Vilelmo Lundström oblata, Gotoburgi, 1936. Worin: Hagendahl H., Rhetorica I, in controversias Senecae patris quaestiones. II, in declamationes Quintiliani minores, p. 282—338. Wistrand E., De Vitruvii sermone parum ad regulam artis grammaticae explicato, p. 16—52.
Pascal Asdourian	Pascal Asdourian P., Die politischen Beziehungen zwischen Armeniën u. Rom. v. 190 v. Chr. bis 428 n. Chr. Diss. Venedig, 1911.
Ashby	Ashby Th., The aqueducts of ancient Rome, 1935.
Aubin	Aubin H. u. Nießen J., Geschichtlicher Atlas der Rheinprovinz, 1926.
Babut	Babut E. Ch., L'adoration des Empereurs et les origines de la persécution de Dioclétien. Rev. crit. 123, 1916, p. 225 sq.
Bardy	Bardy G., La politique religieuse de Constantin après le concile de Nicée. Rev. sc. relig. 8, 1928, p. 316 sq.
Barini	Barini I., La politica religiosa di Massimino Daca. Historia 2, 1928, p. 716 sq.
Barison	Barison P., Ric. sui monasteri dell' Egitto bizantino ed arabo secondo i documenti dei pap. gr. Aegyptus 18, 1938, p. 29—148.
Baynes	Baynes N. H., Two notes on the great persecution. Cl. Quart. 18, 1924, p. 189 sq.
Baynes	Baynes N. H., The historia Augusta, 1926.
Baynes	Baynes N. H., J. R. S. 18, 1928, p. 222: über die Belagerung v. Nisibis im J. 337.
Baynes	Baynes N. H., Constantin the Great and the Christian Church, 1929.
Van Beek	Van Beek C. I. M. I., Passio Sanctarum Perpetuae et Felicitatis, 1936, diss. Nijm.
Bellanger	Bellanger L., In Antonini Placentini itinerarium grammatica disquisitio. Diss. Paris, 1902.
Bennett	Bennett Ch. E., Syntax of early Latin, 1910—1914.
Berlinger	Berlinger L., Beitr. zur inoffiziellen Titulatur der röm. Kaiser, 1925.
Bernard	Bernard A., La rémuneration des professions libérales en droit rom. class., 1935.
Besnier	Besnier M., l'Empire rom. de l'avènement des Sévères au concile de Nicée. Hist. Rom. IV, 1, 1937.
Beurlier	Beurlier E., Campidoctores et Campiductores. Mélanges Graux p. 297, 1884.
Beyer	Beyer H. M., Der syrische Kirchenbau, 1925.
Bidez	Bidez J., Julien I. 1: Discours, 1932.
Bloch	Bloch G., L'Empire rom.. Evolution et Décadence, 1922.
Blomgren	Blomgren S., De sermone Amm. Marc. quaestiones variae. U. U. Å., 1937, 6.
Boak	Boak A. E. R., Roman Magistri in the Civil and Military

(Sprachlich und historisch). 3

	Service of the Empire. Harvard Studies in Class. Phil., 26, 1915, p. 73 sq.
Boak-Dunlap	Boak A. E. R. and Dunlap J. E., Two studies in later Rom. and Byzant. admin., 1924.
Boak	Boak A. E. R., The Master of the Offices. Univ. of Michigan Stud., Hum. Ser., 14, p. 1—160, 1924.
Boak	Boak A. E. R., The organization of Gilds in Greco-Roman Egypt. Transactions and Proc. of the Am. Philol. Assoc. 68, 1937, p. 212—220.
Borzsák	Borzsák St., Die Kenntnisse des Altertums über das Karpatenbecken. Diss. Pann. S. I, fasc. 6, 1936.
Bosch	Bosch, Die kleinasiatischen Münzen der röm. Kaiserzeit, 1931.
Bott	Bott H., Die Grundzüge der diocletianischen Steuerverf. Diss. Frankf. a. M. 1928.
Bouchery	Bouchery H. J., Contribution à l'ét. de la chronol. des disc. de Thémistius, 1936. (Extr. de l'Ant. class.).
Bouchery	Bouchery H. J., Themistius in Libanius' Brieven, 1936.
Bouchier	Bouchier E. S., Life and Letters in Roman Africa, 1913.
Boulenger	Boulenger F., Saint Basile, Aux jeunes gens sur la manière de tirer profit des lettres helléniques, 1935.
Bourciez	Bourciez E., Eléments de linguistique romane, 1923.
Bourgery	Bourgery A., Étud. litt. et gramm. sur la prose de Sénèque le phil., 1922.
Bréhier	Bréhier L., Constantin et la fondation de Constantinople. Rev. hist. 119, 1915, p. 241—272.
Bréhier	Bréhier L. et Batiffol P., Les survivances du culte impérial romain, 1920.
Bréhier	Bréhier L., La sculpture et les arts mineurs byzantins, 1936.
Brosset	Brosset, Collection d'historiens arméniens. St. Petersb. 1874—1876.
Burch	Burch V., Myth and Constantine the Great, 1927.
Bury	Bury J. B., The provincial list of Verona. J. R. S. 13, 1923, p. 127 sq.
Cadiou	Cadiou R., La bibliothèque de Césarée et la formation des chaînes. Rev. sc. relig. 4, 1936, p. 474 sq.
Cagnat	Cagnat R., L'annone d'Afrique. Mém. Acad. Inscr. 40, 1916, p. 279 sq.
Calza	Calza G., La statistica delle abitazioni ed il calcolo della populazione in Roma imperiale. Rend. Linc. S. 5, Bnd. 26, 1917, p. 60 sq.
Cantarelli	Cantarelli L., La diocesi italiciana da Dioclet. alla fine dell' imperio occidentale, 1903.
Cantarelli	Cantarelli L., Il primo prefetto di Constantinopoli. Rend. Linc. S. 5, Bnd. 26, 1917, p. 51 sq.
Cantarelli	Cantarelli L., La serie dei proconsoli e dei prefetti di Constantinopoli. Rend. Linc. S. 5, Bnd. 28, 1919, p. 51 sq.

Cantarelli	Cantarelli L., La serie dei prefetti di Constantinopoli. Rend. Linc. S. 5, Bnd. 30, 1921, p. 205 sq.
Capelle	Capelle W., Frühgermanien, 1929.
Caspar	Caspar E., Gesch. des Papsttums, 1930.
Cat. Gr. Coins	Catalogue of the Greek Coins of the British Museum.
Cath. Enc.	The Catholic Encyclopedia.
Christensen	Christensen A., l'Iran sous les Sassanides, 1936.
Ciccotti	Ciccotti E., Motivi demografici e biologici nella rovina della civiltà antica. N. Riv. Stor. 14, 1930, p. 29 sq.
Collingwood	Collingwood R. G., Romain Britain, 1923.
Coppola	Coppola P., La politica religiosa di Giuliano l'Apostata. Civiltà moderna 2, 1930, p. 249 sq. u. p. 1055 sq.
Cosenza	Cosenza M., Official Positions after the time of Constantine. Columbia Univ. Diss., 1905.
Costa	Costa G., Diocleziano, 1920.
Costa	Costa G., L'opposizione sotto i Constantini. Mél. Lumbroso, 1925.
Courtonne	Courtonne V., Saint Basile et l'hellénisme, 1934.
Cumont	Cumont F., The popul. of Syria. J. R. S. 24, 1934, p. 187 sq.
Cumont	Cumont F., l'Egypte des Astrologues. Fondat. égypt. R. Elisabeth. 1937.
Dahlmann-Waitz	Dahlman-Waitz[9], Quellenkunde der deutschen Geschichte, 1931.
Davies	Davies O., Roman mines in Europe, 1935.
Delbrück	Delbrück R., Die Consulardiptychen u. verwandte Denkmäler.
Delbrück	Delbrück R., Der spätantike Kaiserornat. Antike 8, 1932, p. 1 sq.
Delbrück	Delbrück R., Spätantike Kaiserporträts v. Constantinus Magnus bis zum Ende des West-Reichs, 1933.
Delehaye	Delehaye H., La persécution dans l'armée sous Dioclét. Bull. Belg. 7, 1921, p. 150 sq.
Delehaye	Delehaye H., Sanctus, Essai sur le culte des Saints dans l'Antiquité, 1927.
Dessers	Dessers J., De oorzaken van het ontstaan van het kolonaat. Philol. Stud. 9, 1937/1938, p. 45—67.
Deubner	Deubner L., Bemerkungen zum Text der Vita Pythagorae des Jamblichos. Sitz. Ber. Preuss. Akad. Wiss. XIX, 1935, p. 612 sq.
Diculescu	Diculescu C., Die Wandalen u. die Goten in Ungarn u. Rumänien, 1923.
Diehl-Marçais	Diehl Ch. et Marçais G., Le monde oriental de 395 à 1081. Hist. gén. publ. sous la dir. de G. Glotz.. Hist. du moyen âge. Tome III, 1936.
Dölger	Dölger F. J., Sacramentum militiae. Antike u. Christentum 2, 1930, p. 268 sq.

(Sprachlich und historisch). 5

de Dominicis	de Dominicis M., Il rescritto di Constantino agli Umbri e la „praefectura Italiae". Historia 4, 1930, p. 470 sq.
Dopsch	Dopsch A., Naturalwirtschaft u. Geldwirtschaft, passim.
Drexel	Drexel F., Die Familie der Valentiniane. Germania 14. 1930, p. 38.
Duchesne	Duchesne L., Les documents ecclés. sur les divisions de l'empire rom. au 4ième siècle. Mélanges Graux, 1884, p. 133 sq.
Dudden	Dudden F. H., The life and time of St. Ambrose, 1935.
Wight Duff-Duff	Wight Duff J. and Duff A. M., Minor lat. poets with introd. and engl. transl. (Loeb. Class.), 1934.
Dunlap	Dunlap J. E., The grand chamberlain. Univ. of Michigan Stud. 14, 1924, p. 161—324.
Dura-Europos	Dura-Europos, The excavations at — conducted by the Yale Univ. and the French Acad. of Inscr. and Letters, 1929 u. f. J.
Dussaud	Dussaud R., Topographie historique de la Syrie antique et mediévale, 1927.
Dwyer	Dwyer W. F., The vocabulary of Hegesippus. A study in lat. Lexicography, 1931.
Ebersolt	Ebersolt J., Sarcophages impériaux de Rome et de Constantinople. Byz. Ztschr. 30, 1929—1930, p. 582 sq.
Eccheliensis[2]	Eccheliensis[2] A., Chronicon Orientale latinitate donatum ab A. E. Syro Maronita e Libano .... accessit suppl. hist. orientalis ab eodem concinnatum, 1685, Paris.
Egger	Egger R., Der erste Theodosius, Byzantion 5, 1930, p. 9 sq.
Ehrhard	Ehrhard A., Überlieferung und Bestand der hagiographischen u. homiletischen Lit. der gr. Kirche von den Anfängen bis zum Ende des 16 Jahrh., 1936 u. f. Z, noch nicht vollständig.
Elmer	Elmer G., Beiträge zur Diocletianischen Währungspolitik. Mitt. Numismat. Ges. Wien 16, 1930, p. 121.
Elmer	Elmer G., Wanderungen röm. Münzämter im 4 Jhdt. n. Chr., ibid. p. 136.
Enchir. Patrist.	Enchiridion Patristicum, etc. . . collegit M. J. Rouët de Journel S.J., 1932.
Enßlin	Enßlin W., Die weltgeschichtl. Bedeutung der Kämpfe zwischen Rom u. Persien. N. Jahrb. Wiss. 4, 1928, p. 399 sq.
Enßlin	Enßlin W., Dalmatius Censor, der Halbbruder Constantins I. Rh. Mus. N. F. 78, 1929, p. 199—212.
Enßlin	Enßlin W., Zum Heermeisteramt des spätröm. Reiches. I. Die Titulatur der mag. milit. bis auf Theod. I. Klio 23, 1930, p. 306 sq.
Enßlin	Enßlin W., Klio 31 (N. F. 13), Heft 1, 1938, (über Pighi G. B., Nuovi St. Ammianei u. I discorsi nelle storie d'Amm. Marc.) p. 112—116.

Fabbri	Fabbri P., L'ecloga quarta e Constantino il Grande. Historia 4, 1930, p. 228 sq.
Fink	Fink R. O., Gerash. J. R. S. 23, 1933, p. 109 sq.
Fletcher	Fletcher G. B. A., Amm. Marc. u. Solinus. Philol. XCI, Heft 4, p. 478.
Fletcher	Fletcher G. B. A., Stylistic Borrowings and Parallels in Amm. Marc. Rev. d. Phil. XI. 4., Oct. 1937, p. 377 sq.
Florin	Florin H., Unters. zur diocletianischen Christenverfolgung, 1928, Diss. Gießen.
Foord	Foord E., The last age of Roman Britain, 1925.
Forbes	Forbes R. J., Notes on the Hist. of Ancient Roads and their Construction, 1934.
De Francisci	De Francisci P., Storia del diritto romano, 1931 u. f. J.
Frank	Frank T., Economic Hist. of Rome², 1927.
Frey	Frey J. B., C. Inscr. Judaicarum. Rec. des Inscr. juives qui vont du IIIe s. av. J.-Chr. au VIIIe s. de notre ère, 1936 u. f. J., Rom.
Friebel	Friebel O., Fulgentius der Mythograph u. Bischof, 1911.
Frings	Frings Theod., Germania Romana. Mitteld. Stud. Heft 2 = Teuthonista Beiheft 4, 1932.
Gabarron	Gabarron F., Le latin d'Arnobe, 1921.
Gamillscheg	Gamillscheg E., Romania Germanica. Sprach-u. Siedlungsgesch. der Germ. auf dem Boden des alten Römerreichs. Bnd. I: Zu den ältesten Berührungen zwischen Römern u. Germanen. Die Franken. Die Westgoten. 1934.
Gams	Gams B., Series Episcoporum Ecc. Catholicae, 1873.
Gardthausen	Gardthausen V., Das alte Monogramm, 1924. (p. 73 sq.: das christl. Monogr.).
Gelzer	Gelzer H., Geogr. Bemerkungen zu dem Verzeichnis der Väter von Nikaea im Festschr. f. H. Kiepert, p. 47.
Gelzer	Gelzer H., Hilgenfeld H., Cuntz O., Patrum Nicaenorum Nomina latine, graece, coptice etc. .. 1898. (Script. sacri et profani, fasc. II).
Gerland	Gerland E., Valentinians Feldzug des J. 368 u. die Schlacht bei Solicinium. Saalburgjahrb. 7, 1930, p. 112 sq.
Giry	Giry A., Manuel de diplomatique, 1925².
Graban	Graban A., l'Empereur dans l'art byzantin, 1936.
Grabe	Grabe O., Die Preisrevolution im 4 Jahrh. n. Chr. u. ihre Ursachen, nachgewiesen an Ägypten. Diss. Jena, 1923 (Masch. schr!).
Graindor	Graindor P., Constantin et le dadouque Nicagoras. Byzantion 3, 1926, p. 209 sq.
Grégoire	Grégoire H., L'étymologie de „labarum", Byzantion 4, 1927/1928, p. 477.
Grégoire	Grégoire H., Byzantion 5, 1930, p. 788: über das Edikt v. Mailand.
Grégoire	Grégoire H., La „conversion" de Constantin. Rev. Univ. Brux. 36, 1930/1931, p. 231 sq.

(Sprachlich und historisch). 7

Grégoire	Grégoire H., La statue de Constantin et le signe de la croix. L'Ant. class. 1, 1932, p. 135 sq.
Grenier	Grenier A., Manuel d'archéologie gallo-romaine, 1931 u. f. J.
Guinagh	Guinagh K. C., The vicennalia in Lactantius. Cl. J. 28, 1933, p. 449.
Haarhoff	Haarhoff Th., Schools of Gaul. A study of pagan and Christian education in the last Century of the Western Empire, 1920.
Hagel	Hagel K. F., Kirche u. Kaisertum u. Lehre u. Leben des Athanasius.
Hagendahl	Hagendahl H., La prose métrique d'Arnobe. Contributions à la connaissance de la prose litt. de l'empire, 1936.
Hanotaux	Hanotaux G., Hist. de la nation égypt, 1931, T. III.
Hardy	Hardy E. R., The large estates of Byzantine Egypt, 1931.
Haverfield-Mac Donald	Haverfield F. and Mac Donald G., The Roman occupation of Britain, 1924.
Heering	Heering W., Kaiser Valentinian I, 1927, Diss. Jena.
Helm	Helm R., Unters. über den auswärtigen diplomatischen Verkehr des röm. Reiches im Zeitalter der Spätantike. Arch. f. Urk. forsch. 12, 1932, p. 375 sq.
Henning	Henning C. J., De eerste schoolstrijd tusschen Kerk en Staat onder Julianus de Afvallige, 1937.
Henry	Henry P., S.J., Plotin et l'Occident, Firmicus Maternus, Marius Victorinus, Saint Augustin et Macrobe. Spicilegium sacrum Lovaniense, 1934.
Henry	Henry P., S.J., Recherches sur la préparation évangélique d'Eusèbe et l'édit. perdue des oeuvres de Plotin publié par Eustochius, 1934.
Hermersdorf	Hermersdorf B. H. D., Schets der uitwendige gesch. v. h. Rom. recht, 1936.
Hertlein	Hertlein F., Die Römer in Württemberg. (I: Die Gesch. der Besetzung des röm. Württ., 1927; II: Hertlein F. u. Gößler P., Die Straßen und Wehranlagen, 1930; III: Paret O., Die Siedlungen, 1932).
Heuberger	Heuberger R., Raetia prima und R. secunda. Klio 24, 1931, p. 348 sq.
Heuberger	Heuberger R., Raetien I, 1932.
Heussi	Heussi K., Der Ursprung des Mönchtums, 1936.
Higgins	Higgins M. J., Reliability of Titles and Dates in Codex Theod. Byzantion 10, 1935, p. 621—640.
Hitchcock	Hitchcock F. R., Julian versus Christianity. Quart. Rev. 275, 1931, p. 315—336.
Hoepffner	Hoepffner A., La mort du magister milit. Théod. Rev. d. ét. lat. 14, 1936, p. 119 sq.
Hohlwein	Hohlwein N., Le blé d'Égypte. Ét. de papyr. 4, 1938, p. 33—120.

Holmberg	Holmberg E. J., Zur Geschichte des cursus publicus. Diss. Uppsala, 1933.
Honigmann	Honigmann E., Neue Forschungen über den Syrischen Limes. Zu Musils Reisen 1908—1915. Klio 25, 1932, p. 132—140.
Jäntere	Jäntere K., Die röm. Weltreichsidee u. die Entstehung der weltlichen Macht des Papstes (Annales Univ. Turkuensis, series B. 21), 1936.
Jirku	Jirku A., Die Aeg. Listen Palästinensischer u. Syrischer Ortsnamen in Umschrift u. mit hist.-archäol. Komm. Klio, Beiheft 38, 1937.
John	John W., Ausonii Mosella übersetzt und erklärt, 1932.
Jonas	Jonas H., Gnosis u. spät-antiker Geist. Teil I: Die mythologische Gnosis. Mit einer Einl.: zur Gesch. u. Methodologie der Forschung. Vorwort v. R. Bultmann, 1934.
Jouai	Jouai L. A. A., De magistraat Ausonius, 1938.
Julian	Julian J., A dictionary of Hymnology, 1892.
Jullian	Jullian C., Rev. Hist. 47, 1891, p. 240 sq. u. 48, 1892, p. 1 sq. (über Ausonius u. s. Zeitalter).
Jullian	Jullian C., Histoire de la Gaule, 1908—1926.
Jullian	Jullian M., De la réforme provinciale attribuée à Dioclétien, Rev. hist., 1882.
Julien	Julien Ch. A., Histoire de l'Afrique du Nord, 1931, p. 219 sq.
Junel	Junel B., In Cassium Felicem studia. Comment. acad. U. U. Å., 1936.
Juret	Juret A. C., Système de la syntaxe latine, 1933.
Juret	Juret P. C., Étud. gramm. sur le latin de St. Filastrius, 1904, Diss. Erlangen.
Kahrstedt	Kahrstedt, Syrische Territorien in hellenistischer Zeit, 1926.
Kampers	Kampers F., Werdegang der Kaisermystik.
Kentenich	Kentenich G., Gesch. der Stadt Trier v. ihrer Gründung bis zur Gegenwart, 1915.
Kettler	Kettler F. H., Der Melitianische Streit in Aegypten. Zeitschr. f. die neutest. Wiss. 35, 1936, p. 155—193.
Klotz	Klotz A., Die Quellen Amm. in der Darstellung v. Julians Perserzug, Rh. Mus. 71, 1916, p. 461—506 (cf. Klein W., Klio 13 Beiheft, 1914).
Knipfing	Knipfing J. R., The edict of Galerius (311 a. D.) reconsidered. Rev. Belg. Ph. 1, 1922, p. 693 sq.
Knipfing	Knipfing J. R., Religious tolerance during the early part of the reign of Constantin the Great. The cathol. hist. Rev. N. S. 4, 1925, p. 483 sq.
Knook	Knook P. C., De overgang van metrisch tot rythmisch proza bij Cyprianus en Hieronymus, 1932.
Koch	Koch H., Gelasius etc... Ein Beitrag zur Sprache des Papstes Gelasius I (492—496), 1935.

(Sprachlich und historisch). 9

Köhler	Köhler G., Unters. zur Gesch. des Kaisers Valens, Diss. Jena, 1925. (Masch. schr.).
Konjetzny	Konjetzny G., De idiotismis syntacticis in titulis latinis urbanis (C. I. L. vol. VI) conspicuis. Arch. L. L. G. 15 p. 297 sq.
Krumbiegel	Krumbiegel R., De Varroniano scribendi genere quaestiones, 1892. Diss. Leizpig.
Kruse	Kruse H., Stud. zur offiziellen Geltung des Kaiserbildes im Röm. Reich, 1934.
Kubitschek	Kubitschek W., Zur Gesch. v. Städten des röm. Kaiserreichs. Kais. Akad. d. Wiss. (Phil.-hist. Kl.) Sitz. Ber. 177, Bnd. 4.
Kübler	Kübler B., Gesch. des röm. Rechts, 1925, p. 306 sq.
Kurfeß	Kurfeß A., Platons Timaeus in Kaiser C. Rede etc. Ztschr. f. d. neut. Wiss. 19, 1919/1920, p. 72.
Kurfeß	Kurfeß A., Verg. 4 Ekloge in Kaiser Constantins Rede an die heilige Versammlung. Sokrates Jahresb. 46, 1920, p. 90 sq.
Kurfeß	Kurfeß A., Der Schluß der 4 Ekloge V. in Kaiser C. Rede etc. Pastor Bonus, 1920—1921, p. 55 sq.
de Labriolle	de Labriolle P., La réaction païenne. Étude sur la polémique antichr. du 1er au 6ième S., 1934.
Laffranchi	Laffranchi L., L'imperatore Martiniano ed il suo tempo. Atti Acc. Pont. 3, 1924/1925, p. 351.
Laffranchi	Laffranchi L., L'usurpatore Massimano III et la sua probabile identificazione storica, Rend. Acc. Pont. 5, 1929, p. 191 sq.
Langlois	Langlois, Collection d'historiens anciens et modernes de l'Arménie. Paris, 1869, Didot.
Larsen	Larsen J. A. O., The position of prov. assemblies in the government and society of the later Rom. Emp. Class. Phil. 29, 1934, p. 209—220.
Laurand	Laurand L., Ét. sur le style des discours de Ciceron avec une esquisse de l'hist. du cursus. T. I., 1936.
Lavarenne	Lavarenne M., Étude sur la langue du poète Prudence, 1933.
Lavarenne	Lavarenne M., Prudence, Psychomachie, 1933. Texte, trad., comm. etc.
Leopold	Leopold H. M. R., De spiegel van het verleden. Beschouwingen over de ondergang van het Rom. Rijk naar aanleiding van het huidige wereldgebeuren, 1928.
Lessing	Lessing, Lexicon Hist. Aug.
Leuze	Leuze O., Die Satrapieneinteilung in Syrien u. im Zweistromland v. 520—320. Schr. d. Königsb. Gelehrtenges. Geistesw. Kl., 11 J., Heft 4, 1935.
Liechtenhan	Liechtenhan E., Sprachliche Bemerkungen zu Marcellus Empiricus. Diss. Basel, 1917.
Lindsay	Lindsay W. M., Syntax of Plautus, 1907. (= S^t. Andrews Univ. Publ. 4).

Longus	Longus, Pastorales ed. Dalmeyda, 1934.
Lot	Lot F., Pfister Chr., Ganshof Fr.-L., Les destinées de l'Empire en Occident de 395 à 888.
Lot	Lot F., Les migrations saxonnes en Gaule et en Grande-Bretagne du 3ième au 5ième s. Rev. H. 119, 1915, p. 1 sq.
Lot	Lot F., De l'étendue et de la valeur du „caput" fiscal. Rev. H. Dr. 4, 1925, p. 5 sq. en p. 177 sq.
Lot	Lot F., La fin du monde antique, 1927.
Lot	Lot F., L'impôt foncier et la capitation personnelle sous le Bas Empire et à l'époque franque. Bibl. de l'école d. hautes ét. 253, 1928.
Lot	Lot F., La notitia dignitatum. Rev. d. ét. anc. 38, 1936. p. 316.
Lot	Lot F., Les invasions barbares et le peuplement de l'Europe, 1937.
Mamboury-Wiegand	Mamboury E. u. Wiegand Th., Die Kaiserpaläste von Konstantinopel zwischen Hippodrom u. Marmarameer. Bearbeitet v. . . Unter Mitwirkung v. Hölscher u. Wulzinger. Mit einem Beitr. v. E. Unger, 1934.
Marez Des	Marez Des, Le problème de la colonisation franque et du régime agraire dans la Basse-Belgique, 1926.
Marouzeau	Marouzeau J., Traité de stylistique appliquée au Latin, 1935.
Martroye	Martroye M. F., Sur un passage de l'édit de Milan. Bull. Soc. Ant. 1915, p. 105.
Martroye	Martroye M. F., Le titre de Pontifex Maximus et les empereurs chr. Bull. Soc. Ant. 1928, p. 192.
Martroye	Martroye M. F., La monnaie d'or et les payements dans les caisses publiques à l'époque constantinienne. Mém. Soc. des Ant. de France 77, 1928, p. 125 sq.
Massonneau	Massonneau E., La magie dans l'antiquité Rom., 1934.
Médan	Médan P., La latineté d'Apulée dans les Métamorph., 1926.
Medert	Medert J., Quaest. criticae et gramm. ad Gynaecia Mustionis pertinentes, Diss. Gießen, 1911.
Mélanges Bidez	Mélanges Bidez: Annuaire de l'Inst. de Philol. et d'Hist. Or., 1934, worin: Enßlin W., Der Constantinische Patriziat u. seine Bedeutung im 4 Jahrh. u. Stein E.: Post-consulat et ΑΥΤΟΚΡΑΤΟΡΙΑ.
Mickwitz	Mickwitz G., Die Kartellfunktionen der Zünfte u. ihre Bedeutung bei der Entstehung des Zunftwesens, 1936.
Mickwitz	Mickwitz G., Un problème d'influence: Byzance et l'économie de l'occident médiéval. Ann. d'hist. écon. et soc., 1936.
Mohrmann	Mohrmann Chr., Ausonius en zijn verhouding tot het Christendom. Stud. Catholica 4, 1927, p. 364 u. 5, 1928, p. 23.
Moricca	Moricca U., Storia della litt. lat. chr., 1923 u. f. J.

(Sprachlich und historisch).

Mørland	Mørland H., Rufus: de podagra. Symbolae Osloenses Suppl. VI, 1933.
Moss	Moss H. St. L. B., The Birth of the Middle Ages 395—814, 1935.
Much	Much R., Die Germania des Tacitus, 1937 (Germ. Bibl. 1ste Abt. V. 3).
Müller	Müller C. F. W., Syntax des Nominat. u. Akkus., herausgegeben v. F. Skutsch, 1908 (= Landgraf, hist. Gramm. d. lat. Spr., Suppl. III).
Müller	Müller E., Das Constantinische Kaiserhaus, eine Porträt- u. Charakterstudie. Zeitschr. f. Psychiatrie 99, 1933, p. 438 sq.
Müller	Müller K., Constantins d. Gr. Katechumenat. Ztschr. f. neut. Wiss. 24, 1925, p. 285 sq.
Müller	Müller K., Const. d. Gr. u. die chr. Kirche. Hist. Ztschr. 140, 1929, p. 261 sq.
Niccolini	Niccolini G., I Fasti dei tribuni della Plebe, 1934.
Norden	Norden E., Ein litt. Zeugnis aus der Verfallszeit des röm.-germ. Limes. (Amm. Marc. 18. 2. 15: Romanorum et Burgundiorum confinia). Forsch. u. Fortschr. 5. 1929. p. 135.
Olcott	Olcott G. N., Studies in the Word Formation of the Lat. Inscr.; Subst. and Adj., with special reference to the Lat. Sermo vulgaris, 1898.
Oldfather	Oldfather W. A., Canter H. V., Perry B. E., Index Apulejanus, 1934.
Olivetti	Olivetti A., Sulle stragi di Constantinopoli succedute alla morte di Const. il Grande, Riv. Fil. 43, 1915, p. 67 sq.
Örtel	Örtel F., Der Niedergang der hellen. Kultur in Aegypten. N. Jb. kl. Altert. u. Päd. 23, 1920, p. 361 sq.
Pacha	Pacha J. C., Chronol. de la nation égypt. (pér. rom.), 1931.
Pack	Pack, Roger, A., Studies in Libanius and Antiochene society under Theodosius, 1935.
Palanque	Palanque J. R., Un épisode des rapports entre Gratien et S. Ambroise. Rev. E. A. 30, 1928, p. 291 sq.
Palanque	Palanque J. R., Sur l'usurpation de Maxime. Rev. E. A. 31, 1929, p. 33 sq.
Palanque	Palanque J. R., Famines à Rome à la fin du 4ième s. Rev. E. A. 33, 1931, p. 346 sq.
Palanque	Palanque J. R., Sur la date d'une loi de Gratien contre l'hérésie. Rev. H. 168, 1931, p. 87 sq.
Palanque	Palanque J. R., l'Empereur Gratien et le grand pontificat païen. Byzantion 8, 1933, p. 41 sq.
Palanque	Palanque J. R., Saint Ambroise et l'Empire rom., 1933.
Paret	Paret O., Spätr. Münzen in Württemberg. Beitr. zur süddeutschen Münzk., 1927.
Parker	Parker H. M. D., A history of the Rom. world from A. D. 138 to 337, 1935.

Patsch	Patsch C., Banater Sarmaten. Abh. Wien ph. hist. Kl. 62, 1925, p. 69 sq.
Patsch	Patsch C., Die Völkerschaft der Agathyrsen. Abh. Wien ph. hist. Kl. 62, 1925, p. 69 sq.
Patsch	Patsch C., Die Völkerbewegung an der unteren Donau in der Zeit von Diocl. bis Heraclius. Sitz. B. Wien ph. hist. Kl. 208, 1928, 2. Abh.
Patsch	Patsch C., Die quadisch-jazygische Kriegsgemeinschaft im J. 374—375. Sitz. B. Wien ph. hist. Kl. 209, 1929, Abh. 5.
Pattist	Pattist M. J., Ausonius als Christen. Diss. Amsterdam, 1925.
Peeters	Peeters P., Anal. Boll. 38, 1920, p. 285 sq. (Über die Belagerung v. Nisibis 337).
Peeters	Peeters P., Bull. Belg. 5, 1931, p. 10 sq. (Über die Bel. v. Nisibis 337).
Philippson	Philippson A., Das Byz. Reich als geogr. Erscheinung. Geogr. Ztschr. 40, 1934, p. 442—455.
Pick-Schmid	Pick K. u. Schmid W., Die Schlacht am Frigidus. Jahresb. österr. arch. Inst. 22, 1922—1924, Beibl. 307.
Pieper	Pieper K., Atlas orbis christ. ant., 1931.
Piganiol	Piganiol A., l'Empereur Const., 1932.
Piganiol	Piganiol A., La capitation de Diocl. Rev. hist. 60e ann. 176, 1935, p. 1—13.
Pink	Pink K., Die Silberprägung der dioclet. Tetrarchie. Ztschr. Num. 63, 1930, p. 9 sq.
Pink	Pink K., Die Goldprägung des Diocletian u. s. Mitregenten. Ztschr. Num. 64, 1931, p. 1 sq.
Poinssot	Poinssot M. L., La carrière de 3 procons. d'Afrique contemporains de Dioclét. Mém. Soc. des ant. de France 76, 1924, p. 264 sq.
Poinssot	Poinssot M. L. et Lantier R., 4 préfets du prétoire contemporains de Constantin. C. R. Acad. Inscr. 1924, 1924, p. 363.
Praun	Praun J., Bemerkungen zur Syntax des Vitruv, Diss. München, 1885.
Préaux	Préaux C., Les modalités de l'attache à la glèbe dans l'Egypte grecque et rom. (Rec. de la Soc. Jean Bodin, Bruxelles, 1937, p. 35 sq.).
Preuschen	Preuschen E., Palladius u. Rufinus, ein Beitr. zur Quellenkunde des ältesten Mönchtums, 1897.
Prümm	Prümm K., Der chr. Glaube u. die alt-heidnische Welt, 1935.
Quasten	Quasten J., Monumenta eucharistica et liturgica, 1935 u. f. J.
Le Quien	Le Quien M., Oriens Christianus I, II, III, Parisiis 1740.
Rehm	Rehm W., Der Untergang Roms im abendländischen Denken, Erbe der Alten, 1930.

(Sprachlich und historisch). 13

Reinmuth	Reinmuth O. W., The prefect of Egypt from Aug. to Diocl., 1935.
Renan	Renan E., Mission de Phénicie, vol. et atlas, Paris, 1864—1874.
Riese	Riese A., Der angebliche Krieg des Constantinus II gegen die Friesen. Germania 5, 1921, p. 123.
Robert	Robert L., Villes d'Asie mineure (Étud. de géogr. ant.), 1935.
Robinson	Robinson R. P., The Hersfeldensis and the Fuldensis of Amm. Marc. The Univ. of Missouri Stud. . . Philol. Stud. in Honor of W. Miller XI. 3, 1936, p. 118 sq.
Rolfe	Rolfe J. C., On Amm. Marc. 23. 3. 9. American J. of Philol. 57, 1936, p. 137—139.
Roller	Roller K., die Kaisergesch. in Laktanz „De mortibus pers.", Diss. Gießen, 1927.
Rostovzeff	Rostovzeff M., A history of the ancient world, II, 1927.
Rostovzeff	Rostovzeff M., Social and economic hist. of the Rom. Empire, 1926. (Deutsche Übers. v. L. Wickert, 1929, mit Ergänzungen Rostovz.).
Rostovzeff	Rostovzeff M., La Syrie rom. Rev. hist. 60, 1935, p. 1 sq.
Rostovzeff	Rostovzeff M., Dura and the problem of Parthian art. Yale Class. Stud. ed. . . by Aust. M. Harmon V, 1935, p. 156 sq.
Rütten	Rütten F., Die Victorverehrung im chr. Alt., 1936.
Salvatorelli	Salvatorelli L., Constantino il Grande, 1928.
Salvatorelli	Salvatorelli L., La politica religiosa et la religiosità di Constantino. 4, 1928, p. 289 sq.
Sanders	Sanders H. A., The downfall of the Roman Empire. Cl. J. 28, 1932, p. 209 sq.
Savignac	Savignac M. R., Sur les pistes de Transjordanie meridionale. Rev. bibl. 45, 1936, p. 235—262.
Schmidt	Schmidt L., Die Wandalen u. die Goten in Ungarn u. Rumänien. Ungar. Jahrb. 5, 1925, p. 113 sq.
Schmidt	Schmidt L., Gesch. der germ. Frühzeit, 1925.
Schneider	Schneider A. F., Byz. Vorarbeiten zur Topogr. u. Arch. der Stadt. Beitr. v. W. Karnapp, 1936. (Deutsches arch. Inst.).
Schrader-Nehring	Schrader O. — Nehring A., Reallexicon der Indogerm. Altertumskunde, 1917—1929.
Schrörs	Schrörs H., Die Bekehrung Const. d. Gr. in der Überl. Zk. Th. 40, 1916, p. 238 sq.
Schrörs	Schrörs H., Zur Kreuzeserscheinung Const. d. Gr. Zk. Th. ibid. p. 485 sq.
Schrijnen Mohrmann	Schrijnen J. u. Mohrmann Ch., Stud. zur Syntax der Briefe des hl. Cyprian, 1936—1938, I—II.
Schubart	Schubart W., Vom Altertum zum Mittelalter. Arch. f. Pap. forsch. 11, 1933, p. 74 sq.
Schuchter	Schuchter E., Zum Predigtstil des hl. Augustinus. Wiener Stud. 1934, 52, p. 115 sq.

Schultze	Schultze V., Altchr. Städte u. Landschaften, III, 1930.
Segrè	Segrè A., Circolazione monetaria e prezzi nel mondo antico ed in particolare in Egitto, 1922.
Seston	Seston W., Rech. sur la chron. du règne de Const. le Gr. Rev. d. étud. anc. 39. 3. 1937. p. 197—218.
Seyrig	Seyrig H., Travaux arch. en Syrie, 1930—1931. Arch. Anzeiger. Beibl. zum Jahrb. des d. arch. Inst. 46, 1931, col. 575—596.
Van Sickle	Van Sickle C. E., Conservative and philosoph. influence in the reign of Diocl. Cl. Ph. 27, 1932, p. 51 sq.
Sjörgren	Sjörgren H., Zum Gebrauch des Fut. im Altlat., 1906.
Sleumer	Sleumer A., Kirchenlat. Wörterbuch, 1926.
Solari	Solari A., Sulla morte del ,,magister equitum" Theodosio. Byzantion 6, 1931, p. 469 sq.
Solari	Solari A., I partiti nella elezione di Valentiniano. Riv. Thil. N. S. 10, 1932, p. 75 sq.
Solari	Solari A., Graziano major. Athenaeum N. S. 10, 1932, p. 160 sq.
Solari	Solari A., La versione ufficiale della morte di Valentiniano II. L'Ant. class. 1, 1932, p. 273.
Solari	Solari A., Il non intervento nel conflitto tra la Persia e Valente. Riv. Fil. N. S. 10, 1932, p. 352 (= Klio 26, 1933, p. 114 sq).
Solari	Solari A., Il consiglio di guerra ad Adrianopoli nel 378. Riv. Fil. N. S. 10, 1932, p. 501 sq.
Stade	Stade K., Der Politiker Diocl. u. die letzte große Christenverfolgung, 1926.
Steele	Steele R. B., Amm. Marc. Class. Weekly, 16, p. 18 sq. en p. 27 sq.
Stein	Stein E., Unters. zum Staatsrecht des Bas-Empire. Ztschr. Sav. Stift. 41, 1920, p. 195 sq.
Stein	Stein E., Unters. zur spätröm. Verwaltungsgesch. Rh. Mus. 74, 1925, p. 347 sq.
Steinbeiß	Steinbeiß H., Das Geschichtsbild Claudians, 1936.
Stevens	Stevens C. E., Sidonius Apollinaris and his age, 1933.
de Strycker	de Strycker E., Themistios getuigenis over de exoterische en akroamatische werken v. Aristoteles. Philol. Stud. VII, 1935/1936, p. 100—121.
de Strycker	de Strycker E., Antisthène ou Themistius. Arch. de Philos. XII, Cahier III, p. 181 sq.
Strzygowski	Strzygowski J., L'ancien art chr. de Syrie. Étud. prélim. de G. Millet, 1936.
Svennung	Svennung J., Unters. zu Palladius u. zur lat. Sach- u. Volksspr., 1935.
Svennung	Svennung J., Kleine Beitr. zur lat. Lautlehre, 1936.
Swoboda-Keil-Knoll	Swoboda H., Keil J., Knoll F., Denkmäler aus Lykaonien, Pamphylien u. Isaurien, 1935.
Tamás	Tamás Lajos, Romains, Romans et Roumains dans

(Sprachlich und historisch). 15

	l'histoire de la Dacie Trajane. Études sur l'Europe centro-orientale dir. par E. Lukinich, 1, 1936.
Theiler	Theiler W., Porphyrios und Augustin. Schr. d. Königsb. Gel. Ges., geistesw. Kl., Jahr 10, Heft 1, 1933.
Thibault,	Thibault, Les impôts directs sous le Bas-Empire rom., 1900.
Till	Till R., Die Sprache Catos. Philol. Suppl. Bnd. 28, Heft 2, 1935.
Toussoun	Toussoun, prince Omar, Notes sur le désert lybique. „Cellia" et ses couvents. Mém. de la Soc. d'arch. d'Alexandrie, VII. 1, 1935.
Vasiliev	Vasiliev A. A., History of the Byzantine Empire, 1928.
Vasiliev	Vasiliev A. A., The Goths in the Crimea. Monogr. of the Mediaeval Acad. of Amer. 11, 1936.
Veeck	Veeck W., Die Alamannen in Württemberg. German. Denkmäler der Völkerwanderungszeit, I, 1931.
Vieillefond	Vieillefond J. R., Les pratiques religieuses dans l'armee byz. Rev. d. ét. anc. 37, 3, 1935, p. 322 sq.
Vine-Aubrey	Vine, Aubrey R., The Nestorian Churches. A concise hist. of Nestorian Christianity in Asia from the Persian schism to the modern Assyrians, 1937.
Vittinghoff	Vittinghoff F., Der Staatsfeind in der röm. Kaiserzeit. Neue deutsche Forsch. Abt. Alte Gesch., 2, 1936.
V. J. R.	Vocabularium jurisprudentiae romanae, 1903 u. f. J.
Vogelstein	Vogelstein M., Kaiseridee-Romidee und das Verhältnis von Staat u. Kirche seit Constantin, Hist. Unters. H. 7, 1930.
Vötter	Vötter O., Die Kupferprägung der dioclet. Tetrarchie. Ztschr. Num. 50, 1917, p. 11 sq.; 51, 1918, p. 181 sq.; 53, 1920, p. 101 sq.; 56, 1923, p. 1 sq.; 58, 1925, p. 1 sq.
Vulič	Vulič N., Constantins' Sarmatenkrieg 358—359. Byz. Ztschr. 30, 1929/1930, p. 374 sq.
Walter	Walter F., Zu Amm. Marc. Philol. 90, 1935, p. 127 sq.
Webb	Webb P. H., The Pre-Reform Coinage of Diocletian, Num. Chron. 5 S. 9, 1929, p. 191 sq.
West	West L. C., The economic collapse of the Rom. Empire. Cl. J. 28, 1932, p. 96 sq.
White	White E. L., Why Rome fell, 1927.
Wikström	Wikström T., In Firmicum Maternum studia critica. Comment. acad. Upsal., 1935.
Wolfram-Gley	Wolfram G. u. Gley W., Elsaß-Lothringischer Atlas, 1931.
Wytzes	Wytzes J., Der Streit um den Altar der Victoria. Die Texte der betr. Schr. des Symm. u. Ambros. mit Einl. Übers. u. Komm., 1936, Amsterdam.

SPRACHLICHER UND HISTORISCHER KOMMENTAR
Zu XIV 7. 1—7. 2 (p. 18. 14—18. 18).

7. 1. disseminata. Cf. 20. 2. 1; 29. 6. 6; 31. 4. 2; Thes. 5. p. 1453: „legitur primum apud Cic., deinde a Plinio nat."

7. 1. onerosus. Cf. 24. 5. 10: imperator . . reliquos ex ea cohorte . . ad pedestrem compegit militiam, quae onerosorior est.
Auch klass. Für die Adj. auf — osus cf. ad 14. 2. 9; Romania 39 p. 217; Hofmann-Leumann p. 231 (mit Lit.).

7. 1. primatibus. Primas nachklass. für: primarius. Oft in der Rechtssprache, z.B. primates urbium, vicorum castellorumque, civitatum, usw.

7. 2. Antiochensis ordinis vertices. Cf. 15. 3. 3: honorum vertices ipsos ferinis morsibus adpetentes; 15. 5. 16: et sensim cum principiorum verticibus erectius conlocutus; Valesius (Edit. Wagner 2 p. 52): „Ut Romae et Constantinopoli erat album Senatorium, in quo senatorum omnium erant nomina perscripta, ita et in civitatibus reliquis erat album decurionum . . Qui primores erant in hoc albo, ii ordinis vertices dicuntur hoc loco". Für das album decur. cf. Dessau, Inscr. 6122.

7. 2. elogio. „Sub uno elogio: una sententia condemnatoria, formula letali (cf. ad 1. 3), proloquio (28. 1. 11; 29. 1. 38)" (Wagner). Cf. ad 14. 5. 5.

7. 2. ei celerari vilitatem intempestivam urgenti .. responderunt. Mscr: celebrari, Wagner: celerari. Die Wagnersche Konjektur scheint mir überflüssig; vilitas = edictum vilitatis u. celebrare = allgemein bekannt machen. Für den Sinn dieser Worte cf. ad 22. 14. 2: vilitati studebat venalium rerum, quae non numquam secus quam convenit ordinata, inopiam gignere solet et famem. et Antiochensi ordine id tunc fieri cum ille juberet, non posse, aperte demonstrante, nusquam a proposito declinabat, Galli similis fratris, licet incruentus u. Lact., de mort. pers. 7: idem (sc. Dioclet.) cum variis iniquitatibus immensam faceret caritatem, legem pretiis rerum venalium statuere conatus est. Tunc ob exigua et vilia multus sanguis effusus, nec venale quicquam metu apparebat et caritas multo deterius exarsit donec lex necessitate ipsa post multorum exitium solveretur. Cf. et. Gibbon 1. Appendix 23; Blümner, R. E. 5 p. 1948 sq.; ejusd. Röm. Priv. Altert. (1911) p. 604 sq.; **Mommsen**, Ges. Schr. 2 p. 252 sq.

II.

18   Sprachlicher und historischer Kommentar

p. 18. 19.   **7. 2. gravius rationabili:** quam ipsi aequum videretur (Wagner). Cf. 20. 4. 11: rationabiles querellas = berechtigte, begründete Beschwerden. Rat. nachkl. in der Bedeutung: mit Vernunft begabt, vernünftig. Bei Juristen u. Gromat.: vernunftgemäß („ conforme à la raison, rationnel"); bei Prisc. 2. 3: rationabilius sonoriusque est (c. acc. c. inf.). Für die Adj. auf — bilis cf. Olcott p. 209 sq.; Roensch It. p. 109 sq.; Goelzer St. Jérome p. 135 sq.; Grandgent p. 24: „very common in Christian writers and was much employed in late Latin, especially in learned words . ."; Hofman-Leumann p. 234.

Anm. Das spätlat. Adverb rationabiliter bei Amm. 20. 4. 8: quae rationabiliter poscebantur.

p. 18. 19.   **7. 2. et perissent ad unum** ... Über die Grausamkeit des Gallus cf. Liban. orat. de vita sua. 96. (Foerster 1. 1. p. 130): καὶ γὰρ αὖ πρὸς τοῖς ἰδίοις ζάλη τις κατειλήφει τὸ κοινόν, ὀργὴ βασιλέως εἰς φόνον προελθοῦσα· καὶ οἱ μὲν ἔκειντο, τοὺς δὲ ὡς κτείνειεν, ἔδησεν, ἅπαντας ἀγαθούς ...; Ep. 394 a (Foerster 10 p. 386) 9. 10.

p. 19. 1.   **7. 3. in circo sex vel septem aliquotiens deditus certaminibus.** Das handschriftl. vetitus ist nicht zu begreifen. Auch Petschenigs Konjektur deditus ist unbefriedigend. Vales. Konj. vetitis hat m. E. keinen Zweck, wenn er pugiles nicht metaphorisch auffaßt (cf. ad ann. p. 19. 2). Es bleibt übrig editis v. Cornelissen (mit praesentischer Bedeutung? cf. Hofmann p. 607). Überhaupt bietet die ganze Stelle p. 19. 1—2 der Interpretation Schwierigkeiten, sodaß sie vielleicht verdorben ist.

Pugilum .. concidentium abhängig v. certaminibus, einem Griechischen gen. absol. ähnlich, dem sich perfusorum s. s. lose anschließt; laetabatur regiert den Ablativ certaminibus.

Anm. Für aliquotiens, das außerordentlich häufig vorkommt in der Bedeutung saepe cf. 29. 5. 22; 29. 6. 15; 30. 2. 9; 30. 4. 16; 30. 4. 22; 30. 7. 1; 30. 8. 3; 30. 8. 11; 31. 2. 11; 31. 13. 19; 31. 14. 3 u. Liesenberg (1889) p. 15; Thes. 1. p. 1617. Oft ist es mit andern Adverbien verbunden; cf. 14. 2. 5; 16. 5. 17; 16. 9. 1; 23. 6. 9.

p. 19. 2.   **7. 3. pugilum.** Cf. Vales. ann. a. h. l. (=ed. Wagner 2. p. 52): „Lipsius (Saturnalium 1. 12) haec verba de gladiatoribus accepit, quorum cruenta spectacula lege Constantini Magni vetita fuerant. (cf. Cod. Theod. 15. 12 u. Cod. Just. 11. 44(43)). Equidem gladiatores πύκτας dici et πυκτεύειν libens concesserim, quippe cum et Artemidori locus (cf. ed. Hercher 2. 32 p. 128) id probet: καὶ γὰρ ἡ πυγμὴ μάχη καλεῖται, εἰ καὶ μὴ δ' ὅπλων γίνεται κ.τ.λ. sed tamen gladiatores latine pugiles dici, vix in animum meum inducam. Nec quidquam obstat, quominus hic locus intelligatur de pugilibus qui caestibus dimicabant. Nam cruenta hujusmodi pugilum fuisse certamina satis constat ex poetis . . . (cf. Verg. Aen. 5. 379 sq.; Cic. Tusc. 2. 17; etc.)''. Auch Liddell-Scott gibt für πυχτεύειν u. a. die allgemeine Bedeutung: to fight, mit Belegen aus Heliod., Philostr. u. inscr.:

Anm. Goth., der vetitis liest, annotiert ad Cod. Theod. 15. 12. 1: ,,quod vetita aliquotiens certamina pugilum dixit Marcellinus, id non ad illam Constantini prohibitionem respicit; verum ad alias prohibitiones; nempe, ut conjicere liceat primum, si casus aliquis in pugilatu extraordinarius eveniret, eum saepe prohibitum, mox tamen exolescente memoria restitutum ..'', was zwar möglich aber nicht bewiesen ist. Über ein besonderes Verbot des Faustkampfes in dieser Zeit ließ sich nichts finden. Was Goth. über ein mutmaßliches Verbot bei den Spartanern schreibt, scheint mir nicht hierher zu gehören.

7. 4. accenderat super his. Mscr.: accedebat. Der Pleonasmus accedebat s. his ist hier möglich; inc. prop. ad n. wäre dann ein appositiver Nominativ zu al. mulier, aber schwer zu deuten. Eine bessere Lösung scheint mir, incitatum als ein Supinum aufzufassen (cf. ad 14. 6. 23). Für super his cf. ad 14. 1. 6.

7. 4. palatium. Cf. ad 14. 5. 8: comitatus.

7. 4. muneratam. Das part. perf. pass. auch: 17. 8. 3; 20. 11. 3; 25. 10. 10. Bei Cicero scheint nur das Deponens vorzukommen. Cf. Merguet II, 2. p. 618 u. I. 3. p. 226; ad Att. 7. 2. 3; parad. 5. 39; cf. et. Lodge II p. 101. Nicht oft in der klass. Sprache. In der H. Aug. findet sich munerare u. munerari; cf. Lessing p. 367.

7. 4. proliceret. Compos. v. lacio; cf. Plaut., Curc. 1. 2. 2; Ovid., Ars Amat. 2. 718; Tac. Ann. 3. 73; Claud. Mamertus, de stat. animae 3. 13. Seltenes Wort.

7. 5. Hierapolim. Im Zusammenhang mit den Worten: ,,ut expeditioni specie tenus adesset'' und dem in Caput 3 Mitgeteilten ist hier natürlich Hierapolis Bambyce gemeint (nicht zu verwechseln mit Hierapolis und Hieropolis in Phrygia usw.; cf. R. E. 8 p. 1404 (Ruge), der ungenau ist und Dict. chrét. 6. 2. p. 2377 sq. (Leclercq)). Über Bambyce cf. 8. 7: et prima post Osdroenam . . . Commagena (nunc Eufratensis) clementer adsurgit, Hierapoli (vetere Nino) et Samosata civitatibus amplis inlustris; 23. 2. 6: . . Hierapolim solitis itineribus venit (sc. Julianus). Ubi cum introiret civitatis capacissimae portas etc. . . . Nach Amm. und N. D. Or. 2. (Seeck p. 6) gehörte die Stadt zur Provinz Eufratensis (dioeces.

Orientis); sie liegt in der Landschaft Κυρρηστική, die bis zur Gründung der provincia Euphr. zu Syria gehörte, aber nach der Gründung (nach 330) zu dieser prov. Eufrat. (cf. R. E. 12 p. 191 sq. (Honigmann)). Die Stadt war der Hauptsitz des Atargatiskultes (Derketo); cf. Luc., De dea Syria, passim. Durch die Einführung des Christentums nahm ihre Bedeutung mehr und mehr ab. Justinianus ließ eine neue aber kleinere Mauer um sie bauen (Procop., De aedif. 2. 9). Erwähnt wird sie u. a.: Strabo 16. 1. 27 und 16. 2. 7; Plin. n. h. 5. 81 und 32. 17; Ptol. 5. 14. 10 und 8. 20. 8; Itin. Ant. 191, 192 und 193; Tab. Peut.; Zosim. 3. 12; Malal. 13 (Bonner Corpus p. 328 und 462) etc. Cf. et. R. E. 2 p. 2843 sq. (Benzinger) und Suppl. 1 p. 240 (Benzinger); Thes. 2 p. 1714. Pieper, Tab. 6 (metropolis).

7. 5. inediae. Meistens gleichbedeutend mit abstinentia cibi, kommt aber selten vor. Bei Plaut. nur Curcul. 309, bei Cic. u. Tac. viermal, bei Gell. 3. 10. 15. Cf. et. Lessing p. 272; Heum.-Seckel p. 262. Hier: Hungersnot. Cf. 14. 7. 5: ut inediae dispelleret metum; 25. 7. 4: furebat inedia iraque percitus miles; 31. 8. 1: periret inedia.

7. 5. sperabatur = timebatur. Cf. 16. 8. 10; 16. 12. 9; 20. 11. 16; 21. 3. 1; 22. 3. 10; 28. 1. 26; 29. 5. 50; 30. 5. 3; 30. 10. 1; 31. 8. 2. Bemerkenswert ist bei Amm. das passivisch gebrauchte sperare; cf. 15. 5. 9; 16. 12. 9; 16. 12. 24; 17. 3. 1; 17. 4. 15 etc. Wahrscheinlich unter Einfluß des Tac. bei dem sich das Passivum auch sehr häufig findet(?). Cf. Fesser p. 25; Gerber-Greef, Lex. Tac. s. v. sperare.

7. 5. conterminus. Cf. 17. 13. 19: Picenses ita ex regionibus appellati conterminis; 31. 2. 13: Halani . . nationes conterminas . . ad gentilitatem sui vocabuli traxerunt. Der absolute Gebrauch scheint nicht klass. sondern spätlat. zu sein. (Auch bei Tac. und Apul.). Mit nachf. Dat. auch bei Amm. cf. 26. 6. 61; 28. 6. 2; Thes. 4. p. 681.

7. 5. Syriae. Nach N. D. Or. 2., Seeck p. 5 und 6 gehören zur dioec. Oriens u. a. Syria und Syria Salutaris (sub dispositione eines spect. comitis Orientis). Mit diesem Syria ist Syria Coele (in der weiteren Bedeutung des Wortes) gemeint. Die oberste Magistratsperson in S. Coele ist ein consularis, in S. Salutaris ein praeses (N. D. Or. 1 = Edit. Seeck p. 3 und 4). In der Beschreibung der provinciae orientales unterscheidet Amm. die beiden nicht. Er erwähnt (14. 8. 8) bloß Syria mit den Städten Antiochia, Laodicia und Apamea. Nach Hierocles Synecd. liegt doch Antiochia in der ἐπαρχία Συρίας ὑπὸ κονσουλάριον und Laodicea ebenfalls, Apamea hingegen in der ἐπαρχ. Σ. ὑπὸ ἡγεμόνα (Bonner Corpus,

Const. Porphyrog. 3 p. 397). Aus Euagrius, Hist. Eccl. 3. 32 geht hervor, daß Syria zu seiner Zeit (er starb um das Jahr 600) geteilt worden ist. Malal. 14 (Bonner Corpus p. 365) sagt von Theodosius II. (408—450): ὁ αὐτὸς βασιλεὺς καὶ Συρίαν δευτέραν ἀπομέρισας ἀπὸ τῆς πρώτης ἐπαρχίας, δοὺς δίκαιον μητροπόλεως καὶ ἄρχοντα τῇ 'Απαμείᾳ τῇ πόλει etc. Die Wahrheit dieser Mitteilung wird von Böcking angefrochten. In Justin. Novell. 8 (Notitia) wird S. Salutaris auch erwähnt, unter dem Namen S. secunda. Cf. et. N. D., Böcking 1 p. 129 sq. und p. 140; Wesseling, Itin. p. 711 sq.; Vales. annot. ad h.l. (= Edit. Wagner 2 p. 53 sq.).

Anm. Für consularis und praeses cf. ad 14. 10. 8. Für Antiochia, die Hauptstadt von Syria Coele cf. ad 14. 1. 6.

7. 5. Theophilus. Er war consularis Syriae 354 und übte dieses Amt noch aus als Honoratus die comitiva Orientis niederlegte; cf. Lib., Ep. 389 (Edit. Wolf), Foerster 10 p. 376 sq.: μετὰ ταῦτα σὺ καλούμενος ἐκ Κιλικίας ἐπὶ λαμπροτέραν δύναμιν γράψας πρὸς Ηεόφιλον ὡς ἀπαίροις προσπαρέγραψας ἐμὲ προσαγορεύειν, καὶ ἦν τοὐμὸν ὄνομα προσθήκη τῆς πρὸς ἄλλον ἐπιστολῆς (der Brief ist an Honoratus gerichtet, im Jahre 358). Sein Ableben wird hier und 15. 13. 2. mitgeteilt: . . . et in totum lucrandi aviditate sordescens (sc. Musonianus praef. praet.), ut inter alia multa, evidenter apparuit in quaestionibus agitatis super morte Theophili, Syriae consularis, proditione Caesaris Galli, impetu plebis promiscae discerpti, ubi damnatis pauperibus, quos cum haec agerentur, peregre fuisse constabat, auctores diri facinoris exutis patrimoniis absoluti sunt divites; Liban., or. 1. 102 (Foerster 1. 1 p. 133 sq.): ἡμέραις δὲ οὐ πολλαῖς ὕστερον ἐγὼ μὲν οἴκοι τι καθήμενος ἐδημιούργουν, βοὴ δ'οἷα γίνοιτ' ἂν ἐξ ὄχλου νόμων ὑπερορῶντος, προσέβαλεν, ὥστε με στήσαντα τὴν χεῖρα, τί τὸ ταῦτα ποιοῦν, παρ' ἐμαυτῷ σκοπεῖν· ἐν τούτῳ δὲ ὄντος ἀναβὰς οὑμὸς ἀνεψιὸς ἀσθμαίνων τὸν μὲν ἄρχοντα ἔφη τεθνεῶτα ἕλκεσθαι παιδιὰν ποιουμένων τῶν κτεινάντων τὸν νεκρόν, Εὔβουλον δὲ σὺν τῷ παιδὶ δρασμῷ τοὺς ἐκείνων διαφυγόντα λίθους εἰς ὀρῶν ποι κορυφὰς ἀναφυγεῖν, τοὺς δὲ ἁμαρτανόντας τῶν σωμάτων εἰς τὴν οἰκίαν τὴν ἐκείνου ἀφεῖναι τὸν θυμόν. καὶ καπνὸς οὑτοσί, τοῦ πυρὸς ἄγγελος, αἴρεται καὶ ὁρᾶν ἔξεστιν. Cf. et. Liban. or. 19. 47; 19. 48 (Foerster 2 p. 406); or. 46. 30 (Foerster 3 p. 394); Julian. misop. 370 c; Seeck, B. L. Z. G. p. 311. Cf. et. Enszlin in R. E. V² p. 2166 (Nr. 22).

7. 5. replicando. Cf. 30. 1. 3: Cylacis necem replicabat (= wiederholen); 28. 4. 13: glires quorum magnitudo saepius replicata (= wiederholt gepriesen). In der Bedeutung revolvere: 20. 9. 6: replicatoque volumine edicti. Auch im klass. Lat., aber selten. Cf. et. Apul. Met. 4. 19; Pacat. Paneg. Theod. 3; Hieron. Ep. 129, 2 extr.; Ennod. Paneg. Theoder. 18; Forcellini 5 p. 181 (mit Beisp.); Du Cange 5. p. 710. Für den juridischen Ausdruck, der sich bei Amm. nicht findet, cf. Heumann-Seckel p. 509.

p. 19. 15—16. **7. 5. replicando quod . . nullus egere poterit victu.** Cf. ad 14. 10. 14; 14. 11. 7; 14. 7. 14.

p. 19. 16. **7. 5. nullus.** Nullus, das im volkstümlichen Latein von jeher abwechselnd mit nemo, entgegen der klassischen Regel, gebraucht wurde, verdrängt im Spätlatein mehr und mehr nemo, das bei manchen Autoren sogar gänzlich fehlt. Cf. 16. 12. 16; 17. 1. 11; 26. 1. 5; 30. 8. 9; 31. 13. 12; Hassenst. p. 31 sq.; Hofm.-Leum. p. 489.

p. 19. 18. **7. 6. Eubuli.** Dieser Eubulus ist mir sonst nicht bekannt. Jedenfalls darf man ihn nicht dem gleichnamigen ἀντίτεχνος des Libanius und einigen anderen Homonymen gleichsetzen. Daß er eine lokale Berühmtheit war, geht schon aus den Worten Amm. hervor: Eubuli cujusdam inter suos clari. Er wird auch Liban., or. 1. 102 erwähnt (cf. ad 14. 7. 5 s. v. Theophilus). Cf. et. Sievers, Liban. p. 65.

p. 19. 18. **7. 6. Domum ambitiosam.** Cf. 28. 2. 13: ambitiosam domum; Ovid. Trist. 1. 9. 18: nota quidem, sed non ambitiosa domus.

Vielleicht diesem Dichter entnommen? Gebrauch:

(a) 14. 5. 1: circenses ambitioso editos apparatu; 27. 5. 3; 14. 6. 9: ambitioso vestium cultu; 21. 6. 8; 14. 7. 6; 15. 7. 3; 16. 5. 1: ambitiosam mensam; 31. 5. 14; 21. 1. 4; 26. 5. 12; 27. 3. 3; 30. 1. 22; 22. 16. 12.

(b) = spatiosus. 17. 4. 2: ambitiosa moenium strue; 17. 4. 12: intra ambitiosi templi delubra; 23. 1. 2; 19. 12. 19: ambitiosum Antiochiae suburbanum; 20. 5. 1; 22. 4. 5; 22. 13. 2; 23. 6. 23.

(c) 15. 5. 24: ambitiosus magister armorum = cupidus honoris, gloriae. 29. 2. 5: ambitioso necessitudinum studio = laborioso, sedulo.

(d) Adverbium: ambitiosum praegrediens agmina (18. 8. 5). Clark liest hier, m. E. unnötigerweise, ambitiosius, da die Mscr. ambitiosum geben und adj. neutr. pro adverbio bei Amm. nicht ungebräuchlich ist.

p. 19. 20. **7. 6. conculcans.** Cf. 14. 7. 6; 19. 11. 14; 19. 11. 15; 22. 11. 8; 25. 6. 14; 16. 12. 16. Metaph: 30. 2. 7: iram ejus conculcans. Cf. et. Thes. 4. p. 101: „vitant politiores scriptores; inde a Tertulliano frequentissime legitur".

7. 7. a. Serenianus etc. Wahrscheinlich hat Amm. dieses Ereignis in seiner Beschreibung des nach dem Tode Konstantins (337) entbrannten Perserkrieges mitgeteilt. Cf. ad 14. 7. 21 und Hugo Michael, Die verlorenen Bücher des A. M. p. 8—11.

b. Serenianus, ein Pannonier. (cf. 26. 5. 3). War nach 14. 4. 7 dux Phoenices vor 354, da er in dem Jahre verklagt wurde, weil er ein Orakel befragt hatte. Ein freisprechendes Urteil erfolgt und Ende 354 wird Gallus, mit durch sein Zutun, hingerichtet (14. 11. 23). Im Jahre 364 ist er comes domesticorum; cf. 26. 5. 3: et Serenianus, olim sacramento digressus, recinctus est, ut Pannonius, sociatusque Valenti, domesticorum praefuit scholae. Im Winter des Jahres 365 wird er nach Kuzikos entsandt zur Bewachung und Verteidigung des dortigen Schatzes gegen den Usurpator Procopius. Die Stadt wird jedoch erobert und er wird in Nicaea gefangengehalten (26. 8. 7 und 8. 11; Zos. 4. 6. 4 und 5). Nach dem Tode des Procopius (im Mai 366) wird er von Marcellus, dem Kommandanten Nicaeas getötet (26. 10. 1). Seinen Charakter ersieht man aus 26. 10. 2: nam si victoriae superfuisset incultis moribus homo et nocendi acerbitate conflagrans, Valentique ob similitudinem morum et genitalis patriae vicinitatem acceptus, occultas voluntates principis introspiciens, ad crudelitatem propensioris, multas innocentium ediderat strages. Cf. et. R. E. 2 (2. Reihe) p. 1674 (Seeck).

c. dux. Bis zur Zeit des Diocletianus ist dux kein offizieller Titel, sondern bedeutet einfach Feldherr, öfters auch Feldherr mit einem besonderen Auftrag (wenn es das Militär der niederen Ränge betraf). Als Diocletianus die militärische und bürgerliche Gewalt in den Provinzen voneinander trennt, wird dux der Titel des Militärstatthalters. Anfangs lautete ihr Titel vir perfectissimus, später, seit Valentinianus I. (364—378), vir clarissimus oder vir spectabilis. Oft führen sie den comes-Titel, was ihre Macht aber nicht ändert (cf. ad 14. 5. 1). Dem Tribunat folgt das Ducat (cf. ad 14. 5. 8). Der dux kümmert sich ausschließlich um die militärischen Angelegenheiten seiner Provinz (meistens Grenzprovinzen). Abgesehen von einigen Ausnahmen führen die duces bis zum Ende des 5. Jahrhunderts bloß den Befehl über die Truppen der festen Standorte (riparenses, limitanei, duciani), während die Palatini und comitatenses unmittelbar den magistri militum unterstanden (cf. ad 14. 9. 1). Hinsichtlich des Aushebens der Truppen und der Proviantierung sind die duces von verschiedenen Zivilbeamten abhängig. In ihrem militärischen Ressort haben sie richterliche Gewalt. Ganz vereinzelt finden sich Provinzen, wo militärische und bürgerliche Befugnisse in einer Hand vereint sind, so z. B. in Mauretania und

24 Sprachlicher und historischer Kommentar

Isauria (cf. Not. Dign. Or. 29. 6; Occ. 30. 1. 11. 20; und ad 14. 2. 1).
Ein Verzeichnis der duces befindet sich R. E. 5. p. 1874 sq. (Seeck) und
der duces mit comes-Titel R. E. 4. p. 663 (Seeck). Cf. et. Willems p. 581,
604 und 615; v. Nischer p. 448 sq.; Grosse, Rangordnung p. 152 sq.;
Du Cange 2 p. 967.

 d. Über den dux Foenicis, die ihm unterstehenden Truppen und sein
officium cf. N. D. Or. 32 (Seeck p. 67) und N. D., Böcking 1 p. 375 sq.

p. 19. 23. **7. 7. Serenianus ex duce.** Cf. 14. 10. 2: Hermogenis ex magistro equitum filius; 19. 12. 9: Simplicius ex praefecto et consule; 27. 7. 5: mors
Dioclis ex comite largitionum Illyrici etc.

Dieser Gebrauch von ex, das mit einem, ein Amt andeutenden Subst.
verbunden, die das Amt ausübende Person bezeichnet, nimmt bei jüngeren
Autoren ziemlich zu und ist nicht klassisch. Bemerkenswert ist der
Gebrauch (von) ex adulto (16. 7. 5, c. ann. Vales. Wagn. ad h. l.). Cf.
et. Hassenst. p. 33; Draeger, Hist. Synt. § 287, 2; Hofm.-Leum. p. 253sq.

p. 19. 23. **7. 7. Phoenice.** Es gibt zwei Provinzen dieses Namens, nämlich Foenice
und Foenice Libani, die beide zur dioecesis Orientis gehören (N. D. Or.
2 Edit. Seeck p. 5). Foenice wird von einem consularis, Foenice Libani
von einem praeses verwaltet (N. D. Or. 1 Edit. Seeck p. 3 sq.). Hierocles
nennt beide Provinzen in seinem Synecdemus bzw. (= Constantin.
Porphyrog., Edit. Bonn. 3 p. 398): Ἐπαρχία Φοινίκης, ὑπὸ κονσουλάριον und Ἐπαρχία Φοινίκης Λιβανησίας ὑπὸ ἡγεμόνα. Erstere heißt
bei Euagr. 3. 33 und Malal. 2 p. 73 (p. 367 Edit. Bonn.) Φοινίκη πάραλος.

Theodosius der Große teilte die provincia Phoenice; cf. Mal. 2 p. 39
(p. 345 Edit. Bonn.): ὁ δὲ αὐτός βασιλεὺς ἀπεμέρισε καὶ τὴν Φοινίκην
Λιβανησίαν ἀπὸ τῆς Παράλου etc. Cf. et. Böcking 1 p. 128 sq. und
p. 139; Wesseling, Itin. p. 715 sq.

Anm. Für consularis und praeses cf. ad 14. 10. 8.

p. 19. 23. **7. 7. Celsein.** Diesen Ort habe ich nirgend finden können. Auch Benzinger in R. E. 3 p. 1881 sagt: „sonst unbekannt". Vales. hält es für
dasselbe wie Thelsee (Itin. Anton. 196) in Edit. Wagner 2 p. 55; cf. et
Wesseling, Itin. p. 196, mit der Anmerkung.

Nach Dussaud sind dieses Thelsee (-ae) und das heutige Doumeir
(p. 265, 270, 300) identisch. Nach N. D. Or. 31 standen dort Equites
Saraceni Thelseae. Dort befindet sich eine ziemlich große Ruine eines
römischen Fortes, das zu Marcus Aurelius und Lucius Verus Zeiten
gebaut und unter der Regierung des Valerianus restauriert wurde. Es
lag am Wege von Palmyra nach Damascus. Cf. et. Le Bas-Wadd. 2562.

7. 7. incertum qua potuit suffragatione absolvi. Die Konstr. ist anakoluthisch = incertum est qua suffragatione eodem tempore Ser... potuit absolvi. Für den Indik. in der indir. Frage cf. ad 14. 6. 2. Possum mit Inf. kann zwar rein umschreibend sein (cf. Hofm.-Leum. p. 557 u. Löfstedt Peregr. p. 208), mir jedoch scheint es an dieser Stelle ein Ersatz für den Konjunktiv.

7. 7. suffragatio. Das Wort findet sich oft bei Cicero in der Bedeutung: Begünstigung, Empfehlung. Hier = Fürbitte. Diese Bedeutung scheint nachklass. zu sein; oft bei Eccl. Cf. Krebs, Antib. 1 p. 766.

7. 7. pilleo. Cf. Paris, Daremb.-Saglio IV 1. p. 481 sq.: „... il faut bien reconnaître chez les Étrusques et les Romains, pour lesquels nous avons le témoignage concordant des textes et des monuments, l'identité de la coiffure appelée tantôt pileus, tantôt tutulus (ou encore apex et galerus), à laquelle les auteurs attribuent les mêmes caractères: haute, droite ou conique, comparable à une borne, dans certains cas, garnie de bandelettes et d'autres accessoires ... le nom communément employé pileus indique que ce chapeau de cérémonie était de feutre, de cuir ou de laine comme le pileus ou galerus ordinaire que portaient constamment les gens de la campagne qui avaient besoin de se garantir la tête, les chasseurs, sans doute les marins, les soldats; de même les gens de la ville, toutes les fois qu'ils ne voulaient pas sortir nu-tête comme on en avait pris l'habitude. Celui-ci était simple et bas, mais l'ancien pileus n'était pas oublié; il faisait toujours partie du costume du citoyen romain qui le reprenait en certaines circonstances: à la fête des Saturnales tout le monde en était coiffé." Cf. et. Val. ann. ad 19. 8. 8 (= ed. Wagner II p. 338) wo er centonem umschreibt mit: „pileum .. quem sub galea milites interdum gestare solent, ne ferri asperitate caput oblaedatur ....;" Du Cange 5 p. 257; Lessing p. 445; Heum.-Seckel p. 431.

7. 7. fatidicus. Cf. 15. 7. 8; 21. 1. 10; 22. 12. 8; 25. 3. 19; 31. 14. 8. Bei Amm. nicht von Sachen. Cf. Thes. 6. p. 343 sq.: „inde a Varrone et Cic."

7. 7. quaeritatum. In der Bedeutung: durch Arbeit usw. zu erwerben suchen, erwerben, verdienen, auch 14. 4. 3: aut arva subigendo quaeritat victum. Nicht in Hist. Aug. u. bei Juristen, oft bei Plautus. Cf. Lodge II p. 408. Für das Supinum cf. ad 14. 6. 23.

7. 7. (α) ei. Statt sibi. Cf. 14. 11. 7: ad hoc unum mentem sollicitam dirigebat, quod Constantius ... laqueos ei latenter obtendens, si cepisset incautum, morte multaret; 14. 11. 15: comperit Thebaeas legiones ..

26 Sprachlicher und historischer Kommentar

misisse quosdam eum . . ut remaneret hortaturos; 20. 4. 8: gloriosum esse existimans justa morte oppetere, quam ei provinciarum interitum adsignari; 22. 1. 2: exclamavit . . cecidisse, qui eum ad culmen extulerat celsum; 21. 7. 2: veritus ne Africa absente eo perrumperetur; 22. 7. 5: duo agentes in rebus eum adiere fidentius promittentes latebras monstrare Florentii, si eis gradus militiae redderetur; 18. 3. 9; 28. 1. 37; 29. 1. 33; Hassenst. p. 30; Schickinger p. 17; Draeger, hist. S. § 29b; Kühnast p. 105 sq. Ein ungenauer Gebrauch des pron. is, der auch in der klass. Sprache vorkommt, im Griechischen aber weitverbreitet ist.

(β) Hassenst. p. 31: Probabilius etiam ea re A. usum graecum secutum esse putabimus quod conjuncto q. d. participio in casu obliquo posito pronomen is adjungit pro reflexivo, etsi ad subjectum respicit, quasi separatam efficiat enuntiationem. Cf. 26. 10. 4: Philippopolim . . reserare conabatur urbem . . . impedituram ejus adpetitus; 29. 5. 8: veniam poscebat . . scriptis docentibus, eum non sponte sua ad id erupisse; 22. 8. 19; 31. 5. 3 u. Hofm.-Leum. p. 470. Für den Gebrauch der Pronom. in der oratio obliqua cf. Reiter o. c. p. 13—33. Cf. et. ad 15. 7. 6.

p. 20. 4—5.   7. 7. **praesagia — tutum**. M. Petschenig, Philol. 50 (1891) p. 338 sagt von dieser Stelle: ,,Serenianus hatte einen Freund zum Orakel geschickt, um in seinem Namen zu fragen ob er auf die Erlangung der Herrschaft hoffen könne. Es wird daher zu lesen sein: quaeritatum pro se (praesa V) an ei firmum portenderetur imperium. An dem Wechsel von se und is ist kein Anstoß zu nehmen, da derselbe vor und zu Amm. Zeit ganz gewöhnlich ist; cf. 15. 5. 37 wo eum für se steht'' und Cornelissen Mnemos. 14 (1886) p. 237: ,,expresse legitur in editt. vetustis Castelli, Gelenii, Accursii. Verae lectionis manifesta vestigia exhibet Vat., in quo est praesa. Scribatur igitur: praesa<giis> an ei firmum portenderetur imperium. Saepius in eadem re voc. praesagium usurpavit Amm.; cf. 15. 5. 34; 29. 1. 6; et alibi. Pro cunctum malim cautum i. e. tutum; cf. 14. 8. 13: civitates murorum firmitate cautissimae. In Vat. est cumtum''. Die Konjekt. des Corn. scheinen mir Ganz annehmbar.

p. 20. 6.   7. 8. **interceperat**. In dieser Bedeutung (e vita tollere) auch bei: Colum. 9. 3; Quint. prooem. 1. 6; Suet.; Plin. min.; Apul. Oft bei Tac. Cf. Lex. Tac. Gerber-Greef•p. 669; Lessing, Lex. H. Aug. p. 286; Heum.-Seckel p. 279.

p. 20. 7.   7. 8. **dignus execratione cunctorum**. Cf. 14. 11. 3: eo digna omnium ordinum detestatione exoso; Gell. N. AH. 2. 6. 3: detestatione execrationeque totius generis humani dignus. Cf. et. ad 14. 6. 18 u. die Annot. v. M. Herz (Hermes 8, 1874, p. 285).

7. 8. innoxius. Passive est is cui non nocetur. So manchmal bei Columella. Cf. et. Sall. Cat. 40: hi magistratus, provincias, aliaque omnia tenere; ipsi innoxii, florentes, sine metu aetatem agere; Lucan. 891: gens unica terras // incolit a saevo serpentum innoxia morsu. Hier: unbestraft. Cf. 19. 12. 12: innoxius abire permissus est; 22. 3. 5: tandem abiit innoxius; 22. 9. 11: abire tacitus et innoxius; Dig. 1. 18. 6. 7: praetextu humanae fragilitatis delictum decipientis in periculo homines innoxium esse non debet; Vulg. Interpr. Num. 14. 18: Dominus patiens . . nullumque innoxium derelinquens. Meines Wissens findet sich nur bei Amm. die Verbindung innoxius dies: 19. 6. 1: innoxio die cum hostili clade emenso . .

Anm. Die aktive Bedeutung: 20. 11. 13: ut ignis in eos laberetur innoxius; 22. 8. 47: innoxios delfinas. Cf. et. Fesser p. 9.

7. 8. modo non. Gräzismus = μόνον οὐχί. Cf. 16. 12. 16; 21. 2. 2; 21. 14. 1; 22. 6. 2; 26. 3. 4; 29. 1. 25; 30. 1. 15; 31. 1. 3. Auch bei Terent., Valer. Max. und bei Dichtern.

7. 8. publico vigore. Vigor findet sich nicht bei Plaut. (einmal vigeo), nicht bei Cic. (wohl vigeo) u. Caesar (dort auch nicht vigeo), oft aber bei Tac. u. Apul. u. ebenfalls bei Sen., Plin., Petron. u. Dichtern. Bei Du Cange 6 p. 826 gleichbedeutend mit usus, consuetudo. Cf. et. Lessing p. 731; Heum.-Seckel p. 624.

7. 8. discessit. Oft sind in codd. die Formen v. discedo mit denen v. descendo verwechselt. Vielleicht bei Amm. 14. 2. 6 u. 14. 6. 4? Cf. Thes. 5. p. 1275.

7. 9. lege communi. Der Ausdruck findet sich auch bei Cic.: de inv. 2. 124; rep. 1. 27; parad. 32; Tusc. 4. 62; epist. 6. 6. 12 u. Caes. B. G. 5. 56. 2. Cf. et. Thes. 3. p. 1970; Merguet II. 1. p. 457. Vergl. auch den Gebrauch v. jus commune bei den Juristen (Heum.-Seckel p. 82).

7. 9. adjumenta. = auxilia. Cf. Petschenig, Philol. 50 (1895) p. 337. Bei Amm. 18. 4. 1; 20. 8. 16; 23. 2. 1; 26. 6. 11; 26. 10. 4; 27. 9. 6; 27. 12. 10; 29. 5. 3, 47.

7. 9. solisque scholis jussit esse contentum palatinis et protectorum, cum Scutariis et Gentilibus. „Das sehr vieldeutige Wort schola bezeichnet nach dem 4. Jahrh. n. Chr. unter anderem auch die vornehmsten Truppenkörper, die nicht den Magistri militum (cf. ad 14. 9. 1) oder den Comites (c.f ad 14. 11. 19) und Duces (cf. ad 14. 7. 7) untergeben sind, sondern dem Magister officiorum (Chef des kaiserlichen Personals), und sich dadurch als Bestandteile nicht des Reichsheeres, sondern des kaiserlichen Hofgesindes charakterisieren. Scholae et numeri umfaßt daher die gesamte Wehrmacht oder bei genauer Aufzählung der einzelnen Truppengattungen: neque scholae neque vexillationes comitatenses aut palatinae (Kavallerie) neque legiones ullae (Infanterie) neque auxilia (Cod. Theod. 7. 4. 22; cf. Cod. Just. 12. 50. 23). Nachweisbar sind diese scholae zuerst in den letzten Jahren Konstantins des Großen . . . Die Gesamtheit der s. steht unter dem Mag. officiorum; jede einzelne ist von einem Tribunus (cf. ad 14. 5. 8) befehligt, der zur kaiserlichen Tafel gezogen und gleich dem Tribunus sacri stabuli (cf. ad 14. 10. 8) und dem Cura palatii (cf. ad 14. 7. 19: „Hausmarschall") nach einem Gesetz vom Jahre 413 den Duces an Rang gleichsteht, also den Titel vir spectabilis führt (Die Rangordnung ist Tribunus, Dux, Comes; die beiden letzten Ämter werden jedoch oft miteinander vermischt: duces et comites, usw.). Ist ihm als persönliche Ehrung die Würde des Comes ordinis primi (cf. ad 14. 5. 1 und 14. 11. 19) verliehen, so soll er dem comes Aegypti oder Ponticae dioeceseos gleichgelten" (Seeck, in R. E. 2. Reihe 2 p. 621 sq.). Nach Seeck (ibid.) und Grosse, Mil. p. 94 waren die scholae alle beritten. Nach Mommsen (Hermes 24 p. 224, 257) war eine schola 500 Mann stark (ebenso Grosse, Mil. p. 94). Was ihre Stellung betrifft cf. et. Krom.-Veith p. 577, Anm. 3: „Sie entsprechen mithin in ihrem Wesen den alten österreichisch-ungarischen Leibgarden, die gleichfalls nicht den Militärbehörden unterstanden, sondern dem ersten Obersthofmeister des Kaisers". Zur Zeit der Not. Dign. (Anfang 5. Jahrh.) gibt es 12 scholae. Palatinae heißen sie, weil sie zum palatium, dem Hofe, gehören: scholae und protectores domestici (cf. ad 14. 11. 19) bilden zusammen die Hoftruppen. Zu den scholae werden gerechnet die scutarii (cf. ad 14. 10. 8), die armaturae (cf. ad 14. 6. 17), die candidati (cf. Grosse, Mil. p. 96), die gentiles und einige andere Abteilungen. Obwohl gentiles auf barbarischen Ursprung hindeutet, sind sie, wie die anderen scholae, Kerntruppen und dürfen nicht mit andern Truppen, die gentiles als Zusatz zu ihrem geographischen Namen führen und nicht dem Mag. officiorum untergeben sind, verwechselt werden, z. B. Sarmatae gentiles (N. D. Occ. 42. 46—63). Erwähnt werden eine schola gentilium seniorum und -juniorum (N. D. Or. 11. 6, 10) und eine schola gentilium seniorum (N. D. Occ. 9. 7). Obwohl Amm. hier scutarii und gentiles nach den scholae palatinae und scholae protectorum gesondert erwähnt, scheint mir, in Rücksicht auf seine Gewohnheit, technische Ausdrücke zu ändern und zu umschreiben, daß mit beiden ersteren auch bloß scholae gemeint sind. Scholae palat. können allerdings andere Abteilungen als scutarii, gentiles und protect. sein. Meiner Meinung nach ist es am wahrscheinlichsten, daß schol. palat. et protectorum dasselbe ist wie scholae protectorum. Für gentiles cf. Grosse, Mil. p. 94; Daremb.-Saglio 3 p. 1516 (Humbert); Thes. 6 (fasc. 9) p. 1868; und für die gentiles im weiteren Sinne (keine scholae!) N. D., Böcking 2 p. 1080 sq.; Grosse, Mil. p. 210; Stein, Spätr. Gesch. 1 p. 78; Mommsen, Ges. Schr. 6 p. 166 sq. und p. 226; Daremb.-Saglio ibid. Cf. et. Boak-Dunlap op. cit. p. 23, 27; p. 60 sq. und passim.

7. 9. ex comite largitionum. Es gibt in der späten Kaiserzeit in Rom 3 Schatzämter; 1. das aerarium sacrum = sacrae largitiones; 2. das aerarium privatum = privatae largitiones; 3. arca praefecturae praetorianae (je eine in jeder praefectura). Das aerarium sacrum wird von einem Minister verwaltet, der unter Diocl. und Constant. vir perfectissimus rationalis summae rei (= -summae rei rationum = -summarum rationum) und später v. illustris comes sacrarum largitionum genannt wird. Die Interessen dieses aer. werden in der Provinz (das große officium = Amt ist in Rom) von comites largitionum (einen je Diocese) und von den ihnen untergebenen rationales summarum (je einen für eine oder mehrere Provinzen) gewahrt. Das aer. sacr. bezieht seine Einkünfte u. a. aus: der capitatio terrena (oder jugatio terrena: die auf einem jugum = Morgen haftende Grundsteuer) mit Ausnahme der annona (Grundsteuer in Naturalien); der lustralis collatio (einer alle 5 Jahre ausgeschriebenen Gewerbesteuer); der capitatio humana (Abgabe der ländlichen Grundeigentümer von den ihnen gehörenden Feldarbeitern nl. Sklaven und Kolonen); der portoria (Zoll für Überfahrt und Einfuhr von Waren); dem venalitium (Zoll v. Handelswaren); dem Ertrag der Bergwerke (metalla), Steinbrüche (lapidicinae marmoreae), Salzwerke (salinae) und der kaiserlichen Fabriken. Ferner ist der c.s.l. Minister für den Handel (wobei comites commerciorum ihm untergeben sind) und Verwalter der Münzämter (monetae), mit procuratores monetae als Untergebenen. Hier meint Amm. mit ex com. larg. gewiß den comes sacr. larg. und nicht einen der subalternen comites largit., da sonst ein Avancement von letzterem Amt zu dem des praefecto praetorio ein allzu plötzliches wäre. Dieser com. larg. wird meistens auch anders bezeichnet; z. B. 22. 3. 7: ad eum qui Gallicanos tuebatur thesauros; 27. 7. 5: inter alias humilium neces mors Dioclis ex comite largitionum Illyrici ..; 29. 1. 26: Salia thesaurorum paulo ante per Thracias comes. Cf. Diz. Epigr. (Grossi-Gondi) II, 1 p. 468 sq. über comes im allgemeinen (mit Verzeichnissen der com. s. larg. und der com. rer. priv.) und besonders

p. 491 sq. über com. s. larg.; Seeck in R. E. 4 p. 671 sq.; Willems p. 593 sq. (mit Lit.); Thes. 3 p. 1776 sq.; A. E. R. Boak und J. E. Dunlap, Two Studies in Later Rom. and Byz. Administr., passim; N. D., Böcking I p. 251 und II p. 330 sq.; Claud. in Fl. Mallii Theod. cons. panegyr. 38 sq.:
> Hinc sacrae mandantur opes, orbisque tributa
> Possessi; quidquid fluviis evolvitur auri,
> Quidquid luce procul venas rimata sequaces
> Abdita pallentis fodit sollertia Bessi.

(wo sacrae opes bedeutet: comitiva sacr. larg.).

Anm. Für comes r. privatarum cf. ad 15. 5. 4.

p. 20. 14. **7. 9. Domitiano.** Dom. war der Sohn eines Handwerkers: ὁ δὲ Δομετιανὸς ὁ κάλοις μὲν ἀποθανὼν ἀδίκοις καὶ ἕλξεσιν, ὢν δὲ καὶ αὐτὸς πατρὸς ἀπὸ τῶν χειρῶν ζῶντος; (Liban. or. 42 = Foerster 3 p. 319). Unter Constantius wurde er comes sacrarum largitionum. Cf. R. E. 5 p. 1312 (Seeck) und Seeck, B. L. Z. G. p. 123.

p. 20. 14—15. **7. 9. praefecto.** Gemeint ist der praef. praetorio. Das Reich war in 4 praefecturae (hier ein geographischer Begriff) nl. Italia und Illyricum, Galliae und Oriens (für Italia und die dioec. Illyricum cf. ad 14. 7. 9 s. v. Italia) verteilt, in denen der höchste Würdenträger der praef. praetorio war, dem die Oberaufsicht über die gesamten Zivil-, Justiz-, Finanzbehörden und über die eigentliche Verwaltung oblag. Cf. Willems p. 601: „Le préfet propose des candidats aux places de gouverneurs des provinces qui sont de son ressort; il paie aux gouverneurs leurs traitements, répond à leurs communications, surveille leur gestion, et, en sa qualité de juge supérieur (judex illustris), il peut les punir, même les suspendre, et leur donner des remplaçants provisoires. Il a la surveillance du cursus publicus (Reichspost) et le droit de délivrer des permis de circulation par les postes (Diplomata). Il a la haute direction des fabriques d'armes et de l'intendance militaire. Il dispose d'une caisse spéciale (arca praefecturae). Il veille à donner, dans l'étendue de sa préfecture, de la publicité aux constitutions impériales et il publie des formae qui ont force légale." Obwohl seit dem Sturz des praef. praetorio Rufinus (396, unter Arcadius im oströmischen Reich) einige Befugnisse des praef. praet. dem Magister officiorum übertragen wurden, blieben sie doch die höchsten Funktionäre unter dem Kaiser. Jedem praef. praet. steht ein officium (die gesamte behördliche Apparatur eines höheren Beamten), das in verschiedene scrinia (Ämter) verteilt ist, zur Verfügung. Der praef. praet. ist illustris. Cf. Cagnat, Daremb.-Saglio 4. 1 p. 618 sq.; Naudet 2 p. 255 sq.; N. D., Böcking 1 p. 163 sq. und 2 p. 140 sq. (mit der dort angeführten

Lit.); Willems p. 599 sq. (mit angeführter Lit.); Du Cange 5 p. 399 sq.; Karlowa 1 p. 853 sq.; Blau, Histoire de l'origine et du développement de la préfecture du prétoire (1860); Heumann-Seckel[9] p. 455.

7. 9. et mandabat Domitiano .. ut cum in Syriam venerit .. p. 20.14—16.
Gallum .. dehortaretur. Cf. 23. 6. 2: ubi cum introierit (Clark m. E. falsch: introiret, mscr. introierit) .. portas .. sinistra porticus subito lapsa .. quinquaginta milites .. conlisit u. 24. 2. 1: Sed hactenus responderunt, quod cum interiora occupaverint .. Romani se quoque .. victoribus accessuros u. Ehrism. p. 52 sq.: „Conj. cum sive mere temporalis est sive simul causalem vim habet plerumque cum imperfecto vel plq. perf. conj. jungitur, ubi de actione semel acta agitur. Atque tam late patet hic usus, ut etiam partic. comp. cum primum imperf. conj. sequatur (19. 1. 2 u. 19. 1. 7) .. admodum pauci sunt loci si frequentissimum usum particulae cum spectes, qui a lege de conjunct. supra exposito discordent." Diese anderen Konstr. sind: ind. praes. hist. (nie conj.), ind. imp., ind. perf., conj. perf. (hier), ind. plq. perf. (27. 7. 1). Merkwürdig sind die Stellen 26. 8. 3: discedere jam parabat, cum inter haec clausi apud Nicaeam .. patefactis subito portis, egressi .. properabant ardenter, circumventuri Valentem u. 27. 7. 1: vix dies intercessere pauci cum Mamertinum .. Avitianus ex vicario peculatus detulerat reum (= vix intercesserant, cum detulit), wo nach cum inversum ind. imp. u. ind. plq. perf. folgen.

Anm. Für die repraesentatio cf. ad 14. 7. 18, 14. 11. 14 u. 14. 11. 26. In den Nebensätzen der oratio obl. findet sich selten conj. praes. (z. B. 17. 3. 5 u. 17. 10. 4), meistens conj. perf., z. B. 17. 1. 8: stetit .. doctus .. plurimos, ubi habile visum fuerit, erepturos; 17. 1. 13: reges venerunt .. jurantes .. fruges portaturos umeris, si defuisse sibi docuerint defensores u. die zahlreichen Beisp. bei Ehrism. p. 22 (cf. et. ibid. p. 66 sq.).

7. 9. Italiam. Cf. Lackeit in R. E. Suppl. 3 p. 1251: „Die italische Prae- p. 20. 16. fektur mit der Hauptstadt Mediolanum, die 286 vom Kaiser Maximianus zur Residenz erhoben ward und auch später der Sitz der vicarii Italiae blieb, wies drei Diözesen auf: 1. Afrika (von Marokko bis zur Großen Syrte) und Illyrien (das westliche Donauufer). Die dioecesis Italia wiederum gliederte sich in I. annonaria und die regiones suburbicariae. Die nördlichen Landschaften mußten Steuern für die annona, die kaiserliche Hofhaltung, aufbringen und hatten danach ihren Namen. Sie umfaßten Norditalien mit den Alpenländern und dem westlichen Illyrien in folgenden Unterbezirken: 1. Raetien, 2. Venetien und Istrien, 3. Aemilia und Ligurien, 4. die Cottischen Alpenländer, 5. Flaminia und Picenum.

Die regiones urbicariae oder suburbicariae unterstanden dem vicarius urbis und steuerten nach Rom. Sie umfaßten Mittel- und Süd-Italien, sowie die Inseln in den sechs weiteren Bezirken: 1. Tuskien und Umbrien, 2. Campanien und Samnien, 3. Apulien und Calabrien, 4. Lukanien und Bruttien, 5. Corsica und Sardinien, 6. Sizilien"; und über die Abgrenzung der Befugnisse des praef. urbi und des vic. urbis Romae gegeneinander cf. Willems p. 603: „ . . . à Rome même, le vicarius exerce, concurrement avec le praefectus urbi, la juridiction civile et criminelle (cf. ibid. p. 586), de même que le praefectus urbi a la juridiction civile et criminelle, concurrement avec le vicarius et les gouverneurs respectifs, dans les parties des provinces du diocèse situées dans un rayon de 100 milles autour de Rome, et qui s'appellent regiones urbicariae ou suburbicariae," (und die dort angeführte Lit.). Cf. et. N. D. Occ. I, 2; II, 6 etc.; Cantarelli, La dioecesi italiciana da Diocl. alla fine dell'imperio occidentale (1903); Marq., Staatsverw. I², 1 sq.; 216 sq.; 231 sq.; Gothofred. ad Cod. Theod. 1. 1. 2 und 10. 19. 7; Nissen 1 p. 84 sq.; und ad 14. 5. 7 (vic.) und 14. 6. 1 (praef. urbi) und 14. 7. 9 (praef. praet.). Höchstwahrscheinlich gebraucht Amm. Italia hier nicht in der technischen, sondern in der alten, geographischen Bedeutung, es müßte sich denn, unter Einfluß der behördlichen Terminologie, auch der geographische Begriff bei ihm geweitet haben. (cf. Nissen 1 p. 85).

Anm. Über Illyricum, das während einiger Zeit eine selbständige praefectura bildete, nicht mit den dioeceses Italia und Africa verbunden, aber jedenfalls im Jahre 365 schon zu diesen gehört (cf. 26. 5. 5: et orientem quidem regebat potestate praefecti Salutius, Italiam vero, cum Africa et Illyrico, Mamertinus, et Gallicas provincias Germanianus) cf. Zos. 2. 33; Amm. 21. 6. 5; N. D., Böcking 2 p. 140 sq.; Cod. Theod. 13. 5. 21; 11. 13: . . Sinceritas tua id ipsum per omnem Italiam, tum etiam per urbicarias Africanasque regiones ac per omne Illyricum praelata oraculi hujus auctoritate firmabit (ad Probum pr. pr. a⁰ 383); Vulić in R. E. 9 p. 1087 sq. (nicht ausreichend). Für die Teilung im Jahre 395 und die Zeit danach cf. Böcking p. 141 (mit der dort angeführten Lit.).

p. 20. 17.   **7. 10. festinatis itineribus.** Festinare wird von Amm. nach dem Beispiel des Sallust, des Tacitus u. der Dichter oft transitiv gebraucht. Dieser Gebrauch, wahrscheinlich ein Archaismus, findet sich auch bei vielen andern späteren. Cf. (mit Pronomen): 18. 2. 19; 19. 10. 1; 22. 12. 3; (mit iter): 17. 12. 4; 25. 8. 12; 26. 7. 1; u. außerdem noch: 25. 9. 11: **pactionis festinatae**; 26. 6. 18: festinatis passibus; 30. 1. 6: **festinato** studio. Cf. et: Fesser p. 36; Krebs, Antib. 1. p. 587 sq.; Thes. 6. 618. Für den Unterschied zwischen Archaismus und Vulgarismus cf. Fesser p. 27 sq.; Kroll, Rh. Mus. 52, p. 577 sq.; Pfister, Rh. Mus. 67, p. 195 sq.

7. 10. **praestrictis palatii januis.** Praestr. = transeundo attingere. Cf. 31. 3. 7: a superciliis Gerasi fluminis ad usque Danubium, Taifalorum terras praestringens . .; Arien. III. 535 (Ed. Holder):

>. . . et Assyrium suspectant eminus axem
> Jonii freta glauca sali, primosque Liburnos
> Praestringunt pelago; . .

et a. l.; Suet. Oct. 29: . . cum expeditione Cantabrica per nocturnum iter lecticam ejus fulgur praestrinxisset servumque praelucentem exanimasset. Diese Bedeutung findet sich weder bei Juristen, noch in der Hist. Aug.; auch nicht bei Du Cange.

7. 10. **contempto Caesare quem videri decuerat.** videri = salutari. Cf. 14. 6. 23. Gräzismus? Cf. Dio Cass. (ed. Boissevain 3 .p . 278): ἠσπάζετό τε τοὺς ἀξιωτάτους ἐν τῇ Τιβεριανῇ οἰκίᾳ ἐν ᾗ ᾤκει πρὶν τὸν πατέρα ἰδεῖν (71. 35. 4); Liddell-Scott gibt p. 1245 die Bedeutung „interview": ἐμνήσθης μοι ἰδεῖν τὸν κεραμέα περὶ τῶν κεραμίων = you told me to see the potter about the jars (P. Cair. Zen. 264). Nicht bei Sophocles.

7. 10. **praetorium.** Dieses Wort bedeutet in der späten Kaiserzeit: Amtswohnung des Provinzialstatthalters oder Wohnung, wo er auf Reisen verweilen kann; schließlich: Luxuswohnung, Palast. Da es sich an dieser Stelle um die Wohnung des praef. praet. Domitianus handelt, bedeutet praetorium hier: domus praefectoria. Von der erstgenannten Bedeutung finden sich im Cod. Theod. (cf. Heidelb. Index p. 185) 6 Beispiele. Cf. 7. 10. 2 (a⁰ 407): Ordinarii judices (= rectores, praesides) in remitis ab aggere publico civitatibus, si praetoria non sint, metu legis adempto, quae de palatiis lata est, in aedibus, etiamsi palatii nomine nuncupentur, commanendi habeant facultatem (Impp. Arcad., Honor. et Theod. Anthemio pr. praet.) und 15. 1. 35 (396): Quidquid de palatiis aut praetoriis judicum aut horreis aut stabulis et receptaculis animalium publicorum ruina labsum fuerit, id rectorum facultatibus reparari praecipimus etc. (Impp. Arcad. et Honor. Caesario pr. praet.). Im letzten Beispiel sind palatium und praetorium synonymisch. Die Bedeutung: Luxuswohnung (oft im Gegensatz zu villa) weist das Corpus Juris des öfteren auf. z. B. Dig. 7. 8. 12; 8. 3. 2; 31. 34. 3 etc. Griechisch: πραιτώριον; cf. Preisigke, Fachw. p. 144; ejusd. Wörterb. 3 p. 143 sq.. Im allgemeinen

II.

34   Sprachlicher und historischer Kommentar

cf. Mommsen, Hermes 35 (1900) p. 437 sq.; Cagnat, Daremb.-Saglio p. 640 sq..

Anm. Für den Gebrauch von praetorium im mittelalterlichen Latein cf. Du Cange 5 p. 418.

p. 20. 19.   **7. 10. causatus.** Cf. Thes. 3. p. 704: „legitur inde ab Pacuvio, apud vetustiores rarius". Bei Amm: (Mit Akk.) 17. 1. 12; 19. 11. 6; 21. 4. 4; 25. 5. 3; 26. 8. 13; 30. 2. 3; 31. 7. 5; (mit quod) 26. 4. 6; (mit Inf.) 28. 6. 4; (mit acc. c. inf.) 27. 2. 1; (in der Bedeutung indicare) 19. 9. 5; 20. 8. 20; 30. 4. 19.

p. 20. 21.   **7. 10. addens quaedam relationibus supervacua.** Rel. bedeutet hier wahrscheinlich: Bericht (nicht-klassisch). Für die juridische Bedeutung cf. Willems p. 611: „Dans des cas difficiles le fonctionnaire-juge après avoir terminé l'instruction peut et parfois il doit s'adresser pour la décision à l'empereur lui-même. Il lui envoie par un de ses officiales (Subalternbeamter) les actes de la procédure avec son projet de sentence et les écrits réfutatoires (preces refutatoriae) des parties. L'empereur y répond par un rescrit impérial, rédigé par le quaestor sacri palatii (Justizminister und Chef des kaiserlichen Kabinetts), assisté du magister epistolarum." Quaedam supervacua, also an Gallus geübte Kritik, wovon der Kaiser persönlich unterrichtet werden soll, solchen relationes beizufügen, scheint mir nicht möglich, sodaß relationes hier wohl die Bedeutung hat: der Bericht, den der praef. praet. dem Kaiser regelmässig über seine praefectura erstattet. Sollte relationes in dieser Bedeutung ein Terminus technicus sein, so ist dieser mir weiter nicht bekannt. Cf. et. Heumann-Seckel p. 498 sq.; Daremb.-Saglio 4 p. 830 (Lécrivain), mit Lit.

p. 20. 21.   **7. 10. supervacua.** Das poetische u. nachaugusteische Wort findet sich nicht bei Cic. u. Caes.; auch nicht in der Hist. Aug. u. in der Juristensprache. Im Gegensatz zum synonymischen supervacaneus, das bei Cato, Cic., Liv., Sall. u. selten bei Juristen vorkommt, in der Hist. Aug. aber ebenfalls fehlt.

p. 20. 22.   **7. 11. consistorium.** Kaiserlicher Kronrat, so genannt seit Diocletianus; hieß früher consilium. Consistorium kommt in dieser technischen Bedeutung zuerst vor im Cod. Just. 9. 47. 12: impp. Diocletianus et Maximianus A(ugusti) in consistorio dixerunt. Anfangs waren wahrscheinlich alle comites Mitglieder des consist., später aber nicht mehr; die dann dem consist. angehörigen comites nennen sich, zur Unterscheidung von den übrigen: comites consistoriani. Ihr Titel ist spectabilis; 4 Mitglieder sind illustres, nl. der quaestor, der magister officiorum, der comes sacrarum largitionum und der comes rerum privatarum. Ihre Zahl ist nicht beschränkt; in manchen Fällen wird der Kreis der com. consist. mit Außenstehenden erweitert, z. B. Offizieren (cf. 15. 5. 12: hisque cognitis statuit imperator, dispicientibus consistorianis et militaribus universis, in negotium † praeter inquiri). Im Einklang mit der in dieser Zeit herrschenden Vorliebe für Titel gibt es auch eine ehrenamtliche comitiva consistoriana, die aber nicht zur Teilnahme an den Sitzungen des Kronrates berechtigt; cf. Cod. Theod. VI, 22. 8 § 1: Quin et de consistorianis comitibus hoc nobis universi placere cognoscant, ut his, qui vel absentes sunt facti vel testimonialibus tantum adepti sunt dignitatem, praecedant qui admitti intra consistorii arcanum meruerunt et actibus interesse et nostra adire responsa . . . Im allgemeinen werden im consist. die Angelegenheiten behandelt, die der Kaiser nicht seinen Beamten überlassen, sondern selbst entscheiden will. Die Mitglieder sind meistens juridisch geschult; cf. Cod. Theod. I, 1. 6 § 2: Erunt contextores hujus Theodosiani codicis . . . Sperantius, Martyrius, Alypius, Sebastianus, Apollodorus, Theodorus, Eron spectabiles comites consistoriani etc. Cf. et. Seeck in R. E. 4 p. 644 sq. (com. consist.) und p. 926 sq. (consistorium); Thes. 4 p. 473; Du Cange 2 p. 553; Daremb.-Saglio (Humbert) I, 2 p. 1453 sq.; Mommsen, R. Str. II³ p. 988; C. G. Haubold, De consistorio principis, Lips. 1788 (= ejusd. opuscula academica I p. 187—314).

Anm. Preisgke, Wörterb. III p. 131 gibt nachfolgende griechische Ausdrücke: τὸ θεῖον κωνσιστώριων; κόμες τοῦ θείου κονσιστωρίου.

Ferner finden sich: θεῖον συνέδριον; βασιλικὸν σέκρετον.

Consistorium als kirchlicher Ausdruck kommt bei Amm. nicht vor. In der Bedeutung cubiculum: 25. 10. 2 . . et cum horrendo stridore in consistorio trabes..

7. 11. ambage nulla praegressa. Nicht klass. u. archaisch (u. A. bei Tac., Fronto, Apulejus). Cf. Fesser p. 49 sq.; Krebs, Antib. 1. p. 155; Thes. 1. p. 1834; Lodge p. 103.

7. 11. sciens quod si cessaveris et tuas et palatii tui auferri jubebo propediem annonas.
Das fut. ex. pass. wird, im Einklang mit der Gewohnheit Amm. keine zusammengesetzten Formen des Passivs zu schreiben, vermieden. Das fut. ex. ind. wird übrigens regelmäßig gebraucht. Nach Ehrism. schließt ein fut. ex. im Hauptsatz eines im Nebensatz aus und umgekehrt. Cf. et. ad 14. 11. 11; Hofm.-Leum. p. 564.

36 Sprachlicher und historischer Kommentar

Anm. Die von Ehrisman p. 36 angeführten Beispiele 14. 6. 12 und 16. 12. 10 können nicht mit 14. 7. 11 auf dieselbe Stufe gestellt werden. Für den conj. fut. exact. (durch den conj. imperf., perf. und plq. perf. ersetzt) cf. Ehrism. p. 22 sq., 29 und 35; Hofm.-Leum. p. 563. Für quod cf. ad 14. 10. 14 (u. 15. 5. 7; 20. 2. 4; 23. 5. 21); für quod mit fut. auch Kallenberg p. 13 sq.

p. 20. 25.   **7. 11. annonas.** Die Geschichte des Begriffs und des Wortes annona kann hier nicht eingehend behandelt werden. Der Plural kommt vor dem 3. Jahrh. n. Chr. nicht vor (Thes. 2 p. 110). Das Wort und die Ableitungen scheinen in den romanischen Sprachen verschwunden zu sein (cf. ibid.). Im allgemeinen bedeutet das Wort: Lebensmittel, insbesondere Getreide und Brot; ferner Proviant für Soldaten; Getreidezufuhr; Getreidepreis; Grundsteuer in Naturalien. Die annona militaris, sowohl für Soldaten wie für Beamte, stand unter der Oberaufsicht der praefecti praetorio. Sie konnte ganz oder teilweise in barem Gelde bezahlt werden (adaeratio, annona adaerata). Dieser Begriff entspricht in vielen Fällen unserm Worte Gehalt. Eine Inschrift von Thamugadi in Nimudia Ephem. epigr. 5. 697, gibt eine Übersicht der verschiedenen Quanten, die die unterschiedlichen Ränge benötigen, nebst dem entsprechenden Wert in Gold (adaeratio). Unter annonae civiles oder publicae versteht man seit Konstantin dem Großen sowohl Lebensmittel, welche gewissen Personen, die sich ausgezeichnet hatten zur Belohnung geschenkt wurden, als Brot, das den Besitzern gewisser Häuser in Rom und Konstantinopel unentgeltlich verabreicht wurde. Ferner werden u. a. noch erwähnt annonae palatinae, die unter den officiales des kaiserlichen palatium verteilt werden und annonae templorum, die den ministri Ecclesiae gespendet werden. In der Literatur werden die annona in der Bedeutung von Steuer und annona in der Bedeutung von Gehalt oder Proviant nicht immer scharf unterschieden. Dies liegt wohl an der Vielseitigkeit der Begriffe, die das Wort umfaßt. Die Lieferung der annona (annonaria collatio, functio) ist in den verschiedenen Fällen verschieden geregelt und oftmals schwerlich oder nicht genau zu bestimmen. Cf. Cod. Theod. 14. 16 und 17: de annonis civicis et pane gradili (c. comm. Gothofr.); Cod. Theod. 7. 4: de erogatione annonae militaris (c. comm. Gothofr.); und hiermit übereinstimmend: Cod. Just. 11. 23, 24 und 12. 38; Amm. 17. 9. 2; 22. 4. 9 etc. (cf. Thes. ibid. p. 112 sq.); Hist. Aug. Claud. 44, Aur. 9, Probus 4; Veget. 3. 3; Acta SS. XLV Martyrum tom. 3 Julii p. 45; Oehler in R. E. 1 p. 2316; Humbert, Daremb.-Saglio 1. 273 sq.; Ruggiero, Diz. Epigr. 1. 474 sq.; Marq., Staatsverw. 2 p. 231 sq.;

Preisigke, Wörterb. 3 p. 2; ejusd. Fachw. p. 21; Willems p. 545, 598, 599; Du Cange (1883) 1 p. 259 sq.; N. D., Böcking 2 p. 177 sq.; 458, 757, 776 und 1151 sq.

7. 11. subiratus. Seltenes Wort. Nicht bei Caes., ab u. zu bei Cic., nicht in der H. Aug.

7. 12. mandaverat. Cf. 14. 11. 1 (placuerat = placuit) u. 14. 5. 6 (inusserat = inussit); Ehrism. p. 12: „sed id monendum est, hanc plq. perf. commutationem nusquam in genero passivo fieri. Est enim omnino plq. perf. pass. et ind. et conj. perrarus usus" (cf. et. ad 14. 11. 32 u. ad 14. 2. 13) . . . „nonnunquam pf. et plq. perf. ita sese excipiunt ut sensu utriusque temporis mutato plq. perf. tempus pro perf., perf. pro plusq. perf. intellegendum sit. Itaque fit tamquam quoddam hysteron proteron temporum (cf. 20. 9. 5 u. die zahlr. Beisp. bei Ehrism. ibid.). Hinsichtlich dieser Verwechslung meint Schickinger p. 25: „Auf griech. Einfluß möchte ich den Gebrauch des Perfekts statt des Plusquamperf. (und auch umgekehrt) zurückführen. Da der „hist." Aor. dem hist. Perf., der „plusquamperf." Aor. vielfach dem lat. Plusquamperf. entspricht, so stellte Amm. folgende Gleichungen auf: aor. = perf. u. aor. = plusq. perf., folglich perf. = plusquamperf." (vergl. die Beisp. ibid.).
Über diese Verschiebungen des Plq. perf. Ind. und Konj. schon im Frühlatein, selten in klass. Zeit, allgemein im Spätlatein, oft im Interesse des Metrums, bei Prosaikern durch den Klauselrhytmus veranlaßt, vergl. auch Hofm.-Leum. p. 561 sq.; Hagendahl, St. Amm. p. 121 sq. Bei Amm. ist dies m. E. (wie sooft) sowohl auf den griechischen Einfluß, als auch auf die damit korrespondierende innerlat. Sprachentwicklung zurückzuführen.

Anm. Sehr deutlich zeigt sich der Einfluß des griech. Aor. beim Gebrauch des Inf. Perf. statt Inf. Praes.; cf. 19. 7. 1; 22. 15. 24; 27. 2. 9 u. Reisig (op. cit.) 3 p. 349 sq. (mit Lit.). Diese Manier bei Amm. läßt sich nicht mit der des arch. u. klass. Lateins vergleichen und ist ein reiner Gräzismus. Cf. et. Hofm.-Leum. p. 591 sq.

7. 12. **Montius tunc quaestor.** Cf. Lib. ὑποθέσεις τῶν λόγων Δημοσθένους 1. (= Edit. Foerster 8 p. 600): ἐπειδή, κράτιστε ἀνθυπάτων Μόντιε κατὰ τὸν Ὁμηρικὸν Ἀστεροπαῖον περιδέξιος τὰ εἰς λόγους ὢν πρωτεύεις μὲν ἐν τῇ Ῥωμαίων φωνῇ καὶ τῆς παρ' ἐκείνοις παιδείας ὁμολογουμένως τὸ πρεσβεῖον ἀνῄρησαι, ἀμελεῖς δὲ οὐδὲ τῆς Ἑλληνικῆς ἅτε καὶ ἐν αὐτῇ διὰ τὸ τῆς φύσεως μέγεθος ὑπερέχειν δυνάμενος, ἀλλὰ περί τε τοὺς ἄλλους διατρίβεις καὶ περὶ τὸν τελεώτατον τῶν

Ἑλληνικῶν ῥητόρων τὸν Δημοσθένην καὶ δὴ καὶ ἡμᾶς ἐβουλήθης τὰς ὑποθέσεις τῶν τούτου λόγων ἀναγράψασθαί σοι, δεχόμεθα μὲν ἄσμενοι τὸ πρόσταγμα, κ.τ.λ.

Diese ὑποθέσεις widmet Libanius dem Montius im Jahre 352. Es stellt sich heraus, daß Montius ἀνθύπατος ist und wohl identisch mit dem Prokonsul von Constantinopel um das Jahr 350; cf. Sievers, Lib. p. 214, 6 u. Cantarelli, La serie dei proconsoli e prefetti di Constantinopoli (Rend. Accad. dei Lincei 28 (1919) p. 63). Im Ep. Liban. 221 (= Edit. Foerster 10. p. 203) an Modestus wird ein gewisser Calliopius erwähnt, der angeklagt ist und über dessen Freilassung Montius erfreut sein wird:

καὶ μεμνήσθω δικάζων τοῦ Μειλιχίου Διός, ὅπως ἡμεῖς τε τῷ φίλῳ συγχαίρωμεν καὶ Μόντιος ὑπὸ γῆς ἥδοιτο.

Enszlin hält diesen Call. für einen Sohn des Montius, entgegen der Meinung Seecks; der Grund zu dieser Auffassung will mir nicht einleuchten, da nirgend von einer verwandtschaftlichen Beziehung gesprochen wird. Über seinen Tod cf. et. Artemii passio (Migne, P. G. 96 p. 1263 = Edit. Bidez v. Philostorgius p. 54 sq.).

τοὺς γὰρ ἄρχοντας οὓς σὺν αὐτῷ ἐπεπόμφει Κωνστάντιος, τῶν βασιλικῶν τε καὶ πολιτικῶν πραγμάτων ὄντας διαιτητάς, τόν τε πραιτωρίων ἔπαρχον Δομετιανὸν (ὁ γὰρ Θαλάσσιος ἐτεθνήκει) καὶ τὸν ἐπὶ τοῦ κοιαίστωρως Μόντιον, διὰ τὸ μὴ πειθαρχεῖν αὐτοὺς καὶ ὑπουργεῖν ταῖς παραλόγοις αὐτοῦ καὶ ἀκαθέκτοις ὁρμαῖς σχοίνους τοῖς στρατιώταις τῶν ποδῶν αὐτῶν ἐξάψασθαι παρακελευσάμενος, ἐπὶ τῆς ἀγορᾶς συρῆναι προσέταξεν καὶ ἀμφοτέρους ἀπέκτεινεν, ἄνδρας ἐν ἀξιώμασι διαπρέψαντας καὶ παντὸς κέρδους καὶ λήμματος εὑρεθέντας ὑψηλοτέρους· οὓς ὁ τῆς πόλεως περιστείλας ἐπίσκοπος ἔθαψεν, αἰδεσθεὶς τὸ τῆς ἀρετῆς αὐτῶν ἀνυπέρβλητον.

Cf. et. Amm. 14. 7. 14 sq. und 14. 7. 18; 14. 9. 4; 14. 11. 17; 15. 3. 1; Philostorgius, Hist. eccl. 3. 28 (= Edit. Bidez p. 54 sq.); Artemii passio (Migne, P. G. 96 p. 1262 sq. = Edit. Philost. v. Bidez p. 52 sq.); Zonaras 13. 9. 9—15; Greg. Nyss. c. Eunom. 1 = Migne, P. G. 54 p. 257; Sievers, Lib. passim; Seeck, B. L. Z. G. p. 99 und 213; Stein, spätröm. Gesch. 1 p. 220; Enszlin in R. E. 16 p. 211.

quaestor. Cf. Lécrivain, Daremb.-Saglio IV, 1 p. 800: ,,Créé par Constantin, placé en 372 audessus des proconsuls (es gibt deren drei, nl. je einen von Africa, Asia und Achaia), puis parmi les illustres (= clarissimi et illustres, der höchste Rang) ce personnage est l'organe, le porte-parole de l'empereur au Sénat, au consistoire, auprès des magistrats et des particuliers; il joue le premier rôle au consistoire (cf. ad 14. 7. 11); il est chargé vraisemblablement, sur les rapports des préfets du prétoire (cf. ad 14. 7. 9), de la préparation des lois et de leur rédaction; il fait des rapports sur toutes les requêtes (preces) adressées directement à l'empereur, contresigne les rescrits, les ordres émanés du cabinet impérial. Il rédige et tient au courant un des tableaux sur lesquels sont inscrits les fonctionnaires, le minus laterculum (für die subalternen Funktionäre: praepositurae omnes, tribunatus et praefecturae castrorum; cf. ad 14. 5. 6: notarius und Willems p. 565). Théodose II lui délègue conjointement avec le préfet du prétoire d'Orient les appels des vicaires (cf. ad 14. 5. 7) et des juges spectabiles." Cf. et. Willems p. 577 sq.; Gothofr. annot. ad Cod. Theod. 6. 9; Boak-Dunlap, op. cit. p. 179, 254; N. D., Böcking 2 p. 247 sq. (mit der dort angeführten Lit.); Du Cange 5 p. 540; Heumann-Seckel[9] p. 482; Heidelberger Index p. 196; Voc. Cod. Just. p. 2001; und die nachfolgenden Charakteristiken: Claud. de Fl. Mallii Theod. cons. v. 33 sq.:

> Sed non ulterius te praebuit urbibus aula;
> Maluit esse suum. Terris edicta daturus,
> Supplicibus responsa, venis. Oracula regis
> Eloquio crevere tuo. Nec dignius unquam
> Majestas meminit sese Romana locutam.

und Panegyr. in laudem Anastasii quaestoris et mag. v. 24 sq. (= Edit. Petschenig p. 163 in Berl. Stud. f. class. Phil. u. Arch. 4. 2. 1886):

> haec inter amoena libenter
> Nutriar et vestra satiatus protegar umbra,
> Summe magistrorum, procerum decus, arbiter orbis,
> Principis auspicio leges et jura gubernans.
> Justitiae vindex, inopum pater, omnia curans,
> Judiciis relevare piis, qui munera temnis,
> Spernis avaritiam, fulvum quoque respicis aurum,
> Quaestor Anastasi, quem Christi munere fidum
> Cognovit princeps geminoque ornavit honore.

und Cassiod. Var. 6. 5 (= Mon. Germ. Hist. Auct. Ant. 12 p. 178 sq.).

7. 12. acer quidem sed ad lenitatem propensior. Cf. Cic. Philipp. 8. 1. 1: tua voluntas in discessione fuit ad lenitatem propensior; pro Murena 64: non tu quidem vir melior esses nec fortior nec temperantior nec justior . . sed paulo ad lenitatem propensior. Für propensior (mit in oder ad c. acc.) cf.: 16. 7. 8; 25. 3. 18; 26. 10. 2; 28. 1. 44; 30. 6. 3; 30. 8. 2 u. für den Einfluß der Orationen des Cicero auf Amm., Michael p. 20 sq.

40   Sprachlicher und historischer Kommentar

p. 21. 2—6.   **7. 12. acer quidem — securius cogitari.** Cf. Wagners Annotation
(= Ed. Wagner 2. p. 59): „Vafer ex editione prima Romana et ex Codice
regio (S und R) restituit Valesius, cum in vulgatis editionibus propagatum esset asper, quod cum sequente lenitate haud facile conciliari potest.
Gronov. maluit acer, quod, qua cunque significatione accipias, non satis
placet . . . Vafer dicitur Montius, quod medius esse inter Constantium
Aug. et Gallum Caesarem, neutri displicere vellet, omnino tamen ad
lenitatem magis erat proclivis, cui igitur Galli vehementia, qua Praefectum Praet. in custodiam dari jussisset, probari non posset. Igitur
in commune consulens, ut litem componeret, utrique principi, totique
adeo rei publicae damnosam futuram, leniorem viam excogitavit atque
rationem eam, ut palatinarum scholarum primos arcesseret. Hos adlocutus est primo mollius placidisque verbis docens, nec decere haec fieri
quoniam Praefecti Praetorio non a Caesaribus sed Augustis solis penderent, nec prodesse, nihilque profici, immo Constantium eo magis exasperatum iri; deinde objurgatorio vocis sono, gravioribus verbis addens,
quod si ita placeret, post statuas Constantii dejectas h. e. post apertam
rebellionem super adimenda Praefecto vita securius cogitari posse."

p. 21. 4.   **7. 12. vocis objurgatorio sono.** Mscr. voces, Vales. vocis. Cf. 18.
8. 5: Antoninus ambitiosius praegrediens agmen, ab Ursicino agnitus et
objurgatoris sonu vocis increpitus . . .; 27. 1. 5: ipse denique Charietto,
dum cedentes objectu corporis et vocis abjurgatorio sonu, audentius
retinet . . . .; 15. 7. 4; 30. 6. 3.
     Anm. Für sonu cf. ad 14. 6. 18.

p. 21. 5.   **7. 12. post statuas Constantii dejectas.** Das Niederreißen von Bildsäulen und das Tilgen von Namen in Inschriften usw. gehört zur damnatio
memoriae. Cf. Mommsen, R. Strafr. p. 987 sq.; ejusd., R. Str. II, p. 1139
sq.; G. Iedler, De memoriae damnatione quae dicitur (Leipz., Diss. 1884);
Brassloff in R. E. 4 p. 2059: „Den wegen Hochverrates (perduellio)
Verurteilten trifft nach dem ausgebildeten römischen Criminalrecht,
sofern über ihn die Todesstrafe verhängt oder das Verfahren erst nach
dem Tode zu Ende geführt wird, ausser der in der Confiscation des Vermögens bestehenden Nebenstrafe, noch eine Reihe anderer, auf die
Austilgung des Andenkens an ihn abzielender Nebenstrafen". Für die
statuae überhaupt cf. ad 14. 6. 8 und H. Kruse, Stud. zur offiziellen
Geltung des Kaiserbildes im Röm. Reich (1934).

p. 21. 5.   **7. 12. super adimenda vita.** Super = de. Selten im klass. Lat., gehörte
der Umgangssprache an, häufiger im Silberlat., später allgemein, oft

bei Amm. Cf. 15. 9. 2; 16. 7. 4; 19. 1. 6; 18. 3. 1; 21. 4. 5; 22. 3. 4; 23. 6.
32; 24. 8. 2; 25. 3. 20 etc. Cf. et. ad 14. 1. 6 u. Krebs, Antib. 2. p. 626;
Hoppe p. 41; Kalb, Roms Juristen p. 105.

7. 12. **adimenda.** Das Verbum, besonders in dieser Verbindung vitam
adimere sehr oft bei Cic. Cf. et 25. 1. 15; 30. 1. 18.

Anm. Für das part. perf. pass., in den Handschr. oft mit adeptus
verwechselt cf. 19. 3. 3 u. 25. 1. 8.

7. 13. **adpetitus.** Das Verbum findet sich bei A. wie bei Cic. ziemlich
oft. Cf. Michael l. cit.; Krebs, Antib. 187 sq.; Thes. I p. 281 sq. Beisp.:
27. 6. 9: mores ejus et adpetitus (plur. = studia); 24. 4. 10: ut erat
necessarius adpetitus, ita effectu res difficillima (impetus) u. mit dieser
Bedeutung auch: 30. 1. 16: hebetatae primo adpetitu venenatae serpentes
u. 30. 5. 2: reprimebat barbaricos adpetitus. = molitio: 26. 5. 9: super
adpetitu . . Procopi, antequam adulisceret, reprimendo (u. Plural. 15.
5. 26; 26. 10. 4); c. genit.: 20. 4. 16: rerum novarum. u. 29. 1. 34: regni
occupandi.

7. 14. „Rectae orationis forma Amm. semper utitur primum in referendis
imperatorum contionibus, quibus hi vel filios commendant Caesarum
dignitate induendos (15. 8. 5; 27. 6. 6) et fratrem (26. 2. 6), vel milites
tumultuantes sedant, pugnaturos adhortantur, de initis consiliis docent
(14. 10. 11; 14. 7. 14; 16. 12. 9; 16. 12. 30—41; 17. 13. 26; 20. 4. 16;
20. 5. 3; 21. 5. 2; 21. 13. 10; 23. 5. 16; 24. 3. 4; 26. 7. 16) magno cum
studio recta orationis forma porro inducit Julianum, cujus plenus est
admiratione et veneratione, loquentem (16. 5 11; 16. 5. 12; 21. 2. 2;
21. 5. 12; 20. 4. 9; 22. 5. 4; 22. 5. 5 etc.) et scribentem (20. 8. 5)" Antonius
Reiter op. cit. p. 9.

7. 14. **iratus . . quod . . praefectum, quid rerum ordo postulat ignorare dissimulantem . . jusserim custodiri.** Cf. 14. 11.
21: compulsuri eum singillatim docere, quam ob causam quemque apud
Antiochiam necatorum jusserat trucidari u. ad. 14. 6. 2.

7. 14. **iratus nimirum quod . . jusserim custodiri.** Cf. Kallenberg
p. 16: „Apud haec (sc. verba affectuum) utraque constr., acc. c. inf. et
quod (cf. ad 14. 10. 14) fere pariter ut apud omnes scriptores adhibita
est. Sed etiam hic Amm. consuetudinem dicendi Graecorum accurate
sequitur, nunquam conj. nisi tempore praeterito antecedente utens".
(mit Beisp.). Für quod in Kausalsätzen cf. Ehrism. p. 59 (u. ad 6. 23
in fine).

42   Sprachlicher und historischer Kommentar

p. 21. 17. **7. 15. sine spiramento ullo** = sine mora. Cf. 29. 1. 40: sumptumque est de quibusdam sine spiramento vel mora supplicium u. Tac. Agr. 44: non jam per intervalla ac spiramenta temporum. Diese metaph. Bedeutung nur hier. Weiter findet sich bei Amm. noch spiramen = spiritus, halitus. Cf. 17. 7. 11: ventorum . . . spiramina; 19. 4. 6: emittendis corporis spiraminibus; 20. 11. 26: halitus terrae calidiores et umoris spiramina conglobata in nubes; 22. 8. 46: concrescat aer ex umorum spiramine saepe densetus. Beide Wörter Poetismen. Für die Wörter auf — men u. — mentum cf. Liesenberg (1888) p. 7 sq.; cf. et. Har. Hagend., St. Amm. p. 36 sq.

p. 21. 21—22. **7. 16. velut exsaturati mox abjecerunt in flumen.** Cf. Hagend. St. Amm. p. 13: ,,Heraeus collato Aeneid. 7. 298: ,,odiis aut exsaturata quievi'', scribendum proposuit: . . exsaturati <odi> o (exsaturatio V, exsaturati Clark). Sed hoc ut ingeniose inventum, ita nimis incertum existimo.''

p. 21. 22. **7. 17. audaces usque ad insaniam homines.** Cf. 15. 6. 2; 20. 7. 7 (Vm 1a adusque ad); 21. 16. 19; 23. 6. 13; 26. 1. 9. In den drei letztgenannten Beispielen schreibt Vm 1a usque ad; Vm 2a ad usque, wie Clark es in seiner Ausgabe aufnimmt. Die Leseart läßt sich schwer feststellen. Cf. Novák, C. Amm. p. 63. Diese Stellen sind die einzigen wo sich usque ad findet. Sonst gebraucht Amm. immer den Poetismus adusque (nach Thielmann, Arch. L. L. G. 7 p. 106—110, 112 mal!). Cf. et. Hagend., St. Amm. p. 69 sq.; Reinhardt p. 53 u. ad 14. 8. 5.

p. 21. 23. **7. 17. Luscus quidam curator urbis.** a) Mir sonst nicht bekannt. Nicht erwähnt in Seeck, B. L. Z. G. Cf. Seeck in R. E. 13 p. 1866.

b) curator urbis = curator rei publicae: ,,Kaiserlicher Stadtpfleger, ein seit Trajan bestellter, meist stadtfremder Kommissar des Kaisers zur Beaufsichtigung der gesamten städtischen Finanzen, die unter der Mißwirtschaft der kommunalen Selbstverwaltung in Verfall geraten waren; in der späteren Kaiserzeit der oberste, aus den Dekurionen gewählte Munizipalbeamte, dem die Verwaltung des städtischen Finanzwesens oblag, bis er allmählich von dem defensor civitatis verdrängt wurde.'' (Heumann-Seckel[9] p. 115). Auch wohl curator civitatis (namentlich später) und pater civitatis = gr. λογιστής genannt (cf. Cod. Just. 1. 54. 3: c. rei publ. ,qui graeco vocabulo logista nuncupatur). Für seine Stellung cf. Cod. Theod. 12. 1. 20: (Constantinus Aug. ad Euagrium pr. praet.) ,,Nullus decurionum ad procurationes vel curas civitatum accedat, nisi omnibus omnino muneribus satisfecerit patriae vel aetate vel meritis.

Qui vero per suffragium (= Unterstützung, Begünstigung) ad hoc pervenerit administrare desiderans, non modo ab expetito officio repellatur, sed epistula quoque vel codicilli (= Bestallungsbrief) ab eo protinus auferantur et ad comitatum (= Hoflager) destinetur." (331); ibid. 16. 2. 31 (Arcadius et Honorius Augg. Theodoro praef. praet.): „Si quis in hoc genus sacrilegii proruperit, ut in ecclesias catholicas inruens sacerdotibus et ministris vel ipsi cultui locoque aliquid importet injuriae, quod geritur litteris ordinum, magistratuum et curatorum et notoriis (= schriftliche Anzeige) apparitorum, quos stationarios appellant, deferatur in notitiam potestatum (= Beamten), ita ut vocabula eorum, qui agnosti potuerint, declarentur . . ." (398). Man findet die cur. r. publ. weder im ostgothischen Reich noch in Byzanz. Cf. W. Henzen, Sui curatori delle città antiche: Ann. dell'instit. di corr. arch. 1851, p. 5—35; Ed. Degner, Quaestionis de curatore rei publ. pars prior, Diss. Halle 1883; Mommsen, R. Str. II p. 857 sq., 861, 1081 sq.; Kornemann in R. E. 4 p. 1806 sq.; Lacour-Gayet, Daremb.-Saglio I, 2 p. 1619 sq.; Thes. 4 p. 1477 sq.; Preisigke, Fachw. p. 118; ejusd., Wörterb. 3 p. 132 sq.; Du Cange 2 p. 707 (sehr lückenhaft).

Anm. Nicht zu verwechseln mit dem corrector! (= legatus Augusti pro praetore missus ad corrigendum statum). Cf. A. v. Premerstein in R. E. 4 p. 1646 sq.

7. 17. hejulans. Cf. Thes. 5. 2. p. 313: „In codd. (imprimis recc.) passim aspiratur, at in vett. atque optimis libris sine aspiratione traditur; item forma non aspirata ex acrostich. Comm. instr. 2. 21. 13 apparet". Bei Amm. ferner 18. 6. 10: liberalis formae puerum torquatum, (ut conjectabamus) octennem, in aggeris medio vidimus hejulantem . .; 28. 1. 37 (transitiv): hi tamquam hejulando casus, quibus se simulabant oppressos . . adseverabant. Archaismus? Bei Plaut. (Terent.), Cicero, und namentlich später und im Spätlat. Cf. et. Lodge 1. p. 485; nicht im Cod. Theod. und Just. (und voc. jur. rom.); nicht im Du Cange.

7. 17. baiolorum praecentor. Cf. Vales. ad h. l. (= ed. Wagner 2. p. 62): „Baiuli videntur hic esse νεκροφόροι, qui vespillones dicuntur . . Itaque baiulorum eiulans praecentor erit tibicen qui vespillonibus praecinebat. Nam funera olim efferebantur ad tibiam ut notum est . . . Hanc explicationem confirmat vox eiulans quae additur praecentori. Aliter quoque explicari potest hic locus ut praecentores baiulorum sunt ii, qui Graece ἐργοδιῶκται dicuntur, qui baiulos seu ἀχθοφόρους adopus excitant, non secus ac porticuli (Hammer des Rudermeisters) seu celeustae remiges . . et hanc explicationem confirmant ea quae sequuntur." Mit

44   Sprachlicher und historischer Kommentar

Wagner halte ich letztere Erklärung für die richtige. In der Bedeutung litterarum gerulus bei Amm. 15. 5. 10 (epistulas ipsas per baiulum qui portarat juncto milite ad Malarichum remisit); 18. 6. 17; 28. 1. 33. Cf. Thes. 2. p. 1686. Wahrscheinlich ist das Wort ein Archaismus. Cf. Festus (ed. Müller p. 35): bajulos dicebant antiqui, quos nunc dicimus operarios: unde adhuc bajulari dicitur. Nicht klass. Cf. et. Lodge I p. 208. Ein einziges mal im Cod. Theod. (2. 27. 1. 2); nicht im Cod. Just.

Anm. Cf. et. Du Cange 1 p. 510: „Occurrunt praeterea non semel Baiuli inter Ecclesiae Romanae ministros, qui processionibus publicis intererant, et cruces et candelabra baiulabant", etc.

p. 21. 24.   **7. 17. praecentor.** Nicht klassisch. Bei Apul. de mund. 35 und August. enarr. in psalm. 87. 1 (= Isid. orig. 7. 12. 27). Nicht bei Lodge, im Cod. Just. und bei Theod. Für die Bedeutung bei Amm. cf. supra. Im Kirchenlat. = is qui vocem praemittit in cantu. Cf. Henry, Cath. Encycl. 12. p. 372: Anciently, the precentor had various duties: he was the first or leading chanter, who on Sundays and greater feasts intoned certain antiphons, psalms, hymns, responsories etc.; gave the pitch or tone to the bishop and dean at Mass (the *succentor* performing a similar office to the canons and clerks); recruited and taught the choir, directed its rehearsals and supervised its official functions; interpreted the rubrics and explained the ceremonies, ordered in a general way the Divine office and sometimes composed desired hymns, sequences and lessons of saints"; cf. et Du Cange 5. p. 391 sq.

Anm. Für das Oppositum cf. August. enarr. in psalm. 87. 1 und Isid. orig. 7. 12. 26 sq. (Bedeutung: Nachsänger, Begleiter) und Amm. 19. 12. 13: Paulo succentore fabularum crudelium (= Tonangeber). Cf. et. Du Cange 6. p. 423.

p. 22. 2.   **7. 18. Epigonum.** Welcher Epigonus gemeint wird, ist mir nicht bekannt. Valesius erwähnt einen Epigonius episcopus, für dessen Identität mit obigem jedoch kein Grund vorliegt (gemeint ist einer der am Concilium Carthaginiense teilnehmenden Bischöfe, 386; cf. Mansi 3 p. 686). Außerdem liest Val. Epigonius auf Grund des Codex Reginensis. Eher könnte man an den Epigonus des Eunapius denken (Edit. Boissonnade p. 120), der zeitlich nach Chrysanthios, dem Lehrer des Julianus kommt. Nach Eun. stammt er jedoch ἐκ Λακεδαίμονος. Dieser Epig. wird nicht genannt in der R. E. und in Seeck, B. L. Z. G.

p. 22. 2.   **7. 18. Eusebium.** Sophist. Cf. Suid. s. v.: Εὐσέβιος Ἀράβιος σοφιστής, ἀντισοφιστεύσας καὶ αὐτὸς Οὐλπιανῷ und Ed. Bekker p. 60 sq.: ἔστι δὲ καὶ ἕτερος (Ἀλέξανδρος sc.) ὁ Κασίλωνος σοφιστής, ἀδελφὸς Εὐσε-

Zu XIV 7. 17—7. 18 (p. 21. 24—22. 4). 45

βίου τοῦ σοφιστοῦ μαθητὴς δὲ ʼΙουλιανοῦ. μελέται werden von ihm erwähnt Phot. bibl. cod 134 (= Vorträge). W. Schmid in R. E. 6 p. 1445 hält diesen Eusebius und den bei Eunapius erwähnten für identisch (Edit. Boissonnade p. 48): Εὐσέβιός τε ὁ ἐκ Καρίας Μύνδου πόλεως. Nun ist nach Eun. Edit. Boiss. p. 68: ʼΙουλιανὸς δὲ ὁ ἐκ Καππαδοκίας σοφιστὴς εἰς τοὺς Αἰδεσίου χρόνους ἤκμαζε und ibid. p. 48 sq., wo mitgeteilt wird, daß Eus. Schüler des Aidesios und Lehrer des Julianus Apostata ist, wenn man die Zeit berücksichtigt, nichts gegen diese Vernämlichung einzuwenden. Befremdlich ist es dagegen, daß der Euseb., der bei Eun. aus Myndos kommt, bei Suid. ʼΑράβιος genannt wird. Nach Clarks Leseart kommt Eusebius aus Emissa (= Emesa). (Die Handschrift hat hier: abdimissa. Die Konjektur ab Emissa von Val. ist sehr wahrscheinlich). Dazu kommt noch, daß Eun. eine nicht allzu zuverlässige Quelle ist und Eusebius ein sehr gewöhnlicher Name. Sowohl Vales. als Wagner (Edit. Wagner 2 p. 63) vernämlichen den Eus. bei Amm. nicht mit dem des Eunapius. Ebenso Wyttenbach, der ihn für den gleichen hält wie den bei Stobaeus genannten (Ecloga II, 9 und Floril. passim). Zeller[3], Philos. der Griechen III, 2 p. 730 bekämpft diese Meinung: ,,Die zahlreichen Bruchstücke aus Eus. welche Stobaeus . . . mitteilt, gehören schwerlich unserm Eusebius; denn teils enthalten diese Ausführungen moralischer Gemeinplätze . . . keine Spur von Neuplatonismus, teils weist die jonische Sprache, deren sie sich bedienen, die aber damals in Schriften längst außer Gebrauch war, darauf hin, daß sie ähnlich, wie die dorisch geschriebenen pseudopythagoreischen Schriften, aus einer viel älteren Zeit herstammen wollten, und daß der Name ihres angeblichen Verfassers erdichtet ist." Cf. et. Seeck, B. L. Z. G. p. 140 (für die Homonyme bei Amm. und Lib. cf. ibid. p. 137 sq.); Stobaeus, Edit. Heeren II, 1 p. 410 (annotatio).

Anm. Der kurze Aufsatz von Kroll in der R. E. 6 p. 1445 ist im Widerspruch mit dem von Schmid (ibid.) behaupteten.

7. 18. aequisoni. Hier: gleichnamig. Wahrscheinlich Gräzismus und p. 22. 3. musikalisch technischer Ausdruck (ἰσόφθογγος, ἰσότονος). Die Leseart ist nicht sicher, aber die Konjektur immerhin annehmbar. Das Wort scheint sich nur bei Boeth. de inst. mus. und im incerti carmen de figuris vel schematibus (4ter Jahrh.) zu finden. Die derivata aequisonatio u. aequisonantia auch nur bei Boeth. Cf. Thes. 1. p. 1013. Nicht bei Du Cange.

7. 18. intepisceret. Cf. 17. 4. 14: urgens effectus intepuit; 17. 13. 17: p. 22. 4. ne alacritas intepesceret pugnatorum; 31. 15. 3: ne ardor intepisceret

46   Sprachlicher und historischer Kommentar

(= nachlassen, abnehmen). Von vitium: 14. 5. 5 u. 30. 4. 9; von Personen = im Eifer nachlassen: 20. 10. 1 u. 30. 5. 3. Bei Verg. 10. 570. Nachklass. u. poet.

p. 22. 5.   7. 18. Emissa. Name: Emesa, Emis(s)a, Hemesa und Hemisa. Griechisch: Ἔμεσα, Ἔμισα, Ἔμισσα. Anon. Rav. (Edit. Pinder-Parthey) p. 88 wahrscheinlich fälschlich: Emetia. Amm. 14. 8. 9: Emissa; 26. 6. 20: Emesa. Gegenwärtig Höms (Hams, Hems). Über die Lage: Avien., Descr. orb. 1085:

    Urbs mediis Apamea dehinc consistit in arvis,
    Et qua Phoebeam procul incunabula lucem
    Prima fovent, Emesus fastigia celsa renidet.

Bei Strabo 16. 753 werden bloß Sampsikeramos und Jamblichos als Phylarchen τοῦ Ἐμισηνῶν ἔθνους genannt. Cf. et. Wesseling, Itin. p. 187 sq.; Hierocles p. 717; Tab. Peut. X, 4. Die Stadt, die in Syria Apamene lag, wurde später Phoenice Libanesia (dioec. Oriens) einverleibt, wie aus Hierocl. und Amm. 14. 8. 9 hervorgeht. Die Stadt gelangte zur Blüte, als Elagabalus den Thron bestieg (im Jahre 217), der nach Ulp. Dig. 50. 15. 1 § 4: et Emisenae civitati Phoenices jus coloniae dedit jurisque Italici eam fecit und ihr den Titel Metropolis verlieh (cf. Hill, Greek Coins, B. M. p. 240, Galatia etc.). Aus ihr stammen Julia Domna, Mammaea, Soaemias, Elagabalus und Severus Alexander. Nach Marcellinus Comes Chr. ad 453 ist die Stadt Bischofssitz. Cf. et. Eckhel 3. 311; Cohen 4 p. 319 sq. (passim); Le Bas-Waddington III, Nr. 2564, 2567; C. I. L. III, 67, 3301, 3334; VIII, 2568, col. 1, lin. 36; Dessau, Inscr. 8760, 8882 (für den etwas unklaren Inhalt der letztgenannten, in Kairo befindlichen Inschrift, die im Jahre 316 von Emeseni abgefaßt wurde cf. ibid. und die dort angeführte Lit.); Pieper, Tab. 6; Roscher I, 1 p. 1229 sq. (für den Baalsdienst).

p. 22. 5.   7. 18. Pittacas cognomento. Lindenbrog.: „Tractum illud cognomentum videtur a pittaciis, quae secum forte Eusebius semper circumferebat." Cf. Sophokles p. 892: „πιττάκιον, pittacium, slip of paper: label: billet, letter."

p. 22. 5.   7. 18. cognomentum. Archaismus für cognomen. Es findet sich bei Tac. u. Sall. öfters als cognomen. Im späteren Lat. allgemein. Cf. Fesser p. 50 sq.: „A. gebraucht es ausschließlich. Dies mag zusammenhängen einmal mit dem im Spätlat. oft erkennbaren Streben die kürzere Form durch die längere zu ersetzen, andererseits eignet sich die volle Form gut für die Klausel bei Amm." u. Thes. 3. 1494. sq.; Lodge 1. 272. Für die Subst. auf — mentum cf. Liesenberg (1888) p. 8.

7. 18. tribunos fabricarum. Cf. ad 14. 5. 8 (tribunus), Anm., p. 22 6.

7. 18. promittentes armorum. Gen. partitivus. Cf. Löfstedt, Synt. I p. 22. 6.
p. 117 sq.; Ahlquist 27; Löfst., Peregr. p. 108 sq.; Hofm.-Leum. p. 390
(α) u. p. 392 (ϑ).

7. 19. Apollinaris .. paulo ante agens palatii Caesaris curam. p. 22. 7—8.
Für Apollinaris cf. ad 14. 7. 20.

Cura palatii. Der cura palatii ist ein Subalternbeamter bei Hofe, sein
Vorgesetzter ist der vir spectabilis castrensis sacri palatii (N. D. Or. 17
und Occ. 15 = Edit. Seeck p. 40 sq. und 158 sq.). Nach dem Cod. Theod.
gehört er zu den Beamten des 2. Ranges (spectabiles): cf. ibid. 6. 13. 1
(im Jahre 431) und 11. 18. 1 (im Jahre 409). Aus Cassiod. var. 7. 5 geht
hervor, daß ihm die Oberaufsicht über die königlichen Paläste und was
dazu gehört, obliegt; bezeichnend für seine hohe Stellung sind die Worte:
Illud quoque considera, qua gratificatione tracteris, ut aurea virga
decoratus, inter obsequia numerosa, ante pedes regios primus videaris
incedere, vel ut ipso testimonio vicinitatis nostrae agnoscamus tibi
palatia commississe (Cass. var. 7. 5 = Migne, P. L. 69 p. 711 sq.). Im
oströmischen Reich gehört der cura palatii zur ersten Klasse der Rangordnung. Ferner wird er bei Amm. noch erwähnt: 22. 3. 7; 31. 12. 15;
31. 13. 18. Auf griechisch heißt er: κουροπαλάτης (cf. Theophyl. hist.
3. 18. 12; Agath. hist. 5. 2. 4; Niceph. hist. synt. 7. 4). Cf. et. R. E. 4
p. 1770 sq. (Hartmann); Mommsen, Ostg. St., Neues Archiv 14 p. 513;
Böcking 1 p. 267; 2 p. 404 sq.; Thes. 4 p. 1467 und 1469; Du Cange
2 p. 705.

7. 19. Mesopotamiam. Cf. ad 3. 1. s. v.   p. 22. 8.

7. 19. minorem Armeniam. Nach Laterc. Veron. (= N. D. Edit. p. 22. 11.
Seeck p. 248) II, 8 und nach. Laterc. Polem. Silv. IX, 7 (= N. D. Edit.
Seeck p. 259) gehört Arm. minor zur dioecesis Pontica. Im Jahre 387 wird
Armenia geteilt: den römischen Teil bekommt der ehemalige König
Arsaces IV. und regiert diesen bis an sein Ende; danach wird es eine
gewöhnliche römische Provinz. Justinianus teilt Arm. östlich und westlich des Euphrats in vier Teile und zwar Armenia prima, secunda, tertia
und quarta. Hierocles (= Constant. Porph., Bonner Corpus III p. 397)
kennt eine 'Επαρχία 'Αρμενίας ά, ὑπὸ κονσουλάριον und eine
ἐπαρχία 'Αρμενίας β', ὑπὸ ἡγεμόνα, die zusammen umfaßten, was man
früher: Armenia minor, Melitene, Süd-Pontus und das östliche Cappadocia
nannte. Die N. D. Or. (Seeck p. 7) nennt Arm. prima und secunda, beide
als zur dioec. Pont. gehörig. Hieraus geht schon hervor, daß es schwierig

ist, den wahren Bereich der Provinz Arm. minor zu bestimmen. Aus dem Umstand, daß Basil. Caes. in den Epist. 195 und 263 (= Migne, P. G. 32 p. 708 und 977) Colonia und Sebastia als Orte in Armenia minor erwähnt, schließt Wesseling m. E. fälschlicherweise, daß Armenia minor und Armenia prima des Hierocles, synonymisch seien (Wesseling, Itin. p. 703). Es ist allerdings wahrscheinlich, daß Armenia minor bei Laterc. Veron. und Polem. Silv. und N. D. Or. ungefähr dasselbe andeutet und den größten Gebietsteil der beiden Arm. des Hierocles ausmacht. Die Anordnung des Justinianus stürzt die alten Grenzen. Von den bei Hierocles genannten, zu Arm. prima und sec. gehörigen Städten sind Sebaste und Melitene Metropolen. Ganz Armenia ist anfangs kirchlich vom Patriarchen von Caesarea abhängig, aber seit der Synode von Chalcedon (451) gehört es zum Patriarchat von Konstantinopel. Cf. Wesseling, Itin. p. 703; N. D., Böcking I p. 123, 149, 150 und 422 sq.; Baumgartner in R. E. 2 p. 1181 sq.; Tournebize, Dict. eccl. 4 p. 290 sq.; Pieper, Tab. 7; P. Pascal Asdourian, Die politischen Beziehungen zwischen Armenien und Rom (Venedig 1911, Diss.); J. B. Aufhauser, Armeniens Missionierung bis zur Gründung der armenischen Nationalkirche (Zeitschr. f. Missionswissensch. 8. 1918 p. 73 sq.).

Anm. Eine Übersicht der Patriarchen und Catholici findet sich im Aufsatz von Tournebize p. 371 sq.; eine der Arsacidischen Fürsten bei Addourian p. 195.

7. 19. Constantinopolim. C. ist als neue Reichshauptstadt von Konstantin dem Großen an der Stelle des alten Byzanz, kurz nach der Niederlage des Licinius (324 n. Chr.; entweder in der Schlacht bei Adrianopel oder bei Chrysopolis), wahrscheinlich ebenfalls 324 n. Chr. gegründet worden. Namen: Κωνσταντινούπολις, Nova Roma, Νέα Ῥώμη, ἡ ἑῴα Ῥώμη etc. Der alte Name Byzantion behält seine Gültigkeit. Die Stadt wird von einem praefectus urbis verwaltet (cf. N. D. Or. 1. 4 und ad 14. 6. 1) und ist Residenz der oströmischen Kaiser und eines Patriarchen. Die ersten Christen trifft man in Konstantinopel nicht vor Ende des 2. oder Anfang des 3. Jahrhunderts an. Cf. Procopius, De aedificiis (Bonner Corpus, Pr. 3); Constantinus Porphyrogenetos, De caeremoniis (Bonner Corpus, Const. P. I mit dem Kommentar von Reiske-Leich); Codinus (Bonner Corpus, mit dem Kommentar von Gretser und Goar); Urbs Constantinopolitana, nova Roma (= N. D. Edit. Seeck p. 229); P. Gyllius, De Constantinopoleos geographia (1632); A. Banduri, Imperium Orientale, sive antiquitates Constantinopolitanae (1711); Du Cange, Historia Byzantina (1680); A. Mordtmann, Esquisse topographique de Constantinople (Revue de l'art chrétien 1891, N. S. IX); E. A. Grosvenor, Constantinople (1895); A. van Millingen, Byzantine Constantinople. The Walls of the City and Adjoining Historical Sites (1899); Thes. Onomasticon 2 p. 572; Valle, Diz. Epigr. II, 1 p. 632; Leclercq, Dict. chrét. II, 1 p. 1363 sq.; Oberhummer in R. E. p. 963 sq.; Kubitschek in R. E. 3 p. 1116 sq. (Byzantion); Pieper, Tab. 14.

7. 20. indicatum est apud Tyrum indumentum regale textum p. 22.13—14. **occulte.** Purpurgewänder dürfen nur für die Kaiser und ihre Angehörigen angefertigt werden und sind ein kaiserliches Monopol. Daher die Gefahr dieser Anschuldigung. Der Verlauf dieser Ereignisse: 14. 9. 7. Ist bei einer Kaiserproklamierung kein Purpurgewand vorhanden, so nimmt man den Purpur fort, wo man ihn nur findet (cf. Vit. Gord. 8; Vit. 30 tyr. 28; Vit. Saturnini 9). Das Fehlen des Purpurs bei einer solchen Gelegenheit macht einen kläglichen Eindruck: (26. 6. 15) stetit (sc. der Usurpator Procopius, 365) itaque subtabidus — excitum putares ab inferis — nusquam reperto paludamento, tunica auro distincta, ut regius minister, indutus, a calce in pubem, in paedagogiani pueri speciem, purpureis opertus tegminibus pedum, hastatusque purpureum itidem pannulum laeva manu gestabat, ut in theatrali scaena simulacrum quoddam insigne per aulaeum vel mimicam cavillationem subito putares emersum. Der kaiserliche Purpur wird ferner noch erwähnt 14. 11. 10; 15. 8. 11; 15. 8. 15.

7. 20. indumentum. Cf. 14. 6. 10; 19. 8. 8; Liesenberg (1888) p. 9. p. 22. 13—14. Nachklass. u. spätlat.

7. 20. incertum — apparatum. = incertum est quis id texendum p. 22. 14—15. locaverit vel cujus usibus apparatum sit (cf. ad 14. 7. 7). Der absol. Abl. quo locante ersetzt hier einen indirekten Fragesatz. Cf. Hofm.-Leum. p. 447 sq.

7. 20. usibus apparatum. Cf. 14. 6. 14; 28. 6. 5. Der Vorliebe Ammians p. 22. 14—15. für apparare liegt wohl die metrische Verwendbarkeit dieses Verbs zugrunde (Claus. III). Wie das Simplex ist auch das Kompositum klass. u. nicht selten. Cf. Thes. 2. p. 269.

7. 20. rector provinciae tunc. Gräzismus: ὁ τοτε ὕπαρχος. Cf. 22. 9. 3: p. 22. 15. urbem . . magnis retro principum amplificatam impensis; 31. 10. 9: splendore consimili proculque nitore fulgentes armorum; Lampr. Alex. Sev. 35: meliorum retro principum; Pertin. 9: stipendia retro debita.
II.

50   Sprachlicher und historischer Kommentar

Für diesen attribut. Gebrauch des Adverb. cf. Draeger, L. Synt. § 79. Cf. et Löfstedt: Vermischte Studien etc. (1936) p. 197 sq. u. besonders p. 200 u. 207 sq.

p. 22. 15. **7. 20. Apollinaris.** Er war consularis Phoenices, was Amm. nicht deutlich ausdrückt, indem er ihn rector provinciae nennt, (cf. ad 14. 7. 7) und Vater des 14. 7. 19 erwähnten gleichnamigen Schwiegersohns von Domitianus (cf. ad 14. 7. 9). Der Prozess wegen Hochverrats, der gegen ihn und seinen Sohn angestrengt wurde, endet mit Verbannung und Ermordung der beiden; cf. 14. 9. 8: . . . post multorum clades Apollinares ambo pater et filius in exilium acti cum ad locum Crateras nomine pervenissent, villam scilicet suam quae ab Antiochia vicensimo et quarto disjungitur lapide, ut mandatum est, fractis cruribus occiduntur. Cf. et. Seeck, B. L. Z. G. p. 79; R. E. I p. 2844 sq. (Seeck). Nicht mit den bei Libanius erwähnten Homonymen zu verwechseln (cf. Seeck, B. L. Z. G. p. 79 sq.).

p. 22. 18. **7. 21. celate.** Anscheinend nur bei Amm. Altlat. celatim (Sisenna hist. 126 = Gell. 12. 15. 1). Cf. Thes. 3. p. 770.

p. 22. 19. **7. 21. ingenium a veri consideratione detortum.** Cf. Tusc. Disp. 5. 90: nisi quos (sc. philosophos) a recta ratione natura vitiosa detorsisset. Cf. ad 14. 6. 8 u. Amm. 21. 12. 6; 29. 5. 49; 20. 2. 3; Thes. V. I. p. 820.

p. 22. 20. **7. 21. impositorum vel compositorum fidem.** Cf. ad 14. 1. 1. Adj. subst. usit. gen. genit. Cf. 15. 1. 1 cognitio gestorum; 15. 5. 38 u. 8. 14 (ordo) gestorum; 14. 10. 14 concessio praeteritorum u. utilium monitor; 15. 2. 10 ausorum particeps; 16. 8. 5 u. 20. 3. 5 u. 27. 12. 7 spe potiorum; 17. 3. 2 talium gnarus; 17. 13. 1 obliti priorum; 21. 7. 4 mandatorum principis memor; 21. 12. 6 metu similium; 14. 11. 26 u. 22. 1. 1 u. 23. 1. 2 u. 26. 2. 8 u. 30. 5. 13 accidentium; 25. 4. 25 u. 28. 6. 10 u. 29. 5. 8 u. 29. 6. 16 u. 30. 61. 1 praeteritorum; 27. 12. 1 fide pactorum; 14. 9. 5 cogitatorum socius; 14. 10. 9 delictorum veniam; 16. 6. 3 objectorum probatio; 15. 5. 9 structorum fidem; 15. 3. 8 u. 16. 12. 14 u. 29. 5. 3 ultimorum; 16. 12. 18 gerendorum; 17. 3. 2 talium; 14. 11. 2 u. 21. 12. 7 u. 24. 3. 8 u. 24. 8. 5 u. 30. 7. 9 meliorum; 18. 1. 2 u. 30. 5. 5 justorum injustorumque; 18. 4. 1 justorum; 20. 8. 15 u. 25. 4. 25 impendentium; 21. 10. 2 venturorum; 21. 16. 1 bonorum; 22. 16. 24 coeptorum; 23. 2. 3 scriptorum; 23. 3. 3 visorum; 23. 5. 24 u. 26. 8. 4 prosperorum; 23. 6. 56 gignentium; 26. 2. 10 u. 27. 10. 3 laetiorum; 16. 3. 1 parium; 16.

3. 6 necessariorum — congruentium; 16. 10. 16 profundorum; 27. 5. 6 extremorum; 27. 10. 3 laetiorum; 28. 3. 5 ansorum; 31. 7. 8 saeptorum.

7. 21. **carnifex rapinarum sequester et obductio capitum et bonorum ubique multatio versabatur per orientales provincias.** p. 22. 22—24.
Cf. Cic. Pro C. Rab. 16 carnifex vero et obductio capitis et nomen ipsum crucis absit non modo a corpore civium Romanorum . . . Cf. ad 14. 7. 12.

7. 21. **orientales provincias . . jam digesta, cum bella Parthica narrarentur.** Cf. ad 14. 7. 7. Dieser geographische Exkurs kommt wahrscheinlich in der verschollenen Beschreibung des Perserkrieges (nach 337) vor. Cf. 23. 6. 50: ubi etiam tigridum milia multa cernuntur feraeque bestiae plures, quae cujus modi solent capi commentis dudum nos meminimus rettulisse (wahrscheinlich nämlich im selben Zusammenhang wie 14. 7. 21 und 14. 7. 7). p. 22. 24—25.

7. 21. **absque.** Cf. ad 14. 3.4. p. 22. 24.

7. 21. **Aegypto.** Nach N. D. stehen sub dispositione viri spectabilis Praefecti Augustalis, des obersten Würdenträgers in der dioecesis Aegyptus (cf. ad 14. 5. 7), die nachfolgenden Provinzen: Libya superior (die westlichste), Libya Inferior (östlich anschließend), Thebais (die südlichste), Aegyptus (das Deltagebiet und seine Umgebung), Arcadia (zwischen Aeg. und Theb.) und Augustamnica (östlich von Aeg.). Alle diese provinciae unterstehen praesides (cf. ad 14. 10. 8), mit Ausnahme von Augustamnica, das einem corrector untersteht. Amm. 22. 16. 1 sagt über die Einteilung der Provinzen: „Tres provincias Aegyptus fertur habuisse temporibus priscis, Aegyptum ipsam et Thebaida et Libyam, quibus duas adjecit posteritas, ab Aegypto Augustamnicam et Pentapolim a Libya sicciore dissociatam." (Pentap. = Lib. sup. und L. sicc. = L. inf.). Betreffs der letzteren Mitteilung irrt Amm. Pentapol. oder Cyrenaica bildete seit Augustus' Zeiten zusammen mit Creta eine Provinz, wurde aber unter Konstantin dem Großen eine gesonderte, von einem praeses verwaltete Provinz (Zos. 2. 33; Wesseling p. 732; N. D., Böcking 1 p. 137). Was Arcadia betrifft, das nach dem Kaiser Arcadius (395—408) benannt wurde, cf. Wesseling p. 729 und Eustathii ὑπομνήμ. εἰς Διονύσ. τὸν περιηγ. v. 251: „Ὅτι ἡ κατ' Αἴγυπτον Ἑπτάπολις καὶ Ἀρκαδία ὡς ἀπὸ τοῦ βασιλέως Ἀρκαδίου ὕστερον ἐκλήθη, πρὸ δὲ τούτου καὶ Ἑπτάνομος ἢ Ἑπτανομία ὠνομάσθη . . ." Die älteste Erwähnung Augustamnicas finden wir im Cod. Theod. XII, 1. 34 an Auxentium Praesidem Augustamnicae (im Jahre 342), wozu p. 22. 25.

Gothofredus bemerkt: „Ex hac lege collata cum canone 6 Concilii Nicaeni (325), quo inter Aegypti provincias August. non connumeratur, apparet August. provinciam factam post Conc. Nic.: hoc medio spatio ab A. D. 325 ad A. 342 quo haec lex lata est. Illud adhuc observandum Praesidem August. praefuisse sub Constantio ut haec lex docet: verum Correctorem ei postea praefuisse docet N. D. Or. (siehe oben)." (Vergleiche auch die dort weiterhin angeführte Lit.; N. D., Böcking p. 517; Wesseling p. 727 sq., nicht vollständig). „Aegyptus autem consularitatem non habet" (N. D. Or. 1), welcher etwas merkwürdige Ausdruck besagen soll, daß keiner der Provinzialverwalter die dignitas consularis besitzt (cf. N. D., Böcking I p. 136). In der, von den N. D. beschriebenen Zeit, war Aeg. eine gesonderte dioecesis. Jedoch „nei primi tempi della riforma di Diocl. l'Egitto non costitui una dioecesis a sè, ma era annesso a quella del' Oriens, che insieme alle altre tre, l'Asiana, la Pontica e Thraciae stavano sotto la dipendenza del praef. praet. per Orientem; perciò essa non figura nel catalogo Veronese il più antico, laddove appare in quello di Silvius, nella N. D. e in Hierocles, posteriori. La dioec. Or. comprendeva allora l'Egitto e la Mesopotamia, e avea a capo un vicarius Orientis o vic. Or., Aegypti et Mesopotamiae, siccome è chiamato in costituzioni dell' anno 325" (Diz. Epigr. 1 p. 287). Hierocles gibt nachfolgende Einteilung: Ἐπαρχία Αἰγυπτιακῆς ὑπὸ Αὐγουστάλιον (Hauptstadt Alexandria); Ἐπ. Αὐγούστα ά ὑπὸ Κορρήκτορος (Pelusium); Ἐπ. Αὐγούστα β' ὑπὸ ἡγεμόνα (Leonto); Ἐπ. Ἀρκαδίας ὑπὸ ἡγεμόνα (Oxyrynchus); Ἐπ. Θηβαΐδος ἔγγιστα ὑπὸ ἡγεμόνα (Antino); Ἐπ. Θηβ. τῆς ἄνω ὑπὸ δοῦκα (Ptolemais); Ἐπ. Λιβύης τῆς ἄνω ὑπὸ ἡγεμόνα (Ptolemais); Ἐπ. Λιβύης τῆς κάτω ὑπὸ ἡγεμόνα (Paraetonium). Für diese spätere Einteilung cf. Wesseling p. 723—734; N. D., Böcking I p. 137 sq., p. 154, 517 sq.; Novellae VIII, Notitia 21 (33); Georgii Cypr. Gelzer p. 35 sq. (c. annot. ad h. pag.); Pieper, Tab. 8. Für die Geographie und das Allgemeine cf. Strabo 17. 1—3; Ptolem. 4. 5; Plin. N. H. 5. 9 sq. (die Quellen des Nils 5. 10) und passim; Tab. Peut. VIII, 5—IX, 5; Anon. Ravenn. p. 6. 6; p. 119. 8 sq. und passim; Guido op. cit. p. 547. 8; p. 549. 1; p. 549. 12;'Anon. de S. orbis (Manit.) p. 5; p. 64—65 und passim; Thes. 1 p. 956 sq.; Pietschmann in R. E. I, p. 1003 (späte Kaiserzeit); Diz. Epigr. 1 p. 276 sq. (mit Lit.); Kuhn 2 p. 454 sq.; vorzüglich p. 476 sq.; Karlowa 1 p. 852 sq.; Dict. chrét. IV, 2 p. 2422—2473 (Diocl.-Eroberung Arabiens, mit Lit.). Eine Charakteristik der Aeg. gibt Amm. 22. 6. 1: per hoc idem tempus, rumoribus exciti variis, Aegyptii venere complures, genus hominum controversum, et adsuetudine perplexius litigandi semper laetissimum, maximeque avidum multiplicatum reposcere, si compulsori quicquam dederit, ut levari debito possit, vel certe commodius per dilationem inferre quae flagitantur, aut criminis vitandi formidine, divites pecuniarum repetundarum interrogare etc.; 22. 16. 23: Homines autem Aegyptii plerique suffusculi sunt et atrati magisque maestiores, gracilenti et aridi, ad singulos motus excandescentes, controversi et reposcones acerrimi. Erubescit apud eos siqui non infitiando tributa, plurimas in corpore vibices ostendat. Et nulla tormentorum vis inveniri adhuc potuit quae obdurato illius tractus latroni invito elicere potuit, ut nomen proprium dicat. (Andere Stellen bei Amm.: 22. 15. 1 sq., auch über den Nil; 28. 5. 14 etc.); Burckhardt[3] p. 28; p. 122 sq., namentlich p. 131: ,,Eines ist vorzüglich, was solche uralte, mißverstandene Nationen zu einer wahnsinnigen Anstrengung entflammen kann: ihre alte Religion welche, obwohl entartet und jeder sittlichen Belebung fremd, doch wesentlich die Stelle des verlorenen nationalen Bandes vertritt. So ist den Aegyptern ihr Heidentum, später selbst ihr Christentum der Canal geworden, in welchen sich die unbestimmte verhaltene Wuth ergoß''; p. 177 sq., 409 sq. Die Zerstörung des Serapeums (391) führte gegen das Heidentum in Aeg. einen entscheidenden Schlag. Trotzdem erhielten sich noch starke Überreste; u. a. der Isisdienst in Philae, der, trotz des Theodosianischen Verbots, öffentlich getrieben wurde (wahrscheinlich ein Zugeständnis an die Blemmyes und Nubier). Über den christlichen Fanatismus der Aeg. cf. L. Duchesne, Hist. anc. de l'église II p. 485 sq. Nach N. D. Or. 25—28 untersteht die militärische Organisation einem comes limitis Aegypti, Dux Libyarum und einem Dux Thebaidos. Cf. N. D., Böcking 1. 290—311, 315—341 (mit Lit.).

Anm. 1. Ein Fluß Aegyptus wird 22. 15. 3 und 23. 6. 21 erwähnt. Cf. Plin., N. H. 5. 54: et in totum Homero Aegyptus aliisque Triton (sc. Nilus nominatus) und 25. 11; Manil. 4. 635 (mit Housmans Anmerkung in seiner Ausgabe); Ambros. Abr. 2. 10. 68; Pietschm. in R. E. 1 p. 1005. Eine Stadt dieses Namens (= Memphis? cf. Ravenn. p. 135. 6) nennt Amm. nicht.

Anm. 2. In den N. D. Or. 12 wird ein comes commerciorum per Orientem et Aegyptum erwähnt (sub disp. v. ill. c. sacr. larg.), ferner ein comes et rationalis summarum Aegypti (der ebenfalls dem c. sacr. larg. untersteht). Cf. N. D., Böcking 1 p. 251 sq. und ad 14. 7. 9.

8. 1. Tauri montis. Hier ist das Gebirge, das Cilicia im Norden begrenzt, gemeint. Bekanntlich wird der Name Tauros (oder Antitauros) für verschiedene Gebirge in Kleinasien gebraucht. Nach Ruge in R. E. V[A],

p. 39 sq. „ergibt sich, daß der Gebrauch des Namens T. nur für Armenien und vor allem für Kilikien nebst Isaurien und Pisidien wirklich lebendig gewesen ist. Die Übertragung auf die ganze innerasiatische Gebirgszone (Diaphragma) ist eine Willkür der Gelehrten, die nicht volkstümlich geworden ist, wie das schon der Kampf mit dem Namen Kaukasos zeigt. An Ort und Stelle ist der Name wohl völlig verschwunden, wenn ihn nicht der Dahwras Dagh s. von Egherdir Göl bewahrt hat . . . . und wenn nicht in Bulghar Dagh (Name des höchsten Teils mit dem Aidost) und in Bimboa Dagh das türkische Bogha (= Stier) eine Anspielung auf den alten Namen enthält." Dieses Taurosgebirge darf nicht mit dem Ταῦρος ὄρος, einem Teil des Amanosgebirges, beim Paß v. Beilān verwechselt werden (jetzt Alma-Dāgh: cf. Dussaud p. 440 sq. und Karte XI). Cf. et. Strabo 11. 11. 7—11. 13 und passim; Ptolem. 5. 6. 1; 5. 7. 1 (mit der Annot. Edit. C. Müller I, 2 p. 894 sq.); 5. 12. 1; Tab. Peut. X, 3; Ravenn. p. 30. 11; Anon. de s. orbis (Edit. Manitius) p. 68, 72, 74, 83; N. D. Or. 26, eine Abbildung des mons Taurus auf den insignia des comes per Isauriam (cf. N. D., Böcking I p. 312 sq.); K. Mannert, Geogr. der Gr. u. Römer VI, 2 p. 138 sq. (Stellensammlung). Kiepert, Alte Geogr. p. 74 sq;. Roscher 5 p. 152 sq.

p. 23. 1.   **8. 1. ad solis ortum.** Der Sing. abwechslend mit dem poetischen Plural: 15. 10. 2: ad solis ortus u. vielleicht: 22. 14. 4: . . unde secundis galliciniis videtur (Clark, aber V corr. m³ videntur) primo solis exortūs. Ortūs = ἀντολαί (korrespondierend mit occasūs = δυσμαί; nicht bei Amm.). Cf. Hag. St. Amm. p. 97; Schmidt p. 38 sq.; Landgraf Arch. L. L. G. 14. p. 73 u. ad 14. 2. 3.

Anm. Die Beisp. die Schmidt aus Cicero anführt sind nicht überzeugend, z.B. Nat. Deor. 2. 153: astrorum ortūs (acc.) u. 2. 95: eorum (astrorum) omnium ortūs et occasūs (acc.), wo der Plural m. E. durchaus üblich ist, wie bei Amm. 25. 10. 3: stellas . . quarum ortūs obitūsque quibus sint temporibus praestituti, humanibus mentibus ignorari.

p. 23. 2.   **8. 1. Cilicia.** Τῆς Κιλικίας δὲ τῆς ἔξω τοῦ Ταύρου ἡ μὲν λέγεται τραχεῖα, ἡ δὲ πεδιάς· τραχεῖα μέν, ἧς ἡ παραλία στενή ἐστι, καὶ οὐδὲν ἢ σπανίως ἔχει τι χωρίον ἐπίπεδον, καὶ ἔτι ἧς ὑπέρκειται ὁ Ταῦρος, οἰκούμενος κακῶς, μέχρι καὶ τῶν προσβόρων πλευρῶν τῶν περὶ Ἴσαυρα καὶ τοὺς Ὁμοναδέας μέχρι τῆς Πισιδίας· καλεῖται δ'ἡ αὐτὴ καὶ Τραχειῶτις καὶ οἱ ἐνοικοῦντες Τραχειῶται· πεδιὰς δ'ἡ ἀπὸ Σόλων καὶ Ταρσοῦ μέχρι Ἰσσοῦ καὶ ἔτι ὧν ὑπέρκεινται κατὰ τὸ πρόσβορον τοῦ Ταύρου πλευρὸν Καππάδοκες· αὕτη γὰρ ἡ χώρα τὸ πλέον πεδίων εὐπορεῖ καὶ χώρας ἀγαθῆς.

Zu XIV 8. 1—8. 1 (p. 23. 1—23. 4). 55

(Strabo 14. 5. 1). Cilicia campestris ist nach den N. D. in ein Cilicia prima (unter einem v. cl. consularis) und ein Cilicia secunda (unter einem v. cl. praeses) geteilt. Nach Hierocl., Synecd. gehören zu Cil. I. die Städte: Tarsus (Metropole), Pompeiopolis, Sebaste, Corycus, Adana, Augusta, Mallos, Zephyrium, und zu Cil. II: Anazarbus (Metropole), Mopsuestia, Aegaeae, Epiphania, Alexandria, Rhosus, Irenopolis (= Neronias), Flavias, Castabala. Beide Provinzen gehören zur dioec. Orientis (cf. ad 14. 2. 1; N. D., Seeck p. 247, 259). ,,È da notare anzitutto che nei bassi tempi, separata l'Isauria dalla Cilicia, almeno sotto Probo (276—282) prese il nome d'Isauria l'antica Cilicia aspera. Questa comprendente allora anche una parte della Lycaonia (Kuhn p. 197) appare con quel nome nel latercolo Veronese (N. D., Seeck p. 247) siccome provincia colla capitale Seleucia, separata dalla Cilicia, separazione che si dovrà attribuire a Dioclet. o a qualcuno a lui anteriore." (Vaglieri in Ruggiero Diz. Epigr.; cf. et. ad 14. 2. 1 und 14. 2. 4). Nach Hierocl. Synecd. lagen in Isaurien: Seleucia (Metropole), Celenderis, Anemurium, Titiopolis, Lamos, Antiochia, Juliosebaste, Cestr(i)a, Selinus (= Trajanopolis), Iotapa, Diocaesarea, Olbe, Claudiopolis, Hierapolis, Dalisandus, Germanicopolis, Irenopolis, Philadelphia, Moloe, Darasus, Sbide, Neapolis, Lauzadus. Bei Amm. 23. 2. 5 wird als praeses von Cilicia Memorius (a⁰ 363) genannt. Cf. et. Strabo 12. 1 und passim; Ptolem. 5. 7; Wesseling p. 704—706, 708—710; Tab. Peut. X, 3, 4, 5; N. D., Böcking p. 141: Justiniani Notitia in Novell. VIII cum nostro libro (sc. N. D.) atque Hierocle (cf. Wesseling Itin. p. 704) de duabus Ciliciis consentit: nam inter ὑπατικὰς ἤτοι κονσουλαρίας ἀρχὰς § 12 memoratur ὁ ἄρχων Κιλικίας πρώτης et inter ἀρχὰς ἡγεμονικὰς § 42 est ἄρχων Κιλικίας δευτέρας. Sub Theod. M. divisionem consularis praesidialisque Ciliciarum factam esse puto." Cf. et. ibid. p. 129 sq. u. Annot. Valesii ad 23. 2. 5 (Ed. Wagner 3 p. 6); 239; Pieper, Tab. 7 u. 6; Ravenn. p. 90, 93, 102; Greek Coins, B. M. (Lyc. Isaur. Cilic.) p. 15 sq.; Eckhel 3 p. 35 sq.; Preusz, De Cilicia Romanorum provincia (1859); Junge, De Ciliciae Romanorum provinciae origine ac primordiis (1869); Vaglieri, Diz. Epigr. 2 p. 222 sq. mit Lit.; Ruge in R. E. 11 p. 385 sq. (mit Lit.; bloß geogr.); Thes. Onom. II (C) p. 435 sq.; Philippson p. 43, 77 sq. Alt-christl. Land mit den Metropolen Tarsus und Anazarbus.

Anm. In 14. 2. 1 (Pis.) und 14. 2. 4 (Lyc.) hat sich ein ernstlicher Fehler eingeschlichen. Die praesides und correctores sind, mit vereinzelten Ausnahmen (wo sie bloß perfectissimi sind) viri clarissimi.

8. 1. palmite. In der Bedeutung: Weinstock, Weinberg poet. u. nachklass. p. 23. 4.

p. 23. 4—5.   **8. 1. quam mediam navigabile flumen Calycadnus interscindit.**
Cf. Solinus (Coll. rer. mem.) 38.4 (= ed. Mommsen p. 180): hanc urbem intersecat Cydnus amnis; Amm. 23. 6. 43: quorum regiones Choatres fluvius interscindit ceteris abundantior. intersecare: 21. 12. 17 (abschneiden); 25. 10. 5; 29. 6. 17; 23. 6. 13; 15. 4. 4 (durchströmen). Interscindo u. interseco in der Bedeutung interfluo etc. nachklass. u. spätlat. Cf. et. Krebs, Antib. 1. p. 775. Die Entleihungen Amm. aus Sol. sind v. Mommsen in seiner Edit. p. 254 gesammelt u. v. G. B. A. Fletcher, Philol. XCI, Heft 4, p. 478 vervollständigt.

p. 23. 6.   **8. 2. Claudiopolis.** Κλαυδιόπολις. Cf. Hill in Greek Coins, B. M. (Lycaon. Isaur. Cil.) p. LVII: „The Greek city of Cl. is to be distinguished from the colony Ninica Claudiopolis. The site of a Claudiop. is fixed at Mut, above the middle Calycadnus valley by an inscription mentioning a fine payable to the hieron of Athene Polias and the demos of Claud." Der vollständige Name von Nin. Cl. lautet: Colonia Julia Augusta Felix Ninica Claudiopolis. Nach Hill (ibid.) läßt die griechische Form erkennen, daß die Stadt nicht vom Kaiser bei der Gründung einer colonia, sondern von irgendeinem anderen griechischen Gründer, z. B. Antiochus IV. von Commagene (38—72 n. Chr.) diesen Namen dem Kaiser zu Ehren (Claudius war nämlich sein Wohltäter) erhielt. Später erhob der Kaiser sie zur colonia und schenkte ihr, zu Ehren des von ihm sehr bewunderten Augustus, den Namen Julia Augusta. Der alte Name Claudiop. blieb erhalten. Nach Ramsay, Rev. Numism. (1894) p. 164 sq. soll die colonia von Domitianus gegründet und nach Julia, der Tochter des Titus benannt sein. (Und auf diese Weise hätte Amm. sich geirrt.) Hill und Ramsay vernämlichen also Claud. bei Amm. und Ninica Cl. Ganz sicher ist dies jedoch m. E. nicht, wegen mangelnder Berichte über Claudiopolis-Mut. (wobei man sich nicht ausschließlich auf die Numismatik verlassen darf). Ptolem. 5. 7. 6 läßt Ninica in Lalassis (westlich vom Calycadnus und Claud.-Mut) liegen. Die Tab. Peut. weist keinen Ort dieses Namens in Cil.-Isauria auf. Cf. et. Ruge in R. E. 3 p. 2662; Pieper, Tab. 6 und 7; Wesseling p. 709. Sitz eines Bischofs.

Anm. Nicht mit Claudiopolis in Bithynia und Claudiopolis in Melitene zu verwechseln.

p. 23. 6.   **8. 2. deduxit.** Besser: eduxit. Cf. Löfst., Beitr. p. 72 sq.: „Petschenig hat hier (Philol. 50. 343), die sehr nahe liegende Änderung devolutus vorgeschlagen (sc. ad 16. 12. 59 . . equo est evolutus). Meinesteils kann ich diese Vermutung deshalb nicht als richtig betrachten, weil in späterer Zeit im allgemeinen das Präfix ex(e) nicht selten für de eintritt. So steht z. B. öfters exponere statt deponere, worüber Rönsch, It. u. Vulgata 364 sq. . . . Obgleich ich gegenwärtig kein zweites Beispiel für evolvere = devolvere anführen kann, glaube ich demnach, daß man an der überlieferten Form festhalten muß." Vergl. auch die Beisp. die L. ibid. gibt.

8. 2. **Isaura**. Cf. Diod. 18. 22: καταντήσαντες δὲ εἰς τὴν Πισιδικὴν p. 23. 7. ἔκριναν ἀναστάτους ποιῆσαι δύο πόλεις τήν τε τῶν Λαρανδέων καὶ τὴν τῶν Ἰσαυρέων .... τὴν δὲ τῶν Ἰσαυρέων, οὖσαν ὀχυρὰν καὶ μεγάλην, ἔτι δὲ πλήθουσαν ἀλκίμων ἀνδρῶν (Perdiccas 323); Strabo 12. 6. 2: Τῆς δὲ Λυκαονίας ἐστὶ καὶ ἡ Ἰσαυρικὴ πρὸς αὐτῷ τῷ Ταύρῳ ἡ τὰ Ἴσαυρα ἔχουσα κώμας δύο ὁμωνύμους, τὴν μὲν Παλαιὰν καλουμένην, τὴν δὲ Εὐερκῆ· ὑπήκοοι δ'ἦσαν ταύταις καὶ ἄλλαι κῶμαι συχναί, λῃστῶν δ'ἅπασαι κατοικίαι. παρέσχον δὲ καὶ Ῥωμαίοις πράγματα καὶ τῷ Ἰσαυρικῷ προσαγορευθέντι Πουβλίῳ Σερβιλίῳ, ὃν ἡμεῖς εἴδομεν, ὃς καὶ ταῦτα ὑπέταξε Ῥωμαίοις καὶ τὰ πολλὰ τῶν πειρατῶν ἐρύματα ἐξεῖλε τὰ ἐπὶ τῇ θαλάττῃ (a. 76); 12. 6. 3: ἐφ' ἡμῶν δὲ καὶ τὰ Ἴσαυρα καὶ τὴν Δέρβην Ἀμύντας εἶχεν, ἐπιθέμενος τῷ Δερβήτῃ καὶ ἀνελὼν αὐτόν, τὰ δ' Ἴσαυρα παρὰ τῶν Ῥωμαίων λαβών· καὶ δὴ βασίλειον ἑαυτῷ κατεσκεύαζεν ἐνταῦθα, τὴν παλαιὰν Ἰσαυρίαν ἀνατρέψας; 14. 3. 3: τοὺς δὲ λῃστὰς ἐπιδεῖν ἄρδην ἠφανισμένους, πρότερον μὲν ὑπὸ Σερβιλίου τοῦ Ἰσαυρικοῦ, καθ' ὃν χρόνον καὶ τὰ Ἴσαυρα ἐκεῖνος καθεῖλεν ...; Ptolem. 5. 4. 9: Ἴσαυρα; Frontinus 3. 7. 1: P. Servilius Isauram oppidum, flumine ex quo hostes aquabantur averso, ad deditionem siti compulit; Sall. hist. fragm. II, 87 (= Edit. Maurenbrecher p. 95, B. 5 sq.; mit der Annot. ad h. l.); Plin., N. H. 5. 23: Isaura; Tab. Peut. X, 2: Isaria; Ravenn. 102. 14: colonia Isauria; Hierocles, Synecd. Wesseling p. 675: Ἰσαυρόπολις; Trebell. Pollio Trig. tyr. c. 25: Palatium sibi in arce Isaurae constituit (sc. Trebellianus usurpator, a[0] 265); Conc. Chalcedon. p. 673; Basil. Seleuc., Vita Theclae 2. 12; Silviae peregr. 22 (Geyer p. 69): Sed quoniam de Tharso tertia mansione, id est in Hisauria, est martyrium sanctae Theclae, gratum fuit satis, ut etiam illuc accederem, praesertim cum tam in proximo esset; C. I. G. 3 p. 196 sq. und besonders 4393, wo, wenn die Lesart richtig ist, ein Ἰσαυροπαλαιείτης erwähnt wird; Eckhel 3 p. 29; Greek Coins, B. M. (Lyc. Isaur. Cil.) p. XXVI sq. und p. 13 sq. (Hill), mit Lit.; Ruge in R. E. 9 p. 2055 sq. (mit Lit.). Nach Ruge a. a. O. beziehen sich Strabo 12. 6. 2—3, Strabo 14. 3. 3, Diod. 18. 22 und die angeführten Stellen vom Sallust auf Palaia Is. Was Strabo 12. 6. 3 berichtet (ἐν δὲ τῷ αὐτῷ χωρίῳ καινὸν τεῖχος οἰκοδομῶν οὐκ ἔφθη συντελέσας, ἀλλὰ διέφθειραν αὐτὸν οἱ Κίλικες ...) soll sich nicht auf Is. nova beziehen. Is. nova wäre bei Front. 3. 7. 1 und bei Hierocl. 675

58 Sprachlicher und historischer Kommentar

gemeint. Nach Ramsay ist dies das heutige Dorla (Asia p. 343), nicht Dinorna (so Sterret, Wolfe Exped. p. 150). Palaia Is. ist das heutige Zendjibar Kalessi (Ruge, Hill). Welches Is. Amm. hier meint, ist nicht sicher. Isaura war in jener Zeit Bischofssitz (Pieper, Tab. 7).

p. 23. 8. **8. 2. rebellatrix.** Bei Liv. u. Ovid. je einmal. Seltenes Wort. Für die zahlr. Subst. auf-trix cf. Liesenberg (1888) p. 7.

p. 23. 8. **8. 2. interniciva.** Auch bei Cic. u. Gell. Sehr seltenes Wort. Cf. et. 18. 7. 7; 25. 9. 10; 26. 5. 12 (neutr. plur.).

p. 23. 10. **8. 3. Tarsus** = Tarsos = Ταρσός. „Ἡ δὲ Ταρσὸς κεῖται μὲν ἐν πεδίῳ, κτίσμα δ'ἐστὶ τῶν μετὰ Τριπτολέμου πλανηθέντων Ἀργείων κατὰ ζήτησιν Ἰοῦς· διαρρεῖ δ'αὐτὴν μέσην ὁ Κύανος παρ' αὐτὸ τὸ γυμνάσιον τῶν νέων· ἅτε δὴ τῆς πηγῆς οὐ πολὺ ἄπωθεν οὔσης, κ.τ.λ." (Strabo 14. 5. 12). Uralte Stadt, Geburtsort des Paulus (Act. Apost. 21. 39; 22. 3). Hauptstadt der Prov. Cilicia. Es lag fortdauernd mit den umliegenden Städten u. a. Anazarbos im Kampf. Als Cilicia geteilt wird (d. h. das eigentliche Cilicia = Cilicia Pedias: cf. ad 8. 1 und Laterc. Veron. I, 14. 15 = Seeck p. 247) um das Jahr 400, wird Anazarbos Hauptstadt von Cilic. II, wodurch der Einfluß von T., das nun Metropole von Cilic. I. war, stark abnahm. Eine Abbildung von Tarsus findet sich auf den insignia des comes per Isauriam (N. D. 29, Seeck p. 61). Die Stadt hatte eine große jüdische Gemeinde und immer ein stark heidnisches Element. Maximinus Daja, bekannt als Bekämpfer der Christen, fand dort eine Zuflucht nach seinen, gegen Licinius erlittenen Niederlagen und starb dort (a⁰ 313. Cf. Zos. 2. 17. 3; Eutrop. 10. 4. 4; Lact. de mort. pers. 45). Julianus beabsichtigte, T. zur vorläufigen Residenz zu erwählen (er faßte diesen Plan unmittelbar vor dem Feldzug gegen die Perser und zwar wegen seiner unangenehmen Erfahrungen in Antiochia; cf. 23. 2. 5: disposuisse enim ajebat, hiemandi gratia per compendiariam viam, consummato procinctu, Tarsum Ciliciae reversurum, scripsisseque ad Memorium praesidem, ut in eadem urbe cuncta usui congrua pararentur. et hoc haud diu postea contigit. corpus namque ejus illuc relatum exequiarum humili pompa in suburbano sepultum est, ut ipse mandarat; cf. et. 25. 9. 12 und Zos. 3. 34. 4; Zonar. 13. 13). Die Stadt war auch eine kirchliche Metropole (cf. Pieper, Tab. 7). Cf. et. Strabo 14. 5. 9—14. 5. 14 (und passim); Ptolem. 5. 7. 7; Tab. Peut. X, 4; Ravenn. 92. 6; 93. 1; Wesseling p. 579, 704; N. D., Böcking 1 p. 311 sq.; Georgii Descr. orbis Rom. (Gelzer p. 41): Ἐπαρχία Κιλικίας Ταρσὸς μητρόπολις; Itin. Burdig. (Geyer p. 17): Civitas Tharso ... inde fuit apostolus Paulus; Greek Coins, B. M.

Zu XIV 8. 2—8. 3 (p. 23. 8—23. 11). 59

(Lycaon. etc.) p. LXXVI sq. (Hill) und p. 162 sq. (mit angeführter Lit.);
Ruge in R. E. IV^A p. 2413 sq. (mit angef. Lit.). Die Stadt darf nicht mit
einem Homonym in Bithynia verwechselt werden (cf. Ruge, ibid. p. 2413).
Bei Amm. auch erwähnt: 21. 15. 2; 22. 9. 13; 25. 10. 4; 30. 1. 4. Was
die Gründung betrifft cf. Ruge, ibid.: ,,Die gr. Sage bringt ihre Gründung
mit Perseus zusammen. Perseus soll T. an der Stelle des Dorfes Andrasos
gegründet haben. Zu vergleichen ist die Sage von Perseus in Ikonion.
Nach Sayce, Journ. Hell. Stud. 45. 161 ist der inschriftlich bekannte
Attarsiyas, der um 1250 von Westkleinasien gegen Madduwattas von
Auzawa (Westkilikien) heranzog, aber geschlagen wurde, mit Perseus
gleichzusetzen. Eine andre Tradition nennt Herakles als Gründer von
Tarsos. Dieser H. ist wohl als gr. Form des orientalischen Dandan an-
zusehen, der ebenfalls als Gründer von T. genannt wird. Die Gestalt des
Herakl.-Sandan ist offenbar kleinasiatisch, nicht semitisch, gehört also
zu dem ältesten Element der Bevölkerung von T. Ebenso der Hauptgott
der Stadt, der als Baal Tars auf Münzen der Stadt mit aramäischer
Legende im 4. Jahrh. v. Chr. erscheint und in der Gestalt des Zeus noch
in der Kaiserzeit vorkommt. Man kann in ihm wohl den alt-anatolischen
Tarku erkennen. . . Dio Chrysost. or. 33. 1 sagt, daß die Tarsier auch
Titanen als ihre ἀρχηγοί ansähen; dazu ist zu vergleichen Genesios reg.
lib. 3 p. 66 sq. (Bonn.) und Roscher 3. 1207 und 4. 325." (mit der dort
angeführten Lit., besonders Ramsay, Cities of St. Paul p. 135, 152, 326
sq., 142 sq., 139 sq.; Greek Coins, B. M. (Lycaon. etc., Hill) p. 185—223
und p. 166—214; R. E. Suppl. Bnd. 3 p. 980 und I^A p. 2265). Cf. et. ad
8. 3: ex Aethiopia etc.

8. 3. ex Aethiopia profectus Sandan quidam. Clark, Eyssenhardt, p. 23. 11.
alii: ex Aethiopia. Mscr. ex Aethio (v. l. Aechio). Cf. Höfer, Roscher IV
p. 319 sq.: ,,Dagegen hat Ed. Meyer (Zeitsch. der d. morgenl. Gesellsch.
31. 1877. p. 736 sq.) unter Zustimmung von K. Wernicke (Zur Gesch.
der Heraklessage in: Aus der Anomia p. 71 sq.) vermutet, daß in †
Aechium † der Name der am issischen Meerbusen an der Grenze von
Kappad. und Syrien gelegenen Stadt Αἰγαί stecke, also ex Aegis zu
schreiben sei. Eine Bestätigung dieser Vermutung gibt vielleicht eine
in den letzten Jahren bei den Ausgrabungen in Argos gefundene Inschrift
(Corr. hell. 28. 1904. 422 Nr. 6), die von einer Erneuerung der Stammes-
verwandtschaft von Argos und Aigai in Kil. (Αἰγεαίων τῶν ἐν Κιλικίᾳ
ἀνανέωσις τᾶς παλαιᾶς πρὸς τὰν πόλιν (sc. Argos) συγγενήας) spricht
und den Perseus, dessen Haupt überdies auch Münzen von Aigai zeigen
(Imhoof-Blumer, Kleinas. Münzen 2. 427) als Gründer von Aigai nennt,

eine Überlieferung, die sonst noch nicht bezeugt war." Sandan ist wahrscheinlich eine einheimische cil. Gottheit, deren Kult sich auch außerhalb Cilicia verbreitet hat. Ed. Meyer, ibid. hält S. für einen Sonnengott (mit andern Autoren). Diese Auffassung hat er später widerrufen und S. daraufhin für eine Vegetationsgottheit erklärt (Gesch. des Altert. I, 2³ p. 720 sq.) Auf Grund von Nonn. Dionys. 34. 188 sq.:

ὥς ποτε Μορρείοιο γάμου μνηστῆρι σιδήρῳ // Ἀσσυρίη γόνυ κάμψε, καὶ εἰς ζυγὰ Δηριαδῆος // αὐχένα πετρήεντα Κίλιξ δοχμώσατο Ταῦρος, // καὶ θρασὺς ὤκλασε Κύδνος, ὅθεν Κιλίκων ἐνὶ γαίῃ // Σάνδης Ἡρακλέης κικλήσκεται εἰσέτι Μορρεύς. (Der Inder Morrheus unterwirft für seinen Schwager, den indischen König Deriades, Ass. und Cil.), vermutet Höfer (bei Roscher, ibid.), daß S. ursprünglich Kriegsgott oder Kriegsheld gewesen sei. Schließlich soll S. nach Eisler, Phil. 68. 1909. p. 128 sq. Gott des Jahres sein. Von den Griechen wird S. u. a. mit Herakles gleichgesetzt. Cf. et. Suidas s. v. Σαρδαναπάλους (Edit. Adler 4 p. 326); Zwicker in R. E. I^A p. 2264 sq.; Ed. Meyer, Reich und Kultur der Chetiter (1914) p. 117 sq.; Weißbach (s. v. Sardanapal) in R. E. I^A p. 2436 sq.; Höfer, Roscher II, 2 p. 3218 (Morrheus); und die bei Roscher IV p. 320 sq. angeführten testimonia. Cf. et. ad 8. 3. s. v. Tarsus.

8. 3. Anazarbus. Ἀνάζαρβος Cf. Greek Coins, B. M. (Lycaon. etc., Hill): „Anazarbos or Caesarea ad Anazarbum (ὑπ' or πρὸς Ἀναζάρβῳ) lay at the foot of an isolated rock „protected on two sides by rivers which unite a little to the south namely the Pyramus and the stream now called the Sombaz." The neighbouring village retains the old name in the form Anavarza. The title Caesarea was presumably adopted in 19 B. C., from the autumn of which year the era of the city dates." (mit angeführter Lit. und p. 31 sq.). Was die Einteilung der Provinzen betrifft cf. ad 8. 3. s. v. Tarsus. Nach Le Bas-Waddington, Inscr. 3 p. 349, der diesen Schluß auf Grund der Münzen zieht, war Anaz. sogar ein Konkurrent von Tarsos. Nachdem die Stadt von einem schweren Erdbeben heimgesucht war, wurde sie unter Justinianus und Justinus wiederhergestellt (Procop. hist. arc. 18. 41; Cedr. 299 = 1. 639) und vorübergehend Justinopolis genannt. Unter dem alten Namen A. wird sie eine wichtige Grenzfestung in der byzantinischen Zeit. Cf. et. Ptolem. 5. 7. 7; Plin. 5. 22; Tab. Peut. X, 4; Wesseling p. 211, 212, 705; N. D., Böcking p. 129 sq.; Pieper, Tab. 6, 7; Diz. Epigr. 1 p. 466; Hirschfeld in R. E. 1 p. 2101 (mit Lit.); Eckhel 3 p. 41 sq.; Bent, Journ. Hell. Stud. 11. 1890 p. 231 sq. (mit Karte von Cilicia Pedias); Langlois, Anazarbe et ses environs, Rev. arch. 13. 1856. p. 361—370. Suidas verwechselt Caesarea

Zu XIV 8. 3—8. 3 (p. 23. 11—23. 13). 61

ad Anazarbum mit Diocaesarea (Isauria). Cf. et. Steph. Byz. s. v.: 'Ανάζαρβα, πόλις Κιλικίας. Κέκληται ἀπὸ τοῦ προκειμένου ὄρους ἢ ἀπὸ 'Αναζάρβα τοῦ κτίσαντος. Die Stadt war überdies kirchliche Metropole. (Georg. Cypr. Edit. Gelzer p. 42). Auf Grund von Euagr. 4. 8 und Theophan. 171. 17 behauptet Gelzer (ibid.) mit Recht, daß die von Justinus I. (518—527) in 525 wiederhergestellte Stadt nicht Justinianopolis sondern Justinopolis heißen müsse: ,,Idem nomen, regnante Justiniano, valuit, uti ex actis synodi Mopsuestanae et V generalis concilii edocemur. Prave Latina acta Justinianopolim eam vocant." (mit Beispielen).

8. 3. Mobsuestia. Strabo 14. 5. 19: Μόψου ἑστία; Ptolem. 5. 7. 7: Mopsuestia; Tab. Peut. X, 4: Mompsistea; Geogr. Ravenn. 93. 4: Momsuestia; Georg. Cyprii Descr. (Gelzer p. 42): Μομψουεστία. In der antiken Literatur u. s. w. kommen ungefähr 50 Variationen des Namens vor! ,,M. ist die alte Siedlung beim heutigen Missis, wie durch die dort gefundene Inschrift (Le Bas 1494) bewiesen wird. Es liegt an der wichtigen Stelle, wo der Pyr. aus den Engen des Berglandes in die Ebene tritt. Daher war es von der Natur zum Übergangsort für den westöstlichen Verkehr bestimmt." (Ruge). M. hat kurze Zeit, wahrscheinlich von Seleucus IV. (187—176 v. Chr.) — Antiochus IV. (175—164 v. Chr.) den Namen Seleucia geführt. Auf Münzen, namentlich aus der Zeit der Seleuciden (cf. Greek Coins, B. M., Hill, Lycaon. etc. p. CX sq. und p. 103) und Inschriften (cf. Ditt. Or. Inscr. Nr. 575: τῷ εὐεργέτῃ καὶ σωτῆρι Ἀδριανῆς Μοψουεστίας τῆς Κιλικίας, ἱερᾶς καὶ ἐλευθέρας καὶ ἀσύλου καὶ αὐτονόμου καὶ φίλης καὶ συμμάχου Ῥωμαίων) heiszt die Stadt ἱερά, ἄσυλος und αὐτόνομος. Im Jahre 95 v. Chr. wurde die Stadt während eines Familienzwistes der Seleuciden zerstört (Bouché-Leclercq, Hist. des Séleuc. I p. 418 sq. mit Lit.). 51 schlägt Cicero dort sein Lager auf (ad fam. 3. 8. 10: De nostris rebus quod scire vis: Tarso Nonis Octobribus Amanum versus profecti sumus. Haec scripsi postridie ejus diei cum castra haberem in agro Mopsuhestiae). In der Kaiserzeit ist es eine blühende Stadt. Auf Münzen des Valerian (253—259) findet sich eine Abbildung einer Brücke über den Pyramus, wahrscheinlich derselben die von Justinianus restauriert wurde (Procop. de aedif. V, 5. 4 sq.). Die antiken Fundamente sind noch vorhanden, ebenso wie zahlreiche, andere Überreste. Cf. et. Plin., N. H. 5. 91: Mopsos (kurze Form) liberum Pyramo impositum; Itin. Burdig. (Geyer p. 17): Civitas Mansista; Gelzer Georg. Cyprii Descr. p. 146, annot.; Wesseling p. 580; Ruge in R. E. 16 p. 243 sq. mit Lit.; Ramsay, Asia p. 385; Pieper,

62 Sprachlicher und historischer Kommentar

Tab. 6. Die Stadt hatte, jedenfalls im 3. Jahrhundert, eine christliche Gemeinde und wir oftmals in den Akten der Konzilien erwähnt. Für die Lage cf. ad 8. 1 (Cilicia).

p. 23. 13. 8. 3. **Mobsi.** (α) Lapithe, Eponymos des am Westhang des Ossa gelegenen Mopsion. Cf. Hyg. 14: Mopsus Ampyci et Chloridis filius ex Oechalia vel ut quidam putant Titarensis. Hic augurio doctus ab Apolline . . . Mopsus autem Ampyci filius ab serpentis morsu in Africa obiit. Is autem in itinere accesserat comes Argonautis Ampyco patre occiso.; Pindar. Pyth. 4. 191:

> . . . . . . Καί ῥά οἱ
> μάντις ἐρνίχεσσι καὶ κλά-
> ροισι θεοπροπέων ἱεροῖς
> Μόψος ἄμβασε στρατὸν πρό-
> φρων· . . . . . .   (In Iolkos).

Apoll. Rhod. 3. 916 sq.; Kruse in R. E. 16 p. 241 sq. mit Lit.; Seeliger bei Roscher II, 2 p. 3207 sq. (mit Lit.); Preller-Robert, Gr. Myth. II, 2 p. 775 sq. (mit Lit.). Dieser Mopsus ist der Seher der Argonauten. Als sie sich, auf dem Heimwege, nach Afrika hin verirren, stirbt Mopsus dort. Seine Leiche, die sofort zu verwesen beginnt, wird daselbst begraben.

(β) Der andere Mopsus ist Sohn der Manto (Tochter des Teiresias). Sein Vater ist Rhakios oder Apollo. Mutter und Sohn gründeten den Apollotempel von Klaros. Er besiegt den Kalchas in einem Rätselwettkampf. Verschiedene Städte u. a. Aspendos, Phaselis, Mopsuestia (hier) sind von ihm gegründet worden. Mit Amphilochos, dem Sohn des Amphiaraos erbaut er Mallos. Nach Plin. 5. 96 hieß Pamphylia früher **Μοψοπία**. Für die Verwechslung von M. (α) und M. (β) cf. O. Immisch ,Jahrb. f. kl. Phil. Suppl. Bnd. 17 (1890) p. 166 und Preller-Robert, Gr. Myth. II, 2 p. 776: ,,Daß beide eigentlich identisch sind, d. h. der östliche aus dem Lapithen umgebildet ist, läßt sich, da alle Mittelglieder fehlen, nicht beweisen. Strabo 9. 443 unterscheidet beide scharf, während andre (z.B. Schol. Stat. Theb. 3. 521) sie durcheinander werfen. Auch ob der Attische König Mopsopos, nach dem das Land ursprünglich Mopsopia geheißen haben soll (Kall. fragm. 351 bei Steph. Byz. s. v.; Strabo 9. 397. 443) mit dem Lapithen oder dem Klarier Mopsos etwas zu tun hat, ist ganz unklar." Cf. et. Kruse und Seeliger, ibid.

p. 23. 18. 8. 4. **Servilio.** P. Servilius Vatia, Gegner des Volkstribunen L. Appuleius Saturninus (103 und 100); Prätor um das Jahr 89, Konsul 79; bekriegt die Seeräuber von 78—74 und zog als erster Römer über den Taurus;

unterwarf die Isaurier (daher der Zuname Isauricus); genehmigte die lex Manilia (66); verfocht die Bestrafung der Catilinarii und befürwortete die Rückkehr des Cicero; Zensor im Jahre 55. War außerdem Pontifex. Anhänger des Caesar. Gestorben im Jahre 44. Nicht mit dem gleichnamigen Sohn zu verwechseln (cs. I 48 mit Caesar, cs. II 41). Cf. Ihne 6 p. 154; Niese-Hohl p. 215 sq. und p. 224; Mommsen, R. Gesch. II, 133, III, 47 sq.; H. Jordan, De Sallustii historiarum reliquiis quae ad bellum piraticum Serv. pertinent (Index lect. aest., Königsberg 1887); Liv. Epit. 90; Florus 3. 6; Eutrop. 5. 23; und ad 14. 2. 1 (Isauri) und 14. 8. 2 (Isaura).

Anm. Nach Finke, op. cit., p. 50 und 58 gehen Sext. Ruf. 12. 3: Cilices et Isauros, qui se piratis et praedonibus maritimis junxerant Servilius proconsul, ad praedonum bellum missus, subegit . . . isque de Cilicibus et Isauris triumphavit atque Isauricus est cognominatus und obige Stelle (p. 23. 17—19) wahrscheinlich auf eine gemeinsame Quelle zurück.

8. 4. eous (ἐῷος). Cf. 20. 8. 8; 16. 10. 1; 18. 4. 2; 18. 5. 5; 22. 9. 14; 30. 4. 1; 20. 3. 1; 30. 2. 9; 30. 4. 8; 20. 8. 1. Poetismus u. Gräzismus. Bei Prosaikern sehr selten (seit Plin. maj.). Cf. Hagend, St. Amm. p. 71.   p. 23. 20.

8. 4. monte Amano. Cf. Strabo 14. 5. 18: Μετὰ δὲ Μαλλὸν Αἰγαῖαι   p. 23. 20. πολίχνιον, ὕφορμον ἔχον· εἶτ' Ἀμανίδες πύλαι, ὕφορμον ἔχουσαι, εἰς ἃς τελευτᾷ τὸ Ἀμανὸν ὄρος ἀπὸ τοῦ Ταύρου καθῆκον, ὃ τῆς Κιλικίας ὑπέρκειται κατὰ τὸ πρὸς ἕω μέρος κ.τ.λ. (ferner 16. 2. 8 und passim). Nach Strabo 12. 2. 2 umschließt das Gebirge den ganzen Issischen Meerbusen καὶ τὰ μεταξὺ τῶν Κιλίκων πεδία πρὸς τὸν Ταῦρον (cf. ibid. 11. 12. 2). Ungefähr die gleiche Ausdehnung wird dem Gebirge von Ptolem. 5. 7. 7 zugesprochen. Der A. bildet die Grenze zwischen Syria und Cilicia. Die Einwohner waren wegen ihrer Räubereien verrufen (Cic. ad fam. 15. 4. 8: . . . . tum id, quod jam ante statueram vehementer interesse utriusque provinciae, pacare Amanum et perpetuum hostem ex eo monte tollere, agere perrexi). Der nördliche Teil des Gebirges, das heutzutage nicht mehr nur einen Namen trägt, heißt Dschawar Dag, der südliche Akma Dag. Zwei Pässe führen darüber, von denen der Hauptpaß, der südliche bei Beilân liegt. Die Identifizierung dieser oft in der antiken Literatur genannten Pässe bildet noch stets ein vielerörtertes Problem. (Cf. Dussaud p. 440 sq.; Benzinger in R. E. I p. 1723 sq. s. v. Ἀμανίδες πύλαι; Honigmann in R. E. IV^A p. 1727 s. v. Σύριαι πύλαι). Cf. et. Caes. b. c. 3. 31. 1; Cic. in Ep. passim (besonders 15. 4);

64   Sprachlicher und historischer Kommentar

Plin. N. H. 5. 80; Ravenn. p. 95. 7: Amanon (?); Benzinger in R. E. 1 p. 1724; Thes. 1 p. 1812 sq. (mit Stellen); Dussaud, Karte XI und XII, p. 413 und p. 440 sq. (mit Lit.).

p. 23. 21.   **8. 5. Eufratis.** Cf. Strabo 16. 1. 9 — 16. 1. 14; 16. 1. 21 — 16. 2. 2; über die Quellen: 11. 12. 3 und 11. 14. 2; Ptolem. 5. 12. 3; Plin. N. H. 5. 83—90 (und passim); Tab.Peut. XI, 2—5; Anon. de s. orbis (Manitius) p. 68, 71, 74, 83; Iamblichos dram. 8; Weißbach in R. E. 6 p. 1195 sq. (mit Lit.); Roscher I, 1 p. 1408; Amm. 19. 8. 9; 23. 6. 25. Der Euphrat war die Reichsgrenze (cf. ad 14. 3. 1 und 14. 3. 2). Da er im Alten Testament (Gen. 2. 14 etc.) als einer der Paradiesflüsse genannt wird, findet sich der Name wiederholt bei den Kirchenvätern (cf. Euseb. Onomasticon, Edit. Lagarde 252 .4 sq.). Diese verlegen seine Quelle nach dem Paradies selbst. Cf. Anon. Ravenn. p. 19: itaque alii fallaces pseudocosmographi praefata flumina id est Tigrin et Euphraten ex montibus Armeniae processuros historicaverunt und p. 20 ibid.: nos videlicet credimus sicut sancta scriptura continet, quod ex fluvio qui de paradiso egreditur quatuor flumina, id est Geon, Phison, Tigris et Euphrates, procedunt per omnia etc.; S. Silviae peregr. Edit. Geyer p. 61: fluvium Eufraten, de quo satis bene scriptum est esse flumen magnum Eufraten et ingens et quasi terribilis est; itam enim decurrit habens impetum sicut habet fluvius Rodanus, nisi quod adhuc major est Eufrates; Theodos. ibid. p. 144; Anton. Placent. ibid. p. 191; Dussaud p. 432, 447 sq. (Les villes arrosées par le Moyen Euphrate), p. 455, 461, 468; Delitzsch, Wo lag das Paradies? (1881).

p. 23. 21.   **8. 5. ad usque.** Poetismus. Cf. Thielmann Arch. L. L. G. 7 p. 106: „adusque .. ist so gut wie ab usque nichts weiter als eine von den Dichtern im Interesse des Metrums u. ihrer Regeln vorgenommene Umstellung v. usque ad." Es findet sich zuerst bei Catullus 4. 24, in der Prosa seit Tac., sehr oft bei Amm., der das prosaische usque ad meidet. Cf. et Hag. St. A. p. 69 sq.; Thes. 1. 899 sq. u. ad 14. 7. 17.

p. 23. 22.   **8. 5. Nili.** Cf. Honigmann in R. E. XVII, 1 p. 555 sq. (mit Lit.). Für die Flußpolizei und das Zollwesen in der Kaiserzeit (potamophylacia) cf. ibid. p. 565; Fiebiger in R. E. 3 p. 2641 sq. (mit Lit.); Lécrivain, Daremb.-Saglio IV p. 605; Preisigke, Fachw. p. 143; Krom.-Veith p. 562. Für die Religion cf. Roscher III, 1 p. 87 sq. und namentlich p. 91 sq. (über die Verehrung in der späten Kaiserzeit, die noch bis in das 4. Jahrh. hinein fortdauerte). Eine Abbildung des Nils kann man N. D. Or. 25 und 28, bzw. auf den insignia des comes limitis Aegypti und des Dux

Thebaidos finden. Eine ausführliche Beschreibung gibt Amm. 22. 15. 3 sq. selbst, wo außerdem mitgeteilt wird, daß: per septem caerimoniosos dies . . . sacerdotes Memfi natales celebrant Nili, was sich wohl auf die Zeit des Verfassers bezieht. Es ist beachtenswert, daß Amm. u. a. die supercilia Nili als Grenze des Oriens auffaßt. Cf. Kuhn p. 481: „Man bezeichnete das ganze Land von dem Nil bis zu dem rothen Meer mit einem allgemeinen Ausdrucke Arabien, die Landschaft auf dem entgegengesetzten Ufer des Nils Libyen. Das hängt mit der alten geogr. Anschauung zusammen, welche den Nil als die Grenze von Asien und Africa auffaßte." (mit Lit.).

8. 5. Saracenis. Cf. ad 14. 4. 1 s. v. und Pieper, Tab. 6.

8. 5. Nicator Seleucus. Cf. 23. 6. 3. Sachliche Wiederholungen sehr oft bei Amm.; cf. Gardthausen, op. cit. p. 23, wo die Stellen gesammelt sind. Für Wiederholungen v. Wörtern, Ausdr. usw. cf. Herz, Aul. Gell. p. 269.

8. 5. quam plagam Nicator Seleucus occupatam auxit magnum in modum. Seleucus I. Nic. von 312—281, Sohn des Antiochus und der Laodice. Bei der Verteilung der Provinzen in Triparadeisos (321) bekam S. die wichtigste Satrapie Babylonia. 316 flieht er zwar vor Antigonus nach Aegypten, aber nach der Schlacht bei Gaza (312) kehrt er nach Babylon zurück (Beginn des Seleucidischen Zeitalters). Im selben Jahre, nach der Niederlage des Nicanor, des Feldherrn von Antigonus, erobert er Susiana und Media. Sodann erobert er Bactria (überläßt aber dem König Sandrakottos die indischen Satrapien), und legt sich den Königstitel zu (304). Nach der Schlacht bei Ipsus (301) bekam Seleucus, als das Gebiet des Antigonus verteilt wurde, Syria und das gesamte Land bis an den Taurus. Inzwischen besetzte Ptolemaeus I. Coelesyria (obwohl er sich nicht an der Schlacht bei Ipsus beteiligt hatte). 294 ergreift S. Besitz von Cilicia. Nachdem er Demetrius Poliorcetes, der in sein Reich eingebrochen war, am Amanus gefangengenommen hatte (285), konnte er fernerhin ruhig über seinen Besitz, der vom Indus bis an das Mittelländische Meer reichte, herrschen. 77 Jahre alt unternimmt er, auf Antreiben des Ptolemaeus Ceraunus, einen Feldzug gegen Lysimachus, der u. a. den größten Teil Kleinasiens besaß. Lys. wird besiegt und fällt in der Schlacht bei Curupedion (281); als aber dann S. von Macedonia Besitz ergreifen will, wird er von Ptol. Cer. ermordet (281). Cf. Bouché-Leclercq., Hist. des Séleuc. I p. 21 sq. und passim (mit Lit.); Stähelin in R. E. II^A p. 1208 sq. (mit Lit.).

66   Sprachlicher und historischer Kommentar

p. 23. 24. **8. 5. Alexandri Macedonis obitum.** Zu Babylon im Jahre 323.

p. 23. 24—25. **8. 5. successoris jure.** = Recht der Nachfoge. Das Wort ist nachklass: Paul. dig., Ulp. (Liesenb. 1888 p. 30).

p. 23. 25. **8. 5. regna Persidis** = regnum. Cf. 23. 5. 16; 23. 6. 7; 23. 6. 22; 24. 2. 1; 24. 7. 3 etc. Daneben Sing.: 16. 9. 3; 23. 6. 2; 23. 6. 36 etc. Alle diese Beispiele beziehen sich auf das Perserreich. Das röm. Reich betreffen: 26. 1. 12 und 25. 9. 9: ne ob recepta quidem quae direpta sunt, verum ob amplificata regna triumphalis glorias fuisse delatas (= Val. Max. 2. 8. 4 cantum erat ut pro aucto imperio, non pro reciperatis, quae populi Romani fuissent, triumphus decerneretur. Cf. Finke p. 18). Im letztgen. Beisp. zieht Amm. also den poet. Plur. regna vor, den zuerst Tac. und Val. Max. in der Prosa anwenden (beide ein einziges Mal). Cf. Hagend., St. Amm. p. 87 sq.: his locis consideratis adducor, ut credam, Amm. regna de toto imperio, non de singulis provinciis dixisse, etsi Plinius has regna appellat (nat. hist. Plin. 6. 112).

Anm. Die Anwendung von regna, auch im Interesse des Metrums; cf. 14. 8. 5: regnā Persidis (clausula I. Persidis bekommt den Akzent auf der Paenultima!). Amm. weicht einer Positionsdehnung in der ersten unbetonten Silbe aus. Cf. W. Meyer, Ges. Abh. zur mittellat. Rhytmik p. 264—265 und Harmon p. 191 sq. Cf. et ad 14. 2. 3; Schink, op. cit. p. 109 sq.; Schmidt, op. cit. p. 39.

p. 23. 25. **8. 5. Persidis.** Cf. 22. 6. 14: Sunt autem in omni Perside hae regiones maximae quas Vitaxae (id est magistri equitum) curant, et reges et satrapae (nam minores plurimas recensere difficile est et superfluum) Assyria Susiana Media Persis Parthia Carmania major Hyrcania Margiana Bactriani Sogdiani Sacae Scythia (infra Imaum et Gardth.) ultra eundem montem Serica Aria Paropanisadae Drangiana Arachosia et Cedrosia. Persis ist hier erst gebraucht als das Reich der Persae (= Parthi), sodann als Name einer der Satrapien. Cf. et. 23. 6. 27 sq. (Media), 23. 6. 41 sq. (Persis) und 23. 6. 75 sq. (Beschreibung der Bevölkerung) und die Annot. ad h. l. Cf. et. A. Christensen, L'Empire des Sassanides (1907); ejusd., l'Iran sous les Sassanides (1936). Die Geschichte vom Jahre 300 n. Chr. an im letztgenannten Werke p. 228 sq.; C. Huart, La Perse antique et la civilisation iranienne (1925; von p. 147 an die Geschichte der Sassaniden); J. Labourt, Le christianisme dans l'empire perse sous la dynastie Sassanide (1904); Fasti Romani, Clinton vol. II, Append. p. 260 sq.

8. 5. efficaciae. Cf. 16. 12. 25; 17. 13. 27; 19. 5. 3; 19. 9. 2;   p. 23. 25.
30. 7. 10; 31. 16. 8; Cf. Thes. V, 2. fasc. 1 p. 157: inde ab aetate Antoniniana, nisi quod et apud Plin. n. h. 11. 12 (von Bienen). Bei Amm. nur von Personen gebraucht.

8. 5. impetrabilis = (activ) qui impetrare potest. Cf. 15. 8. 21;   p. 23. 25.
17. 11. 3 usw. Vielleicht dem Plautus entnommen? Oder Vulgärlat.? Cf. et Plaut. Ep. 3. 2. 6; Merc. 3. 4. 20; Most. 5. 2. 40; Hertz Aul. Gell. p. 267; Lodge 1. 767. Das Wort kann auch ein Gräzismus sein (= δραστήριος, πρακτικός). Bei Liv. auch oft, aber nur passiv: 25. 29. 8; 30. 16. 15; 36. 33. 5; 37. 34. 2; 39. 29. 4; 42. 29. 3. Vergl. auch 14. 2. 9.

8. 6. ex agrestibus ... veteres indiderunt. Für diese griechi-   p. 24. 1—5.
schen (oder hellenisierten) Städte vergleiche im allgemeinen: G. Radet, De coloniis a Macedonibus in Asiam cis Taurum deductis (Paris 1892) und V. Tscherikower op. cit.

8. 6. primigenia. Bei Varro l. l. 6. 5. § 36 (= ed. Spengel p. 85)   p. 24. 4.
sind verba primigenia: Stammwörter; ejusd. re rustica: 1. 40. 2 (semina) u. 2. 2. 2 (pecuaria) bedeutet das Wort: ursprünglich, allererst. Bei Amm.: 14. 6. 17: per primigenios seminis fontes; 15. 4. 2: ab orto primigenio; 22. 8. 40: primigeniis fontibus copiosus; 30. 7. 1: ab ortu primigenio patris. Das ziemlich seltene Wort findet sich auch bei Liv. Cic. (Fortuna primigenia), Petron., Apul., Hist. Aug., Inscr. Cf. et Krebs, Antib. 2. p. 376.

8. 6. Assyria lingua. Cf. ad 4. 3. s. v. Assyrii.   p. 24. 4.

8. 7. Osdroenam. Cf. ad 14. 3. 2.   p. 24. 6.

8. 7. Commagene. Gr. Κομμαγήνη. Cf. 23. 6. 21; Mela 1. 62:   p. 24. 7.
Syria aliis aliisque nuncupata nominibus: nam et Coele dicitur ... et Commagene; Isid. orig. 14. 3. 17: Syria habet in se Provincias Commagenam, Phoeniceam et Palaestinam ... Commagena prima provincia Syriae a vocabulo Commagae urbis nuncupata, quae quondam ibi metropolis habebatur (cf. ad 14. 4. 3 Assyrii). Landschaft im Nord-Osten Syriens zwischen Kilikien, Kappadokien, Armenien und der syrischen Kyrrhestice. „Seit in der römischen Kaiserzeit Teile der Kyrrhestice und K. als neue Provinz Euphratesia von Syrien losgetrennt wurden, wurde der alte Name K. von puristischen Schriftstellern (z. B. Prokop von Kaisareia) wiederholt — meist freilich in geographisch ganz verkehrter Weise — zur Bezeichnung dieser neuen Provinz verwendet. In Byzantinischer Zeit bildete die ehemalige K. eins der Hauptzentren, an denen

68   Sprachlicher und historischer Kommentar

die Syrische Sprache und Literatur gepflegt wurden" (Honigmann).
Über die Ausdehnung von Commagene cf. C. I. L. III, Suppl. fasc. I:
6712, 6713, 6714 c. comm. Momms.: ,,Propter pontem in extrema Commagene ad fines Cappadociae a Severo factum quattuor civitates Commagenes, scilicet universa provincia, eum honorant . . . Illae civitates
quaenam fuerint, potissimum ex Hierocle (Wesseling p. 712 sq.) sumendum est, oppida XII enumerante in provincia Euphratensia, quam provinciam constat factam esse ex antiqua Commagene et parte Syriae
Cyrrhestice. Demptis oppidis huic certo attribuendis ('Ιεράπολις — Κύρος —
Ζεῦγμα — Νικόπολις — Σύριμα vel potius Οὔριμα — Εὔρωπος cf. Ptolem.
5. 14. 8, 10.), item ignotis duobus (Σκιναρχαῖα — Σαλγενορατίξενον)
restant Samosata caput Commagenes (Plin. nat. h. 5. 24. 85 etc.), Doliche
(hodie Aintâb, cui vicinus mons Tell Dûlûk antiquum nomen retinet,
v. Puchstein, Ber. der Berl. Akad. 1883 p. 32) Germanica, Perre (hodie
Pirûm prope Adiamân; cf. Puchstein p. 35) quorum tria prima etiam
Ptolem. 5. 19. 10 in Commagene recenset, quartum non nominat."
Cf. et. N. D. Occ. 7. 59 (Seeck p. 135): Lancearii Comaginenses und
ibid. 34. 36 (Seeck p. 198): sub dispositione ducis Pannoniae primae:
equites promoti, Comagenis; Honigmann in R. E., Suppl. 4 p. 978 sq.;
Diz. Epigr. 2, 1 p. 535; Thes. Onom. 2 p. 546; Humann-Puchstein p.
259 sq.; Cumont, Ét. Syr. p. 162 sq.; Eckhel 3 p. 249 sq.; Greek
Coins, B. M. (Gal., Capp., Syr.) p. 104 sq.; Dittenberger, Or. Inscr. 1
p. 591 sq.; Pieper, Tab. 6 und 7. Cf. et. L. Jalabert et R. Mouterde,
Inscr. Grecques et Latines de la Syrie. Tome I (1929): Commagène
et Cyrrhestique.

p. 24. 8.   8. 7. **Hierapoli (vetere Mino).** Cf. ad 14. 7. 5 (Hierapolis).

p. 24. 8.   8. 7. **Samosata.** Cf. 14. 8. 1: Samosata (acc. pl.); 18. 4. 7: Samosatam Commageni quondam regni clarissimam sedam; 18. 8. 1; 20.
11. 4. Theophan. Edit. de Boor 371, 27: τὸ Σαμόσατον. Gewöhnlich:
τὰ Σαμόσατα, jetzt Samsât. Lib. orat. 18. 214: μεγάλην τε καὶ πολυάνθρωπον πόλιν. Es ist der Geburtsort des Lucianus und des bekannten
Häretikers Paulus von Samosata, des Bischofs von Antiochia. In der
byzantinischen Zeit meistens im Besitz der Araber (Genesios 115.17:
πόλιν Σαρακηνῶν). Cf. et. Tab. Peut. XI, 3; Hierocl. 713; Wesseling,
Itin. p. 186, 210, 215 N. D., Böcking 1 p. 388 und 391; Weißbach in R. E.
2. 1 p. 2221 sq.; Greek Coins, B. M. (Gal., Capp., Syr.) p. 116 sq.; Humann-Puchstein p. 181 sq.; Babelon, Rois p. CCXV; Pieper, Tab. 6 (Bischofssitz).

8. 8. interpatet. = sich erstrecken. Cf. Veg. rei mil. 3. 15: senos pedes a tergo inter singulas acies in latum diximus interpatere debere; Macr. 1. 18. 11: aedes dicata est specie rotunda, cujus medium interpatet tectum (dazwischen offen sein) u. 7. 15. 16: propterea tot meatibus distinctus est et interpatet rimis (sc. pulmo). Weiter bei August., Lact., Spätlat.

8. 8. Antiochia. Cf. ad 1. 6.

8. 8. cui non certaverit alia . . afluere. Conj. potent. praes. temp. Cf. Ehrism. p. 42: „Conj. pot. et qui praes. et qui praeteriti vulgo vocatur, ab Amm. frequenter usurpatur, quorum ille rarius conj. praesente, plerumque perfecto, hic imperfecto exprimitur." (Der conj. perfecti potent. in Haupt- u. Nebensätzen, der conj. praes. potent. nur in Nebensätzen, ausgenommen 29. 2. 13; auch der conj. imperf. potent. der Vergangenheit nur in Nebensätzen, z. B. 15. 2. 9; 16. 10. 8; 17. 4. 15).

8. 8. certaverit . . afluere. = aemulari, contendere. Mit nachfolgendem Inf. in der klass. Prosa sehr selten. Cf. Thes. 3. p. 896; Hofm.-Leum. p. 581.

8. 8. advecticiis. Cf. Sall. Jug. 44. 5: pecora mutare cum mercatoribus vino advecticio; Ambros. in Luc. (= Migne 15. 1578) 2. 72: Eliam corvi cibo advecticio . . paverunt. Cf. et Liesenberg (1888) p. 33; Thes. I. p. 825. Sehr selten. Nicht klass. Oppositum: internus. Vergl. den Gebrauch von adventicius (auch klass., hauptsächlich bij Philos. u. Juristen): 14. 2. 4; 15. 11. 5; 23. 6. 68; 23. 2. 1; 24. 7. 8; Thes. 1. p. 834 sq. Cf. et. Fesser p. 8; Leumann, Glotta 9. 154.

8. 8. internis. Cf. Krebs, Antib. 1. p. 773: „Dieses Adjektiv kommt sowohl in seiner allgemeinen als besondern Bedeutung fast nur nachklass. bei Seneca, Plin. maj., u. Tac., sowie spätlat. vor . . ." Cf. et Sall., hist.: interna mala. (= ed. Eussner p. 136. 13).

8. 8. Laodicia. In Syria, Hafen von Apamea (südlich von Antiochia), von Seleucus I. gegründet und nach seiner Mutter Laodice benannt: Λαοδίκεια ἡ ἐπί, πρὸς θαλάσσῃ. Kurze Form Λαδικία. Laod. in Syria darf nicht mit den Homonymen (cf. Honigmann in R. E. 12 p. 711 sq.) verwechselt werden und besonders nicht mit Laod. am Libanon. Das Christentum drang erst spät bis hierher vor. 459 auf dem Konzil von Konstantinopel ist die Stadt als autokephale Metropole vertreten; 481 fand in ihr eine Synode statt. Unter Justinianus wird L. weltliche Metropole der von ihm errichteten ἐπαρχία Θεοδωριάς. Kirchlich

70   Sprachlicher und historischer Kommentar

blieb es jedoch unter der Oberhoheit des Patriarchen von Antiochia. Für die heutige Beschaffenheit der Stadt cf. van Berchem, Journ. Asiat. 1902 p. 425: ,,la ville de Lattakieh a gardé ses rues droites. Il est curieux que ce plan, d'aspect tout moderne, existât au moyen âge; il remonte peut-être à l'antiquité, comme certaines rues droites de Damas et Jerusalem." Cf. Strabo 16. 2. 9; Ptolem. 5. 14. 2; Tab. Peut. 10. 4; Wesseling, Itin. 147, 198, 199, 582 (bzw. s. v. Laudicia und Ladica); Lib. Epist. 1348 (Wolf); Sievers, Lib. p. 177, Fußnote 36; Theodor. hist. eccl. 5. 19; Mansi 7 p. 917; Pieper, Tab. 6; Honigmann in R. E. ibid.; Greek Coins, B. M. (Gal., Capp., Syr.) p. 247 sq.; Bouché-Leclercq, Hist. des Séleuc. I passim; E. R. Bevan, The House of Seleucus I p. 208, 215, 216 etc.; Preisigke, Wörterbuch 3 p. 308; Dussaud p. 413 sq. und passim; Roscher II, 2 p. 1830 sq. (über die Stadtgöttin Laodicea) und über die, der Athena gebrachten Opfer: Porph. de abst. 2. 54 und Frazer, Golden Bough 4 p. 166.

p. 24. 11.   **8. 8. Apamia.** Ἀπάμεια. Am Orontes, erst Pharnace nach der ersten Gemahlin des Seleucus I genannt (Wilcken in R. E. 1 p. 2662). Hauptstadt der syrischen Landschaft Apamene und später von Syria secunda (Wesseling, Itin, 712). Geburtsort des Stoikers Poseidonios; gegenwärtig Kalat-el-Mudik. Für Homonyme cf. R. E. l. c. et sq.. Eine Beschreibung bei Avien. 3. 1091 sq.

    Hic scindit juxta tellurem glaucus Orontes,
    Nec procul Antiochi vagus interlabitur urbem,
    Praestringens undis Apamenae jugera glaebae; und ibid. 1082.
Ebenfalls Priscianus perieg. 855:

    Quam juxta liquido Bostrenus gurgite currit
    Et pinguem Tripolin, nec non Orthosida sacram,
    Laodicen partiter positam prope litus amoenum,
    Et Posidi turres et Daphnes optima Tempe.
    Terrarum mediis Apameae moenia clarae.
    Ad cujus partes Eoas currit Orontes,
    Antiochi medius dirimit qui gurgite regna.

Cf. et. Ptolem. 5. 14. 15; Strabo 16. 2. 10 (ausführliche Beschreibung); Tab. Peut. 10. 5; Eckhel 3 p. 307 sq.; N. D., Böcking 1 p. 337 sq.; Mommsen, Eph. Ep. IV. 1881 p. 537 sq.; Greek Coins, B. M. (Gal., Capp., Syr.) p. 233 sq.; Haskett Smith, Handbook for Syria p. 393 sq.; Sachau p. 76; **Chapot**, La front. de l'Euphr. p. 335; Dussaud, passim; Thes. 2 p. 106. **Apam.** hatte schon früh eine chr. Gemeinde (Metropole). Cf. Pieper, **Tab.** 6.

Zu XIV 8. 8—8. 9 (p. 24. 11—24. 15). 71

8. 8. Seleucia. Cf. ad 2. 14. s. v.   p. 24. 12.

8. 9. adclinis Libano monti Foenice. Cf. 29. 5. 20: muni- p. 24. 13.
cipium . . . monti adcline; 31. 2. 16: Halani sunt orienti adclines. Poetismus. Zuerst bei Verg., dann bei Prosaikern des Silberlat. Cf. Thes. I.
326 sq.; Hagend. St. Amm. p. 52.

8. 9. Libano monti. ὁ Λίβανος. Für die Lage cf. Strabo 16. 2. 21. p. 24. 13.
Für Allgemeineres cf. Honigmann in R. E. 13 p. 1 sq. (mit Lit.); Dussaud,
Topographie historique de la Syrie antique et médiévale p. 66 sq. Der
Libanon war in der späteren Kaiserzeit eine Zufluchtstätte für die
Heiden. Der Name Libanon wird oft zur Andeutung der Provinz Libanesia, namentlich von Puristen, verwendet (cf. Honigmann, ibid. 12
p. 2484).

Anm. Über Libanitis (Λιβανῖτις) und die synonymische Aphrodite
von Aphaka cf. Sozom. h. eccl. 2. 5; Zos. 1. 58; Eus. de vita Const.
3. 55; ejusd., de laude Const. c. 8; Drexler, Roscher 2. 2 p. 2020 sq.;
Baudissin, Stud. zur semit. Religionsg. 2 p. 160 sq.; Burckhardt p. 406.

8. 9. Tyros. Τύρος δ'ἐστὶν ὅλη νῆσος σχεδόν τι συνῳκισμένη παρα- p. 24. 15.
πλησίως, ὥσπερ ἡ Ἄραδος, συνῆπται δὲ χώματι πρὸς τὴν ἤπειρον, ὃ
κατεσκεύασε πολιορκῶν Ἀλέξανδρος· δύο δ'ἔχει λιμένας τὸν μὲν κλειστόν,
τὸν δ'ἀνειμένον, ὃν Αἰγύπτιον καλοῦσιν (Strabo 16. 2. 23). Nach Herod. III,
3. 3—5 wurde Tyrus von Sept. Severus (193—211) zur colonia mit dem
jus Italicum erhoben, da es ihm gegen Pescennius Niger Vorschub geleistet
hatte. Diese Auszeichnung samt dem Titel Metropole wurde T. unter
Elagabalus (218—222) wieder abgenommen und Sidon geschenkt (wahrscheinlich um seine Sympathie für einen Usurpator zu bestrafen).
Vermutlich wurde T. unter Severus Alexander (222—235) wieder colonia.
Nach Hierocl. Synecd. war T. Metropole von Phoenice maritima, das
einem consularis unterstand (cf. ad 7. 7 s. v.). Später hat es diesen
Rang an Berytus abgeben müssen (cf. ad 8. 9 s. v.). Wahrscheinlich
gab es dort im ersten Jahrhundert schon eine christliche Gemeinde.
T. war auch kirchliche Metropole. Cf. Strabo ibid. und passim; Ptolem.
5. 14. 3; Plin, N. H. 5. 19 (und passim); Tab. Peut. X, 2; Guido (Pinder-
Parthey) p. 524. 22; Ravenn. (Pinder-Parthey) p. 37. 18; p. 89. 12
(Tyrone); p. 357. 4; Wesseling p. 149, 584, 585; Pieper, Tab. 5, 6; Hill,
Greek Coins, B. M. (Phoenicia) p. CXXIII sq.; E. Babelon, Les Perses
Achéménides p. CLXXXIX; Renan, Mission de Phénicie p. 527 (Bibliogr.), p. 593 und passim; Bouché-Leclercq, Hist. d. Séleuc. u. Hist.
d. Lag., passim; Schürer, passim; Georgii Cypr. Descr. (Gelzer p. 49):

72   Sprachlicher und historischer Kommentar

Τύρος μητρόπολις; Itin. Hierosol. Geyer (Wiener Corpus 39) p. 128, 131, 160): Tyro homines potentes, vita pessima tantae luxuriae, quae dici non potest: genicia (gynaeceum = Webe- und Spinnfabrik für Frauen) publica olosirico (= holoserico = ganzseiden) vel diversis generibus telarum und p. 276 sq.: Plurimarum peragrator regionum noster Arculfus etiam Tyrum Foenicis provinciae metropolin introiit, quae hebraico et syro sermone Soar appellatur . . .; Dussaud p. 9—11, 18 sq. (Karte I), 44 sq. und passim (mit Lit.). Nach Dussaud: ,,il est assez difficile actuellement de fixer sur le terrain l'emplacement exact de Palaetyr. Cette ville était constituée par les agglomérations de la côte en face de l'île." T. hatte zwei Häfen. Der nördliche ist noch in der Form eines Fischerhafens erhalten. Der südliche ist im Meer versunken. Cf. Lehmann-Hartleben, Die antiken Hafenanlagen des Mittelmeeres (1923) p. 93; A. Poidebard, L'ancient port de Tyr (L'Illustration 95ième Ann. Juillet 1937, p. 326 sq.; mit Karten und Lichtbildern). Cf. et. W. B. Fleming, The History of Tyre (1915).

p. 24. 15.   8. 9. Sidon. Seit Elagabalus römische colonia: Colonia Aurelia Pia Metropolis Sidon. S. hatte schon sehr früh eine christliche Gemeinde und war Bischofssitz. Cf. Ptolem. 5. 14. 3; Strabo 16. 2. 22 sq.; Wesseling, Itin. p. 145. 583, 715; Tab. Peut. X, 2; Ravenn. 37. 18 und 89. 11; Honigmann in R. E. 2. Reihe 2 p. 2216 sq.; Eiselen, Sidon. A Study in Oriental History. Columbia Univ. Orient. Studies vol. IV (1907); Th. Reinach et Hamdy Bey, Une nécropole royale à Sidon (1892); Babelon, Rois, passim; Bouché-Leclercq, H. des Séleuc. 1 p. 31, 32, 36 und passim; Schürer 1. 391, 2. 101 und passim; Baudissin, Stud. z. sem. Rel. Gesch. passim; Dussaud p. 37 sq.; Frazer, Golden Bough IV, 1 p. 26 sq.; Roscher 4 p. 816 sq.; Eckel 3. 370; Greek Coins, B. M. (Phoenicia) p. 139 sq. (keine Münzen nach Alexander Severus); Pieper, Tab. 6. Für das Christentum cf. et. Acta apost. 27. 3; Euseb. hist. eccl. 8. 13. 3; Theoph. de Boor 12. 25. 512 fand in S. ein Konzil statt, wo die Monophysiten die Oberhand gewannen. Im Jahre 501—502 wurde die Stadt von einem Erdbeben größtenteils zerstört; cf. Anton. Placent. (Wiener Corpus 39 p. 159 sq.) (c. 2): a Berito venimus Sidona, quae ex parte ruit et ipse adhaerit Libano; homines in ea pessimi; etc.

p. 24. 15.   8. 9. Berytus. Hafenstadt an der phönizischen Küste, an der Mündung des Magoras. Unter Augustus wurde die Stadt, die das jus Italicum besaß, zur colonia erhoben. Unter Caracalla hieß sie: colonia Julia Antoniniana Augusta Felix Berytus. 529 wurde sie von einem verheerenden Erdbeben heimgesucht und nicht wieder in ihrem alten

Glanze erbaut. Berühmte Rechtsschule. Gr.: Βηρυτός. Cf. Strabo 14. 6. 3; 16. 2. 18, 19; Ptolem. 5. 14. 3; Wesseling p. 149, 715; Tab. Peut. 10. 2: Beritho; Ravenn. p. 89, 10: Birithon; Guid. geogr. (Pinder-Parthey) p. 525. 2: Biritos; Avienus III, 1070 (Holder p. 129): Berytus optima; Plin., N. H. 5. 78; 6. 213; 14. 74 (Berytio vino); 15. 66: quo genere Coa uva et Berytia servantur nullius suavitati postferendae; C. I. G. Boeck 4529 sq.; C. I. L. 3. 153—176; Eckhel 3 p. 354 sq.; Greek Coins, B. M. (Phoenicia) p. 51 sq.; Benzinger in R. E. 3. p. 321 sq.; Ruggiero, Diz, Epigr. 1. 1000; Thes. 2 p. 1930 sq.; Nonnus 41—48; Roscher 1 p. 784; Rigler, De Beroe Nonnica (1860). Nach Cod. Just. 11. 22 Metropole: propter multas justasque causas metropolitano nomine ac dignitate Berytum decernimus exornandam jam suis virtutibus coronatam . . . (unter Theodosius II. an Stelle von Tyrus; cf. ad 7. 20). Bischofssitz (Pieper, Tab. 6). Cf. et. Dussaud p. 58 sq. (und passim mit der angeführten Lit.).

8. 9. **Damascus.** Wichtige, in sehr fruchtbarer Gegend am Fuße des Antilibanon gelegene Karavanenstadt. Seit Hadrian auf Münzen μητρόπολις; seit Alex. Severus colonia romana. Anfangs zur Provinz Syria und nach Plin., N. H. 5. 74 und Ptolem. 5. 14. 18 zu der Decapolis gehörig (cf. et. Benzinger in R. E. IV p. 2415 sq. s. v. Decap.) ist die Stadt später ein Teil von Phoenicia, deren eigentliche Hauptstadt sie ist, obwohl Emesa den Titel Metropole der Provinz führt. Nach Dioclet. zu Phoenicia ad Libanum gehörig (das Küstengebiet war als Phoenicia maritima abgetrennt worden). Dioclet. errichtete daselbst große Waffenfabriken und Magazine. Sitz eines Bischofs und wichtige Grenzfestung. Cf. Strabo 16. 2. 16, 20; N. D., Böcking p. 38, 129 und 237 sq.; Wesseling p. 196, 198, 717; Tab. Peut. 10. 2—3; Ravenn. p. 89. 5; Pieper, Tab. 6; Malal. 12 p. 307 (Edit. Bonn.); Benzinger in R. E. IV p. 2042; Borghesi, Oeuvr. 2 p. 186; C. I. L. 3. 755 etc.; C. I. G., Boeck 3. 4512 sq.; Eckhel 3. 329—334; Greek Coins, B. M. (Gal., Capp., Syria) p. 282 sq.; De Saulcy, Numismat. de la terre Sainte 30—56; Mionnet 5. 283—297 und Suppl. 8. 193—206; Schürer passim; Roscher I, 1 p. 942; Plin., N. H. 5. 66, 74, 88, 89; Die Stadt, die in den Act. Ap. 9. 9 erwähnt wird, hatte schon früh eine christliche Gemeinde und wurde nach Pieper im Jahre 431 sogar Metropole. Was die Einteilung der Verwaltung betrifft cf. et. ad 7. 7 (Phoenice) und 7. 18 (Emissa). Cf. et. Dussaud p. 291 sq. (und passim, mit der dort angeführten Lit.).

8. 10. **Orontes.** Hauptfluß von Syria, entspringt zwischen Libanon und Antilibanon in der Nähe von Heliopolis, fließt, an Laodicea, Emesa,

Arethusa, Epiphania und nahe an Apamea vorbei, durch Antiochia und mündet bei Seleucia (Cf. Dussaud, Karte XIV). Cf. Strabo 16. 2. 5—11 und passim; Ptolem. 5. 14. 2; Plin. N. H. 2. 224; 5. 79; 5. 82; Tab. Peut. X, 4—5; Avien. 3. 1093 sq. (Edit. Holder p. 130). Cf. et. Chapot, La frontière de l'Euphrat p. 336 sq.; Dussaud p. 157 sq. und 430 sq. (und passim, mit angeführter Lit.).

p. 24. 17.   **8. 10. Cassii montis.** Auch Casius (Κάσιος). Berg im Norden von Syria, nicht mit dem gleichnamigen, zwischen Arabia und Aegypten bei Pelusium gelegenen Berg zu verwechseln. Cf. 22. 14. 4: Denique praestituto feriarum die Casium montem ascendit (sc. Julianus), nemorosum et tereti ambitu in sublime porrectum, unde secundis galliciniis videtur primo solis exortus; Plin., N. H. 5. 80: super eam (sc. Seleuciam Pieriam) mons eodem quo alius nomine, Casius, cujus excelsa altitudo quarta vigilia orientem per tenebras solem aspicit, brevi circumactu corporis diem noctemque pariter ostendens; Strabo 16. 1. 12; 16. 2. 5, 8; Ptolem. 5. 14. 6; nicht auf Tab. Peut. und Anon. Ravenn.; Steuernagel-Kees in R. E. 10 p. 2263 sq.; Thes. Onom. II[C] p. 228; Roscher II, 1 p. 970 sq. (Zeus Casios, mit angef. Lit.); Avien. III, 1043 (Holder p. 128). Cf. et. Dussaud p. 421 sq.

p. 24. 18.   **8. 10. Parthenium mare.** Cf. 22. 15. 2: a vespera Issiaco disjungitur mari, quod quidam nominavere Parthenium; und 22. 16. 9. Aus diesen beiden letzten Stellen geht hervor, daß für Amm. das mare Parth. rechts, das mare Libycum links von Aegypten liegt. Nach 8. 10 scheint dieses Parth. Meer auch den issischen Meerbusen zu umfassen. Der Ausdruck findet sich nicht bei Strabo, Ptolem., Plin. N. H., Tab. Peut., Wesseling, Anon. de s. orb., Ravenn., Guid., Avienus, Dussaud etc. Dagegen wohl bei Silviae peregr. (Wiener Corpus 39 p. 41): Egyptum autem et Palestinam et mare rubrum et mare illud Parthenicum (sic), quod mittit Alexandriam, nec non et fines Saracenorum infinitos ita subter non inde videbamus, ut credi vix possit (nämlich vom Berge Sinai aus); und bei Petrus Diaconus an einer fast gleichlautenden Stelle (ibid. p. 120), wo m. E. mit Alexandria nicht Alexandria am issischen Meerbusen gemeint ist. Einige andere Stellen zitiert Vales. ad h. l. (= Edit. Wagner 2 p. 495 sq.). Cf. et. Hemsterhus., Miscell. Obss. Batavis 5. 3 p. 71.

p. 24. 18.   **8. 10. Gnaeus Pompejus.** Der bekannte Triumvir, den die lex Manilia (66) mit dem Oberbefehl im Kriege gegen Mithradates beauftragte. Letzterer wurde 63 entscheidend geschlagen. Ferner unterwarf Gn. P. den Tigranes (66), ließ diesem aber sein altes Reich Armenia, nebst dem den Parthen abgenommenen Gordyene. Cf. Niese-Hohl p. 221; Drumann-Groebe 4 p. 460 sq. (mit Lit.); Bouché-Leclercq, Hist. des Séleuc. 1 p. 425 sq.; Wilcken in R. E. 1 p. 2485 sq.

8. 10. Tigrane. König von Armenia (97—56), Schwiegervater des Mithradates, des Königs von Pontus (111—63), dem er gegen die Römer (Lucullus und Pompejus) Mithilfe leistete, hatte 83, nach dem Tode des Ant. XII. Διόνυσος das syrische Reich erobert. Nachdem Lucullus im Jahre 68 Tigranes besiegt hatte, wurde Ant. XIII. Asiaticus, ein Sohn des Ant. X. Εὐσεβής auf den Thron erhoben. Sein Gebiet wurde jedoch im Jahre 64, als Provinz Syria, von Pompejus dem römischen Reiche einverleibt. Was Amm. hier mitteilt, stimmt, durch die verkürzte Wiedergabe nicht ganz. Cf. Niese-Hohl p. 219 sq.; Reinach-Götz, Mithradates Eupator (1895) passim; H. Bernhardt, Chronologie der mithrad. Kriege (1896); Cic. in Verrem 27 (61) sq. (über Ant. Asiat.); App. Syr. 48. 49. 70.

8. 11. Palaestina. In der späteren Kaiserzeit gibt es 3 Provinzen Palaestina, nämlich Pal. I (Samaria und Judaea, Hauptstadt Caesarea), Pal. II (Gallilaea und anfangs auch Decapolis, Hauptstadt Scythopolis) und Pal. III oder Salutaris (Idumaea und Arabia Petraea, Hauptstadt Petra). Peraea, Batanaea, Moab und Ammon bilden zusammen die Provinz Arabia (Hauptstadt Bostra). Cf. ad 8. 13 s. v. Bostra und Arabia. Nach N. D. werden diese 3 Provinzen, alle sub dispositione eines v. sp. com. Or., bzw. von einem consularis und zwei praesides verwaltet (cf. ad 14. 10. 8). Cf. et. N. D., Böcking I p. 511 sq.; Strabo 16. 2. 34—16. 3; Ptolem. 5. 15; Wesseling, Itin. 717 sq.; Cod. Theod. 7. 4. 30; G. A. Smith. The Historical Geography of the Holy Land (1894 und 1897); P. Thomsen, Loca sancta (1907); A. Bludau, Die Pilgerreise der Aetheria (1927); Enz. des Islams 2 p. 113 (mit Lit.); Pieper, Tab. 5. Nach der Syn. Chalcedon. war im Jahre 451 Jerusalem Sitz eines Patriarchen. Caesarea und Scythop. waren Metropolen.

8. 11. nullam nulli cedentem. Wahrscheinlich bei dem Griechen A. ein Gräzismus = οὐδεμίαν οὐδεμιᾷ εἴκουσαν. Cf. Kühner-Gerth 2 p. 204. Diese abundanten Häufungen der Negation kommen aber im Frühlatein und in der Volkssprache zahlreich vor (Petron.), selten in der klass. Prosa (häufiger bei Dichtern); man trifft sie dann wieder bei den Archaisten und sonst im Spätlat. an; cf. Hofm.-Leum. p. 832 sq.

8. 11. **ad perpendiculum.** Metaph. = Richtschnur. Cf. 21. 16. 3: palatinas dignitates velut ex quodam tribuens perpendiculo; 19. 2. 16: vir quieti placidique consilii, honestatem lenium morum velut ad perpendiculum librans. Auch klass. Spätlat. perpendiculariter. Cf. et. Krebs, Antib. 2. p. 284.

8. 11. **Caesarea.** Alter Name Στράτωνος πύργος. Die Stadt wurde von Pompejus den Juden abgenommen und, indem die Gemeinde das Selbstverwaltungsrecht wiederbekam, der Provinz Syria einverleibt. Augustus gab sie Herodes dem Großen zurück, der den verfallenen Ort wieder aufbaute und verschönerte und 10/9 v. Chr. unter dem Namen Augusta Caesarea einweihte. Vespasianus erhob die Stadt zur colonia (c. prima Flavia Augusta Caesarensis = Caesarea). Seit Alex. Sev. Metropole der Provinz Syria Palaestina, später Hauptstadt von Palaestina I (cf. ad 8. 11). Berühmter Hafen. Andere Namen: K. ἡ παράλιος oder: ἡ ἐπὶ τῇ θαλάσσῃ. Caesarea Stratonis (Palaestinae) darf nicht mit C. Panias (Philippi) und andern Homonymen verwechselt werden. Die Stadt hatte schon sehr früh eine christliche Gemeinde (Acta Apost. passim). Als Metropole von Pal. I war C. Jerusalem (Bistum) übergeordnet bis spätestens 451 (Konzil von Chalcedon). In C. wirkte Origenes, studierte der Kirchenhistoriker Eusebius Pamphili und wurde Procopius geboren. Cf. Strabo 16. 2. 27; Ptolem. 5. 15. 2; Tab. Peut. X, 1; N. D., Böcking 1 p. 513; Wesseling p. 150, 718 etc.; Pieper, Tab. 5; Benzinger in R. E. 3 p. 1291 sq. mit Lit.; Schürer I[4] p. 372; Thes. Onom. (C) p. 41; Greek Coins, B. M. (Palaest.) p. 12 sq.

8. 11. **Eleutheropolis.** Alter Name: Baitogabra, Tab. Peut. X, 1: Betogabri. In Südpalaestina an dem Wege von Jerusalem nach Ascalon gelegen. Ihren Namen, den Hieron. mit den Horaei in Zusammenhang bringt (den ältesten Bewohnern dieser Gegend; comm. ad Obadj. 1) hat die Stadt von Sept. Severus, auf dessen Orientreise bekommen. Auf Münzen auch: Lucia Septimia Severiana. Sitz eines Bischofs. Cf. Ptolem. 5. 15. 5; Wesseling, p. 199, 718; Pieper, Tab. 5; Benzinger in R. E. 5 p. 2353 sq. mit Lit.; Schürer I[4] p. 652; Stark, Gaza und die philistäische Küste p. 553; Eckhel 3 p. 448; Greek Coins, B. M. (Pal.) p. 141 sq.

8. 11. **Neapolim.** Von Vespasianus nach dem jüdischen Krieg gegründet, in der Nähe des alten und in Verfall geratenen Sichem, mit welchem es oft verwechselt wird. Die Stadt lag zwischen den Bergen Ebel

Zu XIV 8. 11—8. 11 (p. 24. 22—24. 24). 77

und Garizim. Letzterer, ein heiliger Berg der Samariter, war berühmt wegen eines Διὸς ὑψίστου ἁγιώτατον ἱερόν (Phot. Bibl. cod. 242, Edit. Bekker p. 345[b]). Sie wurde unter Philippus Arabs colonia Romana. Bischofssitz. Cf. Ptolem. 5. 15. 4; Pieper, Tab. 5; Theod. de situ t. s., Antoninus und Baeda im Wiener Corpus 39 p. 137, 162, 319 (Anton. verwechselt Samaria und Neapolis miteinander); Tab. Peut. X, 1; Hölscher in R. E. 16 p. 2128 sq. (mit Lit.); Robinson, Palaest. u. die südlich angrenzenden Länder 3 p. 316 sq.; Schürer I[4] p. 650 sq. und passim (mit Lit.); Eckhel 3 p. 433 sq.; De Saulcy, Num. de la terre Sainte p. 247 sq.; Greek Coins, B. M. (Palaest.) p. 45 sq. Es befindet sich in ihr, jedenfalls schon im 3. Jahrh. eine christliche Gemeinde.

8. 11. Ascalonem. Ἀσκάλων. Eine der 5 Hauptstädte bei den Philistern, Hauptsitz des Derketokultes. Nach dem jüdischen Kriege zerstört, aber schon bald wiederaufgebaut. Bekam unter römischer Regierung Selbstverwaltung. Im 4. Jahrh. colonia romana. In der Nähe der Küste gelegen. Strabo: κρομμύῳ τ᾽ἀγαθή ἐστιν ἡ χώρα τῶν Ἀσκαλωνιτῶν, πόλισμα δὲ μικρόν. Hatte schon im dritten Jahrhundert eine christliche Gemeinde. Bischofssitz. Cf. Benzinger in R. E. 2 p. 1609; Cumont in R. E. IV p. 2236 sq. (Dea Syria); ejusd. ibid. II p. 1896 (Atargatis), überall mit Lit.; Schürer 2[4] p. 29 sq., 119 sq. und passim, mit Lit.; Baudissin, Realenc. f. prot. Theol. 2[3] p. 171 sq.; F. Baethgen, Beitr. z. sem. Rel. gesch. p. 68 sq.; Thes. 2 p. 751; Roscher I, 1 p. 645 sq.; Frazer, Golden Bough 5 p. 34; 9 p. 370; Eckhel 3 p. 444 sq.; Greek Coins, B. M. (Pal.) p. 104 sq.; Strabo 16. 2. 29; Ptolem. 5 15. 2; Wesseling p. 151, 199, 200, 719; Tab. Peut. X, 1; Pieper, Tab. 5. Nach Hierocl. Synecd. gehört die Stadt zu Pal. I (cf. ad 8. 11).

8. 11. Gazam. Γάζα. Ausfuhrhafen für Südpalaestina, größte Stadt der Philister, starke Festung, von alters her vielumstritten. Im Jahre 98 während der Makkabäerkriege von Alexander Jannaeus vollständig zerstört. Von Pompejus erhielt es, zusammen mit vielen andern Städten die ,,Freiheit'' (61), wurde aber erst unter Gabinius im Jahre 57 wieder erbaut, zwar südlicher, sodaß man Neu-Gaza und Alt- oder Verlassenes-Gaza auseinanderhalten muß (Hieron. onom., Edit. Lagarde 125. 24 sq.). Beide letztgenannten dürfen wiederum nicht mit dem Hafen selbst verwechselt werden (Μαϊουμᾶς). In der Kaiserzeit war G. eine autonome Stadt der Provinz Syria, die sich der besonderen Gunst des Hadrianus und des Gordianus erfreute. Später wurde sie colonia Ro-

78 Sprachlicher und historischer Kommentar

mana. Sie gehörte zu den Zentren der römisch-hellenistischen Kultur und war erst sehr spät (4. Jahrh.?) christlich. Bischofssitz. Nach Hierocl. Synecd. gehörte sie zur Pal. I (cf. ad 8. 11). Cf. Strabo 16. 2. 21, 2. 30, 2. 32, 4. 4; Ptolem. 5. 15. 5; N. D., Böcking 1 p. 352 sq.; Wesseling p. 151, 719; Pieper, Tab. 5; Benzinger in R. E. 7 p. 880 sq.; Schürer 2[4] p. 110 sq. (mit Lit.) und passim; Stark, Gaza u. die Philistäische Küste (mit Lit.); Seitz, Die Schule von Gaza, eine literargeschichtl. Unters. (1892); Eckhel 3 p. 448 sq.; Greek Coins, B. M. (Pal.) p. 143 sq.; De Saulcy, Num. de la terre Sainte p. 209 sq.; Bischof Silvanus, der unter Diocletianus den Märtyrertod erlitt, ist der erste uns bekannte Bischof. Der Haupttempel von Marna wurde auf Betreiben der Kaiserin Eudoxia im Jahre 406 zerstört.

p. 25. 1 sq. **8. 12. Judaeis domitis et Hierosolymis captis etc.** Nachdem Aristobulos gefangengenommen und der Tempelberg im Jahre 63 v. Chr. orobert war, wurden die Mauern Jerusalems geschleift; Hyrcanus, der Gegner des Aristob. wurde Oberpriester und weltlicher Regent, ohne Königstitel; Palaestina wurde tributpflichtig und das von den Makkabäern eroberte Gebiet dem römischen Reiche einverleibt (Syria). Hierzu gehörten u. a. alle ostjordanischen Städte (Decapolis) und die Küstenstädte, welche Autonomie bekamen. Cf. Drumann—Groebe IV[2] p. 472 sq. (mit Lit.); Schürer I[4] p. 294 sq. (mit Lit.).

p. 25. 1. **8. 12. Hierosolymis.** Ἱεροσόλυμα. Im Jahre 71 hatte Titus Jerusalem dem Bodem gleichgemacht und eine Besatzung dort zurückgelassen. Hadrianus baute die Stadt als Aelia Capitolina (135) wieder auf, nachdem dies Vorhaben nebst dem vorhergehenden Verbot der Beschneidung die große Empörung von Bar Kochba hervorgerufen hatte (132—135). Jerusalem wird nun colonia Romana, ohne das jus italicum, und bekommt einen rein heidnischen Charakter. Alle noch anwesenden Juden werden vertrieben. An der Stelle des Jahvehtempels wird ein Tempel des Jupp. Capitolinus errichtet. Ferner ließ Hadr. viele prachtvolle Tempel und Gebäude bauen. Das Verbot, Jerusalem zu betreten, galt für die Juden noch im 4. Jahrhundert. Bloß jedes Jahr einmal, am Datum der Zerstörung Jerusalems wurde ihnen erlaubt an der Tempelstätte ihre Gebete zu verrichten. Cf. Hieron. ad Zephan. 1. 15 sq. (Edit. Vallarsi 6. 692); Origenes in Josuam hom. 17. 1 (Edit. Lommatzsch 11. 152 sq.); Itiner. Hieros., Edit. Geyer p. 22: „. . . . . est et non longe de statuas lapis pertusus, ad quem veniunt Judaei singulis annis et unguent eum et lamentant se cum gemitu et vestimenta sua scindunt et sic recedunt . . ." Cf.

et. Strabo 16. 2. 28—40; Ptolem. 5. 15. 5; Tab. Peut. X, 1; N. D., Böcking
I p. 343 sq.; Wesseling p. 718, 200, 539 sq.; Pieper, Tab. 5; Greek Coins,
B. M. (Pal.) p. 82 sq.; Eckhel 3 p. 441 sq.; Beer in R. E. 9 p. 928 sq.
(mit Lit.); Kattenbusch, Realenc. für protest. Th. u. Kirche[3] 8. 697 sq.
und 23. 672; Schürer I, 649, 685—687, 691—697, 699 und passim (mit
Lit.); Thes. I, 964 sq. (s. v. Aelia). Jerusalem gehörte nach Hierocl.
Synecd. zu Pal. I und wird 451 Sitz eines Patriarchen. Cf. et. ad 8. 11
(Palaest.) und 8. 11 (Caesarea).

8. 12. navigerum. Cf. 23. 6. 20: Onam et Tigridem . . navigeros   p. 24. 25.
fluvios (aber 14. 8. 1: navigabile flumen Calycadnus). Naviger ist Poetismus u. sehr selten. In der Prosa seit Plin. min. Cf. Hag. St Amm. p. 61
(nicht bei Liesenberg, 1888, p. 18). Navigabilis auch: 22. 8. 44; 22. 15. 10.
Für die Variation cf. 23. 6. 25: qui (Eufrates) tripertitus navigabilis est
per omnes rivos u. 23. 6. 59: amnes . . navium capacissimi u. 23. 6. 69:
amnis vehendis sufficiens navibus, in demselben Kaput!

8. 12. medellarum. Cf. 22. 8. 28: radix proficiens ad usus multi-   p. 24. 27.
plicis medellarum (Heilung, Heilmittel) u. 17. 5. 7: medellarum artifices
(Heilkünstler, Ärzte). Spätlat. für: medicina, medicamentum. Cf. Rönsch
It. p. 46; Krebs, Antib. 2 p. 64.

8. 13. Arabia. Vom Statthalter Syriens, A. Cornelius Palma, unter   p. 25. 3.
Trajanus zur provincia Romana gemacht. Von der sog. Decapolis gehörte ursprünglich bloß Adraa zu Arabia, die übrigen zu Syria. Seit
Sept. Severus wurde die Provinz Arabia erweitert, indem u. a. Philadel-
phia, Gerasa, Dium, Canatha, Philippopolis und Phaina hinzukamen.
Unter Diocl. wurde die Provinz in zwei Teile geteilt, nämlich in Arabia
(Hauptstadt Petra) und Arabia Augusta Libanensis (Hauptstadt Bostra);
cf. N. D., Seeck p. 247. Unmittelbar vor oder nach seiner Abdikation
(305) wird das Gebiet von Petra der Provinz Palaestina einverleibt, bis
es um das Jahr 358 eine selbständige Provinz wird mit dem Namen
Palaestina Salutaris, während die nördliche Hälfte mit der Hauptstadt
Bostra einfach Arabia heißt. Cf. Strabo 16. 3. 6—17. 1; Ptolem. 5. 14—5.
17; N. D., Böcking I p. 9, 55, 56, 139, 373 sq.: die provincia Arab., zur
dioecesis Orientis, sub dispositione viri spectabilis comitis Orientis,
gehörig, wurde von einem praeses, der zugleich dux Arabiae war, verwaltet (cf. ad 2. 1. Isauri); Wesseling, Itin. p. 721 sq.; D. H. Muller
in R. E. 1 p. 344 sq.; Pietschmann, ibid. p. 359 sq.; Thes. 2 p. 390 sq.;
Diz. Epigr. Γ p. 607 sq.; Enz. des Islams 1 p. 384 sq.; Enc. Jud. 3 p. 42

(mit Lit.); Hommel p. 129—157 und passim; Brünnow und von Domaszewski, Die Provincia Arabia I—III (1904 sq.); Janssen et Savignac, Mission archéologique I, II (1909 sq.); Pieper, Tab. 5.

p. 25. 3.   **8. 13. Nabataeis.** Die N. bewohnten Arabia Petraea; der durch den Handel reich gewordene Volksstamm wurde unter Trajan (Corn. Palma) dem römischen Reich einverleibt (106). Die ursprüngliche Hauptstadt war Petra. Später bildeten sie einen Teil der Provinz Arabia (cf. ad 8. 13). Cf. Strabo 16. 2. 34; 16. 4. 18 (777); 16. 4. 21, 22; 16. 4. 26; 17. 1. 21; Ptolem. 5. 16; Pieper, Tab. 5. Cf. et. Grohmann in R. E. p. 1453 sq. (mit Lit.); Schürer I⁴ p. 726 sq.; Rohden, De Pal. et Arab. provinciis Rom. p. 16; Liebenam, Forsch. zur Verwaltungsgesch. p. 42 sq.; A. Kammerer, Pétra et la Nabatène (1929); Enz. des Islams 3 p. 865 sq. (mit Lit.).
Anm. Petra wurde im Jahre 359 Metropole.

p. 25. 5.   **8. 13.** (α) **sollicitudo pervigil.** Cf. 14. 11. 15: cura pervigili; 15. 5. 5: pervigilem salutis ejus custodem; 16. 2. 1: veteranos concursatione pervigili defendisse; 16. 4. 5: diligentia-pervigili; 17. 13. 28: Tutela pervigili; 17. 9. 1: studio pervigili = 18. 2. 10 u. 22. 15. 22; 29. 5. 54 u. 31. 14. 2.
Poetismus. Zuerst bei Ovid., in der Prosa seit Petron. u. besonders im Spätlat. Auch Cod. Theod. 6. 29. 2; 9. 40. 17 u. Novell. Theod. 2. 3. 1. Cf. et. Hagend., St. Amm. p. 53; Thes. 4. p. 1462 (cura pervigil, oft bei Apul.).
(β) Für die ausgesprochene Neigung zur Verwendung v. Abstrakta bei Amm. cf. Hassenst. p. 12 sq. u. im allgemeinen: Hand, Lehrb. des lat. Stils² § 29; Immisch, Sprachgeschichtl. Parall. p. 44; Löfst. Peregr. p. 111 sq.; ejusd. Vermischte Stud. p. 211. u. Amm. 19. 8. 9; 22. 4. 4; 15. 6. 4; 17. 8. 3; 31. 3. 1; 25. 6. 14; 26. 1. 6; 26. 2. 11; 30. 8. 4; 31. 10. 6; 31. 16. 3.

p. 25. 7.   **8. 13. Bostra.** Gr.: Βόστρα = Βόσορρα; heutiger Name: Boṣrā = Eski-Shām. Wichtige Festung und Handelsstadt in Peraea, später zum nabatäischen Reich gehörig (cf. ad 8. 13 Nab.), seit Trajanus (98—117) römisch. Standquartier der legio III Cyrenaïca (N. D. Or. 30. 8, Böcking). Seit Alex. Severus (222—235) colonia Romana (Colonia Bostra = Nova Trajana Alexandriana Colonia Bostra) und seit Phil. Arabs (244—249) Metropole (Colonia Metropolis Bostra). Nach der Teilung von Arabia in einen nördlichen und einen südlichen Teil (cf. Pietschmann in R. E.

Zu XIV 8. 13—8. 13 (p. 25. 3—25. 11). 81

2 p. 359 und ad 8. 13 Arabia) ist Bostra die Hauptstadt des nördlichen, Arabia genannten Teils. Zur Zeit Konstantins des Großen (306—337) ist die Stadt Bischofssitz, später Sitz eines Erzbischofs (zum Patriarchat von Antiochia gehörig). Bekannte Ruinen. Cf. Ptolem. 5. 16; Wesseling, Itin. p. 722; N. D., Böcking 1 p. 366; Pieper, Tab. 5; Benzinger in R. E. 3 p. 789 sq.; (für die Homonyme) Enz. Jud. 4 p. 999; Leclercq, Dict. chrét. II, 1 p. 1093 sq.; Enz. des Islams 1 p. 797; Thes. 2 p. 2146; Charlesworth p. 53; Dussaud passim.

8. 13. Gerasa. Γέρασα, heute Dscherasch, in Transjordanien gelegen. Anfangs, wie alle andern Städte der Decapolis, zur Provinz Syria, in der späteren Kaiserzeit zur Provinz Arabia gehörig. (cf. Schürer 2³ p. 143, 334). Berühmt wegen ihrer Ruinen. Hieron. in Obadjam v. 19 und die Talmudgelehrten setzen die Stadt, ihres sehr ausgedehnten Gebietes wegen, mit Gilead gleich. Cf. Ptolem. 5. 14 (Müller p. 981); Wesseling, Itin. p. 722; Steph. Byz. s. v.: Γέρασα, πόλις τῆς Κοίλης Συρίας τῆς Δεκαπόλεως; Pieper, Tab. 5 (Bischofssitz); Benzinger in R. E. 7 p. 1242 sq. (mit Lit., auch für Homonyme); Leclercq, Dict. chrét. VI, 1 p. 1033 sq.; Encycl. Jud. 7 p. 289 sq. (mit Lit.); Dussaud p. 348; ad Arabia 8. 13. Cf. et. R. O. Fink, Gerash in the First Century A. D., Journ. of Rom. Stud. 23. (1933) p. 109.

p. 25. 7.

8. 13. Filadelphia. Heute Ammān. Die alte Hauptstadt der Ammoniter. In der Römerzeit bedeutende Stadt in der Provinz Arabia. Großartige Ruinen. Cf. Strabo 16. 2. 34 und 16. 2. 40; Ptolem. Müller p. 982, 999; N. D., Böcking p. 79, 346 sq.; Wesseling, Itin. p. 722; Hieron. in Ezech. c. 25: Filii Ammon habebant metropolin nomine Rabbath, quae hodie a rege Aegypti Ptolemaeo, cognomento Philadelpho, qui Arabiam tenuit cum Judaea, Philadelphia cognominata est; Pieper, Tab. 5 (Bischofssitz); Charlesworth p. 39 und 53; Enz. des Islams 1 p. 348; Clermont-Ganneau, Rec. arch. orient. 7. 147 und 8. 121; Dussaud p. 348, 360; ad Arabia 8. 13.

p. 25. 7.

Man hüte sich dies Φιλαδέλφεια (= Rabbath-Ammon) mit Rabbath-Moab (= Areopolis) zu verwechseln!

8. 13. Mediam. Cf. ad 8. 13 (Trajanus) und 8. 5 (Persis).

p. 25. 10.

8. 13. Trajanus . . cum glorioso Marte Mediam urgeret et Parthos. Chosroes, König der Parthen, hatte den Sohn seines Bruders, Parthamasirus, eigenmächtig auf den armenischen Thron erhoben. Diese Gelegenheit ergriff Trajanus (M. Ulpius Trajanus 98—117), den Chosroes

p. 25. 11—12.

zu bekriegen (114). Sein, des Tr., Feldherr Lusius Quietus unterwirft Armenia und einen Teil von Mesopotamia; Parthamasirus wird abgesetzt und stirbt. Mit Hilfe des Abgar VII., des Königs von Osroene, führt Trajan, der sich den Winter über in Antiochia aufgehalten hatte, im Jahre 115 den Krieg weiter und erobert Mesopotamia ganz; ferner läßt er eine Flotte bauen, um den Euphrat hinunterzufahren. 116 erobert er Adiabene und Babylonia und nimmt Babylon und Ctesiphon ein. Attambelos, König von Mesene, und Characene wird ihm tributpflichtig. An Stelle des Chosroes erhebt Trajan den Parthamaspates auf den parthischen Thron. Mesopotamia und Assyria werden römische Provinzen. Inzwischen brechen Empörungen aus in Osroene, wobei Abgar ums Leben kommt und bei den Juden in Mesopotamia (ein Ausfluß der Judenerhebung in Cyrene, Aegypten und Cyprus). Diese werden zwar von Lusius Quietus bezwungen; aber die vergebliche Belagerung von Hatra (westlich von Caenae am Tigris) und der Umstand, daß Chosroes wieder festen Fuß gewinnt, zwingen Trajan zur Rückkehr (117). Krank kommt er nach Antiochia zurück und stirbt in Selinus (Cilicia). Sein Nachfolger Hadrianus (P. Aelius Hadrianus, 117—138) gibt fast alle Eroberungen wieder preis (u. a. Assyria und Mesopotamia). Armenia wird römischer Klientelstaat. Cf. Homo, Le Haut Empire (Hist. Rom. III) p. 470 sq.; Niese-Hohl p. 335 sq. (mit Lit.); von Gutschmid, Geschichte Osroenes p. 25 sq. (op. cit.); ejusd., Geschichte Irans von Alex. dem Großen bis zum Unterg. der Arsak. (1888) p. 140 sq.; Dierauer, Beitr. zu einer krit. Gesch. Trajans (in Büdingers Unters. op. cit. 1 p. 1—217) p. 166 sq.; R. P. Longden, Notes on the Parthian Campaign of Trajan. Journ. of Rom. Stud. 21. 1931. 1.

8. 14. Cyprum. C. gehörte als provincia consularis zur dioecesis Orientis (sub dispositione v. spect. com. Orientis). Die Insel war schon sehr früh christlich. (Acta Apost. 11. 19 sq.; 15. 39). Die Metropole war Κωνστάντια. C. war nicht abhängig vom Patriarchat von Antiochia und αὐτοκέφαλος. Cf. Strabo 14. 6. 1 sq.; Ptolem. 5. 13; N. D., Böcking 5, 9, 55, 56, 123, 130; Wesseling, Itin. p. 526, 706; Pieper, Tab. 6; Oberhummer in R. E. 23 Hbnd. p. 59 sq. (mit Lit.); ejusd., Die Insel Cypern, Bnd. 1 (1903) und Stud. zur alten Geographie von Kypros (Abh. aus der klass. Altert. wiss. W. v. Christ dargebracht, 1891); W. H. Engel, Kypros (1841); Chapot, Les Romains et Cypre (Mélanges Cagnat 1912 p. 59 sq.); Hackett, Hist. of the Orthodox Church of Cyprus (1901); Delehaye, Saints de Chypre, Anal. Bolland 26. 1907. p. 163 sq. Cf. et. Novell. 8 Notit. 13; Hill, Greek Coins, B. M. Cyprus.

8. 14. portuosam. Cf. 22. 8. 43: Cum autem ad alium portuosum
ambitum fuerit ventum. Sonst noch bei Cic. de or. 3. 69; ep. 6. 20. 1;
Sall. Jug. 16. 5; Plin. nat. 3. 106. Dem Sallust entnommen? Cf. Fesser
p. 10 u. ad 14. 2. 9.

8. 14. Salamis. Gr. Σαλαμίς, Hauptstadt zur Zeit der Lagiden,
in der Römerzeit zweitwichtigste Stadt von Cyprus; wurde von Paulus
besucht (Acta Apost. 13. 4), von den Juden zerstört (116 n. Chr.), von
Erdbeben heimgesucht, 332 und 342. Die aufs Neue erbaute Stadt heißt
Constantia (cf. ad 8. 14., Cyprus). Die Bischöfe von Salamis betrachteten
sich als Nachfolger des zu den Aposteln gerechneten Barnabas. Daher
die Bedeutung Constantias (= Salamis) als christliches Zentrum. Cf.
Oberhummer in R. E. 1 (2 Reihe.) p. 1832 sq. und ejusd., ibid. 4 p. 953;
Strabo 14. 6. 3; Ptolem. 5. 13. 3; Wesseling Itin. p. 706; Pieper, Tab. 6;
Hill, Greek Coins, B. M. p. LXXXI sq.. Für den Tempel des Zeus Sala-
minius cf. Roscher 4 p. 284 sq. (mit Lit.); Eckhel 3. 84; Hill, Greek Coins
B. M. p. LXXXII; Tac. Ann. 3. 62; Lact. Inst. 1. 21. 1: Apud Cyprios
humanam hostiam Iovi Teucrus immolavit; idque sacrificium posteris
tradidit, quod est nuper, Hadriano imperante, sublatum.

**8. 14. Salamis et Pafus — altera Jovis delubris, altera Veneris
templo insignis.** Cf. 16. 10. 14; 22. 8. 5; 22. 9. 5 u. 17. 4. 12: Deo
Soli speciali munere dedicatus fixusque intra ambitiosi templi delubra
(sc. obeliscus) u. weiter 17. 4. 13: nihilque committere in religionem
recte existimans, si ablatum uno templo miraculum Romae sacraret,
id est in templo mundi totius, wozu Hag., St. Amm. p. 91 (Anm. 5)
annotiert: „aut delubra templi aream intellegi voluit (cf. Thes. 5 p. 471)
aut abundanti more suo duo substantiva ejusdem fere significationis
conjunxit". Cf. et Claud. carm. 28. 24: (Mavors et Venus) aurati delubra
tenent communia templi; Hagend. ibid. p. 90; Schink op. cit. p. 49 sq.;
Geisau p. 16 u. ad 14. 2. 3.

8. 14. Pafus. Cf. Hill, Greek Coins, B. M. p. LXII sq. und namentlich p. LXXXI: „In the Roman period New Paphos was the capital and
the coins were issued thence, although it is the temple of Old Paphos
which is represented on them. The city and presumably the temple also
having suffered from earthquake were restored by Augustus and Paphos
received the title Augusta or Σεβαστή in 15 B. C. Later we find it des-
cribed as Σεβαστὴ Κλαυδία Φλαυία Πάφος, ἡ ἱερὰ μητρόπολις τῶν κατὰ
Κύπρον πόλεων (Später ist Salamis die Hauptstadt) . . . . The site of

84 Sprachlicher und historischer Kommentar

Old Paphos at Kouklia near the mouth of the Dhiarrizos Potamos is about 10 miles from that of New Paphos near Ktima." Cf. Strabo 14. 5. 29 — 14. 6. 5 (681, 683, 684); Ptolem. 5. 13. 1; Wesseling p. 526, 706; Georg. Cypr. Goelzer p. 56; Pieper, Tab. 6 (Bischofssitz). Was den Venustempel anbelangt, cf. Roscher III, 1 p. 1562 sq.: ,, ... Der Tempel der Aphrodite Paphia, dessen Grundriß die syrische Bauart aufweist und der mit seinen großen, sowohl offenen als bedeckten Höfen an den Salomonischen Tempel in Jerusalem erinnert, lag in Altpaphos 60 Stadia von Neupaphos entfernt . . . Im Adyton des Tempels stand von Kandelabern umgeben das Idol der Göttin in Form eines Kegels oder weißen Pyramide . . ." (mit Lit.); Tac. Hist. 2. 2. 3 (mit der Annot. von Heraeus in seiner Edit.[6] 1929, p. 131 sq.); Aug. de civ. Dei: . . fuisse vel esse quoddam Veneris fanum atque ibi candelabrum et in eo lucernam sub divo sic ardentem ut eam nulla tempestas, nullus imber exstingueret, unde sicut ille lapis, ita ista λύχνος ἄσβεστος, id est lucerna inexstinguibilis, nominata est." Cf. et. Arnob. 5. 19 (Reifferscheid p. 190); Clemens Alexandr., Protr. 2. 12; Athen. 675 f sq. (Kaibel 3 p. 493 sq.); Firm., De errore prof. rel. X (Ziegler p. 26); Bouché-Leclercq, H. des Séleuc. 2 p. 602 sq.; Dittenberger, Or. Gr. I. S. 257 (Inscr. v. Ant. VIII Grypus, 125—96 v. Chr. im Tempel der Venus Paphia gefunden).

p. 25. 17. **8. 14. carbasos.** Der übliche Plural ist carbasa (Cf. Bednara Arch. 14 p. 345). Cf. et. Thes. 3 p. 428: ,,vox inde ab Enn. usurpata et a poetis adamata legitur perraro apud scriptores." (mit Beisp.).

p. 25. 19.—20. **8. 15. Ptolemaeo.** Gemeint ist der König Ptolemaeus von Cyprus (80—59), ein Bruder des Ptolemaeus XIII. Auletes (80—51). Im Jahre 59 beantragte der Demagoge Clodius ein Gesetz, wobei Cyprus zur römischen Provinz erklärt würde und die Krongüter usw. der römischen Staatskasse anheimfallen sollten. Einen der Gründe zu diesem Gesetzvorschlag teilt Amm. mit; ein anderer war, Cato mit einem ehrenvollen Auftrag aus Rom zu entfernen. Diese Behandlung des cyprischen Königs entbehrte jedes Rechtsgrundes. Zur Ordnung dieser Angelegenheit wurde also, ebenfalls auf Vorschlag des Clodius, Cato als Quaestor mit dem Imperium eines Praetors entsandt (Cato galt für unbestechlich). Der König, dem noch für die Dauer seines Lebens das Priesteramt der Aphrodite Paphia angeboten wurde, vergiftete sich freilich vor Verzweiflung. Cf. Florus 3. 9 (Rossbach p. 105); Plut. Cato Min. 34—36; Vell. Paterc. 38. 45; Drumann-Groebe[2] V p. 176 sq.; Bouché-Leclercq, Hist. des Séleuc. 1 p. 454 und Hist. des Lagides 2 p. 135 sq. (mit Lit.). Für die

Quellen des Amm. cf. Sext. Rufus, Brev. c. 13: Cyprus, famosa divitiis, paupertatem populi Romani, ut occuparetur, sollicitavit. Eam rex foederatus regebat: sed tanta fuit penuria aerarii Romani et tam ingens fama opum Cypriarum, ut lege lata, Cyprus confiscari juberetur. Quo accepto nuntio, rex Cyprius venenum sumpsit; quo vitam prius quam divitias amitteret. Cato Cyprias opes Romam navibus advexit: ita ut jus ejus insulae avarius magis quam justius simus adsecuti. Cf. Florus 3. 9; Strabo 14. 6. 6; App. ʼΕμφ. II, 23; Cassius Dio 38. 30. 5. Die griechischen Quellen erwähnen alle eine persönliche Kränkung des Clodius Pulcher als Veranlassung zur Beschlagnahme der Insel. In den lateinischen Quellen fehlt diese Begründung. Cf. Finke p. 59: ,,Amm. schließt sich eng an die lateinischen Berichte an, da er mit Florus und Rufius Festus eine gemeinsame Quelle benützte, die Rufius Festus hier treuer wiedergibt. Denn er spricht 1. von der Erschöpfung der römischen Staatskasse und 2. von den reichen Schätzen Cyperns; Florus nur von den Reichtümern Cyperns, Ammian nur von der leeren Staatskasse."

8. 15. ob aerarii nostri angustias. Cf. Cic. Verr. 3. 182: in tantis praesertim aerarii angustiis; pro L. Corn. Balbo 61: Idem in angustiis aerarii victorem exercitum stipendio adfecit.

8. 15. Catonem. M. Cato Uticensis, 95—46, der berühmte Gegner Caesars, Republikaner und Stoiker, gefallen bei Thapsus während des Bürgerkrieges. Cf. Drumann-Groebe[2] V p. 164 sq. (mit Lit.).

9. 1. Nisibi. Πάλιν δὲ τοῦ λεχθέντος Ταύρου τὴν ἀρχὴν λαμβάνοντος ἀπὸ τῆς περαίας τῶν Κομμαγηνῶν καὶ τῶν Μελιτηνῶν, ἣν ὁ Εὐφράτης ποιεῖ, Μάσιον μέν ἐστι τὸ ὑπερκείμενον ὄρος τῶν ἐν τῇ Μεσοποταμίᾳ Μυγδόνων ἐκ νότου, ἐν οἷς ἡ Νίσιβίς ἐστιν, (Strabo 11. 14. 2), zwischen Dara (im Norden) und Singara (im Süden) gelegen. Nisibis wurde wahrscheinlich unter L. Verus (161—169), während dessen parthischen Krieges, römisch (165). Es steht ziemlich fest, daß es im Kriege zwischen Pescennius Niger († 194) und Septimius Severus (193—211) die Seite des letzteren wählte und deswegen von den Einwohnern Osroenes und Adiabenes belagert wurde. Der Kaiser richtete dort sein Hauptquartier ein. N. wurde 195 colonia und Hauptstadt der Provinz Mesopotamia mit dem Ehrennamen Septimia (Eckhel 3. 517). Seit Alex. Severus (222—235) ist N. Metropole. In der Folgezeit geht es wiederholt in andre Hände über. Bei der Wiedereroberung Mesopotamiens (297) durch Diocletianus (284—305) wurde Nisibis wiederum

86 Sprachlicher und historischer Kommentar

von den Römern besetzt (Petrus Patricius, Fragm. 14 = Müller, F. H. Gr. IV p. 188 sq.), und abermals, wie schon vordem, colonia und Hauptstadt Mesopotamiens. (nach Amm. 19. 9. 6 Sitz dez Dux Mesop.). Es war der einzige Ort für den römisch-persischen Handelsverkehr (Petr. Patr. 14) und eine außerordentlich wichtige Festung (cf. Amm. 25. 9. 1; 25. 9. 2; 25. 9. 3; 25. 8. 14) im Limes des Dioclet. (cf. Chapot, op. cit. p. 254 sq.; Schachermeyer in R. E. 15 p. 1162 sq.). Sapor II. (310—379), der bekannte Sassanidenfürst, belagerte N. dreimal, und zwar in den Jahren 337 (oder 338), 346 und 350. Die Einwohner bekamen bei der 3. und 1. Belagerung keine Hilfe, wahrscheinlich wohl bei der zweiten. Trotzdem waren Sapors Anstrengungen vergeblich. Die dritte Belagerung, welche 4 Monate dauerte und die Stadt sehr in die Enge trieb, ist uns durch die Carmina Nisibena des Ephraim († 373) und die Or. I und II des Julianus Apostata ziemlich genau bekannt. 359, als der Krieg gegen Sapor II. aufs Neue entbrannte, blieb Nisibis ein Angriff erspart (Amm. 18. 7. 8: Nisibi pro statione vili transmissa). Zwar begibt Ursicinus (cf. ad 14. 9. 1) sich dorthin, um die Verteidigung vorzubereiten (Amm. 18. 6. 8-9); er zieht sich aber beim Herannahen des Feindes (zusammen mit Amm.) auf Amida zurück, das daraufhin belagert und genommen wird. 360 steht eine römische Armee bei Nisibis, als Sapor II. Singara belagert und erobert (Amm. 20. 6. 9). Auch auf seinem Zug nach Bezabde, das er im selben Jahre erbeutet, geht er umsichtig Nisibis aus dem Wege (20. 7. 1). Beim Feldzug des Julianus (361—363) im Jahre 363 zogen Procopius und Sebastianus von Carrhae aus wahrscheinlich über Nisibis (Amm. 23. 3. 5). Da die persischen Truppen die Umgebung Nisibis plünderten (Zos. 3. 12. 3) blieben Proc. und Sebast. in N. Mesop. stehen. Jovianus (363—364) überläßt Sapor bei dem schimpflichen Frieden des Jahres 363 Nisibis und Singara (Amm. 25. 7. 9). Die Einwohner mußten auf römisches Gebiet flüchten (cf. et. Zos. 3. 31 sq.). Dies alles machte einen starken Eindruck (cf. die bei Sturm in R. E. 17 p. 714 sq. angeführten Stellen). Sapor II. bevölkerte Nisib. aufs Neue mit Bewohnern seines Reiches und macht es zur Hauptstadt einer Grenzprovinz. Es ist den Byzantinern, trotz wiederholter Anstrengungen nicht mehr gelungen, N. zurückzuerobern. Nach Cod. Just. 4. 63. 4 (408 oder 409): nullus ... imperio nostro subjectus ultra Nisibin Callinicum et Artaxata emendi sive vendendi species causa proficisci audeat nec praeter memoratas civitates cum Persa merces existimet commutandas etc. (Circesium Rom., Artaxata Armen.). Das Christentum drang im 2. oder 3. Jahrh. dort ein (um 300 Bischofssitz). Berühmt ist der zweite Bischof, Jacobus († 338), der bei der Belagerung des Jahres 337 (338) eine große Rolle spielte. Unter diesem Bischof (cf. Patr. Nic. nom. Gelzer passim) wurde N. Metropole (Pieper, Tab. 6 gibt ein späteres Datum). Cf. Sturm, ibid. (sehr ausführlich, mit Lit.); Strabo 16. 1. 1; 16. 1. 23; 11. 12. 4; 11. 14. 2; Ptolem. 5. 17. 7; Tab. Peut. XI, 4; N. D., Böcking I p. 414 sq. ad N. D. Or. 34: praefectura primae legionis Parthicae Nisibenae Constantina; Wesseling p. 715; S. Silviae peregr. Geyer p. 67; Georg. Cypr. Descr. Gelzer Praef. LI–LIII; Dussaud p. 482, 490—493, 496—499 (mit Lit.); von Harnack, Mission 2 p. 752 sq. (und passim).

9. 1. Ursicinus. Ebenfalls erwähnt: 14. 11. 2; 15. 2. 1; 15. 5. 18; 16. 2. 8; 16. 10. 21; 18. 4. 2; 18. 5. 5; 18. 6. 5; 19. 3. 1; 20. 2. 1; 31. 13. 18. Er folgte Barbatio (14. 11. 19) als magister peditum (für das ganze Reich) nach. Cf. E. v. Nischer, Hermes 63 (1928) p. 431 sq. (A^0 359). U. mag. eq. wird im Jahre 354 zum Tode verurteilt; die Hinrichtung wird jedoch hinausgeschoben (15. 2. 1), angeblich wegen Majestätsbeleidigung, nachdem er schon eher verleumdet und nach Mailand zurückberufen worden war (14. 11. 2). 355 bezwingt er die Empörung des Silvanus. Er verweilt noch kurze Zeit in Gallien, wo er Julianus bei seinen Kriegsverrichtungen behilflich ist (im Jahre 356) (16. 2. 8). 357 wird er von Constantius nach Sirmium zurückberufen (16. 10. 21) und nach dem Orient entsandt. 359 wird er abermals verleumdet (18. 4. 2), zurückberufen und zum mag. ped. (siehe oben) ernannt, während Sabinianus ihm im Osten nachfolgt. Kaum ist Urs. fort, so erhält er auf der Reise schon einen Brief, der seine Rückkehr befielt (359), während ihm seine sämtlichen Kompetenzen entzogen sind (ad alium omni potestate translata). Er bemüht sich, entgegen dem Widerstand des Sabinianus, Amida zu befreien (19. 3. 1). Trotzdem wird er, nach dem Verlust der Stadt, zur Rechenschaft gezogen (360) und zu Gunsten des Agilo seines Amtes entzetzt (cf. ad 14. 10. 8); adpetitum calumniis deposita militia digredi jussit ad otium (20. 2. 1). Sein Sohn Potentius, promotorum tribunus (cf. 31. 13. 18): ,,cecidit in primaevo aetatis flore, bono cuique spectatus, meritis Ursicini patris magistri quondam armorum suisque commendabilis'' (378 Schlacht bei Adrianopel). Urs. wird auf allen seinen Reisen von Amm. begleitet. Cf. W. Enßlin, Zur Geschichtsschr. und Weltanschauung der A. M., Klio Beiheft XVI p. 3 und 4 (N. F. Heft III. 1923). Über den Namen cf. Schönfeld p. 247. Cf. et. Walter Klein p. 36 sq.; Stein I p. 220, 221 sq. (mit Noten).

Anm. (α) Im Cod. Theod. VII, 4. 12 (de erogatione militaris annonae) wird ein Ursicinus comes erwähnt vom 27. Mai 364 (cf. Seeck, Reg. p. 215 und 100). Vielleicht betrifft es hier denselben. Dann wäre er aller-

88   Sprachlicher und historischer Kommentar

dings wieder in sein Amt eingesetzt worden, was immerhin nicht unmöglich ist; cf. Gothofr. in seiner Edit. ad h. l. Man hüte sich, ihn mit Ursicinus, dem 16. 12. 1 und 18. 2. 19 erwähnten König der Alemannen zu verwechseln.

(β) Der magister peditum praesentalis (in praesenti) und der mag. equitum praesentalis (in praesenti) führen zusammen den Oberbefehl über die Armee. Ersterer ist der Rangälteste. Ihm folgen die magg. equitum per Orientem, per Gallias und per Illyricum. Nach der Teilung des Reiches im Jahre 365 findet man für jeden der Reichsteile einen mag. ped. und einen mag. eq., daneben für den Orient einen mag. eq. per Orientem, und für den Occident einen mag. per Gallias und einen mag. per Illyricum. Ferner gibt es noch zwei sehr wichtige militärische Ämter, nämlich das des comes per Thracias (Or.) und des comes Africae (Occ.). So liegen die Verhältnisse zu Amm. Marc. Zeiten. Für die Veränderungen cf. N. D., und E. v. Nischer, Hermes 63 (1928) p. 455 sq. Die magg. sind illustres, die comites spectabiles. Cf. et. Kromayer und Veith p. 582 sq.; Willems, Dr. publ. Rom. p. 614 sq.; Boak-Dunlap, op. cit. p. 131 (mag. equitum); und ibid. p. 147 (mag. militum); A. E. R. Boak, Roman magistri in the Civil and Military Service of the Empire (Harvard Stud. in Class. Philol. 26. 1915. p. 73 sq.).

p. 25. 26.   9. 1. **dispicere.** Cf. 14. 4. 1: qui si praedam dispexerint celsius; (übertr.): 26. 3. 2: causas dispiciens criminum maximorum; 15. 2. 9: nec defuere . . quae dispiceres secundis avibus contigisse (mscr. dispice, Clark: diceres); 15. 5. 12; 29. 1. 8: linguam . . dispicientem quae loqueretur, nullius claudebat periculi metus. Cf. Thes. 5, 1. p. 1415 sq.

p. 26. 3.   9. 1. **forensibus jurgiis** = judicialibus jurgiis. Cf. Thes. VI, 1 p. 1052 sq. und ad 9. 5 for. rer.

p. 26. 4.   9. 1. **accusatores quaesitoresque.** Quaerere: gerichtlich untersuchen. Quaesitor: Untersuchungsrichter (Der judex fällt das Urteil). Accusator: der öffentliche Kläger, Ankläger, selten in Zivilsachen, gew. in Kriminalsachen. (Petitor: der Kläger in Zivilsachen).

p. 26. 5.   9. 1. **foveis.** Cf. 19. 13. 1: solent verno tempore foveis exilire serpentes (= receptaculum); 30. 4. 13: (judicia) cum depravantur, foveae fallaces et caecae sunt, in quas si captus ceciderit quisquam . . (= insidiae, doli); 24. 4. 29: circa muros subversi oppidi fallaces foveas et obscuras, quales in tractibus illis sunt plurimae, subsidisse **manum** insidiatricem latenter . . (cavernae vel militum tegendorum vel viae intercidendae causa factae); cf. Thes. 6, 1. p. 1217.

9. 2. cetera medium principem. „Sonst ein erträglicher Regent". (Tross-Büchele). Medium sc. inter bonos et malos pr.

9. 2. cetera medium principem. Akk. des Inhalts. Cf. Hofm.-Leum. p. 379: „ . . die Verbindung mit Adj. (seit Sall. u. Verg.) u. Subst. mag unter griechischem Einfluß stehen wie sicher Vergils Aen. 4. 558: omnia Mercurio similis, vgl. gr. (τὰ) πάντα seit Homer". Cf. et. Sall. Jug. 19. 7; Hist. 4. 70; Thes. 3 p. 973.

Anm. Für den Akk. der Beziehung cf. 18. 8. 11; 24. 6. 13; 25. 1. 2; 26. 4. 3; 31. 15. 13; 31. 2. 14; 31. 16. 6; 29. 3. 9 u. Draeger, hist. S. § 166; Hassenst. p. 11; Schickinger p. 15 sq.; Hofm.-Leum. p. 378 sq.; Thes. I p. 1632.

9. 2. sed siquid auribus ejus hujus modi quivis infudisset. Cf. 15. 3. 5: patulis imperatoris auribus infundebat; Cic. de or. 2. 355: ut illi non infundere in auris tuas orationem sed in animo videantur inscribere? Cf. et. ad 14. 7. 12.

9. 2. et in hoc causarum titulo. Tross-Büchele übersetzt: „und auf den Grund solcher Beschuldigungen nicht folgerecht handelte", m. E. nicht ganz richtig. Wagners Erklärung der Stelle: „in ejusmodi caussis" ist besser. Titulus bedeutet oft in der Juristensprache: Grund, Rechtsgrund, Rechtsgeschäft. Der Ausdruck ist wohl abundant u. causarum genit. explicat.

9. 3. imaginarius judex = Scheinrichter. Das Wort findet sich u. a. bei Liv. Suet. Flor. (Liesenb. 1888 p. 31).

9. 3. magister equitum. Cf. ad 14. 9. 1 (Ursicinus).

9. 3. notarii. Cf. ad 14. 5. 6.

9. 3. stimulis reginae exertantis ora subinde per aulaeum. Cf. Aen. 3. 424: at Scyllam caecis cohibet spelunca latebris   ora exertantem et navis in saxa trahentem (cf. Stat. Theb. 9. 412: ora exertantem (de fluvio Ismeno)); cf. Hag. Stud. Amm. p. 13: Gelenio auctore vulgo exertantis aurem edebant. Novák autem et Heraeus pro eo, quod in V exertantes aura legitur, exertantis ora conjecerunt, id quod cum per se satis evidens sit, litteris solum, non sono verborum mutatis, tum testimonio Vergiliano in comparationem vocato, nihil habet dubitationis.

Credo autem Ammianum, quo insigniorem redderet saevitiam atque immanitatem reginae (cf. 14. 1. 2), animis legentium, si qui Vergilium studiosius legissent, imaginem Scyllae illius monstri taeterrimi per ambages significatam obversari voluisse.

p. 26. 16. **9. 3. aulaeum.** Cf. 25. 2. 3: vidit . . speciem illam Genii publici . . velata cum capite Cornucopia per aulaea tristius discedentem (singularis = pluralis; cf. Thes. 2. p. 1460).

p. 26. 20. **9. 4. adminicula.** Cf. Thes. 1. p. 727: „a poetis alienum, excepto uno Plauti loco; sensu debilitato pro auxilium admodum crebescit apud christianos" u. 28. 1. 4: . . civitas nullis auctorum adminiculis fulta; (= auxilium, adjumentum, etc.): 14. 6. 23; 14. 8. 14; hic; 20. 4. 9; 22. 16. 18; (Im Plural: 25. 8. 10, 26. 3. 3, in noch stärker abgeschwächter Bedeutung). Weiter = auxilia, copiae auxiliares: 21. 12. 21; 24. 7. 8; 26. 5. 12; 26. 7. 5; 27. 5. 1; 27. 8. 2; 28. 5. 12; 29. 5. 14; 29. 5. 37; 31. 7. 4; 31. 8. 2.

p. 26. 20. **9. 4. adminicula futurae molitioni pollicitos.** Molitio = conatus. Für die Abstrakta auf -io (-tio u. -sio) cf. Liesenberg (1888) p. 11 sq. Sonst gebraucht Amm. das poet. molimen (18. 5. 2; 24. 4. 7; 29. 1. 6), wie molimentum, das an den drei genannten Stellen, der Clausula (III) wegen, ungeeignet ist, während er molitio hier wahrsch. nur der Seltenheit wegen anwendet. Cf. Hagend., St. Amm. p. 35 sq.

p. 27. 1. **9. 5. forensium rerum** = rerum publicarum. Cf. ad 9. 1 for. jurg.

p. 27. 2. **9. 5. suspensus** = Auf der Folter (Tross-Büchele).

p. 27. 3. **9. 5. latrocinium illud esse . . clamans.** Für den Gebrauch der Pronomina ille, is, hic in der orat. obl. bei Amm. der sich im allgemeinen nicht von dem klass. unterscheidet cf. Reiter, op. cit. p. 28 sq. (mit Beisp.). Am meisten findet sich (statt iste u. hic bei der Verwandlung in indirekte Rede) is; weiter hic (vergegenwärtigend) u. ille (das oft die eigene Bedeutung nicht verliert). Cf. et. ad 14. 11. 7 u. 14. 11. 11; u. im allgem. Fr. Knoke: Über hic und nunc in der orat. obl., Progr. Bernburg, 1881; Reisig op. cit. 3 p. 50—150 passim; Draeger, hist. Synt. I² p. 72 sq.

Anm. Man beachte, daß in der spätl. Volks- u. Schriftsprache die einsilbigen Formen von is fast ganz verschwunden sind. Cf. Hofm.-Leum. p. 478; Salonius p. 230 sq.

9. 5. Eusebius . . latrocinium illud esse non judicium clamans. Cf. Cic. pro S. Rosc. Am. 61: restitue nobis aliquando veterem tuam illam calliditatem atque prudentiam, confitere huc ea spe venisse quod putares hic latrocinium non judicium futurum. Cf. et. ad 14. 7. 12.

9. 6. sollemnia = übliches, gesetzmäßiges Verfahren.

9. 6. tamquam obtrectatorem . . excarnificari praecepit. Cf. Hofm.-Leum. p. 585: „praec. = jubeo mit pass. Inf. seit Curt. u. Plin. nat., mit aktivem seit Apul;. allgemein im Spätlat. wo es jubeo bei gewissen Schriftstellern ganz verdrängt." Cf. et. ad 14. 5. 7 u. 14. 3. 1.

9. 6. renidens. Cf. 22. 9. 10: quo audito princeps renidens . . . ait. Poetismus. In der eigentl. u. übertr. Bedeutung = ridere, subridere. In übertr. Bed. seit Liv. Cf. Hagend., St. Amm. p. 65.

9. 6. fundato pectore. Cf. 16. 8. 7; 20. 8. 9; 24. 3. 5 u. Cic. ad fam. X. 10. 2; ad Att. XII 35; ad Att. XIII 12. 4; Tusc. 2. 58. Cf. et. de amic. 97: in qua (sc. amicitia) nisi, ut dicitur, apertum pectum videas tuumque ostendas, nihil fidum, nihil exploratum habeas u. ad 14. 6. 8.

9. 6. torvum renidens . . mansit immobilis. Cf. Sil. Ital. 13. 375: torvum contra et furiale renidens; Tac. Ann. 4. 60: Tiberius torvus aut falsum renidens vultu. Cf. Hofm.-Leum. p. 381: „Mit Catull beginnt die eigentl. Entwicklung dieses Akkus. unter griechischem Einfluß; mit den Augusteern nimmt der Gebrauch überhand . . die nachlivianische Prosa eignet sich den dichterischen Gebrauch an, bes. Apul. Tertull., Amm." (Die Verwendung in der klass. Prosa beschränkt sich auf Quantitätsbezeichnungen). Für diesen adverb. Akk. (ursprünglich auch ein echter Inhaltsakk!) vergl. auch Hassenst. p. 9 sq.: . . „Omnes auctores lat. num. plurali adjectivorum multo rarius utuntur quam singulari. Atque ea in re Amm. lat. usum est secutus, quamquam in graeca lingua plur. num. exempla sunt crebriora (ut ὑψηλὰ ἄλλεσθαι, μεγάλα ὠφελεῖν)," (mit Beisp.); Schickinger p. 15 (mit Beisp.); Hagend., Stud. Amm. p. 45 (Anm. 1). Ein Gräzismus ist wohl 22. 14. 3: grandia incedens (Gellius 9. 11. 5: grandia ingrediens) = μακρὰ βιβάς.

9. 6. se incusare passus. Für die Konstr. der verba volendi cf. ad 14. 11. 11.

9. 6. confutatus (= convictus, confusus, reprobatus). Das Wort ist ziemlich selten. Auch klass. Cf. Thes. 4. p. 271.

9. 6. **Zenonem Stoicum . . Cyprii regis.** Zeno aus Elea in Großgriechenland, Schüler des Parmenides, um 460 v. Chr., soll, als ihn der Tyrann Nearchus (nach anderen: Demylus) zum Verrat an seinen Mitverschworenen zwingen wollte, sich die Zunge abgebissen und sie ihm ins Gesicht gespieen haben, worauf ihn dieser in einem Mörser habe zerstampfen lassen. Schon Lindenbr. und Vales. haben Ammians Irrtum bemerkt (Er verwechselte ihn, wie sich ergibt aus dem Adj. Stoicum, mit Zenon von Kition, Schüler des Kynikers Krates und dem Gründer der Stoischen Schule, um 336 geboren). Valer. Max. 3. 3, der den Tyrannen Nearchus nennt, erzählt: . . . doloris victor sed ultionis cupidus, esse dixit quod secreto audire eum admodum expediret laxatoque eculeo postquam insidiis opportunum animadvertit aurem ejus morsu corripuit, nec ante dimisit quam et ipse vita et ille partis corporis privaretur. Clem. Alex. Strom. 4. 8 (§ 57) (= Sylb. p. 213) berichtet über die Folterung und daß Z.: . . τὴν γλῶσσαν ἐκτρώγων προσέπτυσε τῷ τυράννῳ, ὃν οἱ μὲν Νέαρχον, οἱ δὲ Δήμυλον προσαγορεύουσιν.

Plutarchus: De Stoic. repugn. 1051 C (Bernardakis 6 p. 263) nennt den Tyrannen: Demylus. Ganz abweichend die Mitteilung des Tertull. Apol. 50. 9, nämlich daß: Zeno Eleates consultus a Dionysio quidnam philosophia praestaret, cum respondisset: ,,impassibilem fieri'', flagellis tyranni subjectus sententiam suam ad mortem usque signabat. Welche Quelle Amm. benutzt hat, ist mir nicht bekannt.

9. 7. **fucandae.** Cf. Cod. Just. 4. 40. 1: Fucandae atque distrahendae purpurae vel in serico vel in lana, quae blatta vel oxyblatta atque hyacinthina dicitur, facultatem nullus possit habere privatus. Sin autem aliquis supra dicti muricis vellus vendiderit, fortunarum se suarum et capitis sciat subiturum esse discrimen (Impp. Valent. Theod. et Arcad. Aug. Fausto comiti sacrarum largit.).

9. 7. **pectoralem tuniculam sine manicis textam.** Cf. Du Cange s. v. pectoralis (5 p. 166): ,,tunica hyemalis, qua pectus tegitur'' und Gregorius M. 10 ep. 52: fratrem et coepiscopum nostrum Ecclesium frigore omnino laborare cognovimus, pro eo quod hiemalem vestem non habeat. Et quia aliquid sibi a nobis petiit debere transmitti, fraternitati tuae ad hoc per latorem praesentium transmisimus amphimalum tunicam, vel pectoralem, ut a te ei debeat sine mora transmitti. Nun ist nach Gloss. ἀμφίμαλλος dasselbe wie δα(ε)λματική, da(e)lmatica: ,,tunica latas manicas habens.'' Nach Thes. Onomast. 3 (fasc. 1) p. 20 dalmatica: vestis ecclesiastica, postea in primis diaconum (non adhibetur in missa celebranda a presbytero, quippe qui casula utatur); cf. et. R. E., Mau 4

p. 2025; Daremb.-Saglio (Bayet) 3 p. 19; Du Cange 2 p. 737; und Lamprid. Comm. 8. 8, Heliog. 26. 2 (dalmaticatus). Obwohl die dalmatica besonders ein Gewand der diaconi ist, sind sine manicis und das latas manicas habens doch zusehr miteinander im Widerspruch, als daß wir hier pectoralis und dalmatica als Synonyme betrachten könnten. Wahrscheinlich ist hier also das colobium (κολόβιον, κολόβαξ) gemeint, worüber die Gloss. sagen: ,,vestis, quo (sic) utebantur antiqui pro dalmatica''; nach Du Cange 2 p. 439: ,,tunica absque manicis vel certe cum manicis, sed brevioribus et quae ad cubitum vix pertinerent'' und Thes. 3 p. 1693 sq.: ,,tunica manicis truncata, saepe vestis ecclesiastica''. Cf. et. R. E., Mau 4 p. 483; Daremb.-Saglio 2 p. 1297; Dictionn. chrét. 4. 1 p. 111 sq. Für manica (manche, manicles) cf. Du Cange 4 p. 230; Georges, Lat. Handwörterb. 2 p. 796.

9. 7. Maras. Der Name Mara(s) kommt in Syria und seiner Umgebung häufig vor. Diese Person scheint weiter nicht bekannt zu sein. Eine bekannte Persönlichkeit wäre von Amm. wahrscheinlich nicht mit quidam bezeichnet worden. Cf. Enßlin in R. E. 14 p. 1418 sq.. p. 27. 16.

9. 7. diāconus (ut appellant christiani). διάκονος = diācōn = διάκων. Christliches Wort. Seit Itala und Tertull. Eigentlich: Diener. Für die Stellung cf. Hil. op. hist. frag. 2, 7: in majorem provexerunt gradum, diacones quidem in presbyterium, de presbyterio autem in episcopatum und Hieron. in Is. 19. 18: quinque ecclesiae ordines: episcopos, presbyteros, diaconos, fideles, catechumenos. Cf. et. Thes. V (fasc. IV) p. 943 sq.; Du Cange II p. 834 sq.; Dict. chrét. IV p. 738 (diacre), Leclercq. Oft findet man statt diac. das alttestam. levita (cf. Du Cange p. 80; Dict. chrét., ibid. p. 744). p. 27. 16.

9. 7. Tyrii textrini praepositum. Zahllose Stellen bei den antiken Autoren, Abbildungen auf Münzen und technische Ausdrücke wie purpurae tyriae und tyrianthinum, machen, daß wir nicht unbegründeterweise, eine hohe Meinung hegen von der Purpurfabrikation in Tyrus, welche sich dort immer behauptet hat, auch als Tyrus nicht mehr Zentrum des Welthandels war. In der späteren Kaiserzeit befand sich daselbst eine kaiserliche Purpurfabrik (Eus. Hist. eccl. 7. 32). Bekanntlich strebten die Kaiser wiederholt eine Besitzergreifung der gesamten Purpurindustrie an, zuletzt noch mittels einer Verfassung vom Jahre 383 (Cod. Just. 4. 40. 1). Sie haben es jedoch nie mit Erfolg durchführen können, trotz der monopolistischen Position in welcher sie sich selbstredend befanden, da sich das Privatgewerbe nie gänzlich unter- p. 27. 17-

94 Sprachlicher und historischer Kommentar

drücken ließ. An der Spitze eines solchen kaiserlichen Unternehmens stand der procurator baphiorum (Purpurwebereien), hier praepositus textrini genannt, dessen Vorgesetzter, der comes largitionum, ihn zu überwachen hatte. Die procuratores hafteten für ihr Personal und zwar in dem Maße, daß eine nachlässige Ferfertigung der kaiserlichen Gewänder ihre Hinrichtung nach sich ziehen konnte (cf. N. D. Or. 13. 17; Occ. 11, 64—73; Cod. Theod. 1. 32. 1; Cod. Just. 11. 7). Über das Personal dieser Fabriken cf. Daremb.-Saglio 4. 1 p. 771 (Besnier): ,,Le mot conquiliarius servait quelquefois pour qualifier les fabricants, ainsi que le mot blattiarius, quand il s'agissait d'ouvriers qui préparaient l'espèce de pourpre dite blatta, et l'expression minister purpurae fucandae (hier, p. 27. 14—15). D'autre part, les murileguli et conchylioleguli que citent les compilations juridiques du Bas-Empire n'étaient pas seulement des pêcheurs; ils travaillaient en outre comme artisans, dans les ateliers de teinturerie, baphia, où l'on fabriquait les étoffes de pourpre destinées à l'usage personnel des empereurs et à la vente." Über die Purpurherstellung im allgemeinen cf. W. Adolph Schmidt, Forschungen auf dem Gebiete des Alterth. 1 (1842) p. 96—112; Alex. Dedekind, Ein Beitrag zur Purpurkunde (Berlin 1898—1906); Daremb.-Saglio 4. 1 p. 769 sq..

p. 27. 19—20.   9. 7. **nihil fateri compulsus est.** Mit dem Infinit. Cf. 14. 10. 4; 14. 8. 13; 14. 11. 16; 14. 11. 21 (compello); 14. 7. 9; 14. 11. 6 (hortari); 14. 11. 11 (pellicio); 14. 7. 2.; 14. 9. 7; 14. 1. 5; 14. 11. 16; 14. 11. 22 (urgeo); 14. 2. 6; 14. 6. 12; 14. 9. 1 (cogo). Cf. et. ad 14. 5. 7 u. Hofm.-Leum. p. 580.

p. 27. 20.   9. 7. **fortunas** = homines diversae fortunae. Cf. 17. 5. 4: celsiores fortunas; 30. 5. 16: ruinas fortunarum indicantia celsarum, arsere crinita sidera cometarum. Cf. et. Thes. 6. 1. p. 1179 sq.

p. 27. 22.   9. 8. **Apollinares.** Cf. ad 14. 7. 20.

p. 27. 23.   9. 8. **Crateras.** Nomin. oder Akk. Plural? Bei Greg. M. epist. 13, 4 (a⁰ 602), angeführt im Thes. Onom. C p. 691, findet sich: monasterii quod Crateras dicitur Neapolitanae urbi e vicino fundati. Der Ort ist mir nicht bekannt. Nicht bei Dussaud, Itin. etc.

7. 26—27.   9. 9. **quae singula narrare non refert, ne professionis modum .. excedamus.** Cf. 27. 2. 11: praeter haec alia multa narratu minus digna conserta sunt proelia per tractus varios Galliarum, quae superfluum est explicare, cum neque operae pretium aliquod eorum habuere proventus, nec historiam producere per minutias ignobiles decet. Cf. et.:

23. 1. 1; 28. 3. 12; 28. 1. 15; 29. 3. 1; 31. 5. 10; 23. 6. 14; 27. 3. 7; 29. 2. 9; 29. 2. 24. Alle diese Stellen deuten darauf hin, daß Amm. bestrebt ist, sich hinsichtlich seiner historischen Beschreibungen zu mäßigen (bei den Exkursen liegt der Fall anders!) und das leere Geschwätz der damaligen sog. historici beanstandet. Cf. et. Hugo Michael, Die verlorenen Bücher des Amm. Marc. p. 5 sq..

10. 1. Haec dum oriens diu perferret . . dumque ibi diu moratur. (α) Der Konj. nach dum = solange als, ist spätlat.; nach dum = während (wie hier), findet er sich sehr selten in der klass. Sprache, häufig bei Liv.; sonst nachklass. (u. poetisch seit Vergil) u. ganz gewöhnlich in der spätlat. Prosa. Weiter finden sich bei Amm. nach dum: Indic. Praes., Imperf., Perf. u. Plq. Perf. (27. 11. 1: dum administrarat; Clark: administrat). Cf. Hofm.-Leum. p. 744: „Mit der Verwischung der Bedeutungsunterschiede der Vergangenheitstempora hängt es zusammen, wenn Amm. auch den Ind. Plq. Perf. u. Cassiod. ua. den Konj. Perf. u. Plq. Perf. nach dum gebrauchen" u. Salonius p. 316: „Nach dem temp. dum setzen unsre Autoren oft den Konjunktiv. Dies hängt offenbar damit zusammen, daß die Konjunktion dum in der Spätzeit häufig mit dem temporalen cum (histor.) vertauscht wurde . . . wie dum + Imp. Konj. einen cum-Satz mit Imp. Konj. oder eine Partizipialkonstrukt. mit dem präs. Partiz. vertritt . . entspricht ein dum-Satz mit dem Plusq. Konj. einem hist. cum-Satz mit demselben Tempus oder einer Partizipialkonstr., welche die Vorzeitigkeit ausdrückt . .''; cf. et. Kallenberg p. 6.

(β) Für die absichtliche Variation cf. 25. 3. 10: et quamvis offundebatur oculis altitudo pulveris et aestus caliscens officeret alacritati membrorum u. 25. 3. 15: perdoctus quantum corpore sit beatior animus et contemplans quotiens condicio melior a deteriore secernitur.

10. 1. Arelate. Cf. ad 14. 5. 1.

10. 1. Valentiam. Ursprünglich lag dieser Ort in der Provinz Gallia Narbonensis. Nach Amm. 15. 11. 14: Viennensis civitatum exultat decore multarum, quibus potiores sunt Vienna ipsa et Arelate et Valentia, in der Provinz Viennensis (Diese, von einem consularis verwaltete Provinz, nach N. D. Occ. c. 21, ist ein Teil der von einem v. spectabilis vicarius verwalteten, zur praefectura Galliarum gehörigen dioec. Septem Provinciae; cf. N. D. Occ. 3). Es lag am Ufer des Rhodanus an den Straßen, die von Arelate nach Lugudunum und von Mediolanum über die Alpes Cottiae nach Vienna und Arelate führten. Nach Hirschf. ad C. I. L. 12 p. 207 sq.: „territorium Valentiae inter Isaram, Rhodanum, Drunam

96   Sprachlicher und historischer Kommentar

fluvios situm, cum Viennensibus et Vocontiis conterminum sit, satis artis finibus circumscriptum fuisse, videtur." Cf. et. Ptolem. 2. 10. 7 (der V. colonia nennt); Plin. N. H. 3. 4 (36) Detl. p. 136: In mediterraneo coloniae Arelate ... in agro Cavarum Valentia; Tab. Peut. III, 1; Ravenn. 239. 11; Wesseling p. 358, 554; Itin. Hieresol. Geyer p. 5. 11; N. D., Böcking p. 555, 1142; Not. Gall. (Mommsen p. 601) XI, 6: civitas Valentinorum; Ambros. epist. 27: Valentia Gallorum; Greg. Tur. Franc. 4. 45. Bischofssitz (Pieper, Tab. 13).

p. 28. 3.   **10. 1. Gundomadus.** Cf. 16. 12. 17 und 31. 3. 4. Bruder des Vadomarius. Er wird 357 umgebracht: Gundomado, qui potior erat fideique firmioris, per insidias interempto omnis ejus populus cum nostris hostibus conspiravit etc. (16. 12. 17). Cf. Schönfeld p. 117.

p. 28. 3.   **10. 1. Vadomarius.** Cf. 16. 12. 17; 18. 2. 16 (17, 18); 21. 3. 1 (4, 5); 21. 4. 2 (3, 5); 26. 8. 2; 27. 10. 3; 29. 1. 2; 29. 4. 2; 30. 7. 7. Cf. et. Aur. Victor Ep. 42; Zos. III, 4. 2 (3); Eunap. 13 (in Exc. de legat. p. 17 P = Edit. de Boor I, 2 p. 593, 20); Schönfeld, op. cit. p. 249 sq.; Förstemann, Bnd. I (Personennamen) p. 1492 sq. Gr.: Βαδομάριος, Ebenso wie sein Bruder Gundomadus, König der Alemannen (cf. ad h. l.). Nach dem, ihnen von Constantius gewährten Frieden und dem Tode des Gundomadus (16. 12. 17) confestim Vadomarii plebs . . . . agminibus bella cientium barbarorum sese conjunxit (357). 359 kommt er in Gesellschaft der alem. Könige (und Brüder) Macrianus und Hariobaudes mit einem Empfehlungsschreiben des Constantius in das Lager in Capellatium (Palas): suam locaturus securitatem in tuto et legationis nomine precator venerat pro Urio et Ursicino et Vestralpo regibus pacem itidem obsecrans (18. 2. 18), ohne daß er hiermit viel Erfolg gehabt hätte. 360 bricht er, von Constantius angehetzt, in Gallien ein und zieht gegen Julianus, wird aber gefangengenommen und nach Spanien verbannt (21. 3. 1—21. 4. 7). Im Jahre 365 zieht er — ex duce et rege Alamannorum — gegen den tribunus Rumitalca, einen Prokopier, der Nicaea erobert hatte, zu Felde (26. 8. 2). 361 zieht er mit dem comes Trajanus gegen den Perserkönig Sapor. Es stellt sich heraus daß er nach seiner Verbannung nach Spanien dux Phoenices gewesen ist; cf. 21. 3. 5, wo sich auch eine Charakteristik findet: ad perstringendum fallendumque miris modis ab aetatis primitiis callens. Sein Sohn ist Vithicabius (27. 10. 3 und 30. 7. 7.).

p. 28. 3.   **10. 1. Alamannorum.** Cf. Ihm in R. E. 1 p. 1277 sq.: „Der Name begegnet seit dem Anfang des 3. Jahrhdts. n. Chr. und umfaßt eine Vereinigung von deutschen Stämmen und Stammessplittern, welche die Besitzungen der Römer am oberen Rhein und an der oberen Donau beständig angriffen und schließlich die Römer daraus vertrieben. Nach der gewöhnlichen Auffassung bedeutet der Name eine aus verschiedenen Teilen zusammengesetzte Völkervereinigung (communio), die an der Vereinigung teilnehmenden Völker heißen Alamanni"; Agathias I, 6 p. 17 c: οἱ δὲ Ἀλαμαννοί, εἴ γε χρὴ Ἀσινίῳ Κουαδράτῳ ἕπεσθαι ἀνδρὶ Ἰταλιώτῃ καὶ τὰ Γερμανικὰ ἐς τὸ ἀκριβὲς ἀναγεγραμμένῳ ξυνήλυδές εἰσιν ἄνθρωποι καὶ μιγάδες καὶ τοῦτο δύναται αὐτοῖς ἡ ἐπωνυμία. Sie werden von Amm. und andern Schriftstellern abwechselnd Germani oder Alamanni genannt. Als Stämme kommen vor: Lentienses (Bodensee, Linzgau; 31. 10. 1), Bucinobantes, zu Zeiten des Gratianus contra Mogontiacum ansässig (29. 4. 7) und die Juthungi, die 358 in Raetia einbrachen und von Barbatio geschlagen wurden (17. 6. 1). Auch die Brisigavi (Breisgau, N. D. Occ. V, 52, 53) sind Alamannen. Für Stellen bei Amm. cf. Edit. Gardthausen, Index p. 308; Cf. et. Thes. I p. 1477 sq.; Schönfeld p. 6 sq. (zahlreiche Stellen, auch über die Orthographie). Für die Kriege zwischen Alem. und Römern nach ungefähr 300 cf. Schiller II, 125, 135 (und passim); Stein, Spätr. Gesch. 1 p. 197, 280 (und passim), mit der dort angeführten Lit. Über die Völker- und Ortsnamen usw. bei den Germanen (im Vergleich zu Tac. Germania) cf. Schleusner, op. cit.

10. 2. **Aquitania.** Ursprünglich war Aquitania (cf. Caes., B. G. 1. 1) das Gebiet zwischen dem Ozean, der Garonne und den Pyrenäen. Unter Augustus kommen 14 Stämme zwischen Garonne und Liger dazu (Strabo 4. 1. 1 (177)). All diese zusammen bilden dann Aquit. im weiteren Sinne (Cf. et. Strabo 4. 2. 1 (189) und 4. 1. 1 (176)). Die Bevölkerung Aquitaniens im engeren Sinne war fast ganz iberisch, die übrigen, die neu hinzugekommen waren, keltisch. Dies Aquit. hieß später Novem populi, obwohl es von mehr als 9 Stämmen bewohnt wurde, wenigstens in der späteren Kaiserzeit. Aquit. im weiteren Sinne umfaßte im 4. Jahrh. eine südliche Provinz (das schon genannte Novempop. oder Novempopulana) und zwei nördliche: Aquit. prima und Aquit. secunda. So liest man es im Laterculum Veronense, N. D., Seeck p. 250 (um 300), wo es zur „diocensis Biennensis" gerechnet wird; im Brev. von Rufus Festus c. 6 (um 370); im Laterculum Polem. Silv., N. D., Seeck p. 255 (um 385); N. D., Occ. Seeck p. 111; Not. Gall. 12. 13. 14 Mommsen p. 580. Die 3 Provinzen werden von praesides verwaltet, nach N. D. Occ. 21., alle 3 sub dispositione v. spect. vicarii VII provinciarum (cf.

98　　　　Sprachlicher und historischer Kommentar

ad 10. 1. Valentiam). Cf. Strabo 4. 2; Ptolem. 2. 7; Plin. N. H. 3. 37; 4. 108; 9. 68 und passim (Detl. p. 102, 136, 190); Tab. Peut. II, 1—5; Ravenn. p. 9. 3—5: Undecima ut hora diei Vasconum est patria quae antiquitus Aquitania dicebatur; p. 296. 6—7 und 14—15; p. 298. 13—14: Ligeris, qui dividit inter Gallias et ipsam Aquitaniam; p. 442. 13; p. 418. 4: Equitania; Guid. Geogr. p. 555. 4: Oceanus Aquitanicus; Anon. de s. orb. Manit. p. 8, 36; 48; 49. Die Not. Gall. (Mommsen) p. 603 sq. nennt in Aquit. prima: metropolis civitas Biturigum, civitas Arvernorum; c. Rutenorum, c. Albigensium, c. Cadurcorum, c. Lemovicum, c. Gabalum, c. Vellavorum; in Aquit. secunda: metropolis civitas Burdigalensium, c. Aginnensium, c. Ecolisnensium, c. Santonum, c. Pictavorum, c. Petrocoriorum; in der Provinz Novemp.: metropolis civitas Elusatium, c. Ausciorum, c. Aquensium, c. Lactoratium, c. Convenarum, c. Consorannorum, c. Boatium, c. Benarnensium, c. Aturensium, c. Vasatica, c. Turba, c. Elloronensium. Amm. scheint bloß eine Provinz Aquit. zu kennen; cf. 15. 11. 13: in Aquitania . . . prima provincia est Aquitanica, amplitudine civitatum admodum culta: omissis aliis multis, Burdigala et Arverni excellunt, et Santones et Pictavi (die Not. Gall. nennen diese Städte in Aquit. I und Aquit. II). Novem populos Ausci commendant et Vasatae. (Für die Ungenauigkeiten im geographischen Exkurs über Gallia cf. Edit. Wagner II p. 162 sq. c. annot. Valesii und ad 15. 11. 13). Über die Fruchtbarkeit Aquitaniens cf. Strabo 4. 2. 1 (190). Und ferner (für Allgemeines) Ihm in R. E. 2 p. 335 sq.; Thes. II p. 379; Rugg., Diz. Epigr. 3 p. 377 sq. s. v. Gallia.

p. 28. 7—8.　　10. 2. Herculanus . . Hermogenis ex magistro equitum filius. Im Jahre 338 wurde Constantius von seinen beiden Brüdern genötigt, Athanasius und die mit ihm befreundeten Bischöfe nach ihren Kirchen zurückkehren zu lassen. Dies führte alsbald zu erneuten Streitigkeiten zwischen Arianern und Orthodoxen; der Kaiser griff ein und ließ u. a. Paulus, den Bischof von Konstantinopel, gefesselt nach Singara überführen (in Mesopotamia) und ernannte an dessen Stelle den Arianer Eusebius von Nicomedia (cf. Stein, spätr. Gesch. 1 p. 207 sq. mit Lit.). 341 wurde bei der Einweihung einer Kirche in Antiochia ein Konzil abgehalten (das sog. concil. in encaeniis), wo Eusebius von Nicomedia u. a. einige antiathanasianische Formeln annehmen ließ. Constantius war dabei zugegen. Nun tritt Constans, der nach der Niederlage und dem Tode des Constantinus II. (340) den ganzen Westen beherrschte, für Athanasius ein. Constantius muß, trotzdem er Arianer ist, weichen. Dies hat u. a. die Rückkehr des Paulus zur Folge. Die Arianer wählen einen neuen Bischof Macedonius und der Kaiser verbannt Paulus abermals, um Unruhen vorzubeugen. Hermogenes, der die Beschlüsse des Constantius durchführen mußte, wurde vom Pöpel ermordet und der Proconsul Alexander von Constantinopel wurde verwundet und aus der Stadt vertrieben (342). Cf. et. Sievers, Lib. p. 52 (mit Anm. 7); Seeck, B. L. Z. G. p. 173 (mit Lit.), wo sich auch die bei Amm. vorkommenden Homonyme finden; H. Michael, Die verlorenen Bücher des A. M. p. 14; Seeck, Regesten p. 190. Sein Sohn Herculianus (so Lib., ebenso wie E.) wird im ep. 740 Lib. an Gajanus, consularis Phoenices (362) und in einem Brief an den Grammatiker Nicocles erwähnt (Lib. ep. 1137, a⁰ 363/365). Hieraus geht hervor, daß er ein Haus in Tyrus besitzt und Schüler des Lib. gewesen ist. Die weiteren Verhältnisse sind nicht recht klar. Cf. Seeck, B. L. Z. G. p. 160, 221 (für mag. eq. cf. ad 14. 9. 1).

10. 2. turbela. Cf. Plaut. Bacch. 4. 9. 134; Pseud. 1. 1. 108; Lodge 2 p. 811. Plaut. u. Apul. Met. 3. 29 haben nur den Plural; der Sing. noch bei Gaud. Brix. serm. 19. Für die Subst. auf -ela u. -ena cf. et. Liesenberg (1888) p. 24. Bedeutung: Getümmel, Auflauf. Die Schreibung: turbella kommt ebenfalls vor.

10. 2. amendabat. Die Konjektur Bentley's scheint mir überflüssig. Emendabat ist imp. de conatu = ± tegebat. Ita angorem animi, i. e. animum suum emendabat ut timor hominibus occultus esset. Das Imperf. de conatu trifft man oft bei Amm. (wie überh. bei späteren Historikern; cf. Hofm.-Leum. p. 559). Cf. Ehrism. p. 27 (mit Beisp.).

10. 3. Cabyllona. Die übliche Form ist Cavillonum oder Cabillonum. Heute Chalon-sur-Saône, am Arar, im Gebiet der Haedui. Nach Amm. 15. 11. 11: „Lugdunensem primam Lugdunus ornat et Cabyllona et Senones" usw., liegt die Stadt also in der Provinz Lugdunensis prima (zur dioecesis Septem Provinciae gehörig, die ihrerseits wieder ein Teil der praefectura Galliarum ist). Bei Amm. sonst noch erwähnt 14. 10. 5 und 27. 1. 2: apud Cabillona. Cf. et. Strabo 4. 3. 2: Καβυλλῖνον; Ptolem. 2. 8. 12; Caes., B. G. 7. 42. 5 und 7. 90. 7 (Cavillonum oder Cabillonum; cf. Meusel, Lex. Caes. p. 485); Tab. Peut. 2. 5: Cabillione; N. D. Occ. 42. 20—21, wo erwähnt wird „in provincia Ludugnensi prima" ein „praefectus classis Araricae, Caballoduno", wozu Seeck in seiner Edit. p. 216 annotiert: „vide, ne ex duobus vocabulis Cabillono-Lugduno conflatum sit" (cf. jedoch C. I. L. 13 p. 404); Ravenn. p. 241. 11: Item ad aliam partem in ipsa Burgundia sunt civitates, id est Gabilona, Augunon, Ugenon; Panegyr. 7. 18 (Baehrens p. 174); Wesseling p. 343, 360;

100 Sprachlicher und historischer Kommentar

Sidon. Apoll. Epist. 4. 25. 1: pontifex Patiens Cabillonum profectus (Mohr p. 103); Thes. Onom. C p. 284; Pieper, Tab. 13. Nach C. I. L. 13, inscr. 2608—2609 war C. während der ersten Jahrhunderte der Kaiserzeit ein Pagus. Eine Stelle in der Passio Marcelli von Hirschfeld ibid. angeführt, nennt C. civitas. Ebenso Greg. Tur. Franc. 5. 27: apud Cavelonnum civitatem synodus acta est (und vergl. Amm. 15. 11. 11 oben). Not. Galliarum (Mommsen p. 584) erwähnt ein castrum Cabillonense. C. war Bischofssitz. Cf. et N. D., Böcking 1 p. 1022 sq.; Holder, Altc. Sprachsch. 1 p. 662; Ihm in R. E. 3 p. 1163; Hirschfeld, C. I. L. 13 p. 404, 408.

p. 28. 12. **10. 3. morarum impatiens.** c. genit. Cf. 21. 10. 2; 22. 12. 2; 27. 10. 10; 31. 10. 7. Seit Verg. u. Liv., nicht rein-klass. Cf. Hagend. St. Amm. p. 57; Haustein p. 55 u. ad 14. 5. 6 (sagax) u. 14. 6. 15 (infaustus).

p. 28. 13. **10. 3. miles . . hoc inritatior, quod nec subsidia vivendi suppeterent.** nec = ne quidem. Cf. 27. 2. 6: ad tristes exitus eo usque negotium venerat, ut nec acta nuntiaturus, quisquam posset superesse nostrorum. Bei Cicero mehrfach überliefert (Madvig beseitigt es überall; cf. Madv. Komm. ad Cic. de fin. p. 822 sq.), sonst sehr selten in der klass. Prosa u. Dichtung. Der Gebrauch ist bes. nachklass. (Liv.) u. allgemein im Spätlat. Cf. Hofm.-Leum. p. 641; Draeger, hist. S. § 318. 8; Hassenst. p. 35 (u. vergl. das gr. καί u. οὐδέ).

p. 28. 13. **10. 3. inritatior.** Cf. 17. 10. 7; u. 22. 15. 19 (inritatius); Gellius N. Att. praef. § 20; 10. 19. 2; 15. 9. 7. Wahrschr. von Amm. dem Gellius entnommen. Über diesen Einfluß cf. Herz, Aul. Gell. op. cit. u. besonders p. 279 sq. (Wortgebrauch).

p. 28. 13—14. **10. 3. ex usu** = secundum usum = wie gewöhnlich, gewohnheitsmäßig. Sonst bedeutet ex usu (= ex re): im Interesse. Amm. kennt nur die erstgenannte Bedeutung. Cf. 16. 8. 9; 16. 12. 68; 17. 9. 7; 17. 12. 2; 17. 13. 33; 18. 3. 4; 19. 13. 1; 21. 16. 21; 22. 13. 3; 23. 3. 6; 24. 4. 23.
Für ex = secundum (bes. in der Wendung ex more, zuerst bei Ter. Haut. 203; cf. 15. 1. 2. usw.) cf. Fesser p. 6; Kühner-Stegm. 1. p. 505; Hofm.-Leum. p. 529; Lodge 1. p. 555.

p. 28. 14. **10. 4. Rufinus . . praefectus praetorio.** „Vulcacius Rufinus. Bruder des Neratius Cerealis, der im J. 358 Consul war, der Galla, die, mit Julius Constantius, dem Bruder Constantins des Großen, verheiratet, ihm den späteren Caesar Gallus gebar; und einer anderen Schwester, deren Sohn Petronius Maximus (II.) war. Wahrscheinlich war er Stadtrömer, da er ein Haus auf dem Quirinal besaß. Pontifex major, also Heide. Consularis Numidiae. Wohl in diesem Amte von der Stadt Thamugade zum Patron ernannt. Comes ordinis primi intra consistorium. Comes per Orientem, Aegyptum et Mesopotamiam. In diesem Amt erwähnt am 5. April 342. Als er im J. 347 das Consulat bekleidete, dürfte er wohl schon Praef. praet. gewesen sein; als solcher erwähnt am 28. Dezemb. 349. Wir finden ihn tätig in Pannonien und in Italien, da ihm die Stadt Ravenna ein Denkmal setzt. Auch nach der Ermordung des Constans blieb er im Amte und wurde von Magnentius und Vetranio zu einer Friedensgesandtschaft an Constantius benutzt. Dieser machte die Mitglieder derselben zu Gefangenen, aber nicht den Rufinus. Ihn ließ er sogar in seinem hohen Amte oder erneuerte es ihm bald nachher. Denn er erscheint darin schon wieder am 26. Febr. 352; am 22. Mai 354; am 8. März 356, tätig zuerst in Italien, dann seit 354 in Gallien. Obgleich er in seinen Ämtern keine Gelegenheit sich zu bereichern, hatte vorübergehen lassen, erwies sich doch auch Kaiser Julian ihm freundlich, indem er seinen Neffen Maximus (II.) zum Praef. urbis Romae beförderte. Unter Valentinian (364—375) und Valens (364—378) wurde er dann in hohem Greisenalter noch einmal dazu berufen an Stelle des angeklagten Mamertinus die Praefectur von Italien zu übernehmen und starb im Amte. Den Antritt desselben setzt Amm. in das Jahr 367, doch ist dies erweislich falsch . . . Mit Sicherheit läßt sich Mamertinus als Praefect nur bis zum 26. April 365 nachweisen, wozu es vortrefflich paßt, daß die Gesetze an Rufinus mit dem 21. Juni desselben Jahres beginnen . . . Probus, der Nachfolger des Rufinus erscheint dann zuerst am 12. März 368. Folglich muß Rufinus im Winter 368 gestorben sein." (Seeck, B. L. Z. G. p. 252 sq., mit Lit.). Er darf nicht mit, auch bei Amm. und Libanius erwähnten Homonymen verwechselt werden. (Cf. Seeck, ibid.).

10. 5. exitiosa coeptantem. Cf. 14. 10. 5; 15. 5. 4; 25. 9. 8; 26. 6. 3; 27. 4. 1; 28. 6. 26 (meist in Verbindung mit substantivierten Neutra). Cf. et. Fesser p. 34: „Bei coeptare ist sowohl die Form als auch die transitive Rektion als archaisch zu betrachten"; Thes. 3. p. 1432.

10. 5. Eusebius. Praepositus sacri cubiculi des Constantius, aus dem Sklavenstand gebürtig. Er übte auf den Kaiser einen verderblichen Einfluß aus. 354 wurde er nach Cabillonum gesandt, um durch Geldspenden einen Soldatenaufruhr zu dämpfen. Noch im selben Jahre leitete er auf der dalmatischen Insel Flanona das Strafverfahren gegen Gallus

(Caesar) ein und befahl seine Hinrichtung. 355 bestraft er in Aquileia die Anhänger des Gallus in unbarmherziger Weise. Es gelang ihm während langer Zeit, eine Begegnung von Constantius und Julianus Caesar zu hintertreiben. Als Arianer beeinflusste er den Kaiser in dieser Richtung. Nachdem er zuvor schon eine Ernennung des Eudoxius zum Bischof von Antiochia zustande gebracht hatte, wurde er 355 nach dem Bischof Liberius in Rom entsandt, um diesen mit Geschenken und Drohungen zu veranlassen, den Athanasius zu verurteilen. Liberius ließ sich aber nicht darauf ein; die von Eusebius in der Peterskirche niedergelegten Geschenke wurden, auf Befehl des Liberius, entfernt. Im J. 359 leistet er auf den Synoden von Ariminum und Seleucia den Arianern Vorschub. Um dieselbe Zeit bemüht er sich, den magister militum Ursicinus zu stürzen; dieser hatte ihm nämlich sein Haus in Antiochia nicht abtreten wollen. Er wurde beschuldigt, nach dem Tode des Constantius (361) heimlich danach gestrebt zu haben, einen Gegenkaiser gegen Julianus wählen zu lassen. Im selben Jahre noch wurde er auf Grund eines Urteils, welches das Gericht in Chalcedon gefällt hatte, hingerichtet. Cf. Seeck, B. L. Z. G. p. 139 sq. (mit Lit.); E. Caspar, Geschichte des Papsttums (1930) I p. 175 sq. Nicht mit verschiedenen, ebenfalls bei Amm. erwähnten Homonymen zu verwechseln (cf. Seeck ibid.).

p. 29. 2.   **10. 6. Rauracum.** Raurici (Rauraci, Rauriaci) einer der kleineren, keltischen Stämme, in der Krümmung des Rheins bei Basel ansässig, Nachbarn der Helvetier und Sequani. 43 (44) gründete L. Munatius Plancus, Proconsul von Gallia, nach einem Sieg über die Raeti, Lugudunum und Raurica als colonia, wahrscheinlich um den Raeti den Weg nach Gallia zu versperren. Die colonia R. lag nicht unmittelbar an der Biegung des Rheins ,,sondern 12 KM weiter ostsüdöstlich bei Basel-Augst auf einem Plateau zwischen dem Tal des Ergolzflüßchens und des Violenbachs." Man muß jedoch anfangs zwischen der colonia R. und der civitas Rauricorum unterscheiden. Nach Burckhardt-Biedermann, Die Kol. Aug. Raurica, ihre Verfassung und ihr Territorium, 1910 p. 15 sq. (von Haug in R. E. I^A p. 289 sq. zitiert) ist die civ. R. ein ,,außerhalb des Kolonieterritoriums liegender peregrinischer Bezirk". Die Hauptstadt der Rauraci (d. h. der civit. R.) war der keltische Ort Basel, mit römischem Einschlag. Vom 1. bis 3. Jahrh. wird es von der colonia in den Schatten gestellt. Bei Amm. liest man, 30. 3. 1: munimentum aedificanti prope Basiliam, quod appellant accolae Robur; und Not. Gall. c. 9 (Mommsen p. 597) wird die civitas (= Stadt) Basiliensium genannt. Anfang des 5. Jahrh. gerät die Stadt endgültig in alemannischen

Besitz und es beginnt für sie eine neue Blütezeit (während die col. Aug. Raur. eine Ruine blieb). Die col. war sehr blühend und groß. ,,Seit im J. 74 n. Chr. die Grenze des R. Reiches bis zu der Linie Straßburg-Rottweil-Tuttlingen hinausverlegt war, verlor die Kol. völlig ihre militärische Bedeutung" (Haug, ibid.). Im 3. Jahrh. setzt wahrscheinlich eine Verschmelzung der civitas- und colonia-Bewohner ein. Unter Dioclet. und seinen Nachfolgern wird der Rhein wieder die Grenze. Die Rauraci, die ursprünglich in Germania superior gewohnt hatten (Haug sagt Gallia Belgica, was mir unwahrscheinlich vorkommt) werden mit den Sequani zu einer Provinz Maxima Sequanorum (anfangs Sequania) mit der Hauptstadt Vesontio, vereinigt. Nach N. D. Occ. 3 gehört diese Provinz zur dioec. Septem Provinciae (sub dispositione v. ill. praef. praet. Galliarum). Das südwestliche Rheinufer wird nun mit einer neuen Reihe von Kastellen verstärkt. ,,Zu diesen gehörte aber nicht die alte colonia Augusta Rauricorum, welche ihre Bedeutung ganz verloren zu haben scheint, sondern ein neues Kastell, etwa 600 m nördlich davon, unmittelbar am Rhein, bei Kaiser-Augst, das Castrum Rauracense" (Haug, ibid.). Nach Haug soll Amm. an dieser Stelle dieses cast. R. meinen. Es lagen dort jedoch noch einige Kastelle in der Nähe u. a. Robur (siehe oben) und Argentaria (Amm. 31. 10. 8; Ptolem. 2. 9. 9; Not. Gall. c. 9 (Mommsen p. 598): castrum Argentariense) bei Horburg. Da jedoch Amm. die beiden letzteren Kastelle einzeln nennt, kommt es mir annehmlicher vor, daß er unter Rauracum die colonia verstanden hat (und nicht Basilia, das ja bei ihm diesen Namen führt), da sonst die Verwirrung bei seinen Lesern nicht ausbleiben würde. Cf. et. Caes., B. G. 1. 5. 4; 6. 25. 2; 7. 75. 3; Ptolem. 2. 9. 9; Plin. N. H. 4. 79; 4. 106; Tab. Peut. III, 4/5; (nicht in Ravenn. oder Guid. geogr.); Wesseling p. 251, 353; N. D., Böcking 2 p. 816, 962 und (Basel) p. 490, 962; Pieper Tab. 13 (Bas. und Aug. Raur. beide Bischofssitze); Zangemeister ad C. I. L. XIII, 2 p. 57 sq. (Argentovaria). Bei Amm. ferner 15. 11. 11; 21. 8. 1.

10. 6. **Rheni.** Cf. 15. 4. 2—5; 16. 1. 5. Seit ungefähr 260 war der Rhein wieder die alleinige Reichsgrenze. Das Gebiet rechts vom Strom war verloren gegangen. Bloß vereinzelte Stücke (Wiesbaden, Ladenburg) blieben bis ins 4. Jahrh. hinein römischer Besitz. Um 280 bildet der Rhein die Grenze der Provinzen Germania inferior und superior (kaiserl. Prov.) mit nachfolgenden Legionen: l. XXX Ulpia (Vetera), l. I Minervia (Bonna), l. XXII Primigenia (Mogontiacum), l. VIII Augusta (Argentoratum). Nördlich des Moenus bewohnen die Franci

das rechte Ufer, südlich die Alamanni. Um 310 bildet der Rhein die Grenze der Provinzen Germania II (der nördlichsten), Germania I und Sequania, alle zur dioec. Galliarum gehörig. So ist die Lage auch um das Jahr 390; nur heißt dann die Provinz Sequania: Maxima Sequanorum (nach N. D. Occ. 3 gehören alle Provinzen zur dioec. Septem Provinciarum; cf. ad 14. 10. 6. Rauracum). Die vom älteren Drusus gebaute Rheinflotte beherrschte den Rhein noch im 4. Jahrh, nach Eumen. Paneg. Constantino VI, 13. 1 und Incerti Paneg. Constantino IX, 3. 2 und IX, 22. 6. Um 370 ist Speyer die Flottenbasis (Symm. laud. in Valentinianum II § 28: regio Nemetensis). In der H. Aug. wird in der vita des Bonosus c. XV erzählt, daß diese: cum quodam tempore in Rheno Romanas lusorias Germani incendissent, timore ne poenas daret sumpsit imperium (280). Diese lusoriae werden auch Amm. 17. 2. 3 erwähnt, wo sie im Winter 357/358 auf der Maas operieren und 18. 2. 12, wo rund 40 Stück zum Überqueren benutzt werden, obwohl es mehrere gab (quae tunc aderant solae). In den N. D. wird diese Rheinflotte nicht mehr erwähnt. Cf. Haug in R. E. I^A p. 733 sq. (mit Lit.); Grosse, Mil. p. 72 sq.; E. Babelon, Le Rhin dans l'histoire (1916; sehr tendenziös); für den Kult des Rheingottes: Roscher 4 p. 98 sq., mit Lit. (Ihm und Höfer); Pieper, Tab. 13; Schleusner, op. cit. p. 24.

10. 8. **Latinum domesticorum comitem.** Cf. Zos. 2. 48. 5: τῶν δὲ ταξιάρχων καὶ λοχαγῶν βασιλέως δειπνοποιοῦντος εὐωχουμένων, μόνοι Λατῖνος καὶ Θαλάσσιος, τὰ πρῶτα παρὰ βασιλεῖ φέροντες τῆς θοίνης οὐ μετεῖχον . . . . Er war ein Alemanne. Nach Holder, Altcelt. Sprachsch. 2 p. 153 ist der Name Latinus (f. Latina) teils lateinisch, teils keltisch. Cf. et. R. E. Hbnd. 23 p. 938 (Seeck und Keune); E. v. Nischer, op. cit. Hermes 63. 1928. p. 449. (Und bei Holder, ibid. für Latinius und p. 152 Latinnus). Für comes cf. ad 14. 5. 1 und 14. 11. 19; für domestici ad 14. 11. 19.

10. 8. **Agilonem tribunum stabuli.** Nachfolger des Ursicinus als mag. peditum (für das ganze Reich) im Jahre 359. Er gehörte zum Volk der Alemannen. Bevor er „immodico saltu promotus" mag. peditum wurde, war er (359) tribunus gentilium scutariorum (20. 2. 5). 361 sollte er die Grenzen gegen die Perser verteidigen, wurde aber zurückgerufen, um den Kaiser Constantius auf seinem Feldzug gegen Julianus zu begleiten (21. 13. 8). Nach dem Tode des Const. benutzt Julianus ihn, um die aufrührerische Besatzung von Aquileja zur Übergabe zu bringen (ut viso honoratissimo viro compertaque per eum morte Constantii solveretur obsidium, 21. 12. 16). Er war Mitglied der Untersuchungs-

kommission im Prozeß von Chalcedon (361, gegen die Günstlinge des Const.). Bald darauf geht er „auf Urlaub", wird jedoch von Procopius (Usurpator im J. 365) zum mag. militum ernannt (26. 7. 4), und entscheidet den Kampf zu Gunsten des Valens, indem er überläuft (26. 9. 7, Schlacht bei Nacolia, 366). Er war mit der Tochter des Araxius, des praef. praet. von Procopius vermählt (26. 7. 6). Cf. Amm. 20. 2. 5; 21. 12. 16; 21. 12. 18 etc.; 22. 3. 1; 26. 7. 4; 26. 9. 7; 26. 10. 7; Thes. I p. 1326; R. E. I p. 809 (Seeck); Seeck, B. L. Z. G. p. 82 sq. (für Araxius); E. v. Nischer, op. cit. Hermes 63. 1928. p. 431 sq.; Schönfeld p. 4.

Der **tribunus stabuli,** „Oberststallmeister", ist sub dispositione mag. officiorum (Chef der Hofämter, Minister des Äußeren, der Grenzfestungen, der Staatsposten, des Innern und Hofrichter) während ihm stratores (nicht zu verwechseln mit den Statores unter dem Prinzipate) unterstehen: Stallmeister im Range eines Unteroffiziers, verwendet als Remonteninspektor, der die von den Provinzialen zu stellenden Pferde zu prüfen hatte. Cf. Willems p. 579; Cod. Theod. 6. 31 (mit der Annot. von Gothofr.); Amm. 30. 5. 19; Symm. Relat. 10. 38. 4; Boak-Dunlap, op. cit. p. 39, 65. Cf. et. ad 14. 5. 8 (tribunus).

10. 8. Scudilo. Ein Alemanne. Wenn er, nach einer Mutmaßung des Valesius derselbe ist wie Skolidoas (cf. Schönfeld p. 201), der bei Zos. 2. 50. 2, 3 erwähnt wird, so war er schon 351 tribunus und zeichnete sich im Kampf mit Magnentius aus. Sein weiterer Lebenslauf findet sich: 14. 11. 11 und 14. 11. 24. Cf. et. Holder, Altcelt. Sprachschatz p. 1419 und R. E. 2 (2. Reihe) p. 909.

10. 8. Scutariorum. Cf. ad 14. 7. 9. Die scutarii sind in scholae eingeteilt. Ihr Befehlshaber heißt hier rector, aber 14. 11. 11: tribunus (cf. ad 14. 5. 8). Für scutum und die Bewaffnung überhaupt in der späteren Kaiserzeit cf. Krom.-Veith p. 587 sq.: „Auch das scutum (der alte Schild der legiones, ein großer, schwerer Schild) verschwindet und an seine Stelle tritt vornehmlich der ovale Schild, wie er bereits früher zum Teile üblich war." (cf. p. 523 ibid. und Couissin, Les armes Rom. p. 496). Dieser ovale Schild heißt cetra (cf. Couissin ibid. p. 498 sq.). Müller, Militaria p. 604 sq. weist auf die Ungenauigkeit des ammianischen Sprachgebrauches hin (so werden 29. 5. 38 und 29. 5. 39 dieselben Schilde scuta und parmae genannt); nach ihm: „ist die Unsicherheit Amm. wohl auch daraus zu erklären, daß damals wahrscheinlich jeder Schild ohne Rücksicht auf seine Form scutum genannt wurde" (ibid. p. 605). Obwohl es ebenfalls auf seiner Sucht nach Abwechslung und auf dem Ausweichen vor technischen Ausdrücken beruhen mag. Cf. et. Fiebiger, in R. E. 2[2] p. 909.

p. 29. 14.   **10. 8. rectorem.** Dieses Wort hat eine sehr vielumfassende Bedeutung und wird zur Bezeichnung unterschiedlicher Ämter, sowohl bürgerlicher wie militärischer, namentlich bei Amm. verwendet. Cf. 22. 14. 6: rector Aegypti (sonst praefectus Augustalis genannt, cf. ad 14. 5. 7): 15. 3. 7: rector secundae Pannoniae (16. 8. 3 consularis genannt); 18. 7. 3: rector provinciae; rector pedestris militiae (= magister peditum cf. ad 14. 9. 1): 15. 5. 2 und 18. 3. 1; rector armaturarum: 15. 4. 10; rector gentilium: 15. 5. 6 (cf. ad 14. 7. 9). Was den rector prov. betrifft, ist dies in der provinzialen Ordnung von Dioclet. und Constantin die allgemeine Bezeichnung aller Provinzialstatthalter, die den vicarii unterstehen (cf. ad 14. 5. 7). Cf. Chapot, Daremb.-Saglio 4 p. 721 sq.: „La hierarchie des gouverneurs (rect. prov.) est refondue (unter Dioclet. und Nachfolgern) et leurs titres professionels se combinent avec les épithètes de spectabiles, clarissimi, perfectissimi. La première n'appartient qu'aux proconsuls: ceux d'Asie et d'Afrique relèvent directement de l'Empereur; un troisième fut établi, probablement par Constantin en Achaïe, par égard pour les mérites artistiques du pays; plus tard Théodose honora de même les souvenirs réligieux de la Palestine. Parmi les clarissimi figurent les consulares, puis les correctores, qui ont des provinces moins étendues. Enfin les perfectissimi sont les praesides chargés des plus petits gouvernements. Il arriva qu'une province régie par un praeses devint consulaire, lorsque l'empereur voulait honorer personnellement le nouveau titulaire; un gouverneur recoit souvent la dignité de consularis sans avoir été consul", und R. E. (Eger) 1^2 p. 447. (Die Reihenfolge der Titulatur ist: (clarissimus et) illustris, (clarissimus et) spectabilis, clarissimus, perfectissimus). Cf. et. R. E. 4 p. 1646 sq. (v. Premerstein); Diz. Epigr. 2 p. 1242 sq.; Thes. 4 p. 1029; Willems, Dr. publ. p. 604, für corrector. Für praeses: Daremb.-Saglio 4 p. 627 sq.; Du Cange 5 p. 412. Für consularis: R. E. 4 p. 1138 sq. (Kübler); Diz. Epigr. 2 p. 864; Thes. 4 p. 570 sq. Für proconsul: Daremb.-Saglio 4 p. 661; Du Cange 5 p. 463 sq. (mit Lit.).

Anm. Für perfectissimus cf. Du Cange 5 p. 202; Daremb.-Saglio 4 p. 392 sq.; für clarissimus: Thes. 3 p. 1275; Diz. Epigr. 2 p. 267 sq.; für illustris: R. E. 9 p. 1070 sq. (Berger); für spectabilis: R. E. 3 (2. Reihe) p. 1552 sq. (Enßlin), mit Lit.

29. 15—16.   **10. 9. suscepto consilio.** Cf. 20. 1. 3; Cic. ad fam. 6. 22: consilii tui bene fortiterque suscepti. Cf. et. ad 14. 6. 8—9.

p. 29. 16.   **10. 9. prohibente.** Mit acc. c. inf. Für die Konstr. der verba prohibendi cf. ad 14. 11. 11.

10. 9. fidentius resistebant. Clausula III. Cf. Hassenst. p. 30: „Libentissime Amm. ad levandam orationis severitatem pro adj. et adverb. positivo utitur comparativo, qui eam ob rem tam creber est, ut fere sit molestus" (mit Beisp.) u. Hagend., St. Amm. p. 135: „Qua in re vim clausulae, cum comp. rhythmo egregie faveat, haud obscuram videmus. Nam ut alia omittam, ubi pos. et compar. aut conjunguntur aut in suo quisque membro positi sibi respondent, animadvertendum est cursum depravari positivo gradu in locum compar. substituto" (mit Beisp.), u. ad 14. 6. 12. Cf. et. 14. 5. 6: jussa licentius supergressus (claus. III); 14. 6. 24: haec cum ita tutius observentur (claus. III); 14. 8. 6: diutius rexit (claus. I); „sine rhythmi necessitate": 14. 11. 24: blandius palpantes perjuriis; 22. 5. 3: monebat civilius (ergibt dieselbe claus. als monebat civiliter: claus. II). Vergl. noch: Salonius p. 192.

10. 10. sententiarum via concinens. Cf. 17. 1. 12: omni consiliorum via firmatam; 26. 2. 11: consiliique ejus viam secuti; 29. 5. 45: per multas prudentesque sententiarum vias; 31. 16. 1: in varias consiliorum vias diducebantur; 28. 6. 3: quod provinciam omni fallaciarum via prodere conabatur u. Gell. N. Att. 6 (7): quin omnium sententiarum via servatum ire socios niteretur. Cf. et. ad 14. 6. 18.

10. 10. potestatum. Pro hominibus magistratus gerentibus. Cf. 16. 12. 14; 17. 13. 25; 26. 1. 3; 28. 6. 9; 31. 12. 5; Cic. de leg. 2. 12. 31. Cf. et. ad 14. 8. 13 u. 14. 6. 17; Du Cange 5. p. 378 sq. gibt nachfolgende Stelle (= Barthol. scribae annal. Genuens. ad ann. 1226): Duces, capitanei, valvassores, castellani, principes, barones et quamplures potestates sive rectores civitatum et locorum. Hieraus entwickelte sich das mittelalterl. ital. Wort podestà (= höchster städt. Magistrat). Auch neuital. (faschist. Beamter).

10. 11. nemo (quaeso) miretur. Cf. Fesser p. 39: „Ein bereits zu Plautus' Zeit formelhaft erstarrtes Wort, das in der Umgangsspr. des 1. nachchr. Jahrh. allmählich ausstirbt, um freilich noch bis auf Greg. v. Tours ein papiernes Scheindasein zu führen" u. Hofm. Umg. spr. p. 128 sq. Beisp.: 16. 12. 12; 17. 5. 14; 20. 4. 16; 20. 8. 11; 21. 5. 7; 21. 13. 10; 23. 5. 23; 27. 6. 7 (absolut). Mit abhängigem ne-Satz: 16. 12. 33: quaeso, inquit, ne hostes vertendos in fugam, sequentes avidius, futurae victoriae gloriam violetis, neu quis ante necessitatem ultimam cedat. Cf. et. ad 14. 7. 10.

10. 11—16. Oratio Constantii imperatoris. Cf. Schneider, op. cit. p. 44 sq.: „Jam vero facile apparet Amm. ea, quae apud Herodianum conjunctim leguntur, quasi dissuisse pannosque per varias operis sui partes data opera dissipasse; rursus autem scriptorem ἀποσπασμάτια Herodianea e diversis locis historiarum petita consulto una composuisse: id quod nos jure observasse unicuique fateri necesse est. Atque eadem ratio qua Marcellinus rem hic administravit, iis quoque, quae eum a Valerio Maximo arcessivisse in priore dissertationis parte commemoravimus, quod praeter mittendum non est, liquido commonstratur. Neque alia via Amm. Gellii N. Att. adisse M. Hertzius investigavit . . deinde cum non obscurum sit Marcellinum praecipue priores libros historiarum in suam rem convertisse, nescimus, an posteriores scriptor in iis operis sui partibus, quae perierunt, in primis respexerit. Hertzius autem demonstravit Amm. ad libros, qui exstant, colorandos silva rerum verborumque e priori Noct. Att. dimidio comparata usum esse, ex altera autem parte dimidia operis Gelliani homo doct. autumat illum in libris deperditis utilitates cepisse. Generatim autem atque universe Amm. Herodiano genere scribendi magnopere delectatus videtur esse." Nachf. Beisp. u. a. gibt Schneider ibid.

Herodian. 1. 7. 2. sq. . . ἐπόθουν γὰρ αὐτὸν ἀληθεῖ ψυχῆς διαθέσει ἅτε παρ' αὐτοῖς γεννηθέντα τε καὶ τραφέντα κ.τ.λ. (sc. Commodianum; vergl. auch die vorangehenden Worte).

14. 10. 12: pro suo enim loco et animo quisque vestrum reputans.
27. 6. 10: pro suo quisque loco et animo, milites alius alium anteire festinans; 15. 8. 21.

Her. 2. 8. 7: ἐπὶ τούτοις δὴ ὁ Νίγρος πάνυ τὴν ψυχὴν εὐφραίνετο, ὠχυρῶσθαί τε αὐτῷ τὰ τῆς ἀρχῆς ἡγεῖτο διά τε τὴν τῶν Ῥωμαίων γνώμην καὶ τὴν περὶ αὐτὸν σπουδὴν τῶν ἀνθρώπων. ὡσ γὰρ διιπταμένη ἡ φήμη πάντα ἐπῆλθεν ἔθνη ὅσα τὴν ἀντικειμένην ἤπειρον τῇ Εὐρώπῃ κατοικεῖ οὐδείς τε ἦν ὅσ οὐχ' ἑκὼν ἐσ τὸ ὑπακούειν αὐτῷ ἠπείγετο, πρεσβεῖαί τε ἀπ' ἐκείνων τῶν ἐθνῶν ἐς τὴν Ἀντίοχειαν ὡς πρὸς βασιλέα ὁμολογούμενον ἐστέλλοντο.

14. 10. 14: arduos vestrae gloriae gradus quos fama per plagarum quoque accolas extimarum diffundit, excellenter adcrescens, Alamannorum reges et populi formidantes per oratores quos videtis summissis cervicibus concessionem praeteritorum poscunt et pacem.
22. 7. 9: Haec eum curantem et talia, commendabat externis nationibus fama, ut fortitudine, sobrietate, militaris rei scientia, virtutumque omnium incrementis excelsum, paulatimque progrediens, ambitum oppleverat mundi.

Herod. 5. 1. 4: μέγαν βασιλέα πιστὸν φίλον ἀντ' ἐχθροῦ δυσμάχου ἐποιήσαμεν (cf. et. 4. 15. 8 u. 8. 3. 2). Brief des Macrin. a. d. Senat.

14. 10. 14: primo ut Martis ambigua declinentur, dein ut auxiliatores pro adversariis adsciscamus.

Herod. 2. 8. 3: διὸ παρῆλθον πευσόμενος ὑμῶν τίνα γνώμην ἔχοιτε καὶ τί πρακτέον ἡγοῖσθε, συμβούλοις τε ὑμῖν καὶ κοινωνοῖς χρησόμενος περὶ τῶν καθεστώτων (Niger spricht; cf. et. 5. 1. 8).

14. 10. 15: in summa tamquam arbitros vos quid suadetis opperior ut princeps tranquillus temperanter adhibere modum adlapsa felicitate decernens.

Herod. 2. 10. 8 (Severus spricht): εὖ ἴστε οὔτε ἐμοῦ ῥᾳθυμίαν ἢ ἀδρανίαν καταγνώσονται.

14. 10. 15: non enim inertiae sed modestiae humanitatique (mihi credite) hoc quod recte consultum est adsignabitur.

10. 11. mutato repente consilio. Cf. Tac. Agr. 26: mutato repente consilio u. Ed. Wölfflin, Stilistische Nachahmer des Tac. (op. cit.), mit einer Liste von Reminiszenzen aus Tac.

10. 12. licet membris vigentibus firmior. Mscr. u. Clark. m. E. richtig. (Petsch. firmius.). Cf. ad 14. 6. 12.

10. 12. imperator .. alienae custos salutis. Cf. 15. 5. 5: ut pervigilem salutis ejus custodem; Cic. pro Sestio 144: video T. Milonem .. custodem salutis meae; pro Plancio 1. 3: cujus misericordia salus mea custodita sit; ad Att. 4. 1. 1: nec etiam pro praeterita mea in te observantia nimium in custodia salutis meae diligentem. Cf. et. ad 14. 7. 12.

10. 12. Für diesen verderbten Passus cf. et. 29. 2. 18: O praeclara informatio doctrinarum, munere caelesti indulta felicibus, quae vel vitiosas naturas saepe excoluisti! quanta in illa caligine temporum correxisses, si Valenti scire per te licuisset nihil aliud esse imperium, ut sapientes definiunt, nisi curam salutis alienae, bonique esse moderatoris, restringere potestatem, resistere cupiditati omnium rerum et inplacibilibus iracundiis, nosseque, ut Caesar dictator ajebat, miserum esse instrumentum senectuti recordationem crudelitatis etc. Für Amm. Verhältnis zum Dominat cf. Enßlin, op. cit., Klio Beiheft XVI. 1923. p. 20 sq. Cf. et. Cic., De off. I, 25 (85) und Michael, De Amm. stud. Cic. p. 36. Sind Amm. vielleicht die Auffassungen des Julianus hierüber bekannt? Cf. Or. II (panegyricus auf Constantius) 50 B sq., 68 C sq. und passim; und die Caesares (wo Jul. deutlich seine Auffassung durchblicken läßt).

110   Sprachlicher und historischer Kommentar

p. 30. 6.   **10. 13. accipite aequis auribus.** Cf. 21. 13. 10: accipite quaeso aequis auribus et secundis; 26. 2. 7: proinde pacatis auribus accipite quaeso; 27. 6. 7: accipite igitur quaeso placidis mentibus. Cf. Ehrism. p. 72: „Imper. utitur A. in allocutionibus ita, ut saepe vis adhortativa praevaleat. Neque ulla intercedit differentia inter formas imper. praes. et fut. Immo variantur ac mutantur simplices imp. formae longioribus in — to cadentibus atque hae illis. Quibus imp. cum non raro intermisceantur conj. praes. adhort., efficitur hanc formarum varietatem ab A. dedita opera appetitam esse".

Cf. 20. 8. 11—12: Gestorum hic textus est, quem mente quaeso accipito placida. Nec . . . existimes, vel . . . admittas . . . sed . . . adverte . . . et suscipito . . . ignosce; 15. 8. 13: adesto . . . et . . . suscipe . . . et . . . consiste. Zu bemerken ist, daß vom Imp. Fut. nur die 2. Pers. Sing. vorkommt und die pass. Formen nur bei den Deponentia gebraucht werden. Cf. et. Hofm.-Leum. p. 576: „Im Spätlat., vielleicht schon in nachklass. Zeit, ist jeder Unterschied zwischen Imp. Praes. und Fut. geschwunden, wobei letzterer in ständigem Rückgang begriffen ist," u. Ljungvik, op. cit. p. 49 sq.

p. 30. 7.   **10. 13. veritatis enim absoluta semper ratio est et simplex.** Cf. 17. 5. 4: quia igitur veritatis ratio soluta esse debet et libera; 21. 16. 18: Christianam religionem absolutam et simplicem anili superstitione confundens; 22. 5. 2: planis absolutisque decretis . . restituere deorum statuit cultum; 28. 6. 1: textus aperiet absolutus; 30. 2. 4: responsum absolutum et uniusmodi perferentes. Absolutus = planus atque perspicuus. In dieser Bedeutung bes. spätlat. (auch im C. Jur.). Cf. Thes. 1. p. 178. Cf. et. Eur. Phoen. 469 sq.:

ἁπλοῦς ὁ μῦθος τῆς ἀληθείας ἔφυ
κοὐ ποικίλων δεῖ τἄνδιχ' ἑρμηνευμάτων·

u. ad 14. 1. 2.

p. 30. 10.   **10. 14. orator = legatus.** In dieser Bedeutung archaisch (cf. Festus p. 198 M.). Cf. et. Weißenborn ad Liv. 2. 32. 8; Fesser p. 53; Liesenberg (1888) p. 4 sq. (für die Subst. auf — tor). Amm. gebraucht auch legatus.

Anm. Bei Amm. findet sich auch orare in der altertüml. Bedeutung „reden". Cf. Hagend., St. Amm. p. 105 Anm. 1; Landgraf ad Cic. pr. S. Roscio 59; Norden, Aen. 160; Fesser p. 53.

p. 30. 11—12.   **10. 14. quam . . tribui debere censeo.** Mit acc. c. inf. (pass.). Cf. 14. 7. 5 (statuo); 14. 11. 19 (praestituo); 14. 6. 3 (convenio) u. ad 14. 5. 7.

10. 14. primo ut Martis ambigua declinentur. Amm. will von Zugeständnissen den Germanen gegenüber, nichts wissen. Daher diese für Const. wenig schmeichelhafte Ausdrucksweise. Über Ammians römischen Patriotismus und seinen „Antigermanismus", cf. Enßlin, op. cit., Klio Beiheft 16. 1923. (N. F. 3) p. 30 sq. und ad 14. 11. 18.

10. 14. reputantes, quod . . vincitur. Der Satz mit quod ist unmittelbares Objekt eines V. sentiendi (oder dicendi). Die Konstr. ist vulgär, nachklass. selten, bes. spätlat. Für den Modusgebrauch cf. Kallenberg p. 12 sq.: „Amm. ut Graecus homo particula eodem modo utitur, quo Graeci ὅτι. Nam apud Amm. indic. et conjunct. exstant.... Ut enim Graeci particulas ὅτι et ὡς praes. tempore aut fut. antecedente semper cum indic. conjungunt, tempore praeterito c. indic. et optat., quin etiam cum utroque modo, sic etiam ubicumque apud Amm. quod cum conj. conjunctum exstat, tempus praeteritum antecedit . ." (mit Beisp.); Schickinger p. 20 (mit Beisp.); Ehrism. p. 44 sq., p. 59 sq.; Draeger, h. Synt. § 379; Hofm.-Leum. p. 720 sq.; Mayen p. 4—30 (keine Belege aus Amm.!); u. ad. 14. 7. 14; 14. 11. 7; 14. 11. 11. Cf. et. Salonius p. 320 sq. Griechisch sind wohl Stellen wie 14. 7. 5: replicando, quod invito rectore, nullus egere poterit victu u. 14. 7. 11; sciens quod . . . . auferri jubebo prope diem annonas, wo nach quod Ind. Fut. folgt. Bei dem Modusgebr. achte man wieder auf die Neigung zur Variation.

10. 14. postremo id reputantes . . animos adesse. Für den Gebrauch des Ind. Präs. bei Amm., bes. in den bei ihm häufigen locis communibus, cf. Ehrism. p. 23 sq.

10. 16. mox dicta finierat. Cf. Peregr. Aeth. 24. 9: mox autem primus pullus cantaverit, statim descendet episcopus. mox = mox ut. Spätlat. u. vulgär. Vergl. den ähnlichen Gebrauch v. spätlat. statim = statim ut, primum = primum ut (cf. Amm. 31. 10. 8: proinde horrifico adversum fragore terrente, primum apud Argentariam signo per cornicines dato, concurri est coeptum . .; Clark schreibt: ubi primum, m. E. falsch), subito = subito ut, usw.; u. im Spätgr. εὐθύς (u. ἅμα). Cf. Hofm.-Leum. p. 759; Löfst., Peregr. p. 289 sq.; Ljungvik, op. cit. p. 89.

10. 16. in malis civilibus. Substantiviertes Adj. im Neutrum mit einer Präpos. (im Abl.) verbunden. Cf. 16. 12. 61: in secundis . . in adversis; 22. 12. 5: in praeparandis congruis; 23. 5. 11: in parum cognitis; 25. 8. 12: in longinquis; 14. 11. 13: de futuris incertus; 17. 4. 1: de futuris; 16. 12. 27 u. 24. 1. 13: de obscuris; 15. 5. 16: ex praesentibus;

17. 3. 2: ex conquisitis; 21. 1. 3: ex praeteritis; 30. 8. 12: ex incidentibus; 14. 7. 4: in tuto; 14. 7. 15: in proximo; 17. 12. 21: in barbarico; 18. 5. 7: in medio; 18. 8. 11: in arduo; 14. 1. 7: in penetrali secreto; 29. 5. 13: e propinquo; 15. 2. 10: ex confesso.

p. 31. 4.   **10. 16. imperator Mediolanum ad hiberna discessit.** Cf. 15. 4. 13: imperator Mediolanum ad hiberna ovans revertit et laetus; 27. 10. 16: milites ad hiberna, imperatores Treveros reverterunt. Ohne Ortsangabe: 17. 10. 10: ad hiberna regressus est Caesar; 18. 1. 1 Julianus .... apud hiberna .... disponebat.

p. 31. 4.   **10. 16. Mediolanum.** Hauptort der Insubres, auch Mediolanium geheißen, mit Comum zum tribus Ufentina gehörig. Das Territorium der Stadt ist sehr ausgedehnt, die Grenzen sind aber schwer genau zu bestimmen. Seit Hadrianus colonia. Wichtiges Handelszentrum und geistiger Mittelpunkt; in der späteren Kaiserzeit auch Residenz der Kaiser. 402 wird die Residenz nach Ravenna verlegt, 452 wird M. von den Hunnen geplündert (Jord. Get. 222). 539 von den verbündeten Gothen und Burgundern vollkommen verheert und ausgemordet (Procop. Bell. Goth. II, 21 = Haury 2 p. 246). M. war Hauptstadt der (von rund 310— 390) vereinigten Provinzen Aemilia et Liguria (beide Prov. sind nach N. D. Occ. 18 geschieden und werden von consulares, sub dispositione v. spect. vicarii Italiae verwaltet); und Sitz des praef. praet. (cf. s. v. ad 14. 7. 9) und des vicarius (cf. ad 14. 5. 7) Italiae (cf. s. v. ad 14. 7. 9); ebenfalls des consularis Liguriae. N. D. Occ. XI (Seeck p. 149) werden erwähnt ein praepositus Thesaurorum Mediolanensium (Liguriae) und ibid. p. 150 ein procurator gynaecii (kaiserl. Weberei) Mediolanensis (Liguriae), beide sub dispos. v. ill. com. sacr. larg. (cf. ad 14. 7. 9 s. v. und N. D., Böcking II p. 345 sq., 352). M. war der Wohnort des Ambrosius und Sitz eines Bischofs, später eines Erzbischofs. Es hatte schon im 2. Jahrh. eine christl. Gemeinde. Cf. Strabo 5. 1. 6; Ptolem. 3. 1. 29: Μεδιολάνιον; Tab. Peut. IV, 2; Ravenn. p. 252. 9; Guido p. 458. 15; 501. 9 sq.: prima igitur provincia Italiae Liguria est, ubi constructa cernitur Mediolanus nobilissima urbs in qua sanctissimus requiescit Ambrosius; Wesseling p. 98, 123, 127, 278, 557, 612, 617; N. D., Böcking II p. 439 sq.; Pieper, Tab. 10; C. I. L. V, 2 p. 617 sq.; Holder, Altcelt. Sprachsch. II p. 498 (mit zahllosen Stellen); Nissen, Ital. Landeskunde 2 p. 180 sq. (mit Lit.); Philippson in R. E. 15 (1932) p. 91 sq. (mit Lit.); Aurel. Victor Caes. 39. 45; Auson. opuscula Peiper p. 146 (= Ordo urbium nobilium 7):

Et Mediolani mira omnia, copia rerum,
Innumerae cultaeque domus, facunda virorum
Ingenia et mores laeti; tum duplice muro
Amplificata loci species populique voluptas
Circus et inclusi moles cuneata theatri;
Templa Palatinaeque arces opulensque moneta
Et regio Herculei celebris sub honore lavacri;
Cunctaque marmoreis ornata peristyla signis
Moeniaque in valli formam circumdata limbo:
Omnia quae magnis operum velut aemula formis
Excellunt: nec juncta premit vicinia Romae.

Sidon. Apoll. 7. 17. 20 (Mohr p. 170): rura paludicolae temnis populosa Ravennae // et quae lanigero de sue nomen habent (cf. Claud. nupt. Hon. Aug. 182).

11. 1. obicem. Cf. Krebs, Antib. 2. p. 184: „Obex, der Riegel, hat höchst selten bildlich die Bedeutung Hindernis, dafür sagt man impedimentum usw".

11. 1. Caesarem convellere nisu valido cogitabat. Cf. ad 14. 11. 34 u. auch Hofm.-Leum. p. 581.

11. 1. nisu. Das Wort ist poet. u. nicht-klass. in dieser Bedeutung (Anstrengung). Cf. Krebs, Antib. 2. p. 151.

11. 1. clandestinis conloquiis. Cf. 20. 7. 9; 29. 5. 52; Apulej. Met. 8. 3. Cf. et. 16. 12. 23: clandestinis insidiis; 22. 11. 7; 25. 3. 19; 29. 5. 7, 30. 1. 1; u. Val. Max. 2. 5. 3; 8. 15. 4; Gell. 17. 16. 3: clandestinis epularum insidiis; 17. 12. 18: conjuratio clandestina u. Liv. 39. 8. 3; Just. 20. 4. 14. Oft bei Amm. Cf. et. Thes. 3 p. 1261.

11. 1. antequam effundendis rebus pertinacius incumberet confidentia. = antequam Gallus confidentia sua pertinacius incumberet rebus (sc. suis = potentiae suae) dilatandis (cf. Thes. V, 2. fasc. 2, p. 219). Thes. ibid. l. 58 gibt für diese Stelle die Bedeutung: dissipare, prodigere (auch klass.), m. E. unrichtig. Cf. et. Amm. 24. 8. 2: per effusam planitiem (= per vastam pl.).

11. 1. per simulationem. Cf. Hassenst. p. 33: „Innumerabilibus fere locis per modalem . . habet vim, nec tamen discrepat a priorum, praesertim Livi et Taciti usu" (mit Beisp.) Für die spätlat. Verdrängung des Abl. instr. durch per (häufig bei Amm.), für per c. acc. = abl. causae

II.

(seit Plaut., bes. spätlat., u. Amm.) cf. Hassenst. p. 32 (mit Beisp.); Hofm.-Leum. p. 428; Draeger, über Synt. Tac. § 89 u. hist. Synt. § 272; Salonius p. 105; Ljungvik, op. cit. p. 32 sq. Cf. et. ad. 14. 3. 1.

p. 31. 9—10. **11. 1. per simulationem tractatus publici nimis urgentis.** Cf. 30. 1. 20: per simulationem naturalis cujusdam urgentis egresso ... Tractatus = politische Erörterung, Behandlung v. Staatsangelegenheiten. Plin. Quint. Gell. Tac. Cf. Liesenberg (1888) p. 14 sq. (für die Subst. auf us, tus, sus). Cf. et. Krebs, Antib. 2 p. 669: „tractatio u. tractatus (4. Decl.) sind beide klass., aber nur in akt. Bed., die Behandlung, Bearbeitung einer Sache, Beschäftigung mit etwas; erst spätlat. bedeuten sie im konkr. Sinne das Bearbeitete oder Ausgearbeitete, die Schrift, Abhandlung".

p. 31. 12. **11. 2. Arbetio.** „Wenn Arbetio auch nicht ausdrücklich als magister equitum praesentalis bezeichnet wird, so zeigt doch die ganze Art seiner Verwendung, daß er dieses Amt tatsächlich bekleidet hat. Bereits 353 wird er am Hofe als Widersacher des Ursicinus (cf. ad 14. 9. 1) erwähnt (14. 11. 2); er hatte von der Pike an gedient (15. 2. 4; 16. 6. 1/2) und wird als einer der schlimmsten adulatores (hic) geschildert, eine Charakterisierung, die gewiß zum Teil auf seine Feindschaft mit Ursicinus, dem väterlichen Freund Ammians, zurückzuführen ist. Im Feldzug gegen die Alemannen (15. 4, im J. 354) befehligt er unter dem Kaiser einen Teil des Heeres. Trotz aller seiner Ergebenheit gegen Constantius (15. 5) entging auch er nicht dem Schicksal, des Strebens nach der Krone beschuldigt zu werden (16. 6. 1, im J. 356), was allerdings ohne üble Folgen für ihn blieb. Wiederholt treffen wir ihn als Vorsitzenden oder als Beisitzer eines außerordentlichen Gerichtshofes an (16. 8. 13, im J. 356); so wurde er von Constantius mit der Untersuchung der Schuld am Falle der Festung Amida (359) betraut (20. 2. 2, im J. 360). Im Jahre 361 stand er gemeinsam mit dem magister peditum praesentalis Agilo (cf. ad 14. 10. 8) gegen die Perser im Felde (21. 13) ohne jedoch viel ausrichten zu können, da die ihnen unterstellte Truppenmacht zu gering war. Auf die Nachricht vom Vormarsch Julians aus Gallien erhielt Arbetio das Kommando über die aus leichten Truppen bestehende Vorhut des gegen den aufständischen Cäsar entsendeten Heeres: Arbetionem .... iter praeire cum lanciariis et mattiariis et catervis expeditorum praecepit. Bevor es zum Zusammenstoße kam, starb Constantius (361) und Julian war unbestrittener Beherrscher des ganzen Reiches. Bald darauf wurde Arbetio (22. 3. 1, im J. 361) als Beisitzer einem außerordentlichen Gerichtshofe beigezogen, den Julian unter dem Vorsitz des praef. praet. Secundus Sallustius zusammenstellte. Dann hören wir längere Zeit nichts von Arbetio, erst im Jahre 365 wird sein Name anläßlich seiner vorübergehenden Wiedereinberufung (26. 9. 4) nochmals und diesmal zum letztenmal genannt. Sein Nachfolger scheint Dagalaiphus gewesen zu sein, der von Jovian in diese Charge befördert wurde (364)" (v. Nischer p. 432). Cf. et. Geffcken, Jul. p. 63, 141; Bidez p. 209; p. 389 (Anm. 4); Thes. II p. 408 (s. v. Arbitio); R. E. (Seeck) 2 p. 411. sq.; Stein, Spätr. Gesch. 1 p. 221, 259; Förstemann p. 141 sq. Über mag. eq. praes. cf. ad 14. 9. 1.

Anm. v. Nischer gibt für die Ereignisse von 26. 9. 4 als Jahreszahl 365 an. Nach Seeck, Regesten erfährt Valens den Aufstand des Procopius (in Caesarea) nach dem 6. Okt. und vor dem 2. Nov. 365 und läuft Gomoarius (26. 9. 4) über zwischen dem 1. Febr. 366 und dem 4. April. Die Bedenken gegen v. Nischers Zeitbestimmung beruhen auf dem engen Zusammenhang, der bei Amm. zwischen der Wiedereinberufung des Arbetio und der Übergabe des Gomoarius herrscht. Wenn man dies betonen möchte, so könnte man als Datum besser 366 annehmen.

11. 2. **Eusebius.** Cf. ad 14. 10. 5.

11. 2. **effusior ad nocendum.** Cf. 30. 8. 3. Effusus ist in dieser Bedeutung (deditus) meistens mit in c. acc. substant. verbunden. Mit ad c. gerundio scheint das Part. sich nur bei Amm. zu finden. Cf. Thes. V, 2. fasc. 2. p. 226.

11. 2. **Ursicinum.** Cf. ad 14. 9. 1.

11. 3. **spadones.** Cf. ad 14. 6. 17.

11. 3. **ultra mortalem modum.** Cf. Tac. ann. 11. 21: ultra modum humanum. Für die Variation cf. 26. 6. 8: ultra mortalem; 26. 8. 13: ultra homines; 27. 12. 11: ultra hominem; 28. 4. 12: ultra mortalitatem; 17. 5. 15: supra humanum modum (= 27. 3. 12); 18. 4. 1: supra homines; u. Fesser p. 23 sq.

11. 3. **subserentes.** Cf. 16. 2. 4; 16. 7. 4; Apul. Met. 7. 28 u. ad 14. 6. 9. Bedeutung: subter inserere, subnectere, subjicere, subjungere.

11. 3. **subolescere.** Cf. Fesser p. 54: „Das von dem Subst. (suboles) abgeleitete subolescere findet sich zuerst bei Liv. 29. 3. 12, dann einmal bei Amm. (hier) u. Aug. serm. (ed. Mai) 72. 2". Für die Inchoat. cf. Liesenberg (1889) p. 5.

Anm. Suboles (archaisch, Cic. de orat. 3. 153): 16. 10. 19; 17. 12. 21; 22. 8. 24; 24. 1. 10; 28. 5. 11; 29. 2. 19 (Konjekt.) Cf. Fesser ibid.

116   Sprachlicher und historischer Kommentar

p. 31. 19—20.   11. 3. subolescere imperio adultos ejus filios mussitantes. Für den Gebrauch v. is in der or. obl. zur Bezeichnung der Person oder Sache, über welche man redet cf. Reiter, op. cit. p. 28 (mit Beisp.). Cf. et. ad 14. 11. 11 u. 14. 9. 5.

p. 31. 20.   11. 3. favorabiles. Cf. Krebs, Antib. 1. p. 583: „findet sich erst nachklass. . . hauptsächlich in der pass. Bed. begünstigt, in Gunst stehend, beliebt, synonym dem gratiosus . . während die aktive Bedeutung Gunst verschaffend, gewinnend selten ist . . ". Cf. 26. 7. 3: novo et favorabili principi; 26. 10. 5: hoc favorabilis solo. Cf. et. Liesenb. (1888) p. 24 sq. u. 17. 13. 25; 23. 5. 15; 29. 3. 5 (Thes. 6. 1. p. 387).

p. 31. 21—22.   11. 3. per multiplicem armaturae scientiam agilitatemque membrorum inter cotidiana proludia exercitus consulto consilio cognitos. Cf. 16. 5. 10: cum exercere proludia disciplinae castrensis, philosophus cogeretur ut princeps (sc. Julianus), artemque modulatius incedendi per pyrricham (Waffentanz), concinentibus disceret fistulis; 18. 7. 7: militari pyrricha sonantibus modulis pro histrionicis gestibus in silentio summo delectebatur (sc. mag. equit. Sabinianus); 21. 16. 7: artiumque armaturae pedestris perquam scientissimus (sc. Constantius). Für die Marschmusik cf. et. ad 14. 1. 1 (tubarum clangore).

p. 31. 21—22.   11. 3. agilitatemque membrorum. Cf. 18. 2. 12: mentis agilitate et corporum; 16. 12. 19: captus agilitate nostrorum; 18. 6. 11: agmen agilitate volucri; 18. 6. 13: jumenti agilitate praegressus u. Thes. 1. p. 1325 sq.: „vox fortasse a Cic. (qui adj. non habet) ficta". Klass. selten. Das Adj. (in der Prosa selten: Sisenna, Liv., Vell., Sen. phil. usw.; poet. seit Horat., cf. Thes. ibid. p. 1324) öfters bei Amm. Cf. 17. 13. 9; 16. 11. 5; 23. 5. 1; 18. 3. 9.

p. 31. 22.   11. 3. proludia. Spätlat. u. sehr selten. Cf. 23. 6. 83: militari cultu ac disciplina, proludiisque continuis rei castrensis et armaturae; 28. 1. 10: cumque multiformiter quasi in proludiis negotium spectaretur. Bed.: Vorspiel, (Vor)übung. Klass. in derselben Bed.: prolusio (cf. Krebs, Antib. 2. p. 398). Für die Subst. auf -ium cf. Liesenberg (1888) p. 10.

p. 31. 22.   11. 3. consulto consilio. Archaismus. Cf. 14. 10. 5: opera consulta; 29. 1. 3: operaque consulta; Gell. N. Att. 2. 19. 4: consulto consilio; 6. 17. 3: opera consulta. „Daß Amm. es Gell. entnahm zeigt, daß er in dem nächst vorhergehenden Cap. den verwandten, nur von diesem gebrauchten Ausdruck opera consulta anwendet (Herz). Cf. Lodge 1. p. 302 (Trucul. 101); Thes. 4. p. 585; Fesser p. 55 u. ad 14. 6. 18.

11. 3. Gallum suopte ingenio trucem. Cf. 29. 3. 2: trux suopte ingenio Valentinianus u. Fesser p. 59: „Die Form suopte ingenio führt v. Plaut. über Sall., Liv., Tac. zu Amm." (Beisp.: 15. 5. 7; 16. 12. 68; 18. 6. 18; 27. 11. 5; 29. 3. 2; 29. 5. 52). Synon: suapte natura (Beisp. 19. 10. 3; 23. 5. 14; 24. 8. 1; 27. 4. 14; 28. 4. 26), bes. in der stereotypen Verbindung: aquae suapte natura calentes (14. 8. 12; 19. 8. 7; 23. 6. 46). Weiter findet sich die arch. Partikel noch in der Verbindung suopte mota (25. 8. 14). Cf. et. Fesser ibid u. Lodge 2. p. 398, 749.

11. 3. Gallum . . trucem . . ideo animatum, ut eo . . exoso . . transferantur. Cf. Hofm.-Leum. p. 447 sq.: „Bei Identität des Subjektsbegriffs des Abl. abs. mit dem Subjekt des Hauptsatzes ist die Konstruktion abgesehen von den emphatischen Fällen des Altl., durchaus vulgär . . ." (mit Beisp.). Oft bei Amm.

11. 4. vario animi motu miscente consilia. Cf. Verg. Aen. 12. 217: et vario misceri pectora motu u. Hagend. St. Amm. p. 14: „V mendose vario animo tumiscente consilia praebet. Tumescente consilio Gelen., varia (Nm²) animo tum miscente consilia Vales., cod. Regio (N) innixus, alii alio usi sunt remedio, sed frustra. Veram lectionem Heraeus repperit coll. loco, quem supra apposui".

11. 4. optimum factu. Für das Sup. II cf: 16. 5. 1: factu . . difficile; 20. 4. 9: optimum factu; 22. 8. 25: memoratu dignum; 24. 4. 10: effectu res difficillima; 27. 2. 11: narratu digna; 28. 1. 15: narratu digna u. Fesser p. 60: „Während die supin. Formen selbst im Spätlat. gegenüber den klass. Formen keine große Bereicherungen erfahren, erweitert sich jedoch infolge künstlicher Bildung der Kreis der übergeordneten Adj.". Beisp.: 18. 7. 7: factu dictuque tristia; 19. 12. 19: visu relatuque horrendum . . . monstrum; 21. 13. 11: multa visu relatuque nefaria; 25. 4. 25: mira dictu celeritate; 27. 7. 8: dictu dirum et factu; 31. 8. 7: facta dictu visuque praedira.

11. 4. tandem id ut optimum factu elegit: et Ursicinum . . ad se venire . . mandavit. Für dieses erklärende, abundante et, cf. Draeger, über Synt. Tac. p. 45; Nipperdey ad. ann. 11. 35; Hassenst. p. 35; Ljungvik p. 57 sq. Cf. et. Kallenberg p. 19: „Amm. libenter particulis et aut que utitur, ubi aliae particulae exspectantur aut nulla. Ita praecipue post verbum statuendi id quod aliquis statuit non enunciatione secundaria exprimitur, sed particula que (et) libere adjungitur". Beisp. 15. 8. 1: repperit tandem consilium rectum, et Iulianum patruelem fratrem . . . in societatem imperii adsciscere cogitabat.

118   Sprachlicher und historischer Kommentar

p. 32. 1.   11. 4. mandavit. Mit acc. c. inf., spätlat. (cf. Hofm.-Leum. p. 585). Cf. ad 14. 5. 7. Jedoch 14. 7. 9: mandabat Domitiano . . ut hortaretur.

p. 32. 1—2.   11. 4. pro rerum tunc urgentium captu. Cf. 15. 1. 1: pro virium captu; 27. 8. 4; 16. 10. 1: pro captu temporum; 28. 3. 5: pro temporis captu; 31. 10. 20; pro temporum captu; 21. 4. 2: pro captu instantium rerum; 25. 6. 5: pro captu locorum; 25. 8. 10: pro incidentium captu negotiorum; 31. 7. 1: pro captu rerum impendentium. Das Wort ist selten. Bei Amm. ausschließlich in der Bedeutung: facultas capiendi, nicht: actus capiendi. Auch im Cod. Theod. Cf. Thes. 3 p. 381 sq.

p. 32. 3.   11. 4. Parthicarum gentium. Cf. ad 14. 8. 5 s. v. Persidis.

p. 32. 4—5.   11. 5. vicarius ejus (dum redit) Prosper missus est comes. Dum = usque ad id tempus quo. Bei Amm. mit Konj. u. Ind. (3 mal: hier u. 31. 2. 15 u. 17. 10. 8 wo dum = quam mit vorhergehendem ante korrespondiert.) Für dum im allgem. cf. Ehrism. p. 46—49 (u. die Warnung ad 14. 6. 23). Bedeut.: (a) eodem tempore quo (16. 9. 4 u. oft); (b) per idem tempus quo (18. 3. 6 usw.); (c) Kausal (15. 2. 9; 17. 13. 23) (Ehrismann zitiert falsch 30. 5. 17); (d) adversativ (28. 4. 9; 29. 1. 18). Cf. et. ad 14. 10. 1.

Anm. „Mirum est Amm. particulae donec usum prorsus respuisse, cum constet Tacito omnium antiquorum scriptorum maxime eam in deliciis fuisse. Sall. igitur et Caes. qui ea nusquam utuntur, imitatus videtur esse" (Ehrism. ibid.). Cf. et. Thes. 5. fasc. 9. p. 1992 sq.

p. 32. 4—5.   11. 5. Prosper comes. Für comes cf. ad 14. 5. 1; 14. 11. 14; 14. 11. 19. Er vertrat im Jahre 354 (diese Stelle) Ursicinus mag. eq. (cf. ad 14. 9. 1) als vicarius (hier nicht in der technischen Bedeutung, sondern einfach: Stellvertreter; cf. ad 14. 5. 7). Als Gesandter geht er 358 zu Sapor (17. 5. 15). Die Beschreibung seines Charakters findet sich 15. 13. 3: hunc (sc. praef. praet. Or. Musonianum) Prosper adaequitabat pro magistro equitum agente etiam tum in Galliis, militem regens, abjecte ignavus et ut ait comicus arte despecta furtorum rapiens propalam (unter mag. equit. ist Ursicinus zu verstehen). Aus der letzteren Stelle geht außerdem hervor, daß er noch 356 dasselbe Amt, nämlich des vicarius mag. eq., verwaltet, hier pro mag. eq. genannt. Über die genaue Zeitbestimmung der Gesandtschaft cf. Seeck, B. L. Z. G. p. 340 sq.

p. 32. 8—9.   11. 6. sororem suam (ejus uxorem) C. ad se tandem desideratam venire . . hortabatur. tandem desid. nicht objektiv, sondern subjektiv gesagt! = sororem suam quam tandem desideraret ad se venire hortabatur.

11. 6. quae licet ambigeret, metuens saepe cruentum, spe tamen quod eum lenire poterit ut Germanum, profecta, . . absumpta est. . . Cf. Ehrism. p. 62: „aeque abstrusa ratione (sc. ut part. quamquam) part. licet adhibet, qua nulla particula concess. frequentius apud eum nobis occurrit. Sententia secundaria plerumque primariam praecedit a conjunctione tamen incipientem. Amm. eam legem observat, ut praeter duos locos conjunct. in protasi ponat, si in apodosi praes. vel fut. exstat.; sed tempus praeteritum modo ind. modo conj. sequitur". Die Konstruktion nach licet ist bei Amm. anscheinend nicht an feste Regeln gebunden. „Im Spätlat. nimmt die Häufigkeit von licet immer mehr zu, so bei den Juristen seit Julian u. bei vielen volkstümlichen Autoren". (Hofmann). Licet verbunden mit Konj. Imperf. (u. Plq. Pf.) ist nachkl. u. bes. spätlat.; mit Indik. (vergl. quamquam) spätlat. u. vulgär. Bei Amm. finden sich nach licet: Konj. Präs. oder Perf. (auch klass.), Konj. Imperf., Ind. Imperf. u. Perf., Ind. Präs. (20. 3. 3) u. Ind. Fut. (28. 5. 7). Fast konditionale Bedeutung hat licet 28. 1. 2: ac licet ab hoc textu cruento . . justus me retraheret metus . . tamen . . carptim ut quaeque memoria digna sunt explanabo.

Anm. Der Versuch Ehrism. p. 60 sq. den Gebrauch v. quamquam in ein System zu zwängen, scheint mir ebenfalls ergebnislos. Die Unregelmäßigkeit beruht (wiederum) oft auf der Klausel, z.B. 22. 16. 17: et quamquam veteres cum his quorum memini floruēre complures (clausula I). Cf. et. ad 15. 5. 8. Vor der Gefahr der Annahme jurid. Interpolationen kann warnen Heumann-Seckel, der p. 317 schreibt: „tribonianisch ist licet mit Indik. u. nachfolgendem attamen".

11. 6. cum Bithyniam introisset. Cf. Hofm.-Leum. p. 387: „Bei den Ländernamen überwiegt schon im Altlat. die Praeposition . . in der guten Prosa ist die Praep. obligatorisch . . Viele Fälle des reinen Akk. ohne Praep. bietet Vergil, deutlich unter homer. Einfluß; ihm folgen, außer den Dichtern von Prosaikern Bell. Hisp., Curt., Petron., Tac., Suet.; häufig im Spätlat. bei Apul. Dig.". Cf. et. Draeger, hist. Synt. p. 365; Kretschmann, op. cit. p. 130; Hassenst. p. 11. Beisp.: 23. 2. 7; 23. 3. 1; 26. 7. 2; 27. 13. 34; 27. 8. 2; 30. 5. 1.

11. 6. Caenos Gallicanos. In Bithynia. Cf. Itin. Anton. Aug. (Wesseling p. 141. 5): Coenon Gallicanon, zwischen Dablas und Dadastana gelegen. Wesseling stellt C. G. und Γάλλικα gleich (Ptolem. 5. 1). C. Müller sagt in seiner Edition des Ptolem. I, 2. 1901. p. 801: „Gallica haec, a Nicomedia c. 100 stadia distans, quaerenda esse videtur ad lacum qui ab adjacente oppido Sabandja Goel vocatur; fortassis eo loco, ubi ex lacu exit Killis fluvius boream versus in Sangarium defluens. Nomen lacus Βάανα λίμνη . . ." Ein Fluß Gallus wird erwähnt Amm. 26. 8. 3: . . circumventuri (sc. Procopiani) Valentem (sc. imperatorem) a tergo, nondum a Chalcedonos suburbano digressum et patrassent conata, ni rumore quodam praeverso, imminens exitium ille perdoctus, instantem vestigiis hostem per Sunonensem lacum (der nämliche wie lacus Sophonensis = Βάανα λίμνη?) et fluminis Galli sinuosos amfractus ... frustra sequentem lusisset ... Unde cum Ancyram Valens . . revertisset etc. (im J. 365). Dieser Fluß Gallus (cf. Strabo 12. 3. 7) ist nach Müller der nämliche wie der heutige Mudurlu-Sou und mündet in den Sangarius, ἐκ Μόδρων τὰς ἀρχὰς ἔχων τῆς ἐφ' Ἑλλησπόντῳ Φρυγίας. In der Nähe dieses Modra (cf. Georgii Cyprii descr. Edit. Gelzer p. 12; 65) soll nach Müller, am Gallus, Cenum (Καινὸν) Gallicanum liegen.

p. 32. 12. **11. 6. vi febrium repentina.** Nach Wagner 2 p. 89: „Plur. Sic semper et aliis locis noster, more illius aetatis, scriptorum inprimis ecclesiasticorum". Den häufigen Gebrauch des Plurals (= Singul.) trifft man jedoch auch in der vorhergehenden Zeit und bei den Klassikern an. (Cf. Thes. VI, 1 p. 408 sq.). Und außerdem spielt hier wahrscheinlich die clausula (III) eine Rolle.

32. 15–19. **11. 7. quod Constantius . . morte multaret.** Cf. Ehrism. p. 29 sq.: „Imperf. conj. saepe fut. conj. locum obtinet, cum Amm. conj. periphrasticam et act. et pass. conj. fut. evitet. In or. obl. saepe si nec raro quod (tam causalis, quam altera illa, quae acc.[i] c. inf. munere fungitur) conjunctiones c. imperf. conj. conjunguntur ubi fut. I vel II suus esset locus, si oratio recta esset". Cf. 24. 4. 6: periculosum fore existimans, si gradiens prorsus a tergo relinqueret, quos timeret; 22. 6. 3: pollicitus quod ipse quoque protinus veniret cuncta eorum negotia finiturus (u. die Beisp. bei Ehrism. ibid.). Im allgemeinen werden die periphr. Konstr. von Amm. umgangen. (cf. Ehrism. p. 37). Der obengenannte Ersatz des Konj. Fut. ist bekanntlich auch klass.

p. 32. 18. **11. 7. laqueos ei latenter obtendens.** Ei = sibi. Eine, auch klassische „Ungenauigkeit". Für den Gebrauch von is in der or. obl. bei Amm., als Andeutung der Person, deren Worte und Gedanken man mitteilt, cf. Reiter, op. cit. p. 22 sq. Cf. et. ad 14. 9. 5; 14. 11. 3 und 14. 11. 11.

11. 8. ultimaque . . operiens. = opperiens. τὰ ἔσχατα δεδιέναι. Wahrsch. Gräz. Cf. 16. 12. 1; 16. 12. 14. (extrema metuentem Caesarem u. non sine ultimorum conatu).

11. 8. ultimaque ni vigilasset operiens, principem locum, si copia patuisset, clam adfectabat. Obgleich man das Plq. Perf. hier allenfalls begründen kann, wäre ein Konj. Imperf., bes. im ersteren Falle, ebenso richtig. Cf. 20. 4. 18: qui (sc. Julianus) trusus ad necessitatem extremam, jamque periculum praesens vitare non posse advertens, si reniti perseverasset (= perseveraret) . . promisit. Cf. Ehrism. p. 33 sq.: „Plq. perf. formae in linguis Romanicis imperf. conj. tenent locum, cum illis temporibus, quibus linguae Romanicae formari coeptae sunt, plq. perf. conj. in vulgari usu simul imperf. locum teneret ac tamquam tempus actionis praeteritae conjunctivi esset κατ' ἐξοχήν. Monendum tamen est hoc plq. perf. conj. nusquam nisi in secundariis sententiis mihi occurrisse, praecipue in condic., bis in relat., semel in temporali". (Für diese „Verschiebung" des Plq. Perf. im allgem. cf. Hofm.-Leum. p. 561 sq.). Daß sie bei Dichtern durch das Metrum, bei Prosaikern durch den Klauselrhythmus oft bedingt ist, wußte Ehrism. nicht (cf. Hagend., St. Amm. p. 121); z.B. oben si copia patuisset (claus. III). Beisp. (in rel. Sätzen): 19. 3. 2: quibus Sabinianus renitebatur ut noxiis, palam quidem litteras imperiales praetendens, intacto ubique milite, quicquid geri potuisset impleri debere aperte jubentes (= posset); 29. 2. 2: nanctus enim copiam nominandi, sine fortunarum distantia, quos voluisset, ut artibus interdictis imbutos . . includebat (claus. I); (im temp. Nebensatz) 20. 4. 22: non antea discesserunt quam adsciti in consistorium fulgentem eum augusto habitu conspexissent (= conspicerent; sonst überall antequam nach Perf. der klass. Regel gemäß mit Konj. Imperf.: Claus. III).

11. 8. ratione bifaria. Gräzismus? = διφάσιος. Cf. 18. 4. 3 (ratione bifaria); 19. 9. 4 (anxietate bifaria); Thes. 2. p. 1979 sq. Bifarius ist nachklass. (wahrsch. abgeleitet v. Adv. bifariam, das sich auch im Altlat. findet). Cf. et. Liesenberg (1888) p. 30 (Adj. auf -arius); Schickinger p. 28 sq.; Du Cange I p. 678 (bifarius = bilinguis = mendax!).

11. 8. truculentum. Cf. 20. 6. 1: truculentus rex; 29. 5. 48: truculentum . . et dirum; 25. 1. 14: elefantorum fulgentium formidandam speciem et truculentos hiatus („das wilde Schnauben", Liesenberg). Für die Adj. auf — entus cf. Liesenb. (1888) p. 28.

122   Sprachlicher und historischer Kommentar

p. 32. 24.   11. 9. monentis orantisque ut. Cf. Kallenberg p. 27: „Duo verba hujus generis copula conjuncta ubique particula finalis sequitur". (mit Beisp.) u. ad 14. 5. 7.

p. 32. 26—27.   11. 9. **Galliarum indicans vastitatem.** 350 läßt sich der comes Magnus Magnentius mit Hilfe des comes rerum privatarum Marcellinus, zum Kaiser ausrufen. Constans (Stammtafeln I und V) versucht zu fliehen, wird aber auf der Flucht getötet. Der ganze Westen schließt sich dem Magnentius an. In Illyricum hängt sich jedoch der mag. peditum Vetranio (Stammtafel V) den Purpur um und schließt mit Magn. ein, von ihm wahrscheinlich nicht ernst genommenes Bündnis. Ein dritter Usurpator Flavius Popilius Nepotianus (Stammt. III) wird, nach einer einmonatigen Regierung in Rom, von Marcellinus gestürzt. Constantius marschiert von Osten durch Thracia hindurch gegen Vetranio heran, der in Naïssus den Purpur ablegt. Magnentius erhebt seinen Bruder Decentius zum Caesar und betraut ihn mit dem Schutze Galliens, da Constantius die Alemannen gegen ihn aufgewiegelt hatte (351). Bei Mursa (Pannonia) wird Magnentius entscheidend geschlagen, Marcellinus fällt (Sept. 351). Im Laufe des Jahres 352 wird M. aus Italien vertrieben und werden Sicilien, Africa und Spanien ihm entrissen. Es gelingt ihm sich in Gallien durch eine Schreckensherrschaft zu behaupten. Nach der Schlacht bei Mons Seleuci (Kottische Alpen) begeht er Selbstmord (Sommer 353); und kurze Zeit darauf nimmt auch Decentius, der gerade die Alemannen bei Sens geschlagen hatte, sich das Leben. Auf diese Episode beziehen sich die obigen Worte. Cf. Stein p. 215—219 (mit Lit.); Tillemont 4 p. 360 sq.

p. 32. 27—29.   11. 10. **quod Diocletiano et ejus collegae, ut apparitores Caesares . . obtemperabant.** Der Kollege ist Maximianus (Stammtafel II), die Caesares sind Constantius I (Stammt. I) und Galerius (Stammt. VIII). Gleichartige Gedankengänge 17. 11. 1: erat enim necesse, tamquam apparitorem, Caesarem super omnibus gestis ad Augusti referre scientiam; 20. 7. 6: jamque inde uti me creatum Caesarem pugnarum horrendis fragoribus objecisti . . . nuntiis crebris (ut apparitor fidus) tuas aures implevi; 26. 4. 3: productum eundem Valentem in suburbanum . . . Augustum pronuntiavit (sc. Valentinianus, a⁰ 364) . . . participem quidem legitimum potestatis, sed in modum apparitoris morigerum . . .

p. 32. 29—30.   11. 10. **et in Syria . . Galerius purpuratus.** Als Narseh im Jahre 293 den Thron bestiegen und dem Kampf um die Krone ein Ende gemacht hat, faßt er den Plan zur Wiedereroberung des, von

Bahram II. den Römern abgetretenen Gebietes und beginnt 296 den Krieg. Während Diocletian in Aegypten war, bewachte Galerius die persische Grenze. Er war so unvorsichtig mit einer unzulänglichen Truppenmacht zwischen Callinicum (dem Euphratübergang) und Carrhae eine Schlacht zu liefern und wurde geschlagen; das römische Mesopotamien wurde von den Persern genommen. Dann folgt die von Amm. mitgeteilte Episode (cf. et. Eutr. 9. 24; Ruf. Fest. Brev. 25). Galerius hebt sodann im Jahre 297 in Illyricum Truppen aus, während Diocletian am Euphrat Wache hält. Noch im selben Jahre schlägt er darauf die Perser entscheidend in Armenia, wonach der Friede geschlossen wird. (Orosius 7. 25. 9—13 hat sich anscheinend von Eutropius verwirren lassen, sodaß er die erste und die zweite Schlacht miteinander verwechselt; cf. Valesii annot. (Wagner II p. 89 sq.)). Cf. et. Stein, Spätr. Gesch. I p. 119; Preuß, Dioklet. p. 77; Schiller II p. 142.

11. 11. **Scudilo.** Cf. ad 14. 10. 8. p. 33. 1.

11. 11. **velamento subagrestis ingenii.** Cf. 30. 4. 2: subagreste ingenium; 31. 14. 5: subagrestis ingenii; Gellius N. Att. 1. 5. 3: subagresti homo ingenio et infestivo (Herz irrt sich, wenn er meint, daß das Wort sich nur bei Gell. findet; cf. Cic., Re publ. 2. 12: subagreste consilium . . . secutus est). Cf. et. ad 14. 6. 18. p. 33. 1—2.

11. 11. **solus omnium.** Cf. 18. 4. 3; 21. 5. 11; 29. 1. 8; 30. 7. 5; p. 33. 3. Sall. Hist. 1. 55. 6 u. 4. 69. 10. Cf. ad 14. 6. 17.

11. 11. **pellexit . . saepius replicando quod . . eum videre** p. 33. 3—6. **frater cuperet patruelis . . participemque eum suae majestatis adsciscet.** Die 2. Person der or. recta wird in der oratio obliqua der klass. Sprache meistens mit ille, auch mit is angedeutet. Bei Amm. aber meistens is, oft ipse (mit der eigenen Bedeutung!), einmal ille (28. 1. 32: Aginatius . . docuit Probrum occulte, facile vanum hominem recalcitrantem, sublimibus meritis posse opprimi, si ille (sc. Probus) id fieri censuisset). Cf. Reiter op. cit. p. 25 sq.; u. ad 14. 9. 5 u. 14. 11. 7. Für is in mit quod beginnenden Sätzen pro acc. c. inf. cf. 22. 2. 1; 26. 7. 9; 31. 4. 4.

11. 11. **saepius replicando quod . . frater cuperet patruelis** p. 33. 3—4. etc. Für quod nach V. sent. et declar. cf. ad 14. 10. 14.

11. 11. **replicando quod .. cuperet.. participemque.. adsciscet.** p. 33. 4—6. Adsciscet = ascitūrus esset. Der Konj. Fut. I wird meistens durch den Konj. Präs. oder Imperf. ersetzt, wie auch oft in der klass. Sprache. Cf. 17. 2. 2: hac Julianus rei novitate perculsus et coniciens quorsum

124 Sprachlicher und historischer Kommentar

erumperet si isdem transisset intactis . . disposuit (21. 7. 3, eine, von Ehrism. zitierte Stelle, m. E. kein gutes Beispiel; Mscr: properabat, Bentley: properaret. Properabat läßt sich sehr gut verteidigen). Im allgemeinen umgeht Amm. die periphrastische Konjugation. Cf. Ehrism. p. 37: ,,Part. fut. quod saepissime apud eum occurrit, raro cum formis verbi esse conjungitur. Quam structuram adeo evitare videtur Amm., ut, ubi scriptorem aliquem exscribit vel imitatur, pro conj. periphr. fut. vel solum part. fut. vel aliam aliquam constructionem usurpet. Cf. Cic. Brut. 84, 289: cum Demosthenes dicturus esset ∞ Amm. 30. 4. 5: Demosthenes quo dicturo u. Cic. ad Att. 2. 21: quorsus eruptura sit ∞ Amm. 17. 2. 2: quorsum erumperet''.

Anm. Für die merkwürdige modorum variatio nach quod in diesem Satze cf. et. 14. 11. 7; 21. 16. 7; 21. 7. 3; 24. 7. 5 usw. u. ad 14. 2. 13. (Klausel!). Für den Indik. (adsciscet) in der orat. obl. cf. et. Schickinger p. 19 sq. (der Kallenberg ergänzt).

p. 33. 4. **11. 11. quod . . eum videre frater cuperet patruelis.** Für die Konstr. der verba volendi cf. Kallenb. p. 21 sq. u. p. 23 sq.: ,,Quinque verba exstant quae conjunctiones sequuntur: vocum curandi, moliendi, adnitendi, festinandi quaeque semel ut regit, deinde apud vocem cavendi compluribus locis ne legitur''.

p. 33. 5. **11. 11. siquid per imprudentiam gestum est.** Kiessling: si quid; Vales. Gronov. Wagner: quod. Die Überl. wurde nicht verstanden; das Interrogativ pronomen aber steht hier statt des Relativums, wie oft im Spätlat. (vergl. auch die Verwendung des interrog. τίς statt des relativen ὅστις im Spätgriech. u. dialektisch). Cf. Löfst. Beitr. p. 55 sq., der u. a. zitiert Sen. Apocol. 9. 5 (censeo uti divus Claudius ex hac die deus sit, ita uti ante eum quis optimo jure factus sit) u. Petron. Sat. 50. 7 (ignoscetis mihi quid dixero: ego malo mihi vitrea, certe non olunt), wo auch die Edit. die handschr. Überl. geändert haben. Cf. et. Hofm.-Leum. p. 706; Brugmann-Thumb[4], Gr. Gramm. p. 646; Blass, Neutest. Gramm[2] p. 179; Pfister p. 203 (u. die unrichtigen Konjekt. van Leeuwens in seiner Ed. des Aristoph. ad Plut. 24, 52 sq. u. 1171).

p. 33. 7. **11. 11. Arctoae provinciae diu fessae.** Cf. Tac. hist. 2. 41. 14: omnes provinciae regna . . fessa bellis; Ann. 2. 5: fessas Gallias ministrandis equis.

p. 33. 9. **11. 12. numine laevo.** Cf. 31. 4. 9: quasi laevo quodam numine deligente. Gell. N. A. 5. 12. 13: numina laeva in Georgicis. Bed.: ungünstig (Georg. 4. 7 = günstig!). Cf. et. ad 14. 6. 18.

11. 12. ire tendebat. Cf. Kallenb. p. 22: „tendo non exstat cum infinitivo conjunctum, nisi cum infinitivo eundi". (für die Konstr. der verba celerandi cf. ibid.). Tendo mit Inf. dichterisch, seit Lucret. (Hofm.-Leum. p. 581).

11. 12. editis equestribus ludis. Part. Perf. Pass. = Part. Präs. Pass. Diese praesentische Bedeutung ist selten (cf. Hofm.-Leum. p. 607 in fine).

11. 12. Thoracis aurigae. Cf. Liban. ep. 502. 1 (= Foerster X, 551. 9 sq.): ἔλαβόν σου διὰ Θώρακος ἐπιστολήν, γράμματα δὲ ἐπ' ἐκείνῃ δώσειν εἰπών, ἀφ' ὧν ἂν ἦν μοι μαθεῖν, ὅ τι δεῖ σοι πραχθῆναι, μόλις μὲν ἐντυγχάνει, δίδωσι δὲ οὐδὲ τότε (Brief an Alcimus; cf. Seeck, B. L. Z. G. p. 52). Nach R. E. (Enßlin) VI[A] p. 338 sollen dieser Th. des Lib. und obiger Th. auriga identisch sein.

11. 14. Tauros quaestor. Flavius Palladius Rutilius Taurus Aemilianus (cf. Vaglieri in Diz. Epigr. 2 p. 1006), wahrscheinlich der nämliche comes, der 349 im Auftrag des Kaisers Constantius II., Athanasius zur Rückkehr aufforderte und auch derselbe quaestor, der es unterließ, als er vom selben Kaiser 354 nach Armenia gesandt wurde, den in Ungnade geratenen Caesar in Konstantinopel zu besuchen. Danach war T. praefectus praetorio Italiae (21. 6. 5). Viele Gesetze des Cod. Theod. sind an ihn adressiert. Taurus, selber ein Arianer, hatte auf Befehl des Constantius II. den Vorsitz des Konzils von Ariminum im Jahre 359 auf sich genommen und den Auftrag erhalten, keinen der versammelten Bischöfe zu entlassen, bevor er nicht die Annahme einer alleingültigen Glaubensformel durchgesetzt hätte. Bei erfolgreicher Erledigung dieses Auftrags war ihm, als Belohnung, das Consulat in Aussicht gestellt, das er 361 verwaltete. Als Julian zum Kaiser proklamiert war und nach Osten aufmarschierte, floh Taurus über die jülischen Alpen zu Constantius und wußte auch seinen Consulatskollegen, den praef. praet. Illyrici Florentius zur Flucht zu bewegen. (21. 9. 4; Zos. III, 10. 4). Ebenfalls noch während seines Consulatsjahres (Dez. 361) wurde T. vom außerordentlichen Gerichtshof von Chalcedon zur Verbannung nach Vercellae verurteilt (22. 3. 4). Nach Lib. orat. XLII = Foerster 3. 319. 2 war er einfacher Herkunft. Cf. Stein, Spätr. Gesch. 1 p. 243, 259; R. E. (Enßlin) V[A] p. 70 sq. (mit Lit.); Seeck, B. L. Z. G. p. 227 sq. (lückenhaft und ungenau); Enßlin, Klio 18. 1923. p. 114; Schiller II p. 288; Hefele, Conciliengesch. II[2] p. 702. Die Söhne sind: Aurelianus (cf. R. E. (Seeck) 2 p. 2428 sq.); Caesarius (cf. R. E. (Seeck) 3 p. 1300 sq.); Harmonius (cf. F. H. G. IV, 609ᵃ = Joh. Ant. fragm. 187). Für den gleichnamigen Enkel Taurus (wahrscheinlich der consul des Jahres 428), Sohn des Aurelianus cf. R. E. Vᴬ p. 71 (Enßlin).

Anm. Mit quaestor wird hier selbstverständlich nicht der quaestor sacri palatii (cf. ad 14. 7. 12) gemeint, sondern „q. militaris, qui annonas militum distribuit, sed jurisdictionem etiam et adparitionem habuit". (Wagner II p. 91).

p. 33. 18—19. **11. 14. nec appellato eo nec viso transivit.** Cf. Tac. Agr. 40: ne adpellato quidem eo remeasse; u. ad 14. 10. 11.

p. 33. 19—21. **11. 14. venere tamen aliqui jussu imperatoris ... eundem ne commovere se posset ... custodituri.** Cf. Ehrism. p. 18 sq.: „In usurpando verbo posse certam et tamquam absurdam rationem sequitur. In enuntiatis consecut. affirmat. possit per repraesentationem pro posset legitur; in negativis autem sententiis imperfectum ponitur, uno excepto loco (17. 13. 23) . . . . Enuntiationes finales positivae omnes (una excepta 28. 1. 50) possint pro possent praebent, contra enuntiationes negat. majorem partem recte construuntur: 5ⁱᵉˢ enim posset, ter possit exstat" (mit den Beisp.). Diese „Regel" hat, glaube ich, zwei verschiedene Gründe: 1. Die consec. temp. wird genauer beobachtet in neg. fin. u. bes. in neg. consek. Sätzen, jedenfalls bei Amm. (weil die Abhängigkeit stärker gefühlt wird); 2. „In der Vulgärsprache fallen Formen wie possim u. possem, velim u. vellem, occiderim u. occiderem lautlich zusammen, was das Gefühl für die Unterscheidung der Zeiten abstumpfen mußte . ." (Hofm.-Leum. p. 704). Sonst findet man (in den nicht - fin. oder - consek. Sätzen) immer posset. Cf. et. ad 14. 2. 13 u. für die repraesentatio ad 14. 11. 26.

p. 33. 21. **11. 14. Leontius, postea urbi praefectus, ut quaestor.** Flavius Leontius. Als comes nimmt er im Jahre 351 teil an der Kommission, welche das Urteil über die Ketzerei des Photinus sprechen soll (Caspar I p. 166 sq. und passim). 354 wird er quaestor sacri palatii des Gallus (cf. ad 14. 7. 12). Als praef. urbis Romae erwähnt im Cod. Theod. 16. 2. 13 (10 Nov. 356) und bei Amm. 15. 7. 1—6, woselbst auch seine Charakteristik: urbem aeternam Leontius regens, multa spectati judicis documenta praebebat, in audiendo celerior, in disceptando justissimus, natura benevolus, licet auctoritatis causa servandae, acer quibusdam videbatur, et inclinatior ad damnandum. Cf. Seeck, B. L. Z. G. p. 194 sq.; Gothofr. annot. ad Cod. Theod. l.c.

11. 14. urbi praefectus. Cf. ad 14. 6. 1.

Zu XIV 11. 14—11. 14 (p. 33. 17—33. 23).

11. 14. Lucillianus. Cf. R. E. (Seeck) 13 p. 1647 sq.: „Schwieger- p. 33. 22. vater des Kaisers Jovianus (25. 8. 9; Symm. or. I, 4) verteidigte, wahrscheinlich als Dux Mesopotamiae Nisibis erfolgreich, als es 350 von den Persern belagert wurde (Zos. II, 45. 2; III, 8. 2). Als Gallus 354 zu seiner Hinrichtung aus Antiocheia nach Mailand reiste, wurde L. ihm von Constantius zu seiner Bewachung entgegengeschickt, als wenn er ihm als comes domesticorum dienen sollte (diese Stelle). Im Jahre 358 wurde L. zu den Persern geschickt, von ihnen aber tief ins Innere ihres Landes verschleppt und dort bis in das J. 359 festgehalten (17. 14. 3; 18. 6. 17, 18). Zurückgekehrt wurde er mag. eq. per Illyricum (21. 9. 7). Als Julian 361 dort einmarschierte, beabsichtigte er sich ihm entgegenzustellen, wurde aber in Sirmium bei Nacht überfallen und gefangengenommen (21. 9. 5 — 21. 10. 1). Cf. Liban. or. 18. 111. Seines Amtes entkleidet, hielt er sich in Sirmium auf (25. 8. 9; Zos. III, 35. 2) als Jovian ihn 363 zum mag. eq. et ped. ernannte und beauftragte eilends nach Mailand zu ziehen, um dort seine Anerkennung als Kaiser zu sichern. Er gehorchte, ging aber dann von Mailand nach Gallien, wo er in Remi von aufrührerischen Soldaten erschlagen wurde (25. 10. 6, 7; Zos. III, 35. 2; Symm. or. I, 4)". Über seine Stellung cf. v. Nischer p. 435 und p. 450: „L. wird . . . stets in dieser Charge (sc. comes) erwähnt und wenn er auch später (25. 8. 9) zum mag. ped. befördert wird, so hat er dieses außerordentliche Avancement nur dem Umstand zu verdanken, daß sein Schwiegersohn Jovian zum Kaiser ausgerufen worden war. Mit einer bestimmten Provinz läßt er sich weder nach Schilderungen Ammians noch Zosimus' in Zusammenhang bringen: er scheint vielmehr einer jener Comites gewesen zu sein, die sich am kaiserlichen Hoflager befanden und fallweise zur Vertretung höherer Generale oder zu sonstigen besonderen Aufgaben berufen wurden. So vertrat denn auch Luc. einmal den com. dom. Barbatio (14. 11. 14), ein anderes mal vielleicht den mag. eq. per Illyricum (Luc. comes, qui per illas regiones rem curabat ea tempestate castrensem, agensque apud Sirmium: 21. 9. 7)". Für com. domest. cf. ad 14. 11. 19; für mag. eq. per Ill. cf. ad 14. 9. 1; für comes cf. ad 14. 5. 1.

11. 14. Bainobaudes. Für scutarii und tribunus cf. ad 14. 10. 8; p. 33. 23. 14. 7. 9; 14. 5. 8. Ferner wird B. erwähnt 16. 11. 6 im alemannischen Kriege des Julianus (im J. 357), als tribunus (ohne weiteren Zusatz), aber 16. 11. 9 als tribunus cornutorum. Auch 16. 12. 63, wo berichtet wird, daß er in der Schlacht bei Argentoratum (357) gefallen sei, wird er tribunus cornutorum genannt. Die cornuti waren auxiliaria, was in dieser Zeit jedoch nicht besagen will, Truppen geringeren Wertes oder niedrigeren Ranges (cf. Grosse, Mil. p. 38 sq.). Übrigens weist der Name Bainobaudes auf barbarischen Ursprung hin (nicht in Holder, Altc. Sprachschatz!). Sodaß der Übertritt von einer Waffengattung in eine andere (von scholae zu auxilia) nicht bloß ganz natürlich wäre, sondern überdies ein Avancement bedeuten dürfte (und m. E. nicht zur Annahme zweier B. führen soll.). Cf. et. Thes. 2 p. 1685; M. Schönfeld, Proeve eener kritische Verzameling van Germaansche Volksen Persoons- namen, etc. (1906) p. 105 u. Schönfeld p. 42; Förstemann 1 p. 232.

11. 15. Hadrianopolim . . urbem Haemimontanam, Uscudamam antehac appellatam. Amm. h. l. und 27. 4. 12, Eutr. 6. 8, Ruf. Brev. 9 erwähnen Uscudama als älteren Namen. Ferner kommt bei Steph. Byz. s. v. der Name vor: Γονεῖς, πόλις Θράκης· οἱ κατοικοῦντες ὁμοίως. Οἱ δὲ ᾽Αδριανοπολίτας τούτους ἐκάλεσαν. (cf. Eust. II. p. 291. 41). Sehr allgemein ist der Name Orestias; cf. Hist. Aug. Elag. 7. 6 sq.: (Orestes) etiam Orestam condidit civitatem, quam saepe cruentari hominum sanguine necesse est. Et Orestam quidem urbem Hadrianus suo nomini vindicari jussit, etc.; Zonar. 17. 23; Stephanus, Thes. L. Gr. s. v. V p. 2168 (Edit. 1851); Kiepert, Lehrb. der alten Geogr. p. 330. Ursprünglich lag die Stadt in der kaiserlichen Provinz Thracia, später, seit Diocletianus, in der provincia Haemimontus, einem Teil der dioecesis Thraciarum (praefectura praetorio per Orientem). Nach Amm. 31. 6. 2 (. . magistratus . . . imam plebem omnem cum fabricensibus, quorum illic ampla est multitudo . . . armavit) und N. D. Or. X (cf. Böcking 1 p. 242), befand sich dort eine große Waffenfabrik. Nach Hierocl. Synecd. war sie Metropole der eparchia Haemimonti (ὑπὸ ἡγεμόνα). Sie war auch kirchliche Metropole, (cf. Georgii Cyprii Descr. (Gelzer) p. 3; 25; Pieper, Tab. 14) u. hat schon im 3. Jahrh. eine christliche Gemeinde. In der Literatur oft erwähnt, wegen der Schlachten, die in der Nähe der Stadt geliefert worden waren, z. B. Exc. Vales. 17; 24; Zos. 2. 22. 8 (Constantius und Licinius, A[0] 323); und Amm. 31. 6. 1. — 31. 16. 2 (Schlacht bei Hadrianopel, A[0] 378). 586 von den Avaren belagert, später wiederholt von Bulgaren und Kreuzfahrern zerstört. Cf. et. Tab. Peut. VIII, 3; Eckhel 2 p. 33; Cat. Greek Coins, B. M. (Reg. St. Poole), The Tauric Chersonese etc. p. 116 sq. (bis Gordianus); Oberhummer in R. E. 7. 1912. p. 2174 sq. (mit Lit.). Nicht in Anon. de s. orbis (Manitius), Ravenn., Guido, Ruf. Festus, Avienus.

11. 15. comperit (sc. Gallus) Thebaeas legiones . . consortes suos misisse quosdam, eum ut remaneret . . hortaturos. Cf. Reiter, op. cit. p. 23: „part. hortaturos loco est enuntiati finalis (= ut viros qui hortarentur), ut eum scriptum sit e cogitatione legionum, non Galli". Cf. et. ad 14. 11. 7.

11. 15. Thebaeas legiones. Wahrscheinlich dieselben Legionen, die sub dispositione viri ill. mag. mil. per Thracias stehen. Es sind legiones comitatenses (N. D. Or. VIII, 36. 37), nämlich die prima Maximiana Thebaeorum und Tertia Diocletiana Thebaeorum. Cf. Müller, Milit. p. 576. Für comitatenses cf. Krom.-Veith p. 569: „Die Namen Palatini und Comitatenses sind eigentlich nur Ehrentitel, deren ursprüngliche Bedeutung sich jedoch mit dem Wesen der Truppen nicht völlig deckt. Beide Kategorien der Feldtruppen sollen ehrenhalber als Teile des Hofstaates bezeichnet werden, und da der Hof in der Residenz (palatium) prunkvoller ist als jener im Felde (comitatus), so erhielten die Gardetruppen den ersten, die Linientruppen den zweiten Namen" (cf. ad 14. 5. 8 s. v. comitatus und ad 14. 9. 1 s. v. mag. ped.).

11. 15. sui fiducia . . per stationes † locat confines. Val. locati, m. E. richtig. Bekanntlich gilt die Form auf -i bei nostri, vestri, sui auch für den Plural in der Gerundivkonstr. (cf. Hofm.-Leum. p. 598). Belegstellen für sui mit attrib. Part. Perf. Pass. im Genit. kann ich nicht anführen.

11. 16. palatio. Cf. ad. 14. 5. 8 s. v. comitatus.

11. 17. Domitiano et Montio. Cf. ad 14. 7. 9 und 14. 7. 12.

11. 17. Domitiano et Montio praeviis. Cf. 15. 8. 21: plebs universa . . praevia consonis laudibus celebrabat; 15. 10. 5: agrestibus praeviis; 18. 7. 1: praevium sequebantur; 22. 15. 19: alite praevia; 25. 6. 2: adoriuntur nos elefantis praeviis Persae; 26. 10. 16: densitate praevia fulgorum; 31. 7. 6: praevia . . spe meliorum. Mit Gen.: 31. 5. 8: inter metuenda multa periculorumque praevia maximorum; 24. 4. 31: Victorem comitem exercitus praevium. Poetismus, seit dem dritten Jahrh. auch in der Prosa. Cf. Hagend., St. Amm. p. 56 sq. u. Liesenberg (1889) p. 18 (für die mit prae zusammenges. Adj.).

11. 18. visa nocturna quas φαντασίας nos appellamus. Mit nos nicht gemeint: wir Griechen, sondern: wir Römer mit griechischer Bildung. Cf. 22. 9. 6: ἀπὸ τοῦ πεσεῖν quod cadere nos dicimus (Etymologie von Pessinus). Über „Ammians Römerstolz" cf. Enßlin, Klio

130   Sprachlicher und historischer Kommentar

Beiheft XVI. 1923. (op. cit.) p. 30 sq. Entgegengesetzte (und m. E. falsche) Auffassungen kann man finden: Einl. in die Alt. wiss. III² p. 260 (Kornemann) und Kultur der Gegenwart I Abt. 8² p. 201 (Wilamowitz).

p. 34. 13.   11. 18. visa nocturna, quas φαντασίας nos appellamus. Cf. 15. 3. 6: tantum aberat ut proderet quisquam visa nocturna; Gellius N. Att. 11. 5. 6: sed ex omnibus rebus proinde visa fieri dicunt, quas φαντασίας appellant; 19. 1. 15: visa animi, quas φαντασίας philosophi appellant; 19. 1. 18: mox tamen ille sapiens ibidem τὰς τοιαύτας φαντασίας, visa istaec animi sui terrifica non approbat; u. annot. Lindenbrog. ad h. l. (= Ed. Wagner 2. p. 93) u. ad 14. 6. 18. Suidas unterscheidet: φάντασμα μὲν γάρ ἐστι δόκησις διανοίας, οἵα γίνεται κατὰ τοὺς ὕπνους, φαντασία δὲ τύπωσις ἐν ψυχῇ (oft v. späteren verwechselt!).

p. 34. 14.   11. 19. viam fatorum. Cf. Cic. de r. publ. 6. 12: sed ejus temporis ancipitem video quasi fatorum viam u. Amm. 22. 16. 17: quae fatorum vias ostendit.

34. 14—15.   11. 19. qua praestitutum erat eum vita et imperio spoliari. Inf. Präs. = Inf. Fut. Pass. Cf. 20. 7. 8: post communes partis utriusque luctus, formidari etiam majores adfirmans forsitan adventuros; Hofm.-Leum. p. 601: „Der Typus — tum iri war nie sonderlich beliebt (auch in Caes. Gall. findet er sich nur 3 mal); im nachklass. Lat. kommt er nur noch vereinzelt vor (nicht z. B. bei Vitr. Sen. rhet. Val. Max. Cels. Plin. min. Suet.)". Er wird u. a. ersetzt durch den Inf. Praes. Pass. (bes. im Juristenlat. bei den Verben des Versprechens u. Stipulierens außer bei caveo; cf. Hofm.-Leum. p. 587), durch Umschreibungen mit posse (bes. klass.) oder durch das Gerundiv (Spätlat.) (cf. Hofm.-Leum. p. 556 sq.; Langen, Philol. 29 p. 469 sq.; Hassenst. p. 47, mit Beisp. u. Ehrism. p. 73, mit Beisp.). Beisp.: 18. 5. 2: cum omnibus se prospiceret undique periculis opprimendum (sc. esse; = oppressum iri); Ruf. Hist. Eccl. 2. 165, 2: significans per haec, quod esset confestim martyrio coronandus (ibid. 10. 986, 10: scribit ad fratrem pro certo se conperisse, quod sacerdos dei summi Athanasius injuste fugas et exilia pateretur, wo ein quod-Satz die Infinitiv konstr. ersetzt: Salonius p. 24).

p. 34. 16.   11. 19. venit Petobionem oppidum Noricorum = klass.: Petobionem, in oppidum Noricorum, venit. Cf. 14. 11. 15: cum Hadrianopolim introisset, urbem Haemimontanam . .

p. 34. 16.   11. 19. Petobionem. Tab. Peut. V, 2—3: Petavione; Priscus (F. H. G. Müller 4 p. 84): Παταβίωνος; Ravenn. p. 216. 1: Petaviona; Zos. 2. 46: Ποτεκίου (gewiß ein Irrtum); Tac. Hist. 3. 1: Poeto-

Zu XIV 11. 18—11. 19 (p. 34. 13—34. 16). 131

vionem (die übliche Form); Ptolem. 2. 14. 4: Ποιτόβιον (cf. annot. in Edit. Müller, 1883. 1 p. 292 sq.). Jetzt Pettau, am südlichen Ufer der Drau. Bis Konstantin gehört es zu Pannonia superior, später (wie auch hier erwiesen) zu Noricum und zwar zu N. mediterraneum. Cf. Itin. Burdig. (um 330) (Geyer p. 9 = Wesseling p. 561): civitas Petovione. Transis pontem, intras Pannoniam inferiorem (gemeint ist: superiorem oder Pann. I; cf. Wesseling ad h. l.). Seit Trajan ist der offizielle Name: colonia Ulpia Trajana (Poetovionensis). Cf. et. C. I. L. III, 1 p. 510 sq. (Mommsen); F. Pichler, Austria Romana II—III (1904) p. 176; N. D., Böcking II p. 660, 723; Holder, Altcelt. Sprachsch. II p. 1026 (mit Stellen); M. Abramić, Poetovio, Führer durch die Denkmäler der röm. Stadt (1925). In dem 3. Jahrh. hat sie schon eine christliche Gemeinde und ist Bischofssitz (Pieper, Tab. 13 und 14).

11. 19. **Noricorum.** Nach N. D., Seeck p. 108 gehören zur dioec. p. 34. 16. Illyricum (sub dispositione v. ill. praef. praet. Italiae) die Provinzen Nor. med. und Nor. ripense. Auch nach Laterc. Polemii Silvii liegen: in Illirico: Noricus (ripensis, supra Danubium) und Noricus mediterranea. Das Laterc. Veronense (Seeck p. 249), v. um 300, rechnet N. rip. und med. noch zur dioec. Pannoniarum. Für die Geschichte seit Diocletian cf. E. Polaschek in R. E. 17 p. 994 sq. (mit angeführter Lit.): „Mit Kaiser Diocl. änderte sich neuerlich die Verfassung N. S; die Provinz wurde geteilt in N. rip. und N. med., somit horizontal, nicht wie Raetia vertikal. Was sich darin ausdrückt ist die geogr. Quertelung N. S. durch den Zug der Hohen und Niederen Tauern. Auch die statthalterliche und provinzmilitärische Befugnis waren nunmehr prinzipiell getrennt; jede der beiden Provinzen hatte ihren zivilen Praeses, die erstere außerdem ihren militärischen dux, und alle drei waren zur Zeit der Reform viri perfectissimi . . . Amtssitze der beiden praesides waren wohl Ovilavae in N. rip., Virunum in N. med.; von letzterem Ort ist eine Ala celerum bezeugt, die eher als berittene Landjägerabteilung denn als eigentliches Militär beurteilt werden zu müssen scheint. Amtssitz des dux war sehr wahrscheinlich Lauriacum . . . Wie der dux N. ripensis den praesentalen magistri militum durch Vermittlung des seit Constantius II. nachweisbaren mag. mil. per Illyricum (cf. ad 14. 9. 1 s. v.) unterstand, hängen andererseits die beide norischen praesides vom praefectus, bzw. den praefecti praetorio Illyrici, Italiae et Africae (die Praefektur wurde nämlich im letzten Viertel des 4. Jahrh. zeitweilig collegialisch verwaltet) durch den vicarius der dioec. Pannoniarum bzw. Illyrici ab (cf. ad 14. 7. 9 s. v. praef.). Zur Zeit des Hlg. Severinus (455—482) bestand in N.rip.

trotz gelegentlicher Soldzahlung kein regulärer militärischer Grenzschutz mehr, daher auch keine ordentliche römische Verwaltung. In N. med. aber war damals Teurnia, nicht mehr Virunum metropolis Norici, wohl da die offene Stadt sich gegenüber den eindringenden Goten nicht halten konnte". Cf. et. Polaschek ibid. p. 971 sq., mit Lit. (1937); N. D., Böcking II p. 658 sq., p. 720 sq. und passim; Ptolem. 2. 13 (mit der Annot. von C. Müller in seiner Edit.); Tab. Peut. V, 1—3; Pieper, Tab. 13 und 14. Ein rationalis summarum Pannoniae primae, Valeriae, Nor. med. et Nor. rip. (sub disp. v. ill. com. sacr. largit.) wird erwähnt N. D. (Seeck p. 149) (cf. ad 14. 7. 9 s. v. com. s. larg.). Was sub dispos. v. spect. ducis Pann. primae et Nor. rip. ist, findet sich bei N. D., Seeck p. 196 sq. (für dux cf. ad 14. 7. 7 s. v.).

11. 19. Barbatio comes. Nach. Amm. 16. 11. 2: parte alia Barbatio post Silvani interitum promotus ad peditum magisterium, ex Italia jussu principis cum XXV milibus armatorum Rauracos venit (a⁰ 357), ist B. nach dem Tode des Silvanus, der im August des Jahres 355 in Köln zum Kaiser ausgerufen worden war, mag. ped. für das ganze Reich geworden (cf. von Nischer p. 431, 449). In 16. 11. 6—8 wird erzählt, wie er gegen Bainobaudes tribunus und Valentinian (den nachmaligen Kaiser) intrigiert, wodurch alemannische Truppenabteilungen durch seine Reihen hindurch entkommen und wie er Constantius mit falschen Nachrichten hinters Licht führt; Amm. schildert ihn als: ignavus et gloriarum Juliani pervicax obtrectator (16. 11. 7) und: subagrestis, adrogantisque propositi, ea re multis exosus, quod . . . proditor erat et perfidus (18. 3. 6). 359 wird er mit seiner Frau Assyria (18. 3. 4) auf Grund einer Beschuldigung wegen Hochverrates hingerichtet. Assyria nämlich hatte ihrem Mann, da sie durch ein schlechtes Vorzeichen beunruhigt war, (ein Bienenschwarm hatte sich in ihrem Hause niedergelassen) anläßlich dieses Vorfalls einen sehr unvorsichtigen Brief geschrieben, welcher verräterischerweise dem mag. equitum Arbetio in die Hände geriet. (cf. 18. 3—4). Ferner noch erwähnt 17. 6. 2. Sein Sohn Gessius ist Schüler des Libanius in den Jahren 355 und 356 (cf. Seeck, B. L. Z. G. p. 164). Cf. et. Seeck, B. L. Z. G. p. 94; R. E. (Seeck) 3 p. 1 sq.; Thes. 2 p. 1728.

Anm. 1) *comes.* Bedeutet etwa General. Cf. von Nischer p. 448: „Amm. nennt zahlreiche Com. und Duces, von denen jedoch manche (Comites) nicht militärische Funktionäre (comites rei militaris) sondern Zivilbeamte sind, die dem Praef. Praet. des betreffenden Reichsteiles unterstehen. Aber auch von den nach Ausscheidung dieser Zivilbeamten noch verbleibenden Generalen sind manche mit Vorsicht aufzunehmen, da sich nicht selten unter der von Amm. gewählten Bezeichnung Comes oder Dux eine ganz andere Charge verbirgt". (für dux cf. ad 14. 7. 7). Grosse, Rangordnung sagt über diesen militärischen comes-Titel p. 152: „Jeder dux war auch sogleich comes. Erhielt er aber die comitiva primi ordinis, so nannte er sich comes et dux (es gibt drei Grade, comitiva ordinis primi, secundi, tertii; der reine Ehrentitel lautet auch wohl com. honoraria; cf. ad 14. 5. 1 s. v.); war diese Rangerhöhung ein für allemal mit einem Ducat verbunden, so hieß er comes limitis oder comes rei militaris". (Grosse schildert hier den Zustand vom 5. Jahrhundert an). Cf. et. R. E. (Seeck) IV, 1 p. 622 sq. und V, 2 p. 1869 sq.; Willems p. 556 sq.

2) *domesticis*. Cf. Stein, Spätr. Gesch. I p. 81: „Vermutlich um den Nachteilen, welche die zunehmende Barbarisierung des Offizierskorps mit sich brachte, so gut wie möglich entgegenzuwirken, wurde nun in der letzten Zeit des Prinzipats — wir wissen nicht von welchem Kaiser — das Institut der protectores geschaffen. Der Titel protector kam um die Mitte des III. Jahrhunderts auf und war damals eine Auszeichnung, die an hohe Offiziere verliehen wurde. Dann aber änderte sich seine Bedeutung. Am Ende des Prinzipats führten ihn nicht mehr Legionspräfekten und Prätorianertribune, sondern die Gesamtheit der Centurionen, (und gleichgestellten Kavallerieoffiziere) von denen jetzt stets ein Teil als vornehmste, zahlreich natürlich schwache Garde im kaiserlichen Hofquartier Dienst tat, während die übrigen, die sich dort schon eine gewisse Ausbildung und Politur erworben hatten, zum Truppendienst kommandiert waren (in praesenti, praesentales × deputati) . . . . die Protektoren, aus denen sich jetzt die Stabsoffiziere ausnahmslos ergänzten, waren durch ihren zeitweiligen Dienst am Hofe gegenüber den früheren Centurionen sozial gehoben und da dies im Protektorentitel zum Ausdruck kam, so ist es nicht verwunderlich, daß er die Bezeichnung centurio nach einigen Jahrzehnten ganz verdrängt hat. Ein Teil der Protektoren umgab während der Dienstleistung im Hauptquartier die Prätorianerpräfekten, die Mehrzahl den Kaiser selbst; die letzteren Offiziere galten darum als vornehmer und wurden später des Kaisers „Hausprotektoren", protectores domestici oder kurzweg domestici genannt. Doch hatten die beiden Arten von protectores am Ende des Prinzipats noch eine gemeinsame Organisation, deren Vorsteher einerseits als Gardeoberst die protectores am Hofe befehligte, andererseits die Stammrolle der Organisation führte, in der auch die abkommandierten verblieben" und p. 187 sq. (ibid.): „Die Leitung der früher den Prätorianerpräfekten zugewiesenen protectores hat jedenfalls schon Konstantin auf die magistri militum

übertragen. Wohl von da an bildeten nur mehr die (protectores) domestici eine einheitliche Organisation, deren hochgestellter Chef weiterhin comes domesticorum hieß. Da die Zahl derjenigen unter den gewöhnlichen protectores, die nicht bei den Truppenkörpern eingeteilt waren, offenbar für den Dienst in den verschiedenen Hauptquartieren nicht zureichte, wurden häufig, vielleicht regelmäßig, protectores domestici zu den Stäben der magistri militum abkommandiert". (mit Lit.). (Konstantin hatte nämlich den praef. praet. ihre militärischen Befugnisse genommen und sie den magistri militum und den comites zugewiesen; cf. ad 14. 7. 9 und 14. 9. 1). Es will mir scheinen, daß Stein in Bezug auf die komplizierte Frage der protectores (domestici) vorläufig die klarste Ausführung gegeben und eine einleuchtende Theorie aufgestellt hat. Der Leser möge aber ins Auge fassen, daß noch vieles nicht geklärt ist. Cf. et. Willems p. 582 sq.; Kromayer-Veith p. 577; R. E., (Seeck) IV p. 648 sq. und V p. 1296 sq.; Daremb.-Saglio IV p. 709; Grosse, Mil. p. 138 sq. (mit Lit.); Thes. V p. 1871 sq. In N. D. Occ. und Orient. bzw. c. XII und c. XIV werden erwähnt Domestici Equites und Domestici Pedites et Deputati eorum (sub dispos. virorum illustrium comitum domesticorum equitum sive peditum); cf. N. D., Böcking 1 p. 262 sq. und 2 p. 393 sq. und Gothofred. annot. ad Cod.. Theod. VI, 24.

p. 34. 18.   **11. 19. Apodemio.** Agens in rebus, von Constantius als Werkzeug bei der Ermordung des Gallus und später gegen Silvanus (355, Usurpator) verwendet. Cf. 14. 11. 23; 15. 1. 2: Apodemius quoad vixerat igneus turbarum incentor, raptos ejus (sc. Galli necati) calceos vehens, equorum permutatione veloci, ut nimietate cogendi quosdam extingueret, praecursorius index Mediolanum advenit, ingressusque regiam, ante pedes projecit Constantii, velut spolia regis occisi Parthorum; 15. 5. 8; Joh. Monach. vita S. Artem. 15. Um 355 wird er als einflußreich von Libanius erwähnt (Ep. 1200). Julianus ließ ihn, zusammen mit dem notarius Paulus im Jahre 361, lebendig verbrennen (22. 3. 11). Cf. R. E. (Seeck) 1 p. 2819 (wo auch zwei, nicht bei Amm. erwähnte Homonyme); Thes. 2. p. 243.

p. 34. 18.   **11. 19. agente in rebus.** ,,The schola of the agentes in rebus was probably established by Diocletian to take the place of the socalled frumentarii of the Pricipate, whom he had abolished, although the earliest notice of the Agentes occurs in a Constitution of Constantine I, dating from 319. The frumentarii were originally soldiers sent into the provinces to supervise the transportation of grain for the provisioning of the army (frumentum militare), but had developed into secret agents of the imperial administration, having also under their care the cursus publicus or State Post. These latter were the duties that fell to the lot of the Agentes . . . The Agentes were looked upon as soldiers; they were dressed and organized as a military corps and were divided into 5 grades, with regular promotion from the lowest to the highest". (Boak-Dunlap, op. cit. p. 68 sq.). Die Aufsicht, die anfangs dem praef. praet. oblag, wurde später dem magister officiorum übertragen. Nach N. D. Or. XI, Occ. IX, hat er zu überwachen: schola agentum in rebus et deputati ejusdem scholae. Die agentes führen im allgemeinen allerhand kaiserliche, namentlich dringende Aufträge (ἀγγελιαφόροι) aus. Sie sind verpflichtet, die Regierung auf dem laufenden zu erhalten über Zustände, Verhältnisse und dergl., wovon diese, ihres Erachtens, unbedingt unterrichtet werden muß. Als deputati sind sie Inspektoren des cursus publicus. Ferner stellen sie die Beamten für das officium (Bureau) des mag. off. (Boak-Dunlap p. 100 sq.). Den obersten Rängen der ag. in rebus, den ducenarii, werden die principes der officia, sowohl für die officia der praefecti und der wichtigsten Zivilgewalthaber in Osten und Westen, als für die der Militärstatthalter des Ostens entnommen. In dieser Weise konnten die mag. off. und somit Kaiser und Hof, dauernd die Provinzialverwalter überwachen, sodaß man die off. mag. als ,,head of the imperial intelligence office" bezeichnen könnte (Boak-Dunlap p. 73). Wahrscheinlich gab es die ag. in rebus im ostgotischen Königreich in Italien nicht mehr. Wohl im byzantinischen Reich bis ins 8. Jahrh. Dann verlieren sie, wie auch die mag. off., allmählich ihre Bedeutung. Eine andere Bezeichnung für die ag. in rebus lautet: magisteriani (μαγιστριανοί). Cf. et. N. D., Böcking 1 p. 234 sq.; 2 p. 304; Gothofr. ad Cod. Theod. 6. 27. 28; Hirschfeld, Die Agentes in Rebus, Sitzungsber. d. Berl. Akad., 1893. p. 421 sq.; Hermesdorf, Schets der uitwendige gesch. v. h. Rom. Recht. p. 294 sq.; und Boak-Dunlap, op. cit. ibid. (mit Lit.).

Anm. Für mag. off. cf. ad 14. 7. 9 (scholae); Boak-Dunlap, op. cit. p. 1—154; Hermesdorf, op. cit. p. 294 sq.; und (ausführlich) ad 20. 2. 2 (Florentius); Willems, Dr. publ. rom. p. 556 sq.

11. 20. ubi quondam peremptum Constantini filium accipimus Crispum. Diesen Mord hat Amm. wahrscheinlich in seinen verlorenen Büchern (cf. ad 14. 1. 8 hist.) beschrieben. Cf. 15. 5. 33; 18. 5. 7; 19. 2. 8; 19. 9. 9; 20. 7. 1; 21. 8. 1; 21. 16. 10; 25. 8. 13; 31. 11. 3 usw.

11. 21. cubiculi praepositus. Titulatur bei Amm. (29. 2. 7): cubiculariis officiis praepositus; 15. 2. 10: cui erat thalami Caesariani cura commissa; und weiter bei andern: praepositus imperatoris, sacri palatii cubicularius, cubicularius, palatii praepositus, praesidentem imperiali cubiculo, majordomus imperialis; πραιπόσιτον τοῦ εὐσεβεστάτου κοιτῶνος, τὸν πραιπόσιτον τοῦ παλατίου, πρωτότυπος τῶν κοιτώνων τοῦ βασιλέως εὐνοῦχος, etc. (Verzeichnisch bei Boak-Dunlap, op. cit. p. 313 sq.). Für die Entwicklung dieses Amtes cf. Stein, Spätr. Gesch. I p. 56 sq.; ,,Für diejenigen Geschäfte der Zentralverwaltung, deren Erledigung sich der Kaiser selbst vorbehielt, stand ihm ein zahlreiches Hilfspersonal zur Verfügung, das ursprünglich seiner privaten Haushaltung angehörte und daher großenteils aus kaiserlichen Freigelassenen und Sklaven bestand. Am Ende des Prinzipats hatten sich aber diese Funktionen längst scharf von der persönlichen und häuslichen Bedienung, dem ,,Schlafgemach" (cubiculum) des Kaisers und seiner Familie gesondert; während das cubiculum unter dem Einflusse orientalischer Sitten in wachsendem Maße aus unfreien oder freigelassenen Eunuchen gebildet wurde, waren jetzt die Vorstände der aus Gesindestellungen hervorgegangenen Zentralämter und auch viele von ihren Untergebenen römische Ritter". Dieses kaiserliche Hausgesinde usw. untersteht dem Oberstkammerherrn (,,grand chambellan"), dem vir inlustris praepositus sacri cubiculi in nachstehender Rangordnung: der vir spectabilis primicerius sacri cubiculi (erster Kammerherr, ,,premier chambellan"), der Chef der cubicularii, die den Kaiser in seinen Gemächern bedienen; der vir spectabilis castrensis sacri palatii (majordomus), der Chef der ministeriales (ministeriani) dominici (kaiserliche Kammerdiener), paedagogia (Knappen) und curae palatiorum (,,The duties of these officials seem to have been concerned with the material condition of the palace and possibly of its furnishings"); der comes sacrae vestis (,,comte de la garderobe sacrée"), Chef der zu diesem Zweck bestellten Diener; der vir spectabilis comes domorum (nach Willems, Dr. public rom., irrigerweise ,,l'intendant des maisons de résidence de l'empereur". Comes domorum, kurz für comes domorum per Cappadociam, comes der kappadokischen Krongüter. Dieser comes d. war ursprünglich dem comes rerum privatarum untergeben, doch seit dem Jahre 414 dem praep. sacri cub . . Cf. Gothofr. annot. ad Cod. Theod. 6. 30. 2 und Boak-Dunlap, op. cit. p. 217 sq.); decuriones et silentiarii (eine Art Leibwache und Palastpolizei, anfangs 30 Mann unter 3 decuriones). Cf. et. N. D., Böcking, I p. 3, 36—37, 232 sq.; II p. 5, 57, 293 sq., 398 sq.; Gothofr. ad Cod. Theod. 6. 8; Willems, Dr. publ. rom. p. 559 sq.; Boak-Dunlap p. 165 sq. (mit Lit.; p. 309 sq. ein Verzeichnis der pr. s. cub.); R. E. (Rostowzew) 4 p. 1734 sq.; L. Cesano, Rugg. Diz. Epigr.

II, 2 p. 1280 sq., mit Lit.; Du Cange (1883) 2 p. 640 sq.; Thes. 4 p. 1265 sq. In den N. D. sind die Seiten, die sich auf die pr. s. c. beziehen, fast ganz verlorengegangen, sodaß uns die Hauptquelle fehlt.

11. 21. **notarius.** Cf. ad 14. 5. 6; cf. et. Boak-Dunlap, op. cit. p. 65, 107; Hermesdorf, op. cit. p. 296; Karlowa 1 p. 845 sq.

11. 21. **docere.** Docere findet sich bei A. mit nachfolgenden Konstruktionen: (1.) mit abhängigem Fragesatz; cf: 15. 5. 10; 20. 7. 9; 21. 4. 4; 28. 1. 2; 28. 5. 2; 28. 6. 16; 31. 11. 6 (auch klass.). (2.) mit quod; cf. 18. 6. 16: docetque quod apud Parisios natus in Galliis . . ad Persas abierat profugus u. 31. 9. 1 (nicht klass.). (3.) mit nom. c. inf. pass.; cf. 19. 9. 7: impendioque sollicitus ne transitione perfugae uxor ejus superesse doceretur et tractari piissime. Cf. et. Thes. V. 1. p. 1703 sq.

11. 21. **apud Antiochiam** = Antiochiae (cf. 14. 7. 19, mit typischer Variation!). Cf. Fesser p. 32: „Die häufige Verwendung v. apud = „in" bei Tac., bes. bei Städtenamen, aber auch in Ausdehnung des Gebrauches bei Länder- u. Inselnamen entspringt vielleicht der Sallust-Nachahmung u. wird von Degel (op. cit. p. 30) als Archaismus gewertet. Anders ist die Situation bei Amm. Hier entspringt der häufige Gebrauch (bes. gern in dem stereotypen Falle agens apud mit Stadtnamen) wohl dem Einfluß der Umgangssprache. Freilich kann auch Anlehnung an historischen Stil mitwirken". Der Lokativ findet sich aber oft bei Amm.; stets Romae, (Beisp. Fesser ibid.) das sich auch sonst im Spätlat. hält.

11. 22. **Adrasteo pallore.** Cf. Verg. Aen. 6. 480: Adrasti pallentis imago u. Hagend. St. Amm. p. 5 annot. 3: „Minus recte in Thes. 1. 823. 39 sq. Adrasteus ad Adrasteam (i. q. Nemesis) refertur . ."; m. E. richtig, wenn man den ganzen Zusammenhang der Vergilianischen Reminiszenzen berücksichtigt.

11. 22. **hactenus valuit loqui, quod . . jugulaverit.** Cf. ad 14. 10. 14 u. 14. 11. 11. Eine Ausnahme 21. 16. 7: quod autem nec . . est visus, nec . . gustaverit . . praetermitto (wo der Ind. u. Konj. nach vorhergehendem Präs. gebraucht werden). Cf. et. Kallenberg p. 15 sq.

11. 22. **dictitanti . . eum se per novem menses utero portasse.** Cf. ad 14. 11. 11. u. bes. 15. 5. 16; 19. 9. 6; 19. 12. 16; 20. 4. 20; 23. 2. 4; 29. 5. 17 (is Objekt in Sätzen mit Inf.).
Anm. Ohne Grund zitiert Reiter, op. cit. p. 25: 26. 6. 14 u. 29. 1. 33.

138 Sprachlicher und historischer Kommentar

p. 35. 15—17. **11. 23. cervice abscisa, ereptaque vultus et capitis dignitate, cadaver est relictum informe, paulo ante urbibus et provinciis formidatum.** Cf. Verg. Aen. 2. 556 sq.:
   (Priamum) tot quondam populis terrisque superbum
   regnatorem Asiae. jacet ingens litore truncus
   avolsumque umeris caput et sine nomine corpus.
u. Hagend., St. Amm. p. 3—4.

p. 35. 17—18. **11. 24. superni numinis.** Cf. 16. 12. 62: favore superni numinis; Ovid. Met. 15. 128 (u. vergl. Met. 15. 409 mit 14. 11. 26: vices alternans u. vices alternare). Ein solches Versteck spielen mit Zitaten für Amm. nicht ungebräuchlich. Cf. Herz, Aul. Gell. p. 301 sq., der es wohl zu sehr betont. Für Entlehnungen aus Lucan., Stat., u. Val. Flaccus cf. ibid. p. 273 sq.

p. 35. 19. **11. 24. cruciabili.** Cf. 20. 7. 18; 22. 11. 10; 23. 5. 17; 25. 7. 7; 29. 1. 24; 28. 1. 3; 29. 5. 54; 31. **15.** 1 u. Gellius N. A. 3. 9. 7 (u. ad 14. 10. 3). Cf. et. Thes. 4 p. 1217. Das Adj. nicht-klass. u. erst seit Gell. Das Adv. cruciabiliter bei Plaut. Pseud. 950 u. Amm. 26. 6. 3; 30. 5. 19.

p. 35. 24. **11. 24. inlacrimoso obitu.** Ammianeïsche Neubildung (nach lacrimosus), wie insulosus (23. 6. 10); caerimoniosus (22. 15. 17; Thes. 3 p. 103); subscruposus (nach dem Archaismus scruposus: 20. 10. 2; 31. 8. 4): 21. 16. 3. Diese Neuerungen vielleicht unter Sallust. Einfluß. Cf. ad 14. 2. 9; 14. 8. 14; Liesenb. 1888 p. 27 sq.

p. 35. 25—26. **11. 25. facinorum impiorum bonorumque.** Cf. Fesser p. 51: „fac. in bonam oder neutram partem ist arch. u. archaïstisch". Cf. et. Thes. 6. p. 77; Lodge 1. p. 579 (bei Plaut. meistens in malam partem). Sallustianismus? Beisp. Fesser ibid.

p. 36. 3—4. **11. 25. omnia despectare terrena.** Cf. 15. 9. 8: despectantes humana u. Tac. hist. 2. 30; ann. 2. 43. Cf. et. ad 14. 2. 1.

p. 36. 5. **11. 26. accidentium vices alternans.** Cf. Ovid. Met. 15. 409: alternare vices (auch: Moret. 29; Drac. satisf. 247; cf. Thes. 1. 1753, 7 sq.). Hagend. St. Amm. p. 15. Accidentia: Gräzismus (τὰ συμβάντα). Cf. 18. 1. 1: conducentia (τὰ συμφέροντα).

p. 36. 5—6. **11. 26. voluntatumque . . exorsa.** Cf. ad. 14. 2. 6 u. auch Schickinger p. 16 (der Hassenst. vervollständigt); Draeger, über Synt. Tac. p. 30.

11. 26. mortalitatis. = Menschheit, Menschen. Cf. 14. 11. 29;
21. 1. 8: et substantiales potestates . . vaticinia mortalitati subpeditant
verba; 28. 4. 12: ultra mortalitatem nobiles viros extollunt (= die Natur
des Menschen, wofür er sonst sagt: ultra hominem). Diese Bed. in der
Prosa nachklass. (Suet., Quint., Tac., Plin., Curt.,; cf. Liesenberg
1888, p. 20).

11. 26. vetustas. Cf. 31. 5. 14: quod nondum solutioris vitae
mollitie sobria vetustas infecta . .; 30. 4. 2: subagreste ingenium, nullis
vetustatis lectionibus expolitum, coacto vultu fallente . . .; Sil. Ital.
1. 26 u. ad 14. 6. 17; 14. 8. 13.

11. 26. aptavit ut . . existimetur. Cf. 14. 6. 23: excogitatum
est adminiculum . ., nequi . . amicum . . videat (im finalen Satze);
14. 6. 23: additumque est . . remedium aliud satis validum, ut famulos . .
non ante recipiant domum quam lavacro purgaverint corpus (im consec.
Satze). Für diese repraesentatio (Präs.^{is} oder Perf$^{i.}$ Konj. statt Imp$^{i.}$
oder Plusquampf$^{i.}$ Konj.) cf. Ehrism. p. 16 sq. (mit Beisp.); Draeger,
hist. Synt. § 133; ejusd. Unters. über den Sprachgebr. der röm. Hist.
1. p. 2—18; Kühnast p. 216 sq. u. Annot. 192 u. ad 14. 7. 12. Auch klass.

11. 27. sq. Ammian beschließt gewöhnlich die Beschreibung einer
Kaiserregierung mit einer Charakterschilderung. Da es sich hier um
einen wenig bedeutenden Caesar handelt, faßt er sich ziemlich kurz.
Cf. 21. 16 (Constantius); 25. 4 (Julianus); 25. 10. 14 (Jovianus); 30. 8
(Valentinianus); 31. 14 (Valens). Cf. et. H. Michael, op. cit. p. 16.

11. 27. in massa Veternensi. Cf. Philippson in R. E. 14 p. 2123
sq.: „Die heutige Ortschaft Massa Montieri im Bergwerksdistrikt
Toscanas mit Massa Vet. gleichzusetzen, einzig und allein wegen des
in Toscana so häufigen Namens Massa ist mit Nissen, Ital. Landeskunde
II, 306 abzulehnen. Der antike Ort ist noch nicht näher zu bestimmen".
Für das Wort massa (= Landgut): σύγκτησις cf. ibid. p. 2122 sq.;
Du Cange IV p. 311; Forcellini IV p. 60 sq. (1868); Cassiod. Var. Edit.
Mommsen p. 558 (Index). Das Wort findet sich in dieser Bedeutung nicht
in der Juristensprache.

11. 28. decente filo corporis. Cf. Gell. N. A. 1. 9. 2: deque
totius corporis filo atque habitu sciscitari. Für filum (= figura, forma,
habitus) cf. Thes. 6. 1. p. 763; Lodge 1. p. 621 (Merc. 755). In dieser
Bed. (figura hominis) nicht klass., sondern archaisch. Cf. et. Fesser p. 52.

11. 28. **membrorumque recta compage.** Cf. 14. 6. 17: obluridi distortaque liniamentorum compage deformes; 25. 4. 22: liniamentorum recta compage; 30. 9. 6: liniamentorumque recta compago (cf. Thes. 3. 2002 sq.); 14. 2. 10: denseta scutorum compage; 16. 12. 44: nexamque scutorum compagem; 24. 4. 15; 30. 6. 4: viscerum flagrante compage; 21. 6. 3: interna compage disrupta efflasse spiritum; 14. 10. 6: navium compage; 16. 10. 14; 16. 12. 50; 17. 7. 14; 22. 8. 38; 23. 4. 4; 25. 1. 12; Thes. 3. p. 1997 sq. Beide Wörter in der klass. Sprache selten (compago bes. spätlat.).

p. 36. 21. 11. 28. **barba licet recens emergente.** Cf. Fesser p. 48: „recens als Adv. in Verb. mit einem part. perf. pass. findet sich auch im Altlat., Sall. übernahm diesen Gebrauch, ferner Liv. u. Tac., der den Gebr. auf Adjekt. ausdehnte, die den Sinn v. Partiz. haben. Amm. gebr. sehr oft recens in Verbind. mit einem part. perf. pass., wenn er aber an einer Stelle (14. 11. 28) rec. zu einem part. praes. setzt, so zeigt sich auch hier, daß er sein Latein nur äußerlich angelernt hat". (mit zit. Lit., u. bes. Wölfflin Philol. 29, 1870).

Anm. Es wird nachgerade Zeit gegen diese und dergleichen Bemerkungen einmal ernste Einwände zu erheben. Man darf nicht einfach einem Autoren nicht-römischer Herkunft oberflächliche oder äußerliche Lateinkenntnisse andichten, bloß auf Grund eines, von dem andrer Schriftsteller abweichenden Wortgebrauches (Stils). Es kann auch bewußter „Mißbrauch" zur Erzielung einer künstlerischen Wirkung vorliegen, den sich Tacitus im vorliegenden Falle ja auch erlaubt, indem er recens bei Adj. mit partizipialer Bedeutung anwendet. Und Amm. geht hierin sehr weit. Will man seinen „mangelhaften Lateinkenntnissen" auf den Grund gehen, so bietet die Syntax, namentlich der Gebrauch der Tempora und Modi bessere Anhaltspunkte. Doch auch hier wird man bei der Jagd auf Gräzismen sehr umsichtig vorgehen müssen, denn das Vulgärgriechische entwickelt sich dem Vulgärlateinischen parallel (cf. ad 14. 2. 7) und ein großer Teil dieser Gräzismen findet sich nicht nur bei Amm. sondern ebenfalls bei andern Autoren der späteren Zeit. Viele konstruktionen werden vielleicht absichtlich abweichend gebraucht. (cf. ad 14. 7. 11 u. 14. 11. 11). Man sträubt sich jedoch dies ohne weiteres anzunehmen in Hinsicht auf das Dogma, daß Amm. kein reines Latein habe lernen können. An überzeugenden Beweisen läßt man es aber fehlen, was bei der fast vollständigen Unkenntnis der Jugend- und Studienjahre Ammians ja erklärlich ist. Ferner sollte man berücksichtigen, daß Antiochia und Syria gewiß reichlich Gelegenheit boten, das

Latein gründlich zu erlernen, schon allein in den zahlreichen Rechtsschulen (cf. F. Schemmel, Phil. Wochenschr. 42. 43. 45 op. cit.) und daß die Mehrzahl der Gebildeten zweisprachig war; cf. L. Hahn, Rom und Romanismus im Gr.-Röm. Osten (1906) und ejusdem, Sprachenkampf im Röm. Reiche (Philolog. Suppl. Band X. 1907 p. 677 sq.).

11. 29. innumera. Nach Hagend., St. A. p. 50, 25 mal bei Amm., nur einmal innumerabilis (14. 11. 25). ,,Vox a poetis per totam Latinitatem pro molesta forma innumerabilis frequentata . . In prosa oratione inde a Plin. majore, qui tamen innumerabilis saepius utitur, passim exstat" (ibid. p. 50). Tac., Min. Fel., Just., Scr. hist. Aug. gebrauchen innumerabilis nicht.

11. 30. Agathoclem Siculum. Sohn des Karkinos, 361 in Thermai geboren, von 317—289 König von Syracus. Cf. Polyb. 15. 35. 2: . . . ὁ δ' Ἀγαθοκλῆς ὡς ὁ Τίμαιος ἐπισκώπτων φησί, κεραμεὺς ὑπάρχων καὶ καταλιπὼν τὸν τροχὸν (καὶ τὸν) πηλὸν καὶ τὸν καπνόν, ἧκε νέος ὢν εἰς τὰς Συρακούσας; ibid. 12. 15. 6; Beloch III, 1. 215 sq.; Tillyard, Agathokles (1908); Holm II, 219 sq.; R. Schubert, Gesch. des Agathokles (1887); Droysen II, 2, 281, 287; R. E. (Niese) 1 p. 748 sq. (mit Lit.).

11. 30. Dionysium . . litterario ludo praefecit. Gemeint ist der König von Syracus (Sohn des Dionysios I., des berühmten Fürsten und Gegners der Carthager), der von 367—357 regierte, ein laxer Fürst; er stand stark unter dem Einfluß seiner Höflinge. Plato verkehrte an seinem Hofe. Er verbannte seinen Schwager Dion, der ihn dann seinerseits im Jahre 357 stürzte. Nach dem Tode des Dion (346) ist er eine kurze Weile wieder Herr über Syracus. 345 ergibt er sich dem Timoleon von Corinth und wird nach dieser Stadt gebracht. Schulmeister ist er dort nie gewesen. Er lebte noch unter Alexander dem Großen, wahrscheinlich als wohlhabender Mann. Cf. Beloch III, 1 p. 584; R. E. (Niese) 5. 904 sq., mit Lit.; Holm 2 p. 156 sq., 452 sq.; und R. E., (Niese) 5 p. 834 sq. (s. v. Dion).

11. 31. Adramytenum Andriscum. Adramytteion in Mysia, am gleichnamigen Meerbusen (cf. R. E. (Hirschfeld) 1 p. 404; Robert, Villes d'Asie mineure p. 23, 39, 194). Andr. war ein Abenteurer, der vorgab ein Sohn des Perseus zu sein und Ansprüche auf Macedonia erhob (151). Von Thracia aus erobert er Macedonia und Thessalia. Der praetor Q. Caecilius Metellus schlägt ihn im Jahre 148 v. Chr. 146 ziert

142   Sprachlicher und historischer Kommentar

er den Triumphzug des Metellus. Er war bei den Mazedoniern verhaßt. Cf. R. E. (Wilcken) 1 p. 2141 sq., mit Lit.; Mommsen, R. G. II⁶ p. 39 sq.; Ihne, R. G. 3 p. 247 sq.; Hertzberg, Gr. G. 1 p. 248 sq.

p. 37. 4.   **11. 31. fullonio.** Fullonium = γναφεῖον, κναφεῖον = opus sive taberna fullonum. Fullo = qui texta perficit vel lavat (Walker). Cf. Thes. 6. 1523 sq. (mit zit. Lit.); Du Cange 3 p. 430 sq. (fullonium = fullencium = fullatorium). Über das Handwerk der fullones cf. Daremb.-Saglio II. 2. p. 1349 sq.

p. 37. 5.   **11. 31. Persei filium.** Perseus, der bekannte König von Macedonia, Sohn des Philippus V. regierte von 178—168. Er führte einen gefährlichen Krieg mit den Römern, der mit der Schlacht bei Pydna endete (L. Aemilius Paulus, 168) und starb im Gefängnis (167). Cf. Niese-Hohl p. 142 sq.; Ihne 3 p. 159 sq.; Mommsen, R. G. 1 p. 757 sq.; Niese, Mac. 3 p. 19 sq. Über seinen Sohn cf. Plut. Aem. Paul 37. 3: τὸν δὲ τρίτον, Ἀλέξανδρον, εὐφυᾶ μὲν ἐν τῷ τορεύειν καὶ λεπτουργεῖν γενέσθαι φασίν, ἐκμαθόντα δὲ τὰ Ῥωμαϊκὰ γράμματα καὶ τὴν διάλεκτον ὑπογραμματεύειν τοῖς ἄρχουσιν . . . .; Liv. 45, 42; Oros. 4. 20. 40: filius ejus junior fabricam aerariam ob tolerandam inopiam Romae didicit ibique consumptus est; annot. Valesii ad h. l. (Wagner 2 p. 101); R. E. (Kaerst) 1 p. 1436.

p. 37. 6.   **11. 32. Mancinum.** C. Host. Mancinus, cs. 137 v. Chr., schloß mit den siegriechen Numantiern einen Vertrag (136), der vom Senat nicht anerkannt wurde; sodaß er den Numantiern ausgeliefert wurde, von diesen aber abgelehnt wurde. Später verstieß ihn der Senat, nahm ihn aber auch wieder in seine Reihen auf. Cf. Ihne R. G. 3 p. 341; Mommsen, R. G. p. 14 sq.; Niese-Hohl p. 160, 172; Neumann, Gesch. Roms während des Verfalles der Rep. 1 p. 144 sq.; Finke p. 61: ,,In dieser Richtung (sc. einer mit dem Liber memorialis des L. Ampelius und mit Aurelius Victors: ,,de viris illustribus" verwandten Überlieferung) ist nämlich meines Erachtens die Quelle zu suchen für die Stelle 14. 11. 32, die Erwähnung der dem Feinde ausgelieferten römischen Feldherren C. Host. Manc., T. Vet. Calv., M. Claudius Clineas und M. At. Reg. und für die ganz ähnliche Stelle 25. 9. 11 von T. Vet. Calv., C. Host. Manc. und A. Postumius Albinus. Wir haben dafür zwar keinen Beweis aber es macht . . den Eindruck, als ob Amm. diese Feldherren so in einem Kapitel vereinigt schon vorgefunden hätte".

Zu XIV 11. 31—11. 32 (p. 37. 4—37. 8).

11. 32. Veturium. Titus Veturius Calvinus, cs. 334 und 321, bei den Furcae Caudinae von den Samniten besiegt (321). Cf. Liv. 9. 1, 6, 10; Val. Max. 6. 1. 9; Flor. 1. 16; Niebuhr, R. G. 3 p. 244, 255 sq.; Ihne, R. G. I¹, 334 sq.; Mommsen, R. G. 1 p. 366.

11. 32. Claudium. M. Claudius Clineas, legatus des consul C. Licinius Varus im Jahre 236, wurde nach Corsica vorausgesandt und schloß, ohne dazu bevollmächtigt zu sein, Frieden. Der Senat erklärte den Friedensvertrag für ungültig und lieferte ihn den Corsi aus. Diese verweigerten jedoch die Annahme. Nach Zonares wurde er daraufhin verbannt, nach Val. Max. hingegen im Gefängnis hingerichtet. Cf. Val. Max. 6. 3. 3; Zon. 8. 18; Dio frgm. 44, 2; Münzer in R. E. 3 p. 2696 sq. (mit Lit.); Finke p. 61.

11. 32. eadem . . substravitque feritati Carthaginis Regulum. M. Atilius Regulus, cs. 267 v. Chr., Sieger in der Seeschlacht bei Ecnomus (256). Nach der Landung in Afrika trägt er dort manchen großen Sieg davon, worauf die Carthager ihn um Frieden bitten. Der unannehmbaren Friedensbedingungen wegen nehmen sie den Kampf wieder auf, besiegen den Reg. (255) und nehmen ihn gefangen. Bekannt ist die hierauf bezügliche Mitteilung des Liv. (per. 18): R. missus a Carthaginiensibus ad senatum ut de pace et si eam non posset impetrare de commutandis captivis ageret, sed jure jurando adstrictus, rediturum se Carthaginem, si commutari captivos non placuisset, utrumque negandi auctor senatui fuit, et cum fide custodita reversus esset, supplicio a Carthaginiensibus de eo sumpto periit (251/250), eine vom größten Teil der neueren Historiker als erdichtet abgelehnte Geschichte. Cf. R. E. (Klebs) 2 p. 2086 sq., mit Lit.; Ihne, R. G. II² p. 65 sq., 75 sq.; Mommsen, R. G. 1 p. 521 sq.; K. Neumann, Das Zeitalter der Punischen Kriege, p. 113 sq. Cf. et. Cic. de nat. deorum 3. 80: cur Poenorum crudelitati Reguli corpus est praebitum? und Michael p. 8; Finke p. 43.

11. 32. Pompejus . . ad spadonum libidinem in Aegypto trucidatur. Cf. Ehrism. p. 8 sq.: „Amm. pr. hist. in deliciis habet ac praesertim ita, ut aut series quaedam praesentium exstet, aut — quod saepius fit — perf. excipiat pr. hist. aut in verso ordine illud ab hoc incipiatur. Atque plerumque quidem pr. historici forma passiva usus est, cum formam comp. perf. pass. consulto evitaret . . Videtur autem scriptori perf. pass. tamquam vulgaris forma odio fuisse; atque ob eandem causam imperf. saepe pro perf. pass. et nonnunquam pro plq. perf. utitur". Cf. 17. 5. 2: ideoque . . pacis amplectitur nomen et condiciones proposuit

144 Sprachlicher und historischer Kommentar

graves . . litteras ad Constantium dedit; 19. 2. 2: quinquies ordine multiplicato scutorum cingitur ac . . globi turmarum impleverunt cuncta . . et . . loca . . incedentes ordines occuparunt; 19. 9. 7: matrimonium alterius splendidae virginis adfectavit . . et . . ad Persarum vastatorium globum . . confugit susceptusque aventer . . Tampsapori post diem traditur quintum (clausula III!), u. die Beisp. Ehrism. ibid. Diese Umgehung des Perf. Pass. findet wahrscheinlich ihren Grund in der Verwendung des Part. Perf. Pass. mit sum anstatt des Präs. der Dep. u. Passiva (ausus est = audet; cf. Hofm.-Leum. p. 552), in der Verschiebung des Perf. Pass. (laudatus fui = laudatus sum) u. ähnlichen Erscheinungen, die dem Perf. Pass. eine vulgäre Färbung verliehen (cf. Hofm.-Leum. p. 562; Salonius p. 292 sq.).

p. 37. 8—10.   **11. 32. Pompejus . . in Aegypto trucidatur.** Nach der Schlacht bei Pharsalus (48) floh Pompejus nach Aegypten, wo der Sohn seines vormaligen Günstlings Ptolemaeus XI. Auletes, nämlich Ptolem. XII. Dionysus, ihn erschlagen ließ (48, im Sept.). Cf. Drumann-Groebe 3. 469 und 4. 541 (mit Lit.); Mommsen, R. G. 3 p. 435; Ihne, R. G. 7[1] p. 69 sq.

p. 37. 10.   **11. 33. Eunus . . ergastularius servus.** Anführer der Sklaven im ersten siz. Sklavenaufruhr (136—132). Er war ein aus Apameia gebürtiger Syrier, der, nachdem er den Königstitel angenommen hatte, einen sehr gefährlichen Aufruhr entfesselte, welchem der cs. P. Rupilius im Jahre 132 ein Ende machte. Cf. Münzer in R. E. 6 p. 1143 sq. (mit Lit.); Rathke, De Roman. bell. serv. (1904); Finke p. 32; und Liv. epit. LVI; Flor. III, 19. 3 (4); Diod. 34. 2. 5.

Was ergast. anbelangt cf. Flor. 3. 19. 3: hic ad cultum agri frequentia ergastula und 3. 19. 6: mox jure belli refractis ergastulis. Das sehr seltene Adj. kommt auch bei Columella (1. 8. 17) vor.

p. 37. 12.   **11. 33. Viriathi genua.** Viriathus aus Lusitania führte von 147—139 einen gefährlichen Kleinkrieg gegen die Römer. 140 schließt er mit Q. Fabius Max. Servilianus Frieden. Der Krieg beginnt von neuem unter Q. Servilius Caepio, und mit dessen Vorwissen wird V. ermordet. Sein Tod entscheidet den lusitanischen Krieg (154—137). Cf. Hoffmann, De Viriathi Numantiorumque bello (1865); Kornemann, Die neue Liviusepit. aus Oxyrynchos (1904) p. 96 sq.; Mommsen, R. G. 2 p. 8 sq.; Niese-Hohl p. 158 sq.; A. Schulten, Viriathus, Neue Jahrb. 39. 1917. p. 209 sq.

Zu XIV 11. 32—11. 34 (p. 37. 8—37. 17). 145

11. 33. Spartaci. Der bekannte Anführer der Sklavenempörung p. 37. 12—13
(73 v. Chr.—71), aus Thracia gebürtig und Berufssoldat, später Gladiator.
73 entkommt er aus der Gladiatorenschule des Cn. Lentulus Batiatus in
Capua. Nach vielen Siegen und einem abscheulichen Krieg fällt er im
Jahre 73 gegen den proconsul M. Licinius Crassus. Cf. R. E. (Münzer)
(2. Reihe) 3 p. 1528 sq., mit Lit.; G. Rathke, De Roman. bell. serv.
(1904) p. 48—89 und p. 96—98; Drumann-Groebe IV² p. 87—95 (mit
Lit.); Mommsen, R. G. 3 p. 84 sq.; Ihne VI¹ p. 43 sq.; Niese-Hohl. p. 211 sq.

11. 34. scrutari putabit. Cf. Hofm.-Leum. p. 581: „Bes. zu er- p. 37. 17.
wähnen ist die schon bei Vitr. u. Colum. zu beobachtende Verwendung
der verba sentiendi als verba voluntatis; sie ist häufig im Spätlat."
(mit Beisp.); Löfst. Beitr. p. 59 sq. (mit Beisp.); Hoppe p. 47. Vergl.
31. 4. 6: „quem qui scire velit" ut .. memorat vates „Libyci velit aequoris
idem discere, quam multae zefyro truduntur harenae", wo scrutari
putabit mit velit discere korrespondiert.

NACHTRAG.

p. 34. 26.   **11. 20. Histria.** Die Histri (Istri), ein illyrischer Volksstamm, zu deren Gebiet anfangs auch Aquileia gehörte, wurden 178 v. Chr. von den Römern unterworfen. 'Nicht die ganze, heute Istrien genannte Halbinsel, die zwischen dem Tergestinus sinus und dem Flanaticus oder Liburnicus sinus nach Süden sich erstreckt und mit Kap Promontore (ἀκρωτήριον Πολατικόν Steph. Byz. s. v. Pola) ausläuft, führte in antiker Zeit diesen Namen; derselbe haftete nur an dem Siedlungsbereich des histrischen Stammes der ostwärts bis auf die Höhen des Tschitscherbodens und des Monte Maggiore und an den Arsakanal reichte'. (Weiss in R. E. 8 p. 2111 sq.). Hinsichtlich der Verwaltung, gehörte ein Teil, bis zum Fluß Formio, seit Caesar zu Italia (südlich Tergestes); seit Augustus aber das gesamte Istria, bis an den Fluß Arsia, und es bildete mit Venetia die X. regio. Cf. Mela 2. 3. 56 Frick p. 41; Plin. N. H. 3 (22). 18. 2; Ravenn. 4. 31 p. 256; Mommsen C. I. L. V. 1. praef. Seit der Provinzialeinteilung des Diocletian bildet Histria zusammen mit Venetia eine einzige, zur dioecesis Italiciana gehörige Provinz (cf. Laterc. Veron. p. 250 Seeck), mit der Hauptstadt Aquileia (cf. Laterc. Polem. p. 255 Seeck). Anfangs wurde sie von correctores (verschiedene werden auf Inschriften genannt; cf. Böcking N. D. 2 p. 440 sq.), später, nach N. D. Occ. 1. 53 Seeck p. 105, von consulares verwaltet. (Unter dioecesis Italiciana ist die dioecesis Italiciana annonaria, sub dispositione v. spectabilis vicarii Italiae, der seinen Amtssitz in Mediolanum hat, zu verstehen). Die Romanisierung Istriens setzte in den Küstengebieten ein und drang allmählich bis ins Innere des Landes vor. In der späten Kaiserzeit war es eine blühende Provinz. Die Stürme der Völkerwanderung ließen es lange Zeit unberührt, da die vordringenden Völker über Venedig nach Italien zogen. Cf. Cassiod. var. 12. 22: est enim proxima vobis regio supra sinum maris Ionii constituta, olivis referta, segetibus ornata, vite copiosa: ubi quasi tribus uberibus, egregia ubertate largitis, omnis fructus optabili fecunditate profluxit. Quae non immerito dicitur Ravennae Campania, urbis regiae cella penaria, voluptuosa nimis et deliciosa digressio, fruitur in Septentrione progressa coeli admiranda temperie. Das Christentum fand, nicht eher als im 5. Jahrhundert, Eingang. (Pieper Tab. 10). Cf. et. Strabo 5. 1. 1; 5. 1. 9; 7. 5. 3—4; Ptolem. 3. 1. 23—24 (mit der Annotation v. C. Müller in seiner Edition 1883); Tab. Peut. V.1: Isteria; Ravenn. 225. 4: item juxta ipsam Liburniam litus mare magnum est patria quae dicitur Istria, quae ex ista pertinet; 247. 9; 291. 2; 255. 7;

etc. und Guido: 454. 3; 455. 2; etc. (überall Histria); Wesseling Itin. s. v. Pola p. 271, 496 und p. 270 (Istria, Tergeste); Anon. de s. orbis Manit. p. 50: Histris; Orosius 1. 2. 55, 59, 60; C. I. L. I. 1 p. 1 (Mommsen): de Histria et Histricarum inscriptionum auctoribus (mit Lit.); Nissen II p. 237 sq.; Weiss in R. E. 8 p. 2111 sq.; Diz. Epigr. 3 p. 943 (Histri) und 3 p. 944 (Histrus, Stadt); Fr. Pichler, Austria romana (Quellen und Forsch. z. alten Gesch. u. Geogr.) p. 150, p. 280 und passim; K. Miller, Itin. Rom. pp. 311, 313.

11. 14. Armeniam. Nach der von Diocletian durchgeführten, erneuten Einteilung des Reiches blieb das Verhältnis der beiden Armenien, Armenia minor und major, zum römischen Reich anfangs dasselbe, d. h. Armenia minor blieb provincia romana und Armenia major ein armenisch-persischer Staat unter römischem Einfluß. Die erste Veränderung war die Verteilung von Armenia minor in zwei Provinzen; die zweite, daß Justinian auch Armenia major zur Provinz herabsetzte (was sie schon drei Jahre lang unter Trajan gewesen war) und daß er 4 Provinzen einsetzte und so den Unterschied zwischen Armenia major und minor, der bis zum Sieg der Römer über Antiochus III. (190 v. Chr.) zurückreichte, ausglich. Von Diocletian bis Justinian bildete Armenia minor einen Teil der zur praefectura per Orientem gehörigen dioecesis Pontica (N. D. Or. 1. 50; Laterc. Veron. 2. 8; Laterc. Pol. Silv. 9), unterstand einem dux (N. D. Or. 1. 50; 38. 10 sq.) und war in zwei, je von einem praeses verwaltete Provinzen geteilt: Armenia I (Not. Or. 1. 109; 2. 49; 25. 12 24; cf. Just. Nov. 31), das den nördlichen Teil des alten Armenia minor mit den Städten Sebaste, Nicopolis, Satala, Sebastopolis umfaßte; und Armenia II (Not. Or. 1. 10; 2. 50; 25. 13 = 25; cf. Cod. Theod. 13. 11. 2 (a¹¹ 386) Cod. Just. 11. 47. (48). 10), das den südlichen Teil mit den Städten Melitene, Comana, Ariarathia bildete. Diese Einteilung in I und II fand wahrscheinlich im Jahre 386 statt. Das im Jahre 385 verfaßte Laterc. Polem. Silv. kennt nämlich noch ein unverteiltes Armenia minor (9. 7), in einer constitutio vom Jahre 386 aber wird ein Armenia secunda erwähnt (Cod. Theod. 13. 11. 2; cf. Cod. Just. 8. 10. 10).

Im Jahre 536 setzt Justinian (cf. Nov. 31) 4 Provinzen Armenia ein, wobei das ehemalige Armenia major miteinbegriffen ist. Letzteres war schon teilweise römisch, besaß aber noch keine richtige Provinzialeinteilung. Über die innere Lage von Armenia major folgendes: im 4. Jahrhundert begannen die Feudalen, die sog. Nachararen einen Kampf gegen die Könige und die Bevölkerung der Städte, wobei sie Unterstützung der Perser erhielten. Der Ausgang dieses Bürgerkrieges war eine vollständige Zerstörung der armenischen Städte. Der Perserkönig Schapur II. zwang im Jahre 368 alle Städtebewohner Armeniens, sowohl die christlichen als auch die jüdischen, nach Südpersien, in die Nähe von Ispahan, überzusiedeln. Ispahan bekam den Namen Jehudiah (eine Vorstadt bekam den armenischen Namen Neu- Djulfa). Nach dem Untergang der Städte in dieser feudalen Revolution zerfiel Armenia in verschiedene kleine Fürstentümer. Nach dem Tode Schapurs II. (379) sind seine Nachfolger zu einem Vergleich mit den Römern bereit und somit wird Armenia major unter der Regierung Schapurs III. (383—388) verteilt (wahrscheinlich 387), wobei vier fünftel an Persien und ein fünftel an die Römer kommt, und zwar der Teil, der an Armenia minor stößt. Über beide Teile herrschen Scheinkönige aus dem Arsacidengeschlecht. Bald nach 390 wird dann das Königtum in diesem neuen Gebiet abgeschafft (für die Stellung der Fürsten cf. Stein, Spätr. Gesch. p. 317 Anmerkung 4). Um das Jahr 300 trat König Trdat, nach dem für die Römer so vorteilhaften Frieden des Jahres 297, zum Christentum über. Dies kann man für den Beginn der armenischen Christianisierung halten (obwohl man schon vorher christliche Gemeinden kannte; cf. Pieper, Tab. 7), die das armenische Gebiet gerade dadurch in zunehmendem Maße unter den Einfluß des (später auch) christlichen, römischen Reiches brachte. Cf. Strabo 11. 14 und passim; Ptolem. 5. 6. 18—19 (Armenia minor) und 5. 12 (Armenia major), mit den Annotationen von C. Müller in seiner Edition p. 882 sq. und p. 931 sq.; Tab. Peut. XI. 3 (nicht der Name Armenia); Ruf. Fest. Avien. 3. 950, 957; 3. 1209; 3, 1157; 3, 1195 (Armenii); Amm. Marc. 17. 5. 6; 27. 12. 1; 30. 2. 1 sq.; Ravenn. 19. 21 sq.: et quomodo in Oriente paradisus esse adscribitur si in Armenia esse putatur? qui Persae Parthi(a) super ipsam ponuntur Armeniam; 68, 14 sq.; Armeniae montes: 19. 17; 20. 20; 21. 9; Armeniorum terra 19. 19; 20. 1; Anon. de s. orbis Manit. p. 6, 56, 68, 72, 74; Georgii Cyprii descr. Gelzer p. 2, 5, 13, 14, 48, 55 (mit den Annotationen p. 168 sq. und p. 210); Kuhn 2 p. 243 sq.; Marq., Staatsverw. 1^2 p. 360 sq., 369, 374, 434 sq.; Diz. epigr. 1 p. 670 sq., namentlich p. 673 sq. (mit Lit.); Baumgartner in R. E. 2 p. 1181 sq. (mit Lit.); Thes. 1 p. 607 sq.; Enc. Jud. 1 p. 361 sq.; Dict. eccl. 4 p. 290 sq.; Lex. Theol. K. 1 p. 663 sq.; Stein, Spätröm. Gesch. p. 119 sq., 264, 287 sq., 317 (mit den Karten a^0 309 und 390 n. Chr.); P. Pascal Asdourian op. cit.; F. Tournebize, Hist. pol. et rel. de l'Arménie I, 1910; J. de Morgan, Hist. du peuple arm., 1919; Lehmann-Haupt, Arm. einst und jetzt I—II, 1910—1926; Fr. Macler, Miniatures armén. 1913; ejusd., Docum. d'art armén., 1924; ejusd., L'enluminure armén. profane, 1928; J. Strzygowski, Baukunst der Arm. u. Europa, 1918; H. Gelzer, Die Anfänge der arm. Kirche.

Printed in the United States
By Bookmasters